财经类专业规划教材

会计信息系统实操

业财一体化

曹 霜 杜 敏 张春燕 ◎ 主 编
汪 婵 王 勋 ◎ 副主编

PRACTICE OF ACCOUNTING INFORMATION SYSTEM

图书在版编目(CIP)数据

会计信息系统实操:业财一体化/曹霜,杜敏,张春燕主编. —上海:上海财经大学出版社,2024.6
(知行·财经类专业规划教材)
ISBN 978-7-5642-4408-8/F·4408

Ⅰ.①会… Ⅱ.①曹…②杜…③张… Ⅲ.①会计信息-财务管理系统-教材 Ⅳ.①F232

中国国家版本馆 CIP 数据核字(2024)第 105842 号

□ 责任编辑　徐　超
□ 联系信箱　1050102606@qq.com
□ 封面设计　贺加贝

会计信息系统实操
——业财一体化

曹　霜　杜　敏　张春燕　主　编
汪　婵　王　勋　副主编

上海财经大学出版社出版发行
(上海市中山北一路 369 号　邮编 200083)
网　址:http://www.sufep.com
电子邮箱:webmaster@sufep.com
全国新华书店经销
上海市崇明县裕安印刷厂印刷装订
2024 年 6 月第 1 版　2025 年 7 月第 2 次印刷

787mm×1092mm　1/16　21 印张　538 千字
印数:3 001—5 000　定价:59.00 元

前　言

财政部印发了《会计信息化发展规划(2021—2025年)》,《规划》提出要积极支持加快数字化发展、建设数字中国,提升会计信息化水平,推动会计数字化转型,构建形成国家会计信息化发展体系,充分发挥会计信息在服务宏观经济管理、政府监管、会计行业管理、单位内部治理中的重要支撑作用。企业信息化的全面推进,引发了新一轮对企业信息化人才的强势需求,各单位要加强复合型会计信息化人才培养、高等院校要适当增加会计信息化课程内容的比重、加大会计信息化人才培养力度。在会计人员能力框架、会计专业技术资格考试大纲、会计专业高等和职业教育大纲中增加对会计信息化和会计数字化转型的能力要求。

随着大数据以及数字经济的发展,计算机技术在会计工作中的深度应用,会计功能从单纯的记账向管理决策发展。会计信息系统也从单纯的总账记账功能到业务财务一体化全面发展,行业的变化对财务人员提出了更高的要求,相应地,也给当前高校的会计信息系统实践课程教学提出了新的要求。正视这样的变化,改变传统的思维和教学模式,提升实践性教学是培养高级应用型人才的重要教学环节。在此背景下,我们编写了《会计信息系统实操——业财一体化》。

本教材以用友 ERP-U8V10.1 管理软件为工具,紧密结合企业实际,兼顾学科发展的前沿性、实践性和实验条件的差异性,力争为学习者提供一套先进、完整、操作性强的实验体系。本书一共13章,主要内容包括第一部分系统介绍(第1—3章),主要介绍会计信息化、系统管理和企业应用平台基础设置;第二部分财务会计(第4—10章),主要介绍总账管理系统初始化、总账日常业务处理、账簿查询、总账期末处理、报表管理、薪资管理和固定资产管理;第三部分供应链管理(第11—13章),主要介绍供应链管理系统,采购管理与应付款管理系统,销售管理与应收款管理系统。

与同类教材相比,本书更加注重操作性,以一个工业企业的案例及数据贯穿整个业务流程,从总账到薪资管理、固定资产管理以及供应链管理。针对应用型本科和专科学生的特点,难度适中,内容适量,以培养实用型人才为宗旨。为便于同学们与教师的自学与辅导,本书在编写过程中详细列示了每一个步骤,并配上了对应截图,清晰明了,学生可对照完成全部实验,掌握每个实验的操作要领。在子模块选择上可以结合各个学校不同的教学对象和学时安排，适当地选择，不影响整体操作，最后还设计了综合实训，可以作为复习操作或者考核用。

本书由曹霜(文华学院)、杜敏(湖北财税职业学院)、张春燕(武昌理工学院)担任主编，汪婵(文华学院)、王勋(湖北财税职业学院)担任副主编。曹霜负责全书大纲的拟定并确定编写思路，具体分工如下：曹霜负责第1章至第6章以及思政元素及案例的编写，编写字数超过20万字；杜敏负责第7章和第8章的编写，编写字数10万字；张春燕负责第9章和第10章的编写，编写字数6万字；汪婵负责第11章和第12章的编写，编写字数10万字；王勋负责第13章的编写，编写字数5万字。在本书的编写过程中，出版社编辑老师对案例数据的测试、修改和校对，对书稿的修改和校审等工作付出了大量的心血和精力，在此表示深深的谢意。

由于作者水平有限，书中错误和不当之处，恳请读者多提宝贵意见，以供编者在以后进一步修改与完善。

目 录

第1章 会计信息化与业财一体化概述 1
【思政元素】 1
1.1 会计信息化的起源与发展及业财一体化概述 1
1.2 ERP系统介绍 3
1.3 会计信息化发展规划(2021—2025年) 3
1.4 业财一体化——会计信息系统发展的必然要求 5
【复习思考题】 8

第2章 系统管理 9
【系统管理概述】 9
【思政元素】 10
【实验目标】 10
【实验内容】 10
【实验资料】 10
2.1 增加操作员 11
2.2 建立账套 14
2.3 设置功能级权限 19
2.4 修改账套及账套备份 22
【复习思考题】 26

第3章 企业应用平台基础设置 27
【企业应用平台概述】 27
【思政元素】 27
【实验目标】 28
【实验内容】 28
【实验资料】 28
3.1 部门档案设置 30

3.2　人员类别及人员档案设置 31
　　3.3　客户分类及档案设置 33
　　3.4　供应商分类及档案设置 35
　　3.5　结算方式设置 36
　　3.6　外币设置 38
　　【复习思考题】 38

第 4 章　总账管理系统初始化 39
【总账管理系统概述】 39
【思政元素】 40
【实验目标】 40
【实验内容】 40
【实验资料】 40
　　4.1　总账选项卡设置 52
　　4.2　设置会计科目 53
　　4.3　设置凭证类别 58
　　4.4　设置项目档案 58
　　4.5　录入期初余额 60
　　4.6　期初余额试算平衡 63
　　【复习思考题】 64

第 5 章　总账日常业务处理 65
【总账日常业务处理概述】 65
【思政元素】 66
【实验目标】 66
【实验内容】 66
【实验资料】 66
　　5.1　填制 1—15 日凭证 69
　　5.2　审核记账前修改凭证和作废凭证 80
　　5.3　出纳签字 82
　　5.4　审核凭证和主管签字 85
　　5.5　记账和科目汇总 87
　　5.6　审核记账以后无痕迹修改凭证 89
　　5.7　填制 16—28 日凭证 93

5.8　出纳签字,审核凭证和主管签字、记账 …………………………………… 97
　　5.9　修改凭证:红字冲销凭证 …………………………………………………… 100
　【复习思考题】………………………………………………………………………… 102

第6章　账簿查询 ……………………………………………………………………… 103
【账簿查询概述】………………………………………………………………………… 103
【思政元素】……………………………………………………………………………… 104
【实验目标】……………………………………………………………………………… 104
【实验内容】……………………………………………………………………………… 104
【实验资料】……………………………………………………………………………… 104
　　6.1　查询发生额及余额表 ……………………………………………………… 104
　　6.2　查询库存商品明细账 ……………………………………………………… 106
　　6.3　查询多栏账 ………………………………………………………………… 108
　　6.4　查询客户往来辅助账 ……………………………………………………… 109
　　6.5　查询供应商往来辅助账 …………………………………………………… 112
　　6.6　查询个人往来账 …………………………………………………………… 114
　　6.7　查询部门辅助账 …………………………………………………………… 117
　　6.8　查询项目辅助账 …………………………………………………………… 119
　【复习思考题】………………………………………………………………………… 121

第7章　总账期末处理 ………………………………………………………………… 122
【总账期末处理概述】…………………………………………………………………… 122
【思政元素】……………………………………………………………………………… 123
【实验目标】……………………………………………………………………………… 123
【实验内容】……………………………………………………………………………… 123
【实验资料】……………………………………………………………………………… 123
　　7.1　查询现金日记账、银行存款日记账 ……………………………………… 124
　　7.2　银行对账 …………………………………………………………………… 127
　　7.3　期末自动转账 ……………………………………………………………… 131
　　7.4　科目汇总表查询 …………………………………………………………… 155
　　7.5　对账 ………………………………………………………………………… 156
　　7.6　结账与取消结账 …………………………………………………………… 156
　【复习思考题】………………………………………………………………………… 158

第 8 章 报表管理 ... 159

【报表系统概述】 ... 159

【思政元素】 ... 160

【实验目标】 ... 160

【实验内容】 ... 160

【实验资料】 ... 160

8.1 资产负债表 ... 160

8.2 利润表 ... 166

8.3 现金流量表 ... 169

8.4 自定义财务指标分析表 ... 174

【复习思考题】 ... 181

第 9 章 薪资管理 ... 182

【薪资管理概述】 ... 182

【思政元素】 ... 183

【实验目标】 ... 183

【实验内容】 ... 183

【实验资料】 ... 183

9.1 账套初始化及参数设置 ... 186

9.2 工资账套基础信息设置 ... 188

9.3 工资系统日常业务处理 ... 194

9.4 工资分摊与账务处理 ... 198

9.5 月末处理 ... 200

【复习思考题】 ... 201

第 10 章 固定资产管理 ... 202

【固定资产管理系统概述】 ... 202

【思政元素】 ... 203

【实验目标】 ... 203

【实验内容】 ... 203

【实验资料】 ... 203

10.1 账套初始化及参数设置 ... 205

10.2 固定资产管理系统相关设置 ... 209

10.3 固定资产日常业务处理 ... 214

  10.4 期末处理 ·· 218
    【复习思考题】 ·· 220

第11章 供应链管理系统 ·· 221
  【供应链管理系统概述】 ·· 221
  【思政元素】 ··· 222
  【实验目标】 ··· 222
  【实验内容】 ··· 222
  【实验资料】 ··· 222
  11.1 定义计量单位 ·· 227
  11.2 定义存货分类和存货档案 ·· 228
  11.3 定义本企业开户银行 ·· 230
  11.4 定义仓库档案和收发类别 ·· 230
  11.5 定义采购类型和销售类型 ·· 231
  11.6 存货、应收、应付系统参数设置 ·· 232
  11.7 期初数据录入 ·· 236
    【复习思考题】 ·· 243

第12章 采购管理与应付款管理系统 ·· 244
  【采购管理与应付款管理系统概述】 ·· 244
  【思政元素】 ··· 245
  【实验目标】 ··· 245
  【实验内容】 ··· 245
  【实验资料】 ··· 245
  12.1 普通采购业务 ·· 246
  12.2 现付业务 ·· 260
  12.3 运费分摊业务 ·· 266
  12.4 暂估结算业务 ·· 270
  12.5 开票前退货业务 ··· 274
  12.6 开票后退货业务 ··· 280
    【复习思考题】 ·· 285

第13章 销售管理与应收款管理系统 ·· 286
  【销售管理与应收款管理系统概述】 ·· 286

【思政元素】……287
【实验目标】……287
【实验内容】……287
【实验资料】……287
  13.1 普通销售业务……288
  13.2 销售折扣业务……297
  13.3 合并开票业务……299
  13.4 多张发票业务……301
  13.5 代垫费用业务……304
  13.6 委托代销业务……305
  13.7 开票后退货业务……312
  13.8 月末处理……317
【复习思考题】……318

实训附录……319
实验一 系统管理与基础设置……319
实验二 总账管理系统……321
实验三 UFO报表管理……324

参考文献……325

第1章 会计信息化与业财一体化概述

【思政元素】

第1章是对会计信息化与业财一体化的讲解,会计信息化和业财一体化的发展离不开人,会计从业人员需要不忘初心,诚信做人,坚持不做假账。必须坚持科技是第一生产力、人才是第一资源、创新是第一动力,深入实施科教兴国战略、人才强国战略、创新驱动发展战略,开辟发展新领域新赛道,不断塑造发展新动能新优势。培养职业道德(爱岗敬业,诚实守信,客观公正,廉洁自律)和素养(有责任心,严谨细致,吃苦耐劳,工作踏实),增强社会责任感和使命感,弘扬社会主义核心价值观,将会计知识与育人紧密融合,树立正确的人生观和价值观,养成良好的会计职业素养,具备会计职业道德,落实会计职业行为规范,践行社会主义核心价值观于日常工作之中。在后续的实训中,真正做到"爱岗敬业,遵循准则,不做假账"。

思政案例

1.1 会计信息化的起源与发展及业财一体化概述

1.1.1 会计信息化的起源与发展

1981年8月财政部和中国会计学会在长春市召开的"财务、会计、成本应用电子计算机专题讨论会"上正式提出会计电算化的概念。会计电算化有狭义和广义之分。狭义是指以电子计算机为主体的当代电子信息技术在会计工作中的应用;广义是指实现会计工作电算化相关的所有工作,包括会计电算化软件的开发和应用,会计电算化人才的培训,会计电算化的宏观规划,会计电算化的制度建设,会计电算化软件市场的培育与发展等。

会计信息化的发展历程可以大致分为以下阶段:

(1)手工记账阶段

在这个阶段,会计工作完全依靠手工处理,包括日记账、总账、试算平衡、财务报表的编制等过程。这个阶段主要使用纸质文书进行数据记录和传递。

(2) 电算化阶段

该阶段标志着计算机技术的进步,公司开始使用数据处理设备来替代手工操作。这种方法需要将每一个交易手工编码,然后再通过电脑进行数据输入。电算化阶段还需要一个基本的计算机系统,这样才能使会计信息自动化。

(3) 独立会计软件阶段

这个阶段出现了用友、金蝶、浪潮等一大批厂商。这时企业的财务软件还是单一的部门级应用,简单来说就是满足财务部门的需求,把账记清楚,把账算明白。这种软件有更强的程序性能和更好的人机接口,能实现账目查询、应付和应收账处理和工资发放等自动化操作,同时能够自动生成报表。

(4) ERP 系统阶段

企业资源规划(ERP)系统是一个更完整、模块化的解决方案,它为企业提供财务、人力资源、物流、采购、销售等方面的全面解决方案。在这个阶段,会计信息系统被纳入大型 ERP 系统中,成为其中的核心模块之一。

(5) 云计算阶段

云计算是建立在计算机网络上数字化处理的一种方式,为公司提供一种基于互联网的服务,以满足他们不同的计算需求。在这种环境中,会计信息系统被集成在云平台中,实现了更高的灵活性和更多的自动化操作,并且通过云共享数据,实现数据的协作和共享。

1.1.2 业财一体化概述

"加快数字化发展、建设数字中国"作为"十四五"规划的纲要之一,习近平总书记强调在推动数字经济发展的过程中,要重点遵循其趋势和规律,促进其健康发展。近年来,在全球数字化转型的大背景下,云计算、大数据、人工智能、区块链等数字信息技术手段应运而生、不断创新,逐步融入社会发展的各个领域的全过程。在日益激烈的竞争环境中,信息技术的不断发展,也在倒逼企业进行信息化创新。

财务数字化是将低效率手工记账的财务模式逐渐过渡到高效率数据化的财务模式。财务的数字化转型并非一蹴而就。它的发展初期是利用电脑技术进行无纸记账,并逐步实行财务核算。如今,ERP 系统在很大程度上已是企业的一个重要组成部分,并把财务数字化转型扩展到业财一体化,对企业进行整合,优化和重构企业的经营过程,从而提升企业的财务信息和经营管理水平,使企业更好地运作,为企业的经营管理和经营决策服务。

业财一体化是数字建设的重点,业财一体化是一种企业管理理念,它旨在通过信息技术手段将企业的业务流程(Business Process)、财务管理流程(Financial Accounting Process)以及管理流程(Management Process)进行有机融合。这种融合不仅体现在各个流程之间的信息共享上,还涉及这些流程的联通和统一管理。业财一体化的目的是通过信息化手段,如企业资源计划(ERP)系统和平台,来实现业财信息的准确、及时的传递,确保信息的真实性和完整性,以此来提升企业内各部门工作效率,尤其是业务部门与财务部门的协同工作能力。要实现业财一体化,关键在于业务流程和财务流程的联通融合,以及数据共享。此外,业财一体化还包括了将客户、合同、采购、计划、调度、发运、销售等数据有机联接起来,实现对业务过程的全方位掌握和实时监控。这样的管理系统能够有效整合物流、信息流与资金流,帮助企业更好地把握市场动态和财务状况,从而增强企业的竞争力。

1.2 ERP 系统介绍

ERP 即企业资源计划系统,研究在资源有限的情况下,如何实现利润最大化。ERP 系统中包括财务会计、供应链管理、生产管理、人力资源管理、客户关系管理、决策支持系统、办公自动化 OA 系统、集团应用等。财务会计作为其中重要一环,是采用现代信息技术,对企业生产经营过程中的业务数据进行采集、加工、整理、传输,以便系统地、连续地、综合地反映企业经营活动的全过程,以达到客观地反映过去、实时地控制现在、准确地预测未来的目的。随着供应链和大数据、人工智能、移动互联、云计算、物联网、区块链等新技术在会计工作中的应用,财务功能向上游的采购、下游的销售扩展,系统能够根据原始凭证如采购发票、订购单、入库单等自动生成采购业务相关凭证,根据销售发票、出库单、发运凭证等自动生成销售业务相关凭证,进一步实现物流、资金流、信息流的融合,实现信息共享,业财融合,如图 1-1 所示。

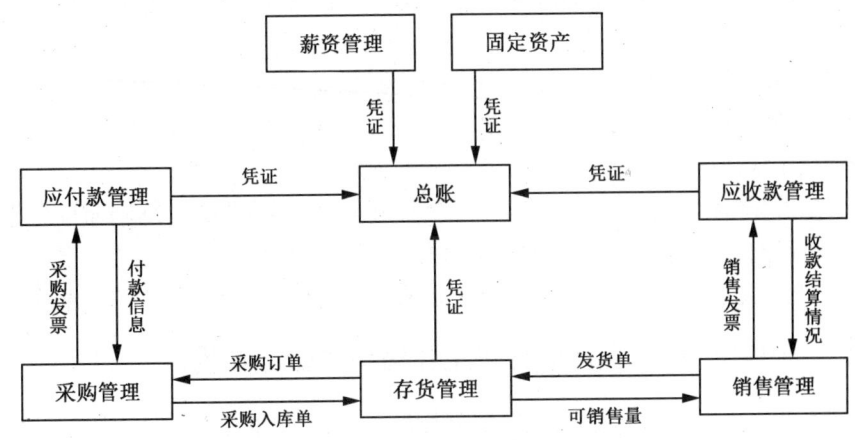

图 1-1 会计信息系统总账跟子模块关联

(1)总账模块,是整个会计软件的核心,以会计凭证为原始数据,通过凭证的输入和处理,完成记账、对账、转账、账簿查询等功能。

(2)薪资管理模块,主要用来计算企业职工应发和实发工资,并根据部门对工资进行分配。

(3)固定资产管理模块,主要用来反映企业固定资产增减变动及折旧计提情况。

(4)应收款/应付款管理模块,主要用来处理企业生产经营过程中发生的单位与单位、单位与个人业务往来所形成的债权、债务。

(5)供应链管理模块,主要用来完成采购管理、销售管理、库存管理、存货核算等方面的业务处理以及相应的财务处理工作,实现业务与财务的一体化管理。

1.3 会计信息化发展规划(2021—2025 年)

2020 年 12 月 30 日,财政部印发了《会计信息化发展规划(2021—2025 年)》(以下简称《规划》)。《规划》称,"十四五"时期,我国会计信息化工作的总体目标是:以习近平新时代中国特色社会主义思想为指导,全面贯彻党的十九大和历次全会精神,立足新发展阶段,完整、准确、全面贯彻新发展理念,构建新发展格局,推动高质量发展,紧紧围绕服务经济社会发展大局和财政管理工作全局,积极支持加快数字化发展、建设数字中国,提升会计信息化水平,推动会计数字化转型,构建形成国家会计信息化发展体系,充分发挥会计信息在服务宏观经济管理、政府监管、会计行业管理、单位内部治理中的重要支撑作用。

1.3.1 "十三五"时期会计信息化工作回顾

(1)会计信息化建设有序推进,夯实了会计转型升级基础。各单位积极推进会计信息化建设,部分单位实现了会计核算的集中和共享处理,推动会计工作从传统核算型向现代管理型转变。单位内部控制嵌入信息系统的程度不断提升,为实施精准有效的内部会计监督奠定了基础。

(2)业财融合程度逐步加强,提升了单位经营管理水平。会计信息系统得到普遍推广应用,为单位会计核算工作提供了有力保障。企业资源计划(ERP)逐步普及,促进了会计信息系统与业务信息系统的初步融合,有效提升了单位服务管理效能和经营管理水平。

(3)新一代信息技术得到初步应用,推动了会计工作创新发展。大数据、人工智能、移动互联、云计算、物联网、区块链等新技术在会计工作中得到初步应用,智能财务、财务共享等理念以及财务机器人等自动化工具逐步推广,优化会计机构组织形式,拓展了会计人员工作职能,提升了会计数据的获取和处理能力。

(4)电子会计资料逐步推广,促进了会计信息深度应用。企业会计准则通用分类标准持续修订完善,在国资监管、保险监管等领域有效实施;修订《会计档案管理办法》,出台电子会计凭证报销入账归档相关规定,推动电子会计资料普遍推广,促进了会计信息的深度应用。

1.3.2 "十四五"时期会计信息化工作面临的形势与挑战

(1)经济社会数字化转型全面开启。随着大数据、人工智能等新技术创新迭代速度加快,经济社会数字化转型全面开启,对会计信息化实务和理论提出了新挑战,也提供了新机遇。运用新技术推动会计工作数字化转型,需要加快解决标准缺失、制度缺位、人才缺乏等问题。

(2)单位的业财融合需求更加迫切。一方面,业务创新发展和新技术创新迭代不断提出新的业财融合需求;另一方面,多数单位业财融合仍处于起步或局部应用阶段,推动业财深度融合的需求较为迫切。

(3)会计数据要素日益重要。随着数字经济和数字社会发展,数据已经成为五大生产要素之一。会计数据要素是单位经营管理的重要资源。通过将零散的、非结构化的会计数据转变为聚合的、结构化的会计数据要素,发挥其服务单位价值创造功能,是会计工作实现数字化转型的重要途径。进一步提升会计数据要素服务单位价值创造的能力是会计数字化转型面临的主要挑战。

(4)会计数据安全风险不容忽视。随着基于网络环境的会计信息系统的广泛应用,会计数据在单位内部、各单位之间共享和使用,会计数据传输、存储等环节存在数据泄露、篡改及损毁的风险,会计信息系统和会计数据安全风险不断上升,需要采取有效的防范措施。

《规划》的颁布实施,将有力推动我国会计信息化建设迈出新步伐,为促进经济高质量发展,加快构建新发展格局,培育新发展动能,激发新发展活力,推进我国社会主义现代化建设提供强劲动力。

1.4 业财一体化——会计信息系统发展的必然要求

1.4.1 业财一体化的特点

(1)统一性。业财一体化强调业务和财务工作连结紧密,业务和财务人员进行充分沟通交流,业务和财务深度融合,确保两者数据口径统一,强调企业不同部门之间的数据共享,不同部门之间及时传递业务信息,实现数据的标准化、系统化和统一化管理,实现流程的标准化、信息的集成和资源的优化配置,提高整体效益。

(2)全面性。业财一体化建设将客户、合同、采购、计划、调度、发运、销售等数据有机联接起来,实现对业务过程的全方位掌握和实时监控。企业必须根据发展需求不断优化和更新原有的流程,才能更好地推动企业内部业财一体化的全面发展。

(3)持续性。业财一体化的发展要求一直持续下去,会根据企业发展的变化,对其模式和具体表现提出不同的要求。随着需求的变化,企业需要不断优化和更新其内容覆盖范围,来保障企业核心竞争力的进步。

(4)过程性。实现业财一体化无法一步到位,必须有一个过程导向。从最初的试点部门运行到最终的企业全面实施,是一个非常漫长的过程。企业必须根据实际情况逐步改进,转变自身的管理理念和方式,更好地适应业财一体化的发展。

(5)高效性。业财一体化模式通过优化流程、降低成本和提高服务质量,提高企业的运作效率。同时,充分发挥业务和财务的协同作用,增强企业竞争力。

1.4.2 业财一体化的现状

目前,随着数字化转型的推进,越来越多企业开始意识到业财一体化模式的重要性,各行各业的企业都在不断探索和实践。在现有的研究和实践中,部分企业已经取得了较好的成果,实现了业务流程和财务流程的高度整合。但仍有不少企业在建设信息化系统的时候,缺乏对整体业务流程的设计和重构,每个部门只关注自己的业务需求,导致业务整合的成效较差,不同部门之间的协同性能不佳,无法实现信息共享、流程协同和决策一致性。业务人员和财务人员存在重复劳动,工作效率低,没有体现出信息化的真正价值,财务活动对企业战略目标、经营决策都无法起到应有的导向性作用。因此,企业的业财一体化模式的构建仍面临一些挑战和问题。

(1)争权夺利。实施业财一体化的重点是流程梳理,这个过程中必然涉及部门权力的重新界定和分配,各个部门关于流程中权力的划分将是一个博弈的过程。具体表现在:一是争夺权力,二是推脱责任。在涉及承担责任的时候,可能出现相互推诿。

(2)目标冲突。由于管理角度、管理思维等差异,业务与财务对同一流程可能存在不同的绩效目标,由此带来业财一体化的困难。

(3)管理脱节。财务与业务脱节的现象比较普遍,有的企业财务对业务的影响非常薄弱,无法从业务部门得到足够的支撑。

(4)规则差异。同一经济事项、同一流程中不同部门之间、业务与财务部门之间、财务部门内部的管理规则都可能存在差异,如果不将这些规则弄清楚并找准对应关系,就匆忙上系统,最终的结果可能是"貌合神离"。

(5)系统障碍。系统障碍主要是业财一体化实施中信息化手段的问题,包括:管理职权的划分,管理规则的统一融合如何在信息化手段中实现,不同系统间的融合、兼容、共享问题。如何打通流程,顺利实现数据共享、无缝衔接、协同控制等始终是信息化发展的难题。

1.4.3 业财一体化的必要性

(1)企业战略发展的愿景和目标

数字化转型是全领域、全流程、全方位的,是塑造企业竞争优势的过程,面对经济大数据环境,企业需要明确自己的目标和方向,结合自身的优势与不足,制定适合本企业的目标与战略,这样才能有助于企业发展。如果不跟上数字化转型、业财一体化的步伐,将导致企业业务管理滞后、业务财务数据脱节、管理效率降低的问题,影响企业整体发展和长远战略目标的达成。

(2)实现信息共享、提高工作效率

通过业财一体化,可以提高工作流程审批速度,同时规范了财务核算。先业务后财务,财务数据来源于业务数据,财务部门能实时获取业务部门前端输入的业务数据,保证了数据的及时性和准确性,同时,避免了数据的重复录入和重复审核等工作。财务共享后,财务人员直接通过信息系统业务传递的信息生成凭证,提高了财务人员做账效率,节约了入账时间,把财务人员从大量的日常计算、手工编制凭证、期末忙编报表的繁杂工作中解脱出来,节省了人力物力,从而提高管理效率和工作效率。此外,业财一体化实施后,财务一旦记账将无法随意更改,也增强了业务财务工作的严谨性。

(3)提高企业风险防范能力

随着企业经营规模的不断扩大,提高防范化解重大风险的能力是推动企业高质量发展的必然要求,通过业财一体化平台,实现企业管理流程、业务流程以及财务流程的相互统一,所有企业数据都会集中化,在进行决策分析时系统都会自动计算各业务线的数据,避免了由于遗漏分析而产生的风险。而且财务和业务数据不会再有时间差,项目上的问题会及时反馈在财务数据上,帮助管理者及时发现和定位问题,避免了由于信息滞后而产生的风险。

(4)有利于提升企业内部的凝聚力

加强业财融合,业务人员可以真实地了解现阶段的资源消耗情况,方便采取措施调整自己的业务工作,提高了业务管理的效率;财务管理工作能够做到有的放矢,依托真实的财务数据,财务预测和财务核算可以更加精准,财务分析就可以变得有迹可循,财务工作真正地从幕后转到台前,从被动地接收消息变成主动地探索消息,改变传统的业务工作和财务工作分离的状态,财务管理工作可以更好地开展。业务和财务部门的充分沟通、协作有利于增强企业内部的凝聚力和合作方式。

综合来看,开展业财一体化模式,可以促进内部业务流程的精简,实现业务流程的有效化以及规范化,降低由于业务流程不规范对财务造成的浪费,能够为财务工作提供有效的数据支持。同时,降低企业不必要的资源支出,促进企业内部资源的有效整合,实现自身各项财务工作统一协调,提高企业业务经营效率并实现较好的盈利。

1.4.4 业财一体化的实现

(1)会计处理模式需调整

一是在会计确认方面,在传统会计流程中,会计信息的采集基于业务发生之后,即"业务系统在前台运行,会计系统在后台核算"的处理模式。然而,在业财一体化的管理思想下,会计流程的处理模式是基于业务事项而触发的,即会计处理流程的起点不再是原始凭证或根据会计规则加工处理后的记账凭证,而是以原始业务数据为基础的业务事件本身。二是在会计记录方面,企业会计记录工作包括填制记账凭证、登记账簿等,会计记录工作繁复,会计数据在凭证和账簿之间的流转使得工作效率降低,错弊风险增加。在业财一体化背景下,借助信息技术手段,通过省略记账凭证和登记账簿的繁复操作,可以达到"一次取数、直接生成、多次利用"的效果。

(2)会计职能发挥需转变

一是核算与控制职能应划分架构层次。在传统财务管理模式下,由于会计核算职能与控制职能尚未进行分离,且大量的会计工作集中于核算,由此导致会计控制职能缺位。在业财一体化背景下,基于管理会计的需求,会计控制的职能尤为凸显。对此,应在组织架构以及职能层次上对会计职能进行有机划分,以实现财务会计核算与管理会计控制的职能分离。二是核算与控制职能应实现过程管理。在传统会计流程中,会计信息传递的滞后性影响了会计职能的发挥。在业财一体化的背景下,数据采集、存储、处理、输出的整个过程都与业务数据紧密相连。一方面,在会计核算职能的发挥上,通过数据采集的前置,实现了财务与业务的集成,由此,会计核算也应能够反映经济业务发生的全貌,体现整个业务发生的过程;另一方面,在会计控制职能的发挥上,财务部门将实现对业务活动的事前、事中和事后的全程动态监控,对资金进出、预算执行、计划落实、经济分析和绩效考评等做到实时跟进,从而更好地发挥其监督控制职能,进而实现事前实时采集、事中实时监控、事后实时分析的全过程管理。

(3)流程简化与再造重构

一方面,会计流程中不增值的环节应进行简化或消除;另一方面,会计流程中不合理的环节应进行设计重构。具体来看,包括如下优化路径:一是数据采集前置化。利用 ERP 系统平台,改变数据采集集中于财务、滞后于业务的现状。通过数据采集前置,会计信息系统从"封闭的系统"向"开放的系统"转变,进而改善了数据收集的全面性和完整性。二是数据存储集中化。通过业务数据库的建立,将以业务特征为基础的相关数据集中存储。三是数据输出决策化。通过对数据采集、存储、处理流程的再造与重塑,利用数据输出端口,实现数据使用者与数据库中数据的双向交流目的。会计信息系统会根据使用方的指示选定相应的数据处理程序,按照程序对数据进行整合、归类、排序、筛选、标注等操作,自动生成符合使用者需求的结构化报表并进行输出,以满足决策要求。

(4)会计人员转型需深入

一是在财务转型理念方面,业财一体化是实现财务管理活动转型的重要突破口,财务人员深入业务一线,嵌入价值创造的协同管理中,以便更好地支持业务活动。对此,财务人员应从财务转型理念出发,摒弃"财务基础核算"的传统会计观念,以管理为依托参与战略制定,以战略为导向夯实日常业务,以沟通为目的实现信息共享,肯定自身职业"支持管理决策"的价值创造功能。二是在会计人员素质方面,业财一体化实现了财务与业务职能的有机融合。大量的财务人员从会计核算中解脱出来,实现由核算型会计向管理型会计、价值型会计的转型。这就要求财务人员不仅要懂财务,还要懂业务、懂管理、懂信息。在深化财务转型理念的基础上,通过树立财务人员终身学习的理念,深化专业知识,拓宽非专业领域视野,提高自身的职业素养,以在管理决策的支持上发挥关键作用。

在业财一体化信息平台的构建中应重点关注组织机构的设置、规章制度的制定、业务流程的再造等节点。当然,在构建的过程中还存在许多问题,离不开人员意识的转变、网络技术的支持、战略地图的制定等。企业应以风险控制为导向,做到事前预算、事中控制、事后核算,实现精细化管理。企业应将业务与财务充分融合,打破传统财务的信息壁垒,使业务人员实时了解项目情况以及时应对,使财务人员从多维度思考,拓展更多的进步空间。

 复习思考题

1. 分析会计信息化的发展趋势。
2. 分析业财一体化的发展背景下,对于会计从业人员的新要求。
3. 分析业财一体化发展的必要性。

第 2 章　系统管理

【**系统管理概述**】

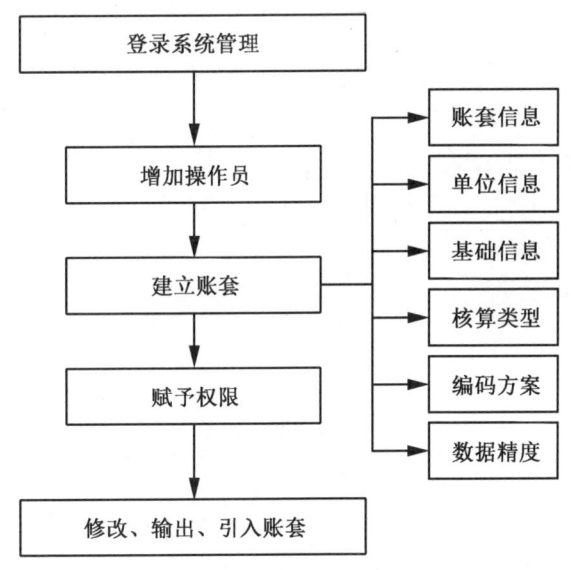

图 2—1　本章总体流程

　　系统管理主要是对账套、操作员、权限等进行集中管理。系统管理的使用对象为企业的信息管理人员(即系统管理员 admin)和账套主管。系统管理主要包括以下功能:(1)对账套统一管理,包括建立、修改、引入和输出。(2)对操作员及其功能级权限实行统一管理,包括操作员增加、减少、修改、删除和操作员权限设置。(3)系统任务管理,包括查看当前运行任务、清除指定任务、清退站点、清除单据锁定等。
　　企业应用会计信息系统之始,首先需要在系统中建立企业的基本信息、核算方法、编码规则等,称之为建账,这里的"账"是"账套"的概念。在计算机管理信息系统中,每一个企业的数据都存放在数据库中,称为一个账套。手工核算方式下,可以为会计主体单独设账进行核算,在计算机中则体现为多个账套。在用友 ERP 管理软件中,可以为多个企业(或企业内多个独立核算的部门)分别建立账套,各账套间相互独立,互不影响。

【思政元素】

设立操作员权限,需要特别指出不相容职务相分离,不相容职务是指在经济业务处理过程中,集中一人办理容易产生漏洞和弊端的两项或两项以上的职务。经济业务的授权者与执行者要分离,执行者与记录者、监督者要分离,物资财产的保管者与使用者、与记录者要分离。不相容职务分离的核心是内部牵制。企业在设计内部控制制度时,首先要确定哪些岗位和职务是不相容的;其次要明确规定各个机构和岗位的职责权限,使不相容岗位和职务之间能够相互监督、相互制约,形成有效的制衡机制。不相容岗位是指设置的岗位不能交叉,不能重叠,不能由同一个人担任。货币资金、实物资产、对外投资、工程项目、采购与付款、筹资、销售与收款、成本与费用、担保等所有经济业务的会计控制,按不相容职务相互分离的要求,必须合理设计会计及相关工作岗位,明确职责权限,形成相互制衡机制。企业的经济业务活动一般可划分为五个步骤,即授权、签发、核准、执行和记录。如果上述几个步骤分别由不同的人员(或部门)实施,就能够保证不相容职务相分离。

思政案例

【实验目标】

1. 理解系统管理的设置在整个会计信息系统中的作用及其重要性。
2. 掌握建立账套的具体方法及操作步骤。
3. 根据实际工作情况的不同,设置不同人员岗位的权限。
4. 掌握修改账套、备份账套数据的操作。

【实验内容】

1. 增加新账套的7个具体操作人员。
2. 建立博奥电脑有限责任公司的单位账套。
3. 按工作岗位给操作员分配权限。
4. 修改账套,备份账套数据。

【实验资料】

1. 操作员及其权限

表2—1　　　　　　　　　　　　系统操作员基本信息表

编号	姓名	口令	所属部门	角色	权　　限
001	李军	1	财务部	账套主管	具有账套全部权限
002	王武	2	财务部	会计主管	基本信息、财务会计
003	自己姓名	3	财务部	会计	基本信息、财务会计(不包括出纳签字、主管签字、审核凭证、出纳模块)、固定资产、人力资源、应收款管理、应付款管理
004	赵敏	4	财务部	出纳	基本信息、出纳签字、查询凭证、出纳模块、账表
005	张凯	5	销售一部	销售	基本信息、应收款管理、销售管理、库存管理、存货核算
006	刘乐	6	采购部	采购	基本信息、应付款管理、采购管理、库存管理、存货核算
007	张凡	7	仓储部	仓储	基本信息、库存管理、存货核算

2. 建立新账套
(1)账套信息：
账套号：学号的后3位
账套名称：博奥电脑有限责任公司
启用日期：2023年2月
(2)单位信息：
单位名称：博奥电脑有限责任公司
单位简称：博奥电脑
税号：3102256437218
(3)核算类型：
记账本位币：人民币(RMB)
企业类型：工业
行业性质："2007年新会计制度科目"并预置科目
账套主管：默认"001"
(4)基础信息：存货、客户及供应商均分类，有外币核算。
(5)编码方案：
①科目编码方案为4222。
②客户分类和供应商分类的编码方案为2。
③存货分类的编码方案为2233。
④部门编码的方案为12。
⑤收发类别的编码方案为11。
⑥结算方式的编码方案为12。
⑦其他编码项目保持不变。

说明：设置编码方案主要是为了以后分级核算、统计和管理打下基础。科目编码方案4222代表一级科目编码用4位数字表示，如银行存款的科目编码为1002，二级到四级的科目编码用2位数字表示，如银行存款进一步设置明细科目农行存款(01)和中行存款(02)，科目银行存款——农行存款用编码代替就是100201，银行存款——中行存款用编码代替就是100202。

(6)数据精度：保持系统默认设置。

3. 分配操作员权限

参照表2-1系统操作员基本信息表的最后一列"权限"设置。

2.1 增加操作员

(1)将计算机日期调整至2023年2月1日。在桌面右下角日期单击鼠标右键打开"调整日期/时间"命令，设置时间为2023年2月1日，如图2-2所示。

图 2—2　设置系统时间

（2）双击桌面"系统管理"图标，进入"用友 U8［系统管理］"窗口。

（3）执行"系统"—"注册"命令，如图 2—4 所示，打开登录窗口，登录到本地计算机，操作员是系统自带的"admin"，密码为空，如图 2—4 所示。单击"登录"按钮。

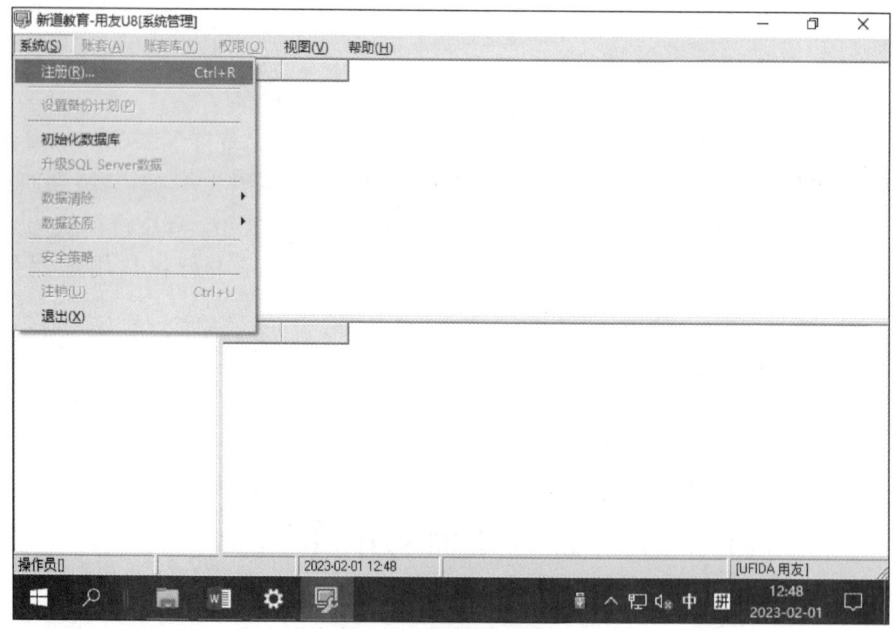

图 2—3　系统—注册

（4）执行"权限"—"用户"命令，进入用户管理窗口，单击"增加"按钮，打开"操作员详细情况"窗口，按照表 2—1 的资料依次录入编号、姓名、口令、所属部门。所属角色 001 操作员选择

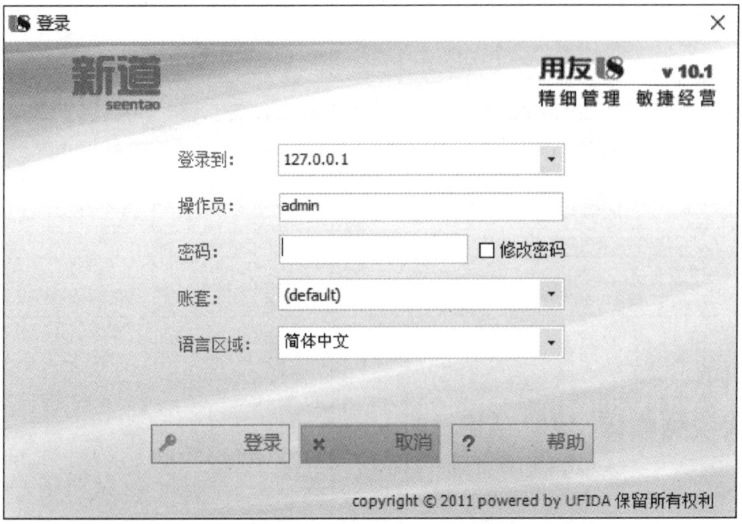

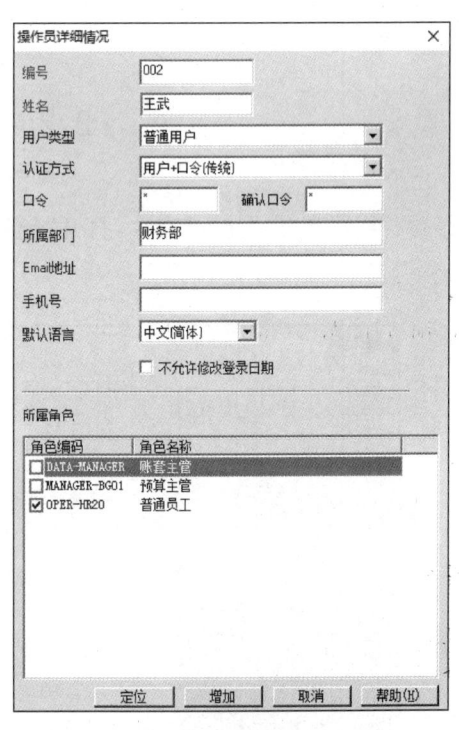

图 2—4　admin 登录系统管理

"账套主管",其余操作员都选择"普通员工"。如图 2—5、图 2—6 所示。

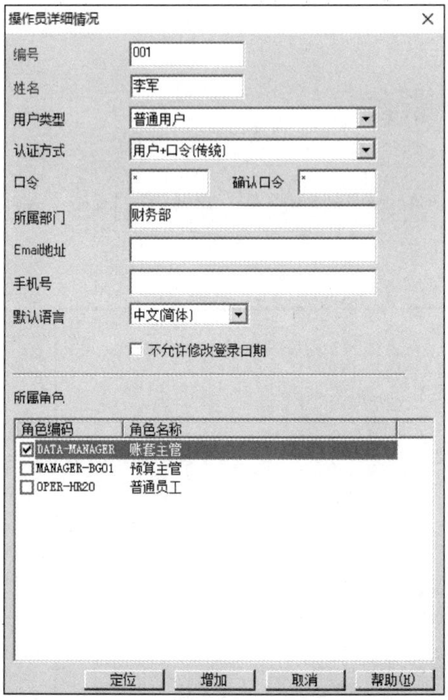

图 2—5　增加 001 操作员　　　　　图 2—6　增加 002 操作员

（5）全部输入完成以后单击"取消"按钮返回用户管理界面,共增加七个操作员,如图 2—7 所示,单击"退出"按钮返回系统管理窗口。

图 2—7 用户管理

2.2 建立账套

(1)执行"账套"—"建立"命令,打开"创建账套"向导,选择默认的新建空白账套,如图 2—8 所示。

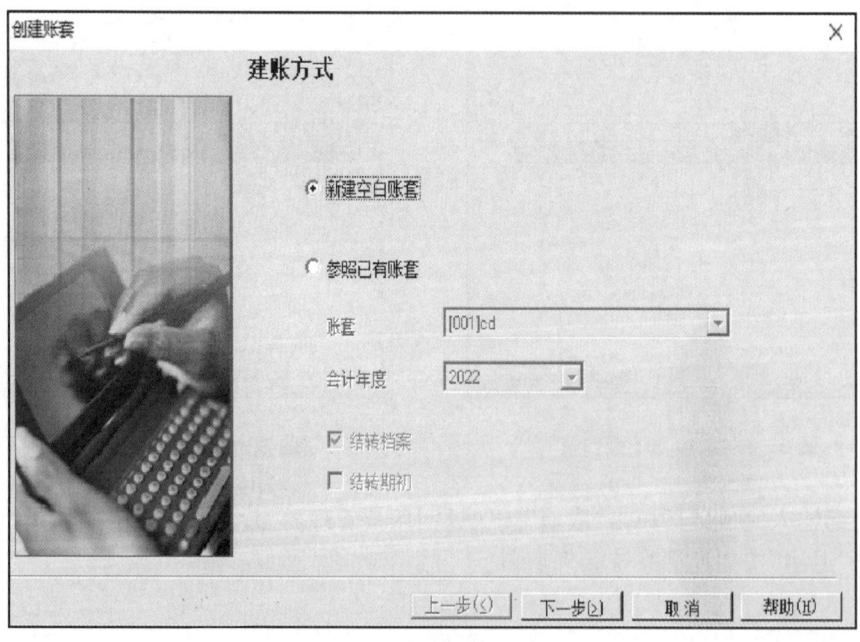

图 2—8 新建空白账套

(2)单击"下一步"按钮,录入账套信息,如图2-9所示。

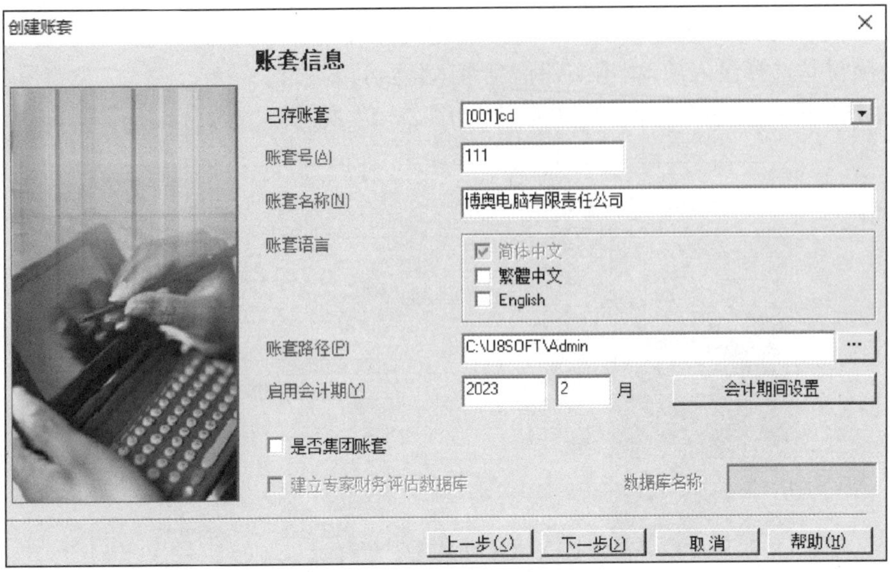

图2-9 创建账套—账套信息

已存账套:显示系统已存在的账套,只能查看不能修改,用友可以同时存在999个账套。

账套号:用自己学号后三位,本演示账套的账套号为"111"。蓝色显示的选项表示必录项,否则不能进入"下一步"步骤,下同。

账套名称:博奥电脑有限责任公司。

账套路径:存放账套位置,选择默认的C:\U8SOFT\Admin。

启用会计期:默认计算机的系统日期,为2023年2月。

是否集团账套:保持默认,不要选择。

(3)单击"下一步"按钮,录入单位信息,如图2-10所示。

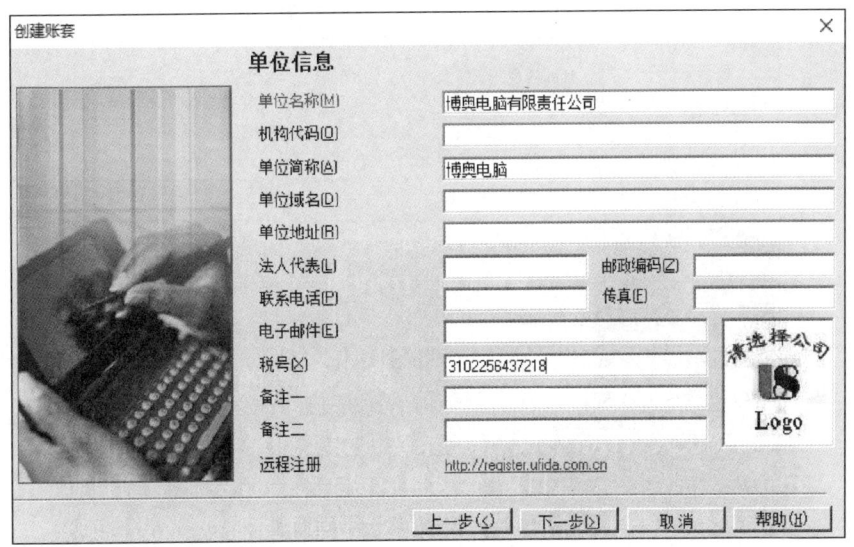

图2-10 创建账套—单位信息

单位名称:博奥电脑有限责任公司。
单位简称:博奥电脑。
税号:3102256437218。
其他项目是选择录入项,根据实际信息录入,也可以不录。

(4)单击"下一步"按钮,录入核算类型,如图2—11所示。

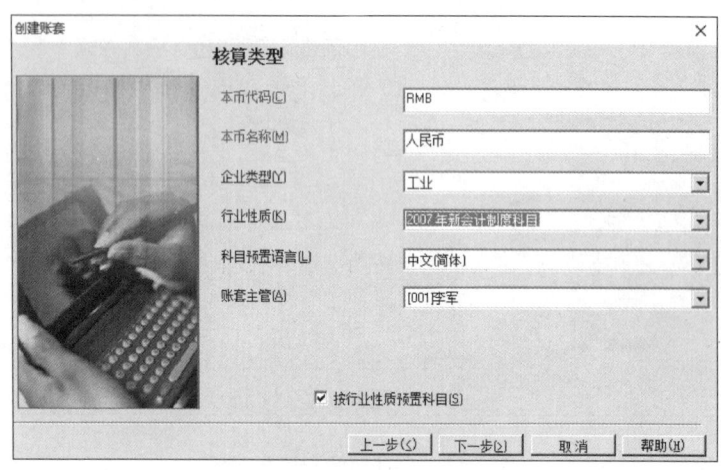

图2—11 创建账套—核算类型

本币代码:RMB。
本币名称:人民币。
企业类型:工业。
行业性质:2007年新会计制度科目。
科目预置语言:中文(简体)。
账套主管:(001)李军。增加操作员时指定李军为"账套主管",会默认。
默认勾选"按行业性质预置科目"。

(5)单击"下一步"按钮,录入基础信息,如图2—12所示。

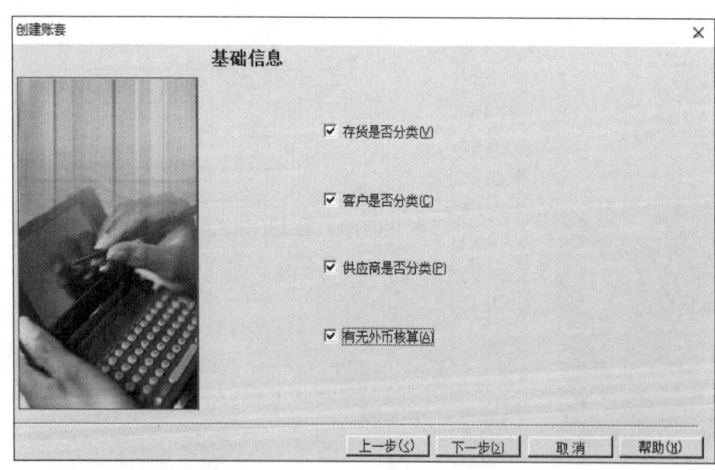

图2—12 创建账套—基础信息

默认已经勾选"存货是否分类""客户是否分类""供应商是否分类",根据实验资料自己勾选"有无外币核算"。

(6)单击"下一步"按钮,进入开始窗口,系统自动进行建账,从"初始化环境"到"配置账套信息"四个环节依次显示正在处理,如图2-13所示,此处建账需要等待两分钟。提示"可以创建账套了么?"如图2-14所示,单击"是",自动弹出"编码方案"窗口。

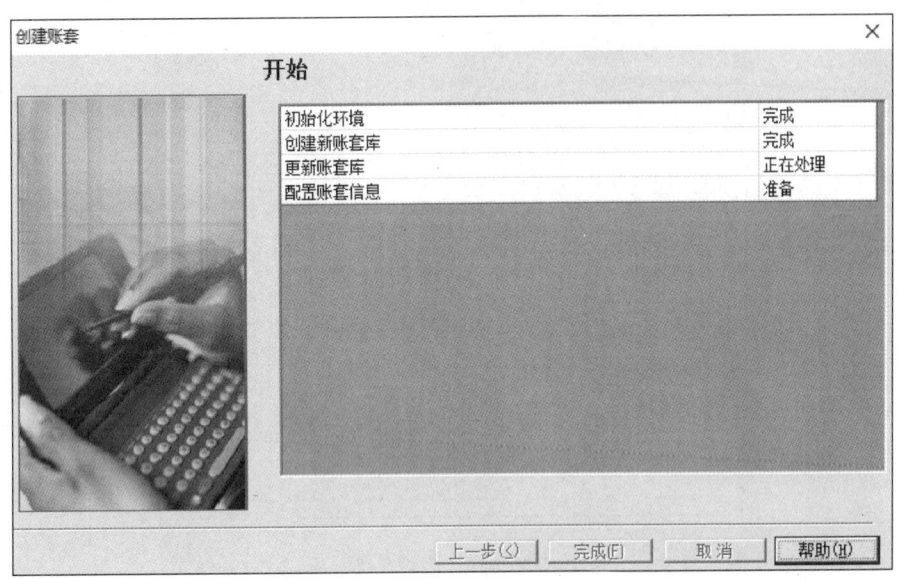

图2-13 创建账套—开始

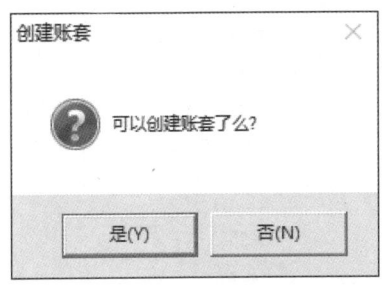

图2-14 创建账套提示信息

(7)按实验资料内容设置编码方案,如图2-15所示。修改完单击"确定"按钮,然后单击"取消"按钮,系统自动弹出"数据精度"窗口。数据精度保持默认的2位有效数字,如图2-16所示。单击"确定"按钮,会自动更新数据模板。

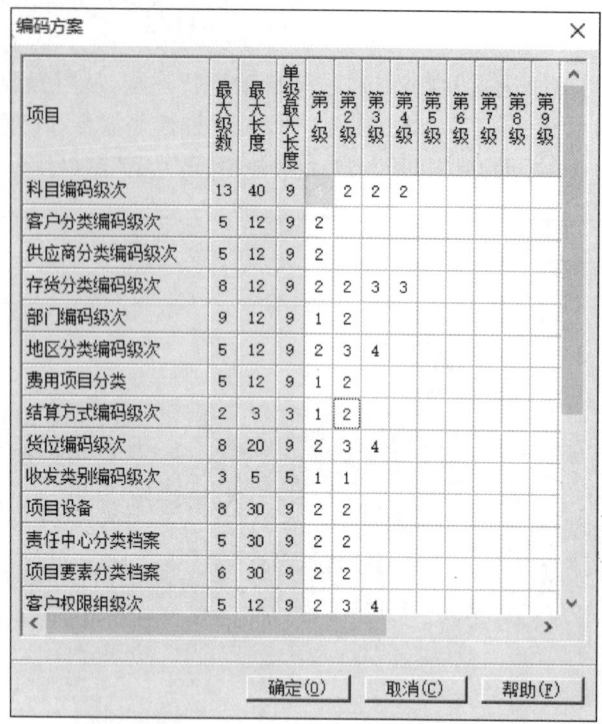

图 2—15　编码方案

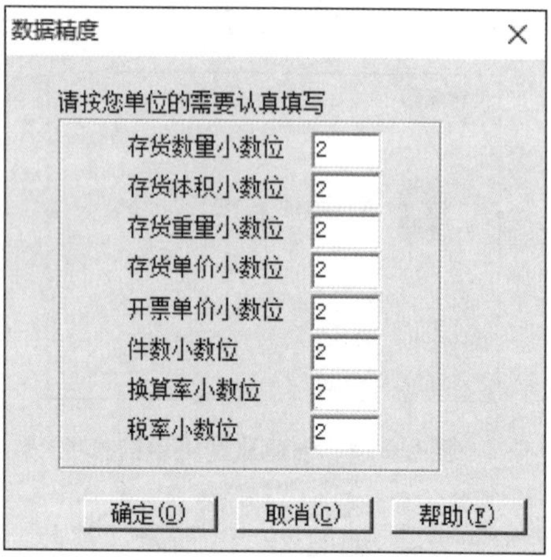

图 2—16　数据精度

(8)系统弹出"博奥电脑有限责任公司:[111]建账成功",单击"是"按钮,如图 2—17 所示,进入系统启用窗口,选中需要启用的总账,系统弹出日历框,如图 2—18 所示,在 2023 年 2 月 1 日启用总账系统。提示"确实要启用当前系统吗?"单击"是"按钮。提示请进入"企业应用平台"进行业务操作,单击"确认"按钮。

注:如果此处选择"否",没有进行系统启用,后期可以以"账套主管"身份登录"企业应用平台",执行"基础设置"—"基本信息"—"系统启用",进行系统启用设置。

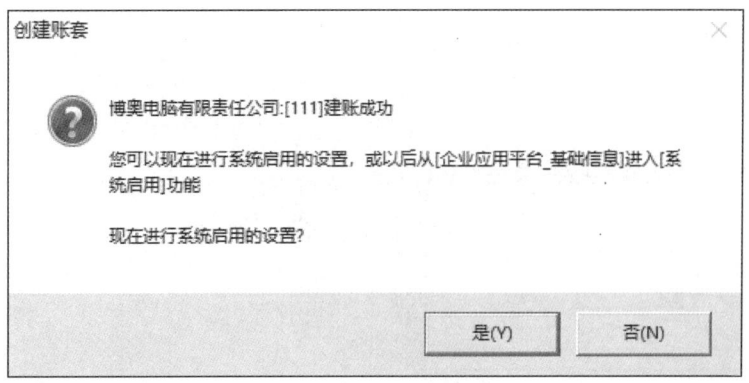

图 2-17 建账成功

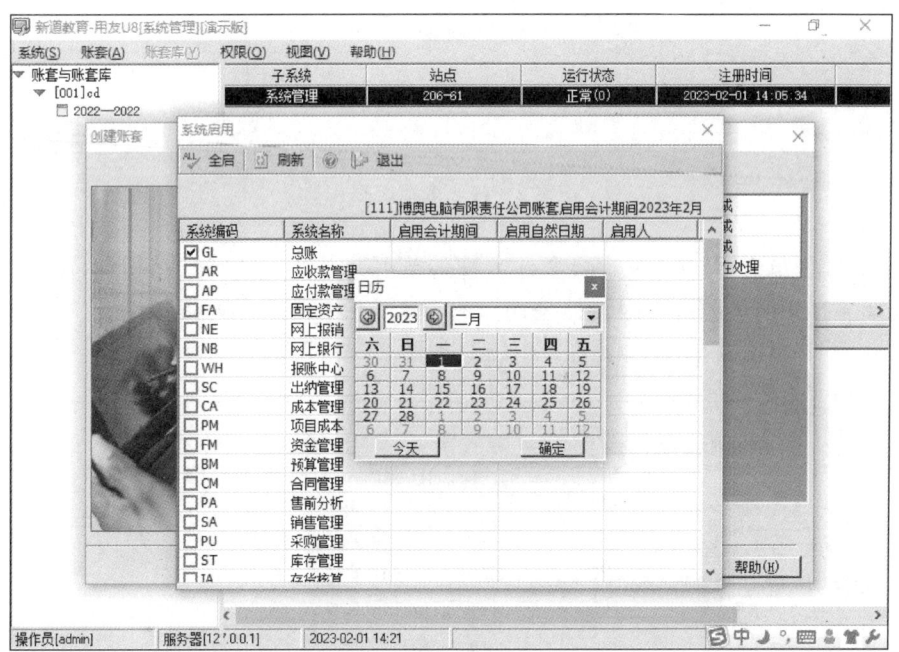

图 2-18 系统启用

2.3 设置功能级权限

(1)执行菜单栏"权限"—"权限"命令,打开"操作员权限"窗口。

(2)左侧操作员选择"001 李军"(账套主管),右上角下拉列表里面选择"[111]博奥电脑有限责任公司",李军在增加操作员时已经指定为账套主管,拥有[111]账套所有权限,如图 2-19 所示。

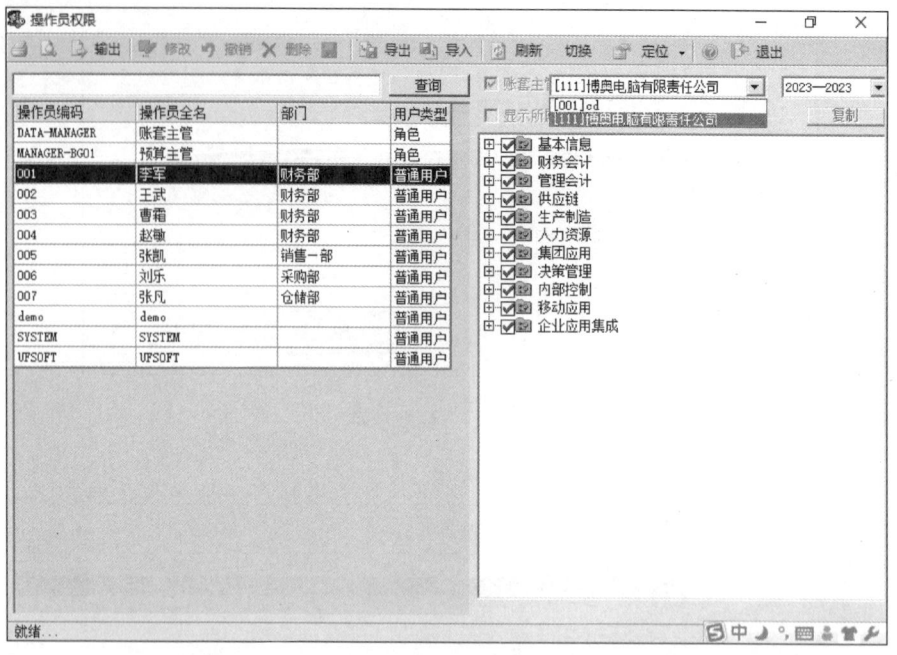

图 2-19　李军权限

（3）左侧操作员选择"002 王武"（会计主管），单击菜单栏上的"修改"按钮，右上角下拉列表里面选择"[111]博奥电脑有限责任公司"，参照表 2-1 最后一列权限设置。勾选"基本信息""财务会计"。单击菜单栏上的"保存"按钮，如图 2-20 所示。

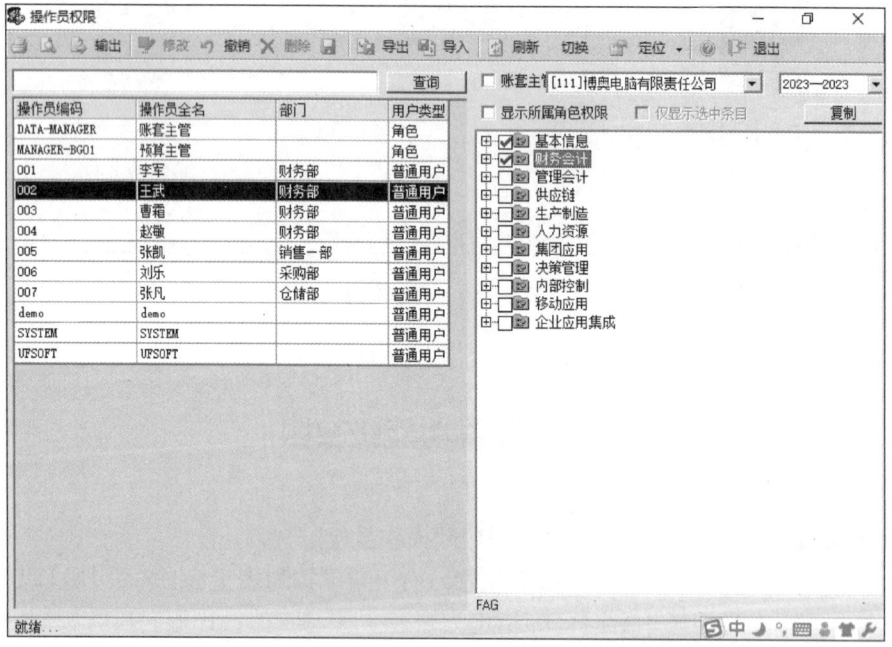

图 2-20　王武权限

(4)左侧操作员选择"003 曹霜"(即学生自己名字,会计),单击菜单栏上的"修改"按钮,按表 2—1 勾选"基本信息","财务会计"展开勾选"总账"(取消出纳签字、主管签字、审核凭证、出纳模块前面的√),勾选"应收款管理""应付款管理""固定资产",勾选"人力资源"。如图 2—21 所示,单击"保存"按钮。

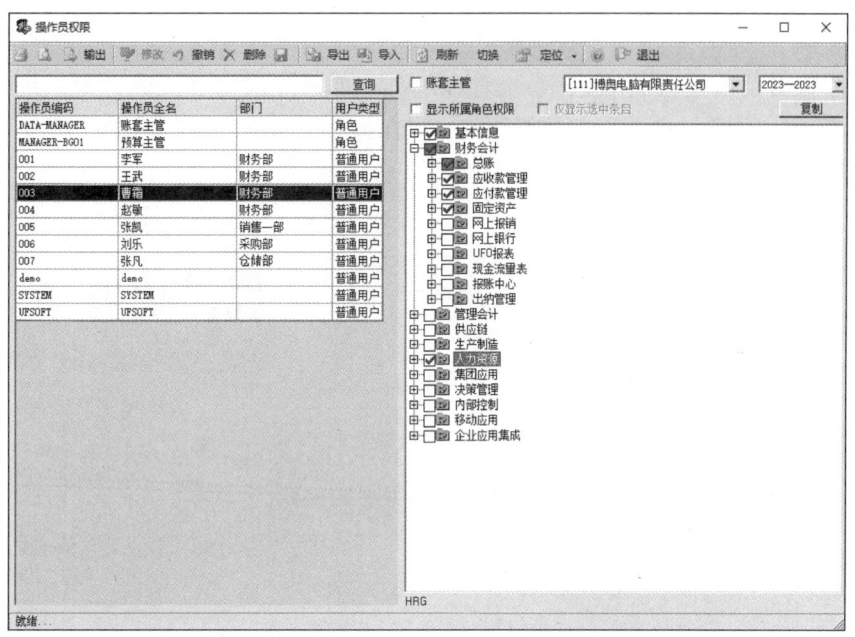

图 2—21　曹霜权限

(5)同理依次设置 004—007 操作员(分别为出纳、销售、采购、仓储)的权限,然后"保存",单击"退出"按钮。004 赵敏的权限如图 2—22 所示。

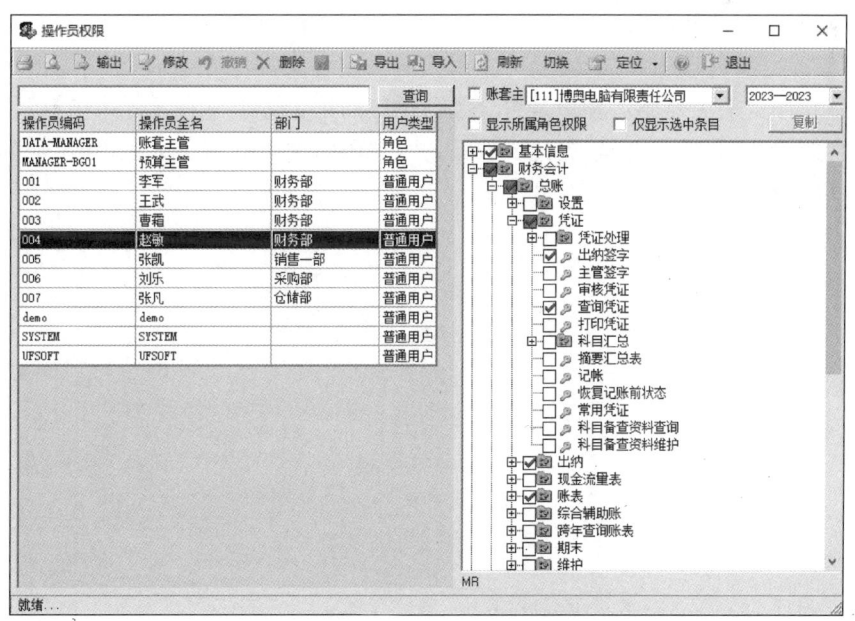

图 2—22　赵敏权限

2.4 修改账套及账套备份

2.4.1 修改账套

(1)修改账套由账套主管登录"系统管理"完成,如果之前由 admin 登录系统管理,单击"系统"—"注销",再执行"系统"—"注册"命令,操作员 001,密码 1,账套选择[111]博奥电脑有限责任公司,操作日期 2023-02-01,如图 2-23 所示。

图 2-23 账套主管登录系统管理

(2)执行"账套"—"修改"命令,如图 2-24 所示。打开"修改账套"窗口,单击"下一步"可以依次进行修改。灰色选项如"账套号""本币代码""企业类型""账套主管"不能修改,黑色的如"行业性质""存货是否分类""客户是否分类""供应商是否分类""有无外币核算"可以重新勾选或者取消,如图 2-25 所示。单击完成按钮,弹出"确认修改账套了么?"单击"是"按钮,进入编码方案可以修改。

图 2-24　修改账套

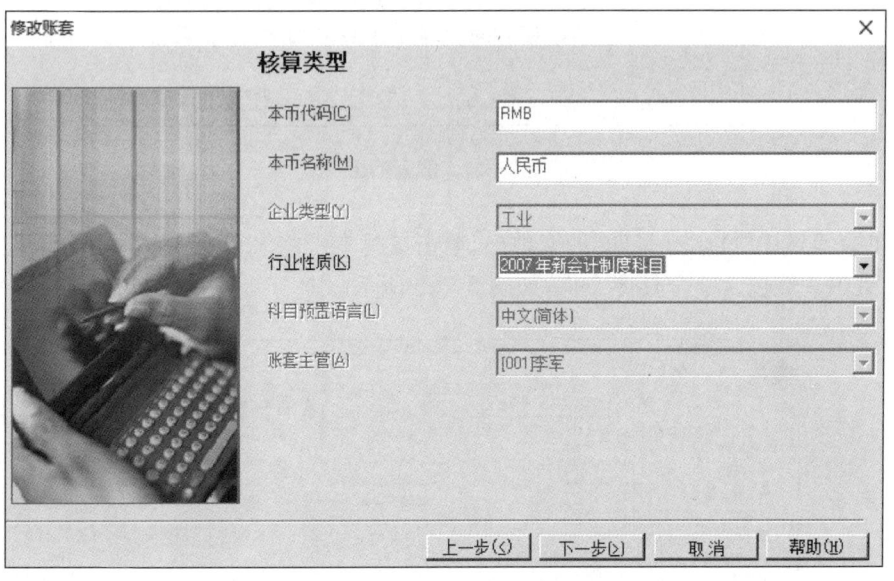

图 2-25　修改账套—核算类型

2.4.2　输出账套

(1)在 D 盘中新建命名为"姓名+日期"的文件夹。

(2)admin 登录系统管理,执行"账套"—"输出"命令,如图 2-26 所示,打开"账套输出"窗口,账套号下拉列表选择需要输出的账套号,输出文件位置展开项选择"D:\姓名+日期\"的文件夹,如图 2-27 所示。单击"确认"按钮,等两分钟,系统弹出"输出成功"提示框,单击确认。

24　会计信息系统实操

图 2—26　输出账套

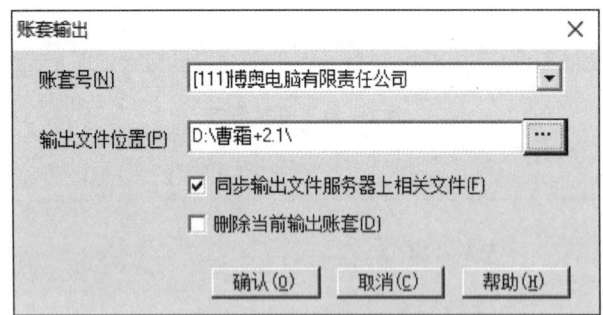

图 2—27　账套输出

(3)在 D 盘选中"姓名＋日期"的文件夹,单击鼠标右键将文件夹整体发送至自己 U 盘保存。文件夹中一般包含 3 个具体文件,如图 2—28 所示。

图 2—28　输出文件夹

2.4.3 引入账套

(1)admin 登录系统管理,执行"账套"—"引入"命令,如图 2—29 所示。

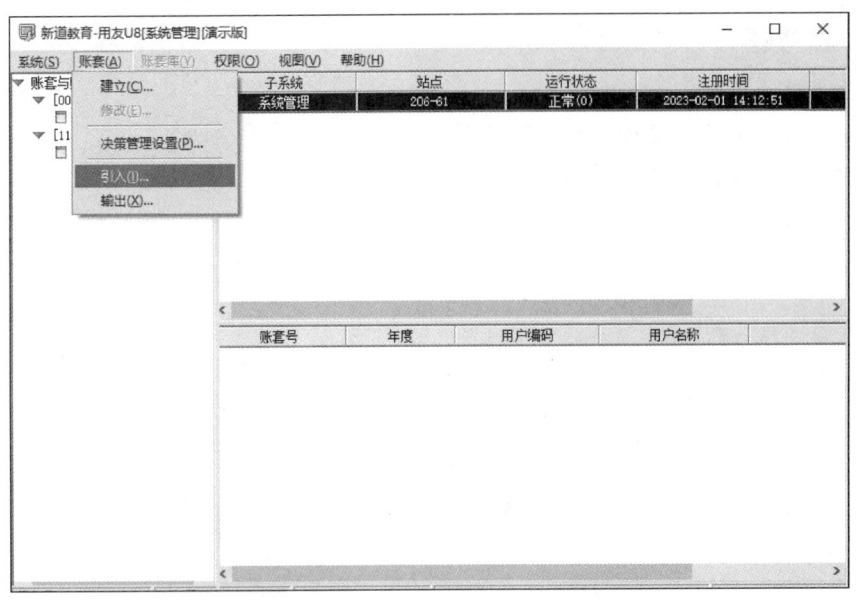

图 2—29 账套引入

(2)打开"请选择账套备份文件"窗口,展开 D 盘(自己的 U 盘)中"姓名+日期"的文件夹,单击 UfErpAct.Lst 文件,如图 2—30 所示,单击"确定"。系统要求确认"选择账套引入的目录",采用默认的,如图 2—31 所示。单击"确定",完成后提示正在进行账套数据引入。最后提示"账套[111]引入成功"。

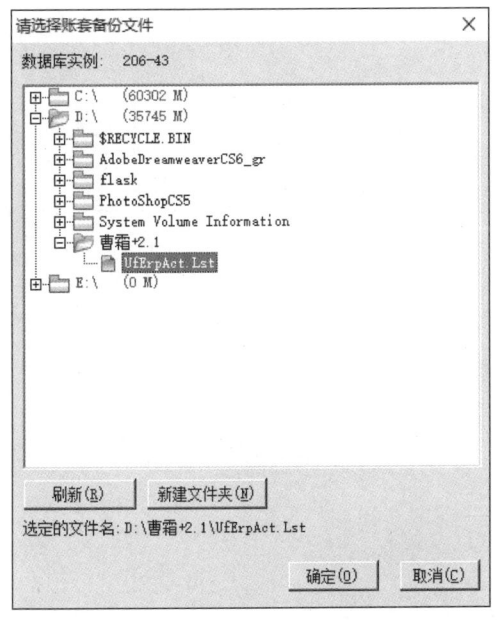

图 2—30 选择账套备份文件 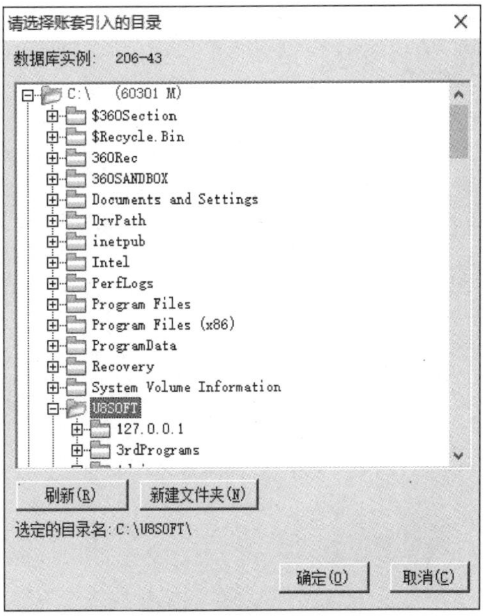　　　　图 2—31 账套引入的目录

注意:账套的引入和输出都由 admin 在系统管理完成。账套的修改由账套主管在系统管理完成,每个人权限不一样。

 复习思考题

1. 什么是账套?
2. 系统管理员和账套主管有什么联系与区别?
3. 权限设置多了或者少了对后续操作有什么影响?

第3章 企业应用平台基础设置

【企业应用平台概述】

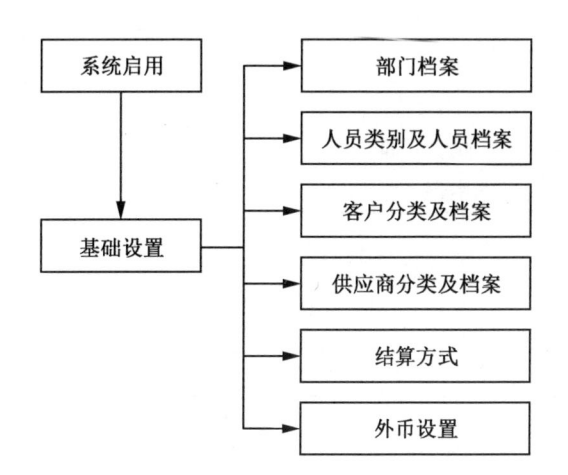

图 3—1 本章总体流程

基础档案信息的设置主要在"企业应用平台"中进行。"企业应用平台"是用友 ERP-U8 管理软件的集成应用平台，它是访问系统的唯一入口，可以实现企业基础档案和基础数据的设置和维护、信息的及时沟通、资源的有效利用等。

基础档案信息的设置是用友 ERP-U8 管理软件各个子系统公用的基础档案信息，主要包括企业部门档案、人员档案、客商信息、财务信息等信息的设置。

本章主要是进行系统日常使用前的基础性工作，包括：(1)启用总账；(2)添加部门档案、人员档案、地区分类、客户分类、供应商分类、客户档案、供应商档案等各种档案信息；(3)设置结算方式、外币核算。

【思政元素】

基础档案信息录入时，强调合规意识的培养，要自觉遵守各项法律制度，恪守职业道德，知法、守法、敬法，切实保护国家、社会公众和投资人等利益。

思政案例

【实验目标】

掌握基础档案的具体录入方法及修改。

【实验内容】

1. 部门档案设置。

2. 人员类别及人员档案设置。

3. 客户分类及档案设置。

4. 供应商分类及档案设置。

5. 结算方式设置。

6. 外币设置。

【实验资料】

1. 部门档案

表3-1　　　　　　　　　　　　　　　部门档案

部门编码	部门名称	部门编码	部门名称
1	管理部门	3	采购部
101	办公室	4	生产部
102	财务部	401	一车间
2	销售部	402	二车间
201	销售一部	5	仓储部
202	销售二部		

2. 人员类别及人员档案

表3-2　　　　　　　　　　　　　　正式工人员类别

类别编码	类别名称
10101	管理人员
10102	销售人员
10103	采购人员
10104	车间管理人员
10105	生产人员

表3-3　　　　　　　　　　　　　　　人员档案

人员编码	姓名	雇佣状态	性别	行政部门	人员类别	是否操作员	是否业务员
101	李俊	在职	男	办公室	管理人员	否	是
102	李军	在职	男	财务部	管理人员	是	是
103	王武	在职	男	财务部	管理人员	是	是
104	自己姓名	在职	实际	财务部	管理人员	是	是
105	赵敏	在职	女	财务部	管理人员	是	是
106	刘乐	在职	女	采购部	采购人员	是	是
107	张凯	在职	男	销售一部	销售人员	是	是

续表

人员编码	姓名	雇佣状态	性别	行政部门	人员类别	是否操作员	是否业务员
108	何东	在职	男	销售二部	销售人员	否	是
109	张博	在职	男	一车间	生产人员	否	是
110	王可	在职	女	二车间	生产人员	否	是
111	张凡	在职	女	仓储部	管理人员	是	是

3. 客户分类及客户档案

表 3-4　　　　　　　　　　　　　　客户分类

分类编码	分类名称
01	批发
02	零售
03	代销
04	专柜

表 3-5　　　　　　　　　　　　　　客户档案

客户编码	客户简称	所属分类	税　号	开户银行	账号	默认值
0001	华盛贸易	批发	210103128	农行	123	是
0002	昌都贸易	批发	210008724	中行	456	是
0003	精益公司	专柜	215020152	建行	789	是
0004	科特公司	代销	215452253	招行	101	是

4. 供应商分类及供应商档案

表 3-6　　　　　　　　　　　　　　供应商分类

分类编码	分类名称
01	原料供应商
02	成品供应商
03	委外供应商
04	其他

表 3-7　　　　　　　　　　　　　　供应商档案

供应商编码	供应商简称	所属分类	税号	属性
0001	益远公司	原料供应商	213526844	采购
0002	兴华公司	成品供应商	213821385	采购
0003	建盛公司	成品供应商	214625705	采购
0004	华美商行	委外供应商	218478278	委外
0005	德利公司	其他	210486008	采购、服务

5. 结算方式

表3-8　　　　　　　　　　　　　　结算方式

编码	名称	对应票据类型	票据管理
1	现金结算		否
2	支票结算		是
201	现金支票	现金支票	
202	转账支票	转账支票	
3	汇票结算		否
301	商业承兑汇票		
302	银行承兑汇票		
9	其他		否

6. 外币汇率基础设置

币符：HKD。币名：港币。保留5位小数。折算方式：外币*汇率＝本位币，2023年2月汇率0.86。

币符：USD。币名：美元。保留5位小数。折算方式：外币*汇率＝本位币，2023年2月汇率6.76。

3.1　部门档案设置

(1)登录"企业应用平台"。双击桌面上图标"企业应用平台"，打开登录窗口，以账套主管身份登录，输入操作员001，密码1，账套选择[111]博奥电脑有限责任公司，操作日期2023-02-01，如图3-2所示。

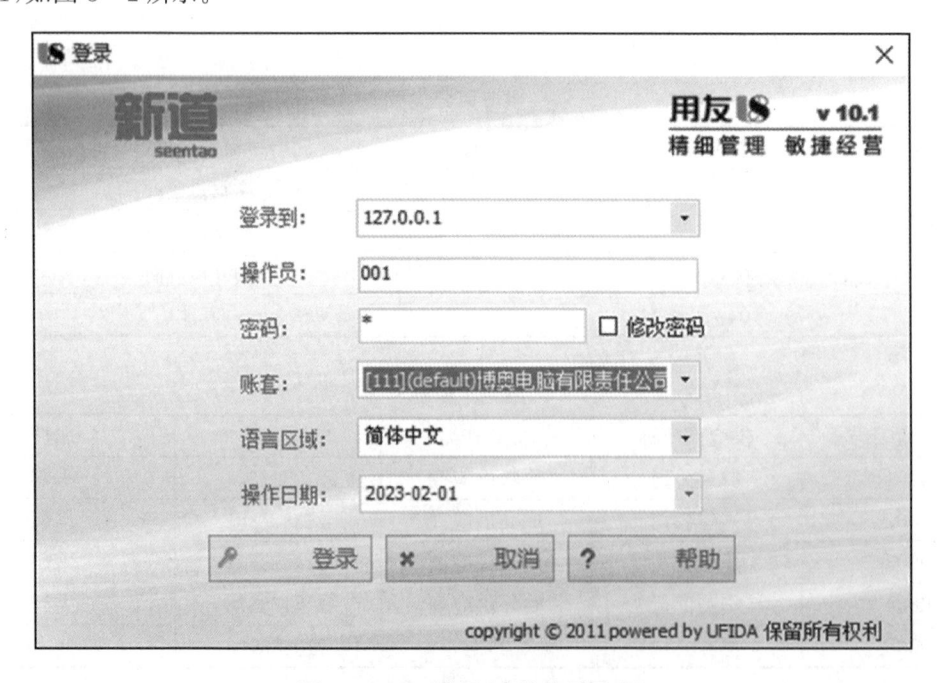

图3-2　001登录"企业应用平台"

(2)启用总账。如果之前建账时已经启用过总账,这个步骤可以省略,否则在打开的"企业应用平台"界面的左侧选择"基础设置"选项卡,执行"基本信息"—"系统启用",勾选"总账",弹出日历框,日期为默认的系统时间2023年2月1日。

(3)执行"基础设置"选项卡的"基础档案"—"机构人员"—"部门档案"命令,双击"部门档案",进入"部门档案"窗口,如图3—3所示,单击左上角第三排的"增加"按钮,按照实验资料录入部门编码"1",部门名称"管理部门",成立日期默认2023—02—01,单击菜单栏第二排"保存"按钮。

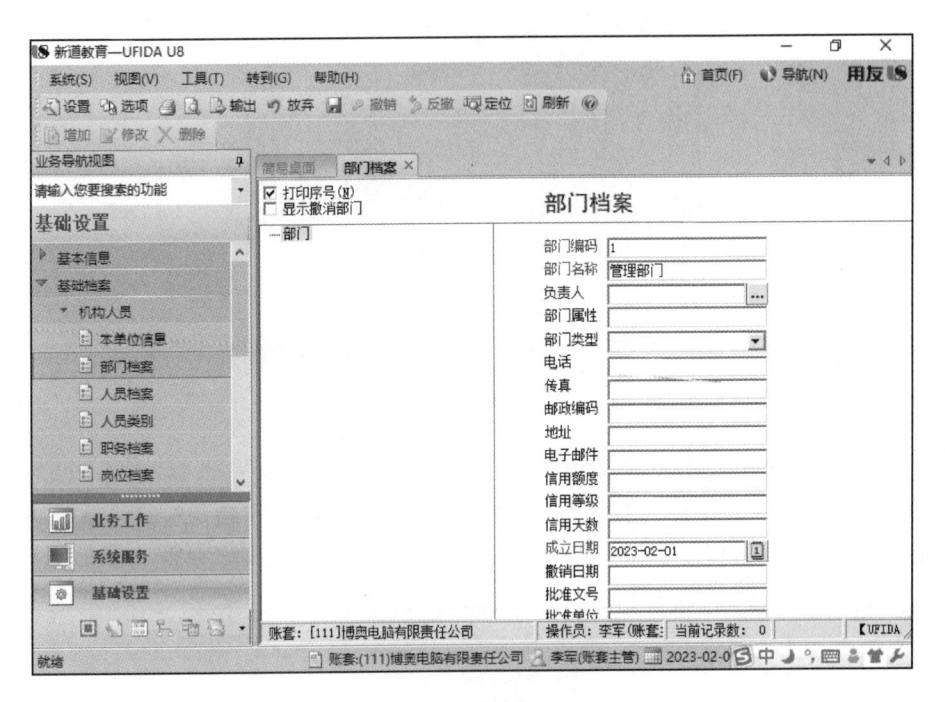

图3—3 部门档案

(4)同理,单击"增加"按钮,依次录入所有部门,然后"保存",退出。

3.2 人员类别及人员档案设置

(1)执行"基础设置"选项卡的"基础档案"—"机构人员"—"人员类别"命令,双击进入"人员类别"窗口,如图3—4所示。

(2)先选中"正式工",再单击菜单栏上的"增加"按钮,进入"增加档案项"窗口,录入档案编码"10101",档案名称"管理人员",单击"确定"按钮。依次录入10102—10105四个人员类别。

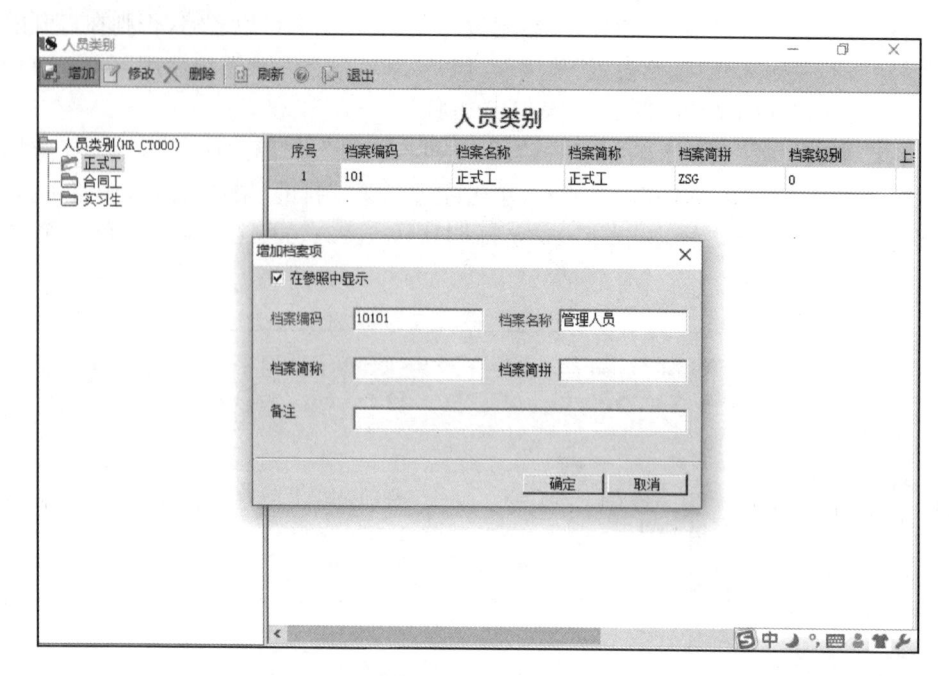

图 3—4 人员类别

(3)执行"基础设置"选项卡的"基础档案"—"机构人员"—"人员档案"命令,双击进入"人员档案"窗口,单击菜单栏上的"增加"按钮,如图 3—5 所示,按照实验资料录入蓝色必录项,有下拉列表或者展开项的,直接选择。输入完成后单击菜单栏上"保存"按钮。

图 3—5　101 人员档案

(4)同理依次录入102—111的人员档案。

注意:102等要选择"是否操作员",在勾选"是否操作员"以后,单击操作员名称后面的展开项,在弹出的窗口中选择在系统管理给他设置的对应操作员编码,如图3-6所示。然后点人员档案窗口的"保存",会提示"人员信息已改,是否同步修改",点"是",如图3-7所示。

图3-6　102人员档案

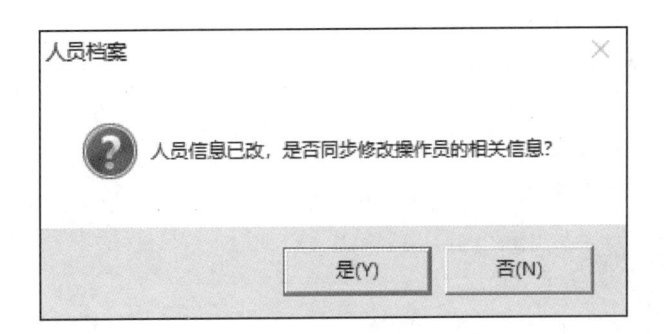

图3-7　同步修改操作员信息

3.3　客户分类及档案设置

(1)执行"基础设置"选项卡的"基础档案"—"客商信息"—"客户分类"命令,双击进入"客户分类"窗口,如图3-8所示。

(2)单击"添加"按钮,按照实验资料录入分类编码"01",分类名称"批发",单击菜单栏上

"保存"按钮,依次录入其他客户分类。

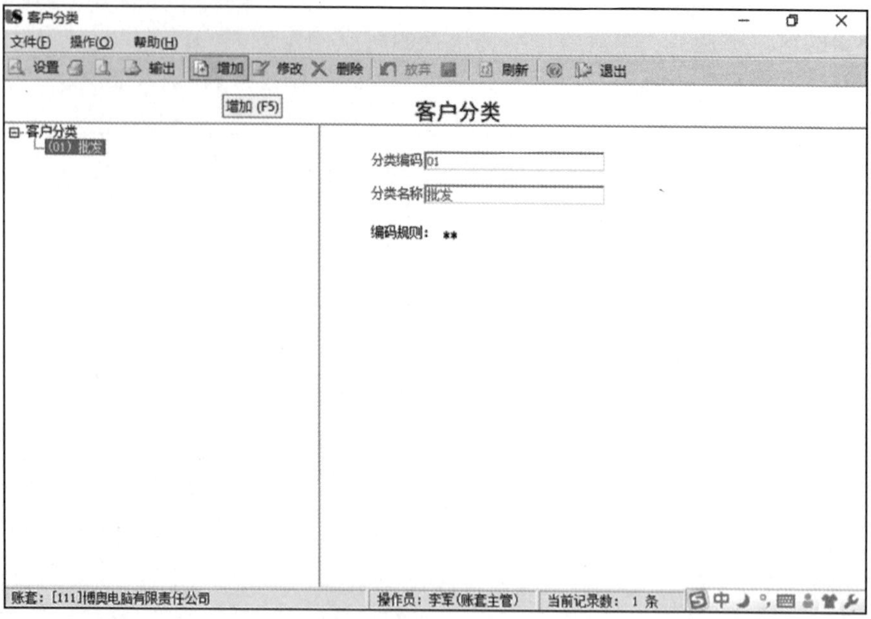

图 3—8 客户分类

注意:如录入分类编码以后保存提示"编码不符合规范",说明建账时编码方案设置错误,需要修改编码方案。

(3)执行"基础设置"选项卡的"基础档案"—"客商信息"—"客户档案"命令,双击进入"客户档案"窗口,如图 3—9 所示,录入客户编码"0001",客户简称"华盛贸易",所属分类展开项可以选择"01—批发",税号"210103128"。

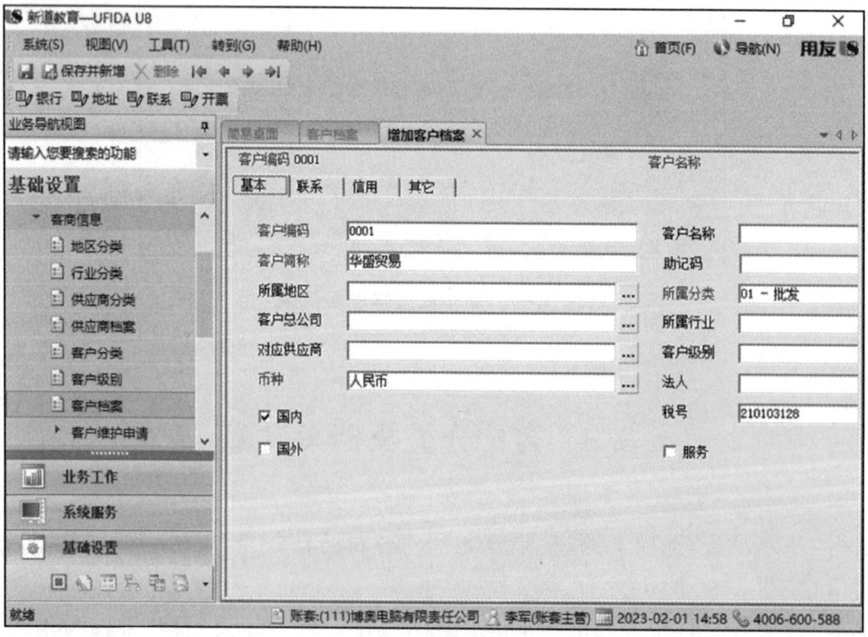

图 3—9 客户档案

(4)单击菜单栏第三排第一个"银行"按钮,录入银行信息,如图3-10所示。录入完点"保存",然后退出。

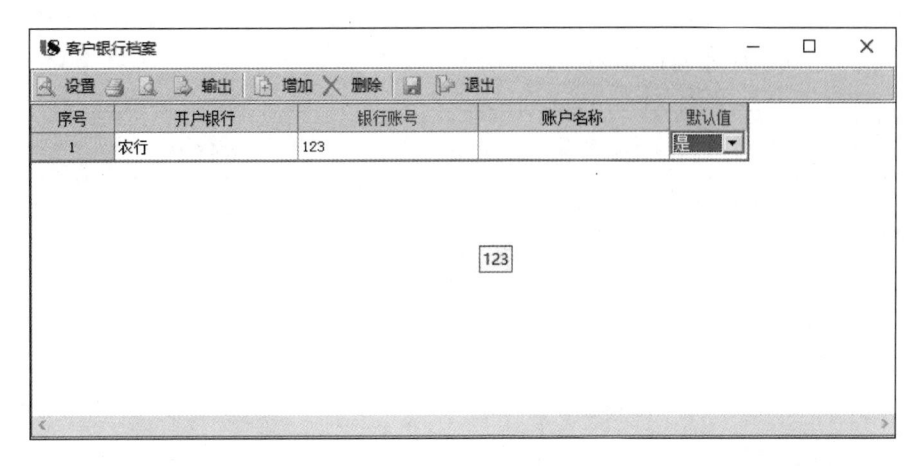

图 3-10　客户银行档案

(5)单击菜单栏上第二排"保存并新增",依次按照实验资料录入其他客户档案。

3.4　供应商分类及档案设置

(1)执行"基础设置"选项卡的"基础档案"—"客商信息"—"供应商分类"命令,双击进入"供应商分类"窗口,如图3-11所示。

(2)单击"增加"按钮按照实验资料录入分类编码"01",分类名称"原料供应商",单击菜单栏上"保存"按钮,依次录入其他供应商分类。

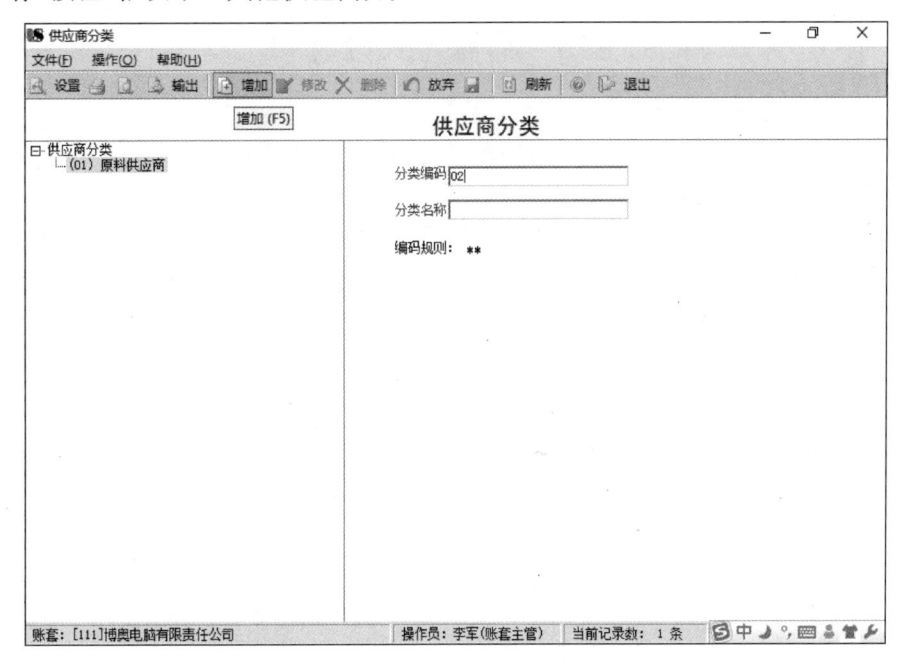

图 3-11　供应商分类

(3)执行"基础设置"选项卡的"基础档案"—"客商信息"—"供应商档案"命令,双击进入"供应商档案"窗口,如图 3-12 所示,录入供应商编码"0001",供应商简称"益远公司",所属分类展开项可以选择"01-原料供应商",币种默认"人民币",税号"213526844",最下面按实验资料勾选"采购",不同供应商勾选不一样。

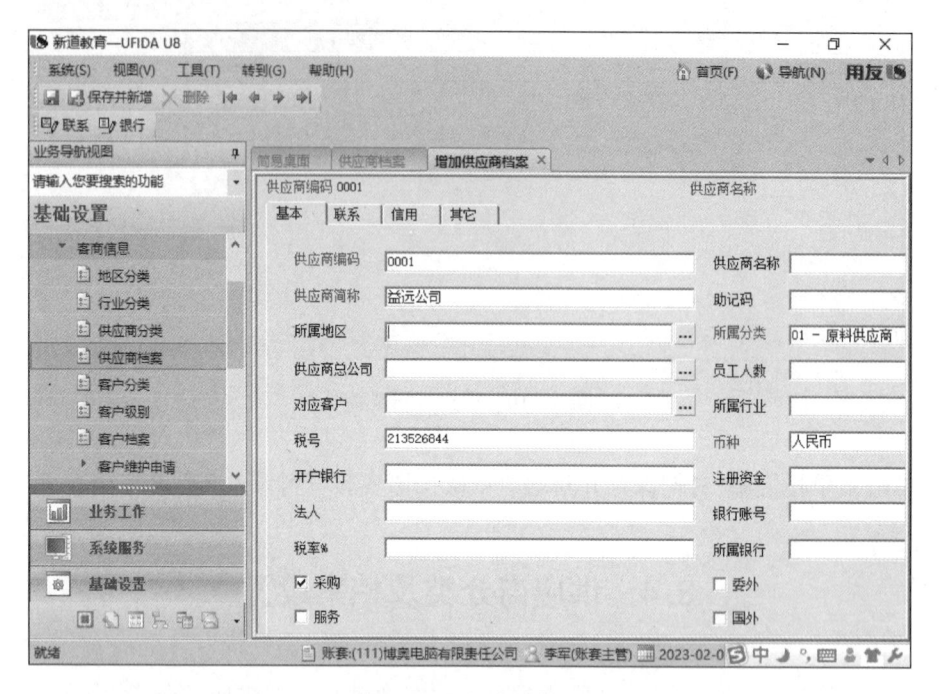

图 3-12 供应商档案

(4)单击菜单栏上第二排"保存并新增",依次按照实验资料录入其他供应商档案。

3.5 结算方式设置

(1)执行"基础设置"选项卡的"基础档案"—"收付结算"—"结算方式"命令,双击进入"结算方式"窗口,如图 3-13 所示。

(2)按照实验资料录入结算方式编码"1",结算方式名称"现金结算",单击菜单栏上"保存"按钮,依次录入其他结算方式。录入 201 现金支票要记得勾选"是否票据管理"及对应票据类型"现金支票",如图 3-14 所示。

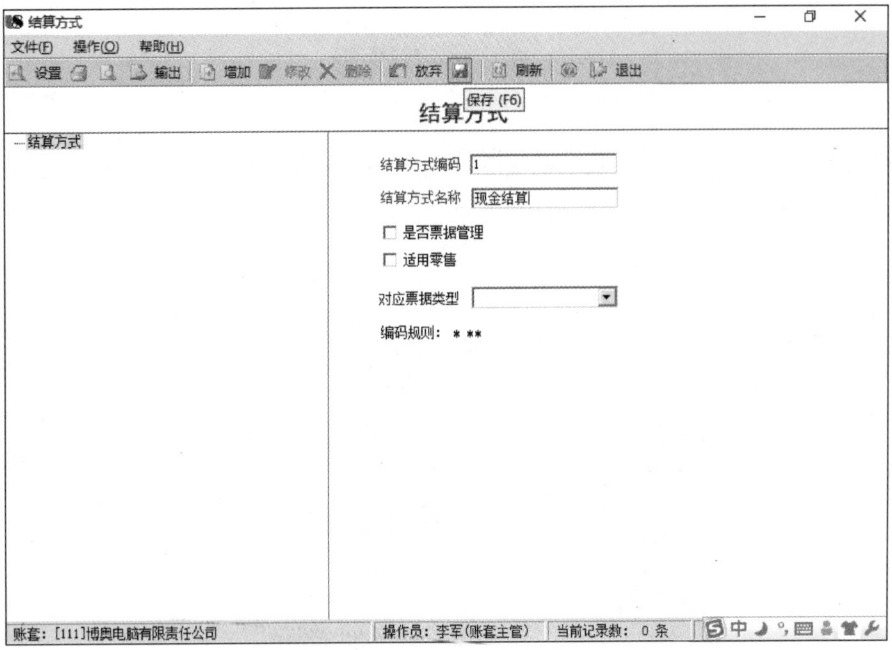

图 3—13 "现金结算"结算方式

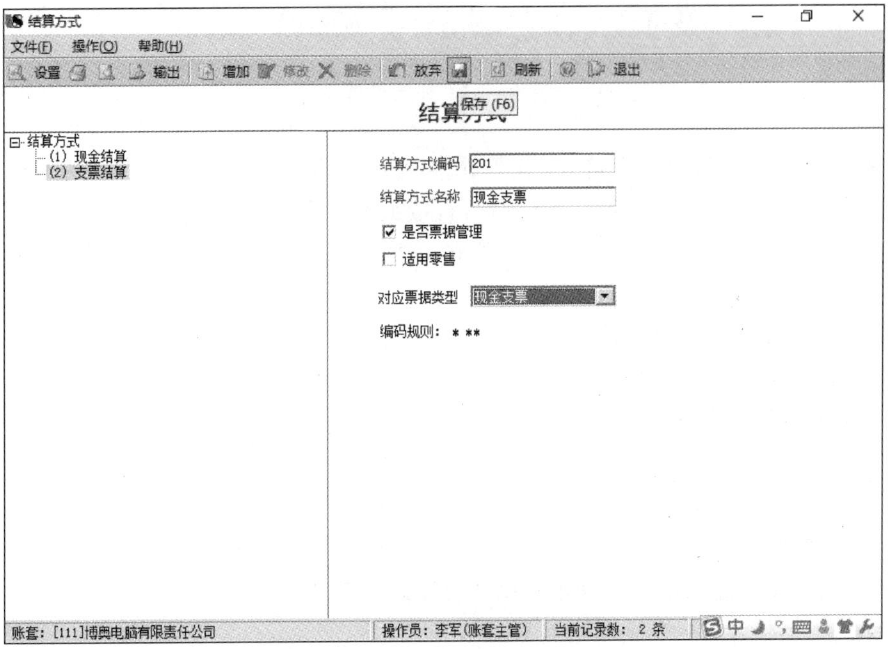

图 3—14 "现金支票"结算方式

3.6 外币设置

(1)执行基础设置选项卡的"基础档案"—"财务"—"外币设置"命令,双击进入"外币设置"窗口,如图 3-15 所示。

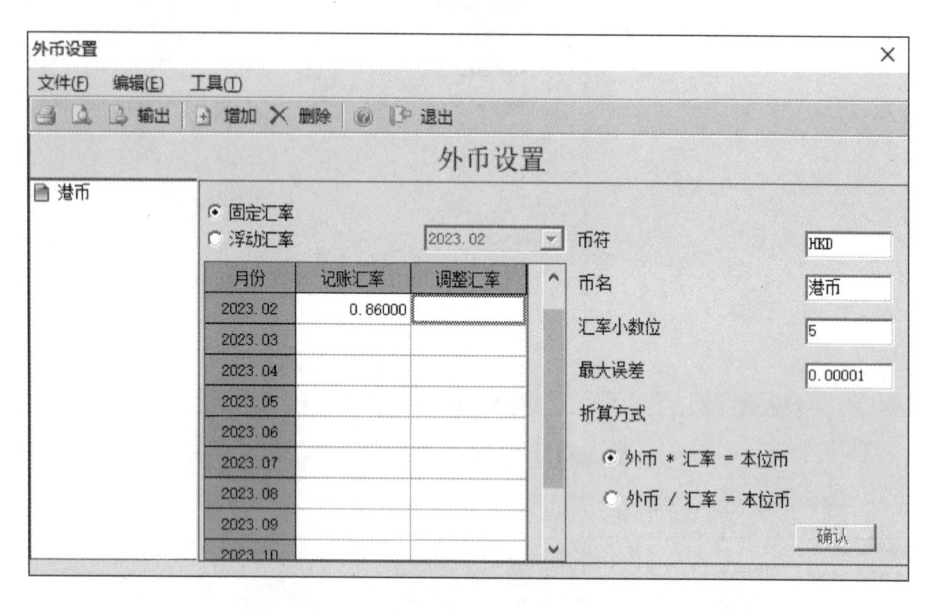

图 3-15 外币设置

(2)单击"增加"按钮,录入币符"HKD"、币名"港币",汇率小数位和最大误差保持默认的,折算方式选择默认的"外币*汇率=本位币"(直接汇率计算方式)。

(3)默认固定汇率,在 2023.02 记账汇率单元格录入"0.86",鼠标单击其他空白单元格确认。

注意:这个窗口没有设置保存按钮,录入记账汇率退出前鼠标要选择其他空白单元格,否则不会保存。

(4)同理进行美元外币设置。

复习思考题

1. 录入基础档案过程中如果提示编码不符合规范需要怎么修改?
2. 设置客户、供应商档案的目的是什么?
3. 简述建账时没有启用总账,企业应用平台系统启用的方法。

第4章 总账管理系统初始化

【总账管理系统概述】

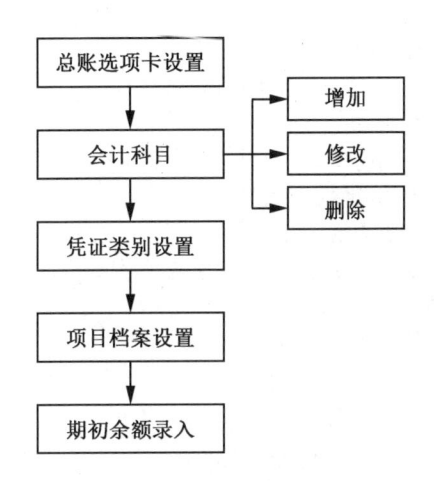

图4—1 本章总体流程

总账系统是 U8 产品中最重要的系统,既可独立运行又可同其他子模块协同运转。通用型财务软件的参数可以根据企业实际需要修改设置,由通用软件变成更适合企业实际情况的专用软件。主要工作包括总账选项卡的设置,会计科目设置、凭证类别设置,项目目录的设置以及期初余额的录入等。

总账选项卡的设置是对总账系统的一些系统选项进行设置,以便为总账系统配置相应的功能或设置相应的控制。第一次启用总账系统时,即出现参数设置窗口,可以进行部分参数设置。

设置基础数据主要工作包括:设置会计科目、凭证类别及辅助核算项目核算的项目档案设置等。

本期期初余额以上期期末余额为基础,反映了以前期间的交易和上期采用的会计政策的结果,期初已存在的账户余额是由上期结转至本期的金额,或是上期期末余额调整的金额,第一次使用财务软件需要将手工账数据过账到信息系统软件,以保证数据的完整性和连贯性。后续月份会自动将上期的会计科目期末余额数据信息作为本期会计科目期初余额数据。

【思政元素】

期初余额录入工作量大,学生容易出现期初余额试算不平的情况,会影响后续的记账和结账操作。为了保证期初余额试算平衡,需要提高学生团队合作能力,可以相互检查,相互审核,提高效率,增强集体主义精神,团结互助。

【实验目标】

1. 理解总账系统初始设置的意义。
2. 掌握用友财务软件中总账系统初始设置的具体内容和操作方法。

【实验内容】

1. 总账选项卡设置。
2. 会计科目基础设置、凭证类别基础设置,项目档案设置。
3. 期初余额录入。

【实验资料】

1. 总账参数设置

表 4—1　　　　　　　　　　　　　　　总账参数列表

选项卡	参数设置
凭证	制单序时控制 赤字控制:资金及往来科目 赤字控制方式:提示 可以使用应收受控科目 可以使用应付受控科目 可以使用其他系统受控科目 取消现金流量科目必录现金流量项目 自动填补凭证断号 银行科目结算方式必录 往来科目票据号必录 凭证编号方式:系统编号
权限	出纳凭证必须经由出纳签字 凭证必须经由主管会计签字 允许修改、作废他人填制的凭证 可查询他人凭证
会计日历	数量小数位和单价小数位由5位改成2位
其他	部门、个人、项目按编码方式排序

2. 增加会计科目

表 4—2　　　　　　　　　　　　　　　会计科目表

类型	级次	科目编码	科目名称	外币币种	计量单位	辅助账类型	账页格式	余额方向
资产	1	1001	库存现金			日记账		借
资产	1	1002	银行存款			银行账、日记账		借
资产	2	100201	农行存款			银行账、日记账		借

续表

类型	级次	科目编码	科目名称	外币币种	计量单位	辅助账类型	账页格式	余额方向
资产	2	100202	中行存款	美元		银行账、日记账	外币金额式	借
资产	2	100203	建行存款	港币		银行账、日记账	外币金额式	借
资产	1	1012	其他货币资金					借
资产	1	1101	交易性金融资产					借
资产	1	1121	应收票据			客户往来		借
资产	1	1122	应收账款			客户往来		借
资产	1	1123	预付账款			供应商往来		借
资产	1	1131	应收股利					借
资产	1	1132	应收利息					借
资产	1	1221	其他应收款					借
资产	2	122101	应收单位款			供应商往来		借
资产	2	122102	应收个人款			个人往来		借
资产	1	1231	坏账准备					贷
资产	1	1401	材料采购					借
资产	1	1402	在途物资					借
资产	1	1403	原材料					借
资产	2	140301	金属板 1*2M		片		数量金额式	借
资产	2	140302	金属板 1*3M		片		数量金额式	借
资产	1	1404	材料成本差异					借
资产	1	1405	库存商品					借
资产	2	140501	外购品					借
资产	3	14050101	显示器		台		数量金额式	借
资产	3	14050102	鼠标		个		数量金额式	借
资产	3	14050103	键盘		个		数量金额式	借
资产	3	14050104	内存条		条		数量金额式	借
资产	3	14050105	硬盘		个		数量金额式	借
资产	3	14050106	服务器		台		数量金额式	借
资产	3	14050107	喷墨打印机		台		数量金额式	借
资产	3	14050108	激光打印机		台		数量金额式	借
资产	2	140502	产成品					借
资产	3	14050201	电脑(奔腾)		台		数量金额式	借

续表

类型	级次	科目编码	科目名称	外币币种	计量单位	辅助账类型	账页格式	余额方向
资产	3	14050202	电脑(酷睿)		台		数量金额式	借
资产	1	1406	发出商品					借
资产	1	1409	自制半成品					借
资产	2	140901	机箱		台		数量金额式	借
资产	2	140902	主机(奔腾)		台		数量金额式	借
资产	2	140903	主机(酷睿)		台		数量金额式	借
资产	1	1411	周转材料					借
资产	1	1601	固定资产					借
资产	1	1602	累计折旧					贷
资产	1	1603	固定资产减值准备					贷
资产	1	1701	无形资产					借
资产	1	1702	累计摊销					贷
资产	1	1703	无形资产减值准备					贷
资产	1	1901	待处理财产损溢					借
资产	2	190101	待处理流动资产损溢					借
负债	1	2001	短期借款					贷
负债	1	2201	应付票据			供应商往来		贷
负债	1	2202	应付账款			供应商往来		贷
负债	1	2203	预收账款			客户往来		贷
负债	1	2211	应付职工薪酬					贷
负债	2	221101	应付工资					贷
负债	2	221102	应付福利费					贷
负债	1	2221	应交税费					贷
负债	2	222101	应交增值税					贷
负债	3	22210101	进项税额					贷
负债	3	22210105	销项税额					贷
负债	2	222106	应交所得税					贷
负债	1	2231	应付利息					贷
负债	1	2232	应付股利					贷
负债	1	2241	其他应付款					贷

续表

类型	级次	科目编码	科目名称	外币币种	计量单位	辅助账类型	账页格式	余额方向
负债	1	2501	长期借款					贷
权益	1	4001	实收资本					贷
权益	1	4002	资本公积					贷
权益	1	4101	盈余公积					贷
权益	1	4103	本年利润					贷
权益	1	4104	利润分配					贷
权益	2	410405	未分配利润					贷
成本	1	5001	生产成本					借
成本	2	500101	直接材料			项目核算		借
成本	2	500102	直接人工			项目核算		借
成本	2	500103	制造费用			项目核算		借
成本	1	5101	制造费用					借
成本	2	510101	工资及福利费			部门核算		借
成本	2	510102	折旧			部门核算		借
成本	2	510103	办公费			部门核算		借
成本	2	510104	水电费			部门核算		借
成本	2	510105	修理费			部门核算		借
成本	2	510120	其他			部门核算		借
损益	1	6001	主营业务收入					贷
损益	2	600101	电脑(奔腾)		台		数量金额式	贷
损益	2	600102	电脑(酷睿)		台		数量金额式	贷
损益	1	6051	其他业务收入					
损益	1	6061	汇兑损益					贷
损益	1	6101	公允价值变动损益					贷
损益	1	6111	投资收益					贷
损益	1	6301	营业外收入					贷
损益	1	6401	主营业务成本					借
损益	2	640101	电脑(奔腾)		台		数量金额式	借
损益	2	640102	电脑(酷睿)		台		数量金额式	借
损益	1	6402	其他业务成本					借
损益	1	6403	税金及附加					借
损益	1	6601	销售费用					借

续表

类型	级次	科目编码	科目名称	外币币种	计量单位	辅助账类型	账页格式	余额方向
损益	2	660101	工资及福利费			部门核算		借
损益	2	660102	折旧			部门核算		借
损益	2	660103	办公费			部门核算		借
损益	2	660104	水电费			部门核算		借
损益	2	660105	修理费			部门核算		借
损益	2	660120	其他			部门核算		借
损益	1	6602	管理费用					借
损益	2	660201	工资及福利费			部门核算		借
损益	2	660202	折旧			部门核算		借
损益	2	660203	办公费			部门核算		借
损益	2	660204	水电费			部门核算		借
损益	2	660205	修理费			部门核算		借
损益	2	660220	其他			部门核算		借
损益	1	6603	财务费用					借
损益	1	6701	资产减值损失					借
损益	1	6801	所得税费用					借

注：除了增加二级和三级明细科目，根据核算需要可以增加或者删减一级科目，博奥电脑有限责任公司需要增加一级科目"1409 自制半成品"，先增加一级科目才能增加二级明细科目"140901 机箱""140902 主机（奔腾）""140903 主机（酷睿）"。

3. 修改会计科目

(1)修改一级科目的辅助项。本实验需要修改"1001 库存现金""1002 银行存款""1121 应收票据""1122 应收账款""1123 预付账款""2201 应付票据""2202 应付账款""2203 预收账款"共 8 个一级科目的辅助核算。

(2)指定现金总账科目"1001 库存现金"、银行总账科目"1002 银行存款"、现金流量科目"1001、100201、100202、100203"。

4. 凭证类别

表 4—3　　　　　　　　　　　　凭证类别

凭证字	类型	限制类型	限制科目
收	收款凭证	借方必有	1001,100201,100202,100203
付	付款凭证	贷方必有	1001,100201,100202,100203
转	转账凭证	凭证必无	1001,100201,100202,100203

5. 项目档案

表4-4   项目档案

项目设置步骤	设置内容
项目大类	生产成本
核算科目	直接材料、直接人工、制造费用
项目分类	1. 自行开发产品 2. 委托开发产品
项目目录	101 电脑(奔腾),所属分类码1 102 电脑(酷睿),所属分类码1

6. 期初余额

(1)期初余额

表4-5   期初余额表

类型	级次	科目编码	科目名称	币别/数量	年初余额	累计借方	累计贷方	期初余额
资产	1	1001	库存现金		15 536	6 894	5 930	16 500
资产	1	1002	银行存款		4 261 274	1 486 920	2 474 720	3 273 474
资产	2	100201	农行存款		3 972 474	1 486 920	2 474 720	2 984 674
资产	2	100202	中行存款		202 800			202 800
				美元	30000			30 000
资产	2	100203	建行存款		86 000			86 000
				港币	100 000			100 000
资产	1	1012	其他货币资金		1 800 000	1 500 000	1 000 000	2 300 000
资产	1	1101	交易性金融资产		283 500		120 000	163 500
资产	1	1121	应收票据					
资产	1	1122	应收账款		145 000	120 000	240 000	25 000
资产	1	1123	预付账款		0			
资产	1	1131	应收股利		0			
资产	1	1132	应收利息		0			
资产	1	1221	其他应收款		0	3 500	0	3 500
资产	2	122101	应收单位款		0			
资产	2	122102	应收个人款		0	3 500		3 500
资产	1	1231	坏账准备		10 000			10 000
资产	1	1401	材料采购					
资产	1	1402	在途物资		60 000			60 000
资产	1	1403	原材料		730	960	640	1 050

续表

类型	级次	科目编码	科目名称	币别/数量	年初余额	累计借方	累计贷方	期初余额
资产	2	140301	金属板1*2M		80	960	640	400
				片	10	120	80	50
资产	2	140302	金属板1*3M		650			650
				片	50			50
资产	1	1404	材料成本差异		0			
资产	1	1405	库存商品		1 174 800	4 916 000	4 028 600	2 062 200
资产	2	140501	外购品		684 800	416 000	308 600	792 200
资产	3	14050101	显示器		50 000	200 000	100 000	150 000
				台	100	400	200	300
资产	3	14050102	鼠标		6 400	4 000	2 000	8 400
				个	320	200	100	420
资产	3	14050103	键盘		23 400	9 000	3 600	28 800
				个	390	150	60	480
资产	3	14050104	内存条		45 000	12 000	4 000	53 000
				条	450	120	40	530
资产	3	14050105	硬盘		240 000	36 000	90 000	186 000
				个	800	120	300	620
资产	3	14050106	服务器		0			
				台	0			
资产	3	14050107	喷墨打印机		215 000	50 000	25 000	240 000
				台	430	100	50	480
资产	3	14050108	激光打印机		105 000	105 000	84 000	126 000
				台	150	150	120	180
资产	2	140502	产成品		490 000	4 500 000	3 720 000	1 270 000
资产	3	14050201	电脑(奔腾)		200 000	1 600 000	1 400 000	400 000
				台	50	400	350	100
资产	3	14050202	电脑(酷睿)		290 000	2 900 000	2 320 000	870 000
				台	50	500	400	150
资产	1	1406	发出商品		0			
资产	1	1409	自制半成品		447 000	992 000	916 000	523 000
资产	2	140901	机箱		180 000	180 000	140 000	220 000
				个	180	180	140	220
资产	2	140902	主机(奔腾)		75 000	300 000	200 000	175 000

续表

类型	级次	科目编码	科目名称	币别/数量	年初余额	累计借方	累计贷方	期初余额
				台	30	120	80	70
资产	2	140903	主机(酷睿)		192 000	512 000	576 000	128 000
				台	60	160	180	40
资产	1	1411	周转材料		0			
资产	1	1601	固定资产		1 680 000	120 000		1 800 000
资产	1	1602	累计折旧		11 000		14 000	25 000
资产	1	1603	固定资产减值准备		0			
资产	1	1701	无形资产		300 000			300 000
资产	1	1702	累计摊销		9 500		2 500	12 000
资产	1	1703	无形资产减值准备		0			
资产	1	1901	待处理财产损溢		0			
资产	2	190101	待处理流动资产损溢		0			
负债	1	2001	短期借款		1 700 000	2 700 000	2 300 000	1 300 000
负债	1	2201	应付票据		0			
负债	1	2202	应付账款		3000	22 000	24 000	5 000
负债	1	2203	预收账款		0			
负债	1	2211	应付职工薪酬		213 140	241 298	252 356	224 198
负债	2	221101	应付工资		101 000	125 700	135 400	110 700
负债	2	221102	应付福利费		112 140	115 598	116956	113 498
负债	1	2221	应交税费		84 300	82 000	87 908	90 208
负债	2	222101	应交增值税		67 300	65 000	70 200	72 500
负债	3	22210101	进项税额		42 500	65 000		−22 500
负债	3	22210105	销项税额		24 800		70 200	95 000
负债	2	222106	应交所得税		17 000	17 000	17 708	17 708
负债	1	2231	应付股利		0			
负债	1	2232	应付利息		0			
负债	1	2241	其他应付款		0			
负债	1	2501	长期借款		2 530 000		670 000	3 200 000
权益	1	4001	实收资本		5 000 000			5 000 000
权益	1	4002	资本公积		210 000			210 000

续表

类型	级次	科目编码	科目名称	币别/数量	年初余额	累计借方	累计贷方	期初余额
权益	1	4101	盈余公积		82 000			82 000
权益	1	4103	本年利润		0	1 267 210	1 340 628	73 418
权益	1	4104	利润分配		350 000			350 000
权益	2	410405	未分配利润		350 000			350 000
成本	1	5001	生产成本		35100	233 900	21 5400	53600
成本	2	500101	直接材料		11600	192 000	180 000	23600
成本	2	500102	直接人工		11900	23 200	18 900	16200
成本	2	500103	制造费用		11600	18 700	16 500	13800
成本	1	5101	制造费用		0	87000	87 000	0
成本	2	510101	工资及福利费		0	50 000	50 000	
成本	2	510102	折旧		0	25 000	25 000	
成本	2	510103	办公费		0			
成本	2	510104	水电费		0			
成本	2	510105	修理费		0			
成本	2	510120	其他		0	12 000	12 000	
损益	1	6001	主营业务收入		0	650 000	650 000	0
损益	2	600101	电脑(奔腾)		0	300 000	300 000	
				台	0	60	60	
损益	2	600102	电脑(酷睿)		0	350 000	350 000	
				台	0	50	50	
损益	1	6051	其他业务收入		0			
损益	1	6061	汇兑损益		0			
损益	1	6101	公允价值变动损益		0			
损益	1	6111	投资收益		0			
损益	1	6301	营业外收入		0			
损益	1	6401	主营业务成本		0	530 000	530 000	0
损益	2	640101	电脑(奔腾)		0	240 000	240 000	
				台	0	60	60	
损益	2	640102	电脑(酷睿)		0	290 000	290 000	
				台	0	50	50	
损益	1	6402	其他业务成本		0			
损益	1	6403	税金及附加		0	12 663	12 663	

续表

类型	级次	科目编码	科目名称	币别/数量	年初余额	累计借方	累计贷方	期初余额
损益	1	6601	销售费用		0	386 138	386 138	0
损益	2	660101	工资及福利费		0	258 500	258 500	
损益	2	660102	折旧		0			
损益	2	660103	办公费		0	127 638	127 638	
损益	2	660104	水电费		0			
损益	2	660105	修理费		0			
损益	2	660120	其他		0			
损益	1	6602	管理费用		0	194 400	194 400	0
损益	2	660201	工资及福利费		0	135 400	135 400	
损益	2	660202	折旧		0	14 000	14 000	
损益	2	660203	办公费		0	45 000	45 000	
损益	2	660204	水电费		0			
损益	2	660205	修理费		0			
损益	2	660220	其他		0			
损益	1	6603	财务费用		0	12 000	12 000	
损益	1	6701	资产减值损失		0			
损益	1	6711	营业外支出		0	227 060	227 060	
损益	1	6801	所得税费用		0	17 708	17 708	

(2)辅助账期初余额

①应收账款辅助期初数据

表 4—6　　　　　　　　　　　　应收账款往来明细资料

时间	凭证号	客户	摘要	方向	金额	业务员	票号	日期
2023.1.10	转 9	华盛贸易	销售产品	借	25 000	张凯	B202308	2023.1.10

表 4—7　　　　　　　　　　　　应收账款期初余额

客　户	累计借方金额	累计贷方金额	金　额
华盛贸易	120 000	240 000	25 000

②其他应收款——应收个人款辅助期初数据

表 4—8　　　　　　　　其他应收款——应收个人款往来明细资料

时间	凭证号	部门	人员	摘要	方向	期初余额	票号	日期
2023.1.20	付 15	办公室	李俊	出差借款	借	3 500	G202301	2023.1.20

表 4-9　　　　　　　　　　其他应收款——应收个人款期初余额

个　人	累计借方金额	累计贷方金额	金　额
李俊	3 500	0	3 500

③应付账款辅助期初数据

表 4-10　　　　　　　　　　应付账款往来明细资料

时间	凭证号	供应商	摘要	方向	金额	业务员	票号
2023.1.20	转20	兴华公司	外购成品	贷	5 000	刘乐	C202312

表 4-11　　　　　　　　　　应付账款期初余额

供应商	累计借方金额	累计贷方金额	金　额
兴华公司	22 000	24 000	5 000

④生产成本辅助期初数据

表 4-12　　　　　　　　　　直接材料期初数据

项　目	方　向	累计借方金额	累计贷方金额	金　额
电脑(奔腾)	借	102 000	100 000	13 600
电脑(酷睿)	借	90 000	80 000	10 000

表 4-13　　　　　　　　　　直接人工期初数据

项　目	方　向	累计借方金额	累计贷方金额	金　额
电脑(奔腾)	借	13 200	10 000	10 000
电脑(酷睿)	借	10 000	8 900	6 200

表 4-14　　　　　　　　　　制造费用期初数据

项　目	方　向	累计借方金额	累计贷方金额	金　额
电脑(奔腾)	借	10 000	13 500	7 800
电脑(酷睿)	借	8 700	3 000	6 000

⑤制造费用辅助期初数据

表 4-15　　　　　　　　　　工资及福利费期初数据

部　门	累计借方金额	累计贷方金额
一车间	30 000	30 000
二车间	20 000	20 000

表 4－16　　　　　　　　　　　　　折旧期初数据

部　门	累计借方金额	累计贷方金额
一车间	15 000	15 000
二车间	10 000	10 000

表 4－17　　　　　　　　　　　　　其他期初数据

部　门	累计借方金额	累计贷方金额
一车间	12 000	12 000

⑥销售费用辅助期初数据

表 4－18　　　　　　　　　　　　工资及福利费期初数据

部　门	累计借方金额	累计贷方金额
销售一部	128 500	128 500
销售二部	130 000	130 000

表 4－19　　　　　　　　　　　　　办公费期初数据

部　门	累计借方金额	累计贷方金额
销售一部	70 000	70 000
销售二部	57 638	57 638

⑦管理费用辅助期初数据

表 4－20　　　　　　　　　　　　工资及福利费期初数据

部　门	累计借方金额	累计贷方金额
办公室	15 400	15 400
财务部	120 000	120 000

表 4－21　　　　　　　　　　　　　折旧期初数据

部　门	累计借方金额	累计贷方金额
办公室	10 000	10 000
财务部	4 000	4 000

表 4－22　　　　　　　　　　　　　办公费期初数据

部　门	累计借方金额	累计贷方金额
办公室	20 000	20 000
财务部	25 000	25 000

4.1　总账选项卡设置

(1)双击桌面上图标"企业应用平台",打开登录窗口,输入操作员"001",密码"1",账套选择"[111]博奥电脑有限责任公司",操作日期"2023—02—01"。

(2)左侧执行"业务工作"选项卡的"财务会计"—"总账"—"设置"—"选项"命令,双击进入"选项"窗口。

(3)单击"编辑"按钮,选择"凭证"选项卡,按照实验资料依次设置,勾选"可以使用应收受控科目""可以使用应付受控科目",取消"现金流量科目必录现金流量项目",勾选"自动填补凭证断号""银行科目结算方式必录""往来科目票据号必录",如图4—2所示。

(4)同理按照表4—1总账参数列表相关资料,设置"权限""会计日历""其他"选项卡,如图4—3、图4—4、图4—5所示。

(5)其余选项卡设置保持默认。

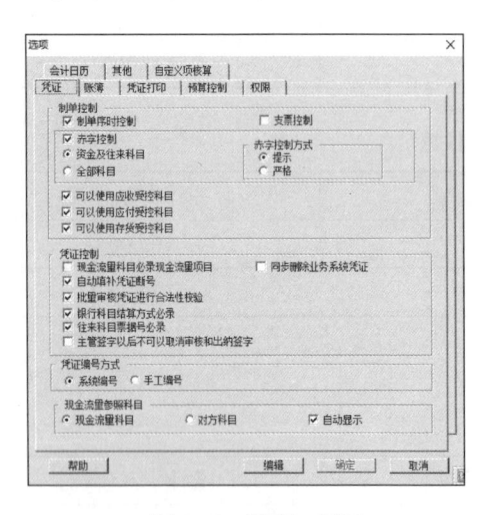

图4—2　选项—凭证

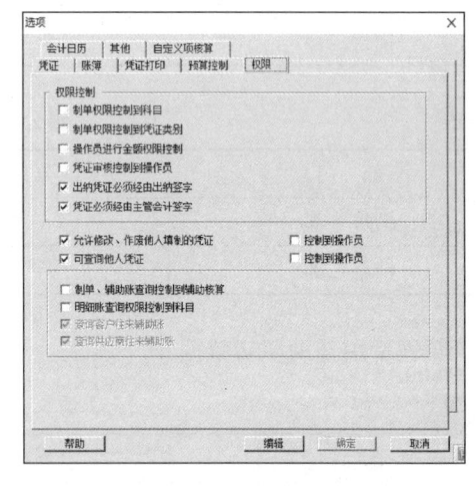

图4—3　选项—权限

图4—4　选项—会计日历

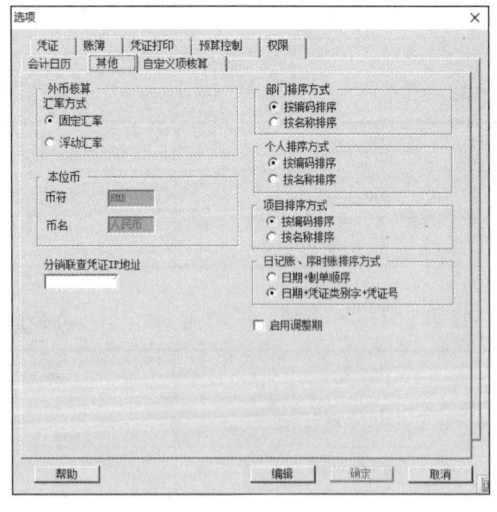

图4—5　选项—其他

4.2 设置会计科目

4.2.1 增加会计科目

(1)左侧执行"基础设置"选项卡的"基础档案"—"财务"—"会计科目"命令,双击进入会计科目窗口。

(2)单击"增加"按钮,打开新增会计科目窗口,逐个录入实验资料中需要录入的明细科目(科目级次是2级和3级的),如图4—6、图4—7、图4—8、图4—9所示。

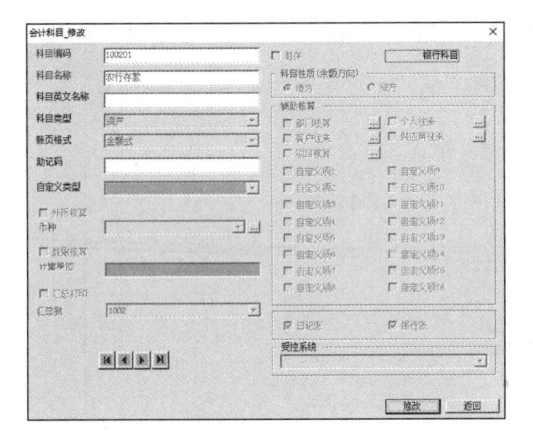

图4—6 会计科目—100201 农行存款

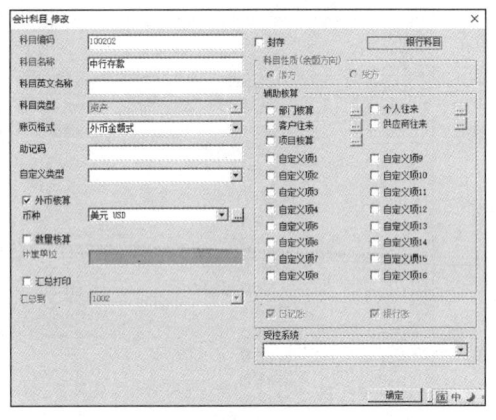

图4—7 会计科目—100202 中行存款

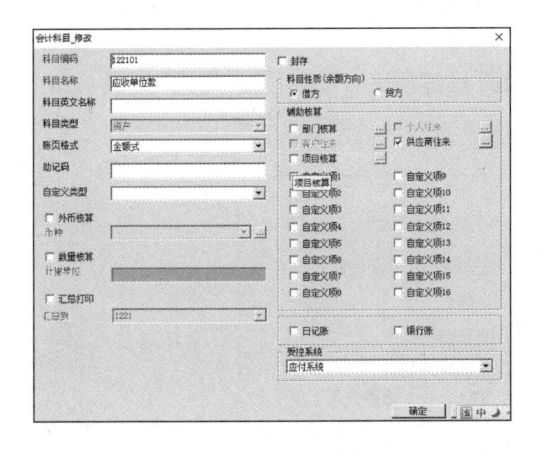

图4—8 会计科目—122101 应收单位款

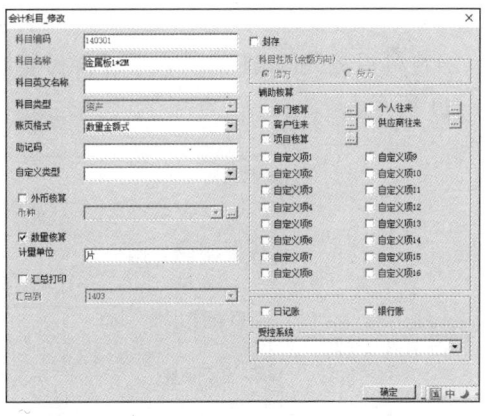

图4—9 会计科目—140301 金属板1*2M

注意:账页格式、外币核算、数量核算、辅助核算以及日记账和银行账的设置。"农行存款"要勾选右下角的"日记账"和"银行账";"中行存款"账页格式下拉列表要选择"外币金额式",左下角勾选"外币核算",币种下拉列表里面选择"美元 USD",以及勾选右下角的"日记账"和"银行账";"应收单位款"要勾选"供应商往来";"金属板1*2M"账页格式下拉列表要选择"数量金额式",左下角勾选"数量核算",计量单位里面录入"片"。

4.2.2 成批复制会计科目

完成制造费用的二级科目录入以后,可以利用"成批复制"功能,完成销售费用和管理费用的二级科目的复制。

(1)在会计科目窗口,单击菜单栏上"编辑"—"成批复制"命令,进入成批复制窗口,如图4-10所示。

图4-10 成批复制会计科目

(2)将科目编码5101的所有下级科目复制为科目编码6601的下级,勾选"辅助核算",如图4-11所示。

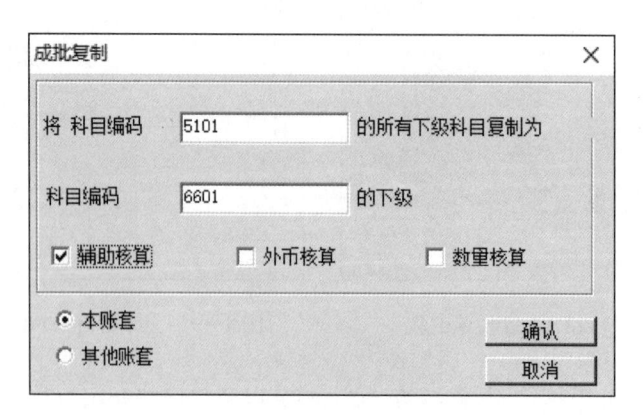

图4-11 成批复制

(3)同理,将科目编码5101的所有下级科目复制为科目编码6602的下级,勾选"辅助核算"。

4.2.3 增加一级科目

根据核算需要,增加一级科目"1409 自制半成品",先增加一级科目才能增加二级明细科目"140901 机箱""140902 主机(奔腾)""140903 主机(酷睿)"。

4.2.4 修改一级科目的辅助项

在会计科目表,双击需要修改的一级科目,如库存现金,单击右下角的修改键,勾选"日记账"然后单击确定,如图 4—12 所示。再退出,依次修改 1002 银行存款的辅助项,如图 4—13 所示,以及 1121 应收票据、1122 应收账款、1123 预付账款、2201 应付票据、2202 应付账款、2203 预收账款的辅助核算相关信息。

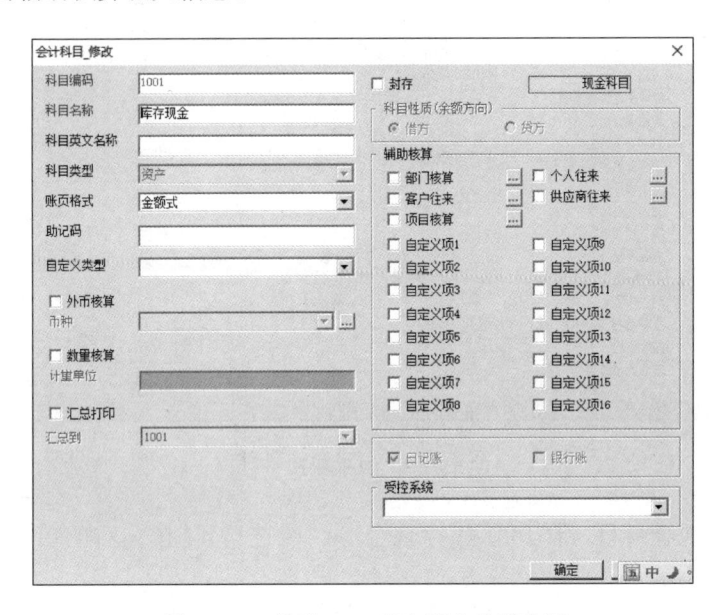

图 4—12　修改 1001 库存现金的辅助项

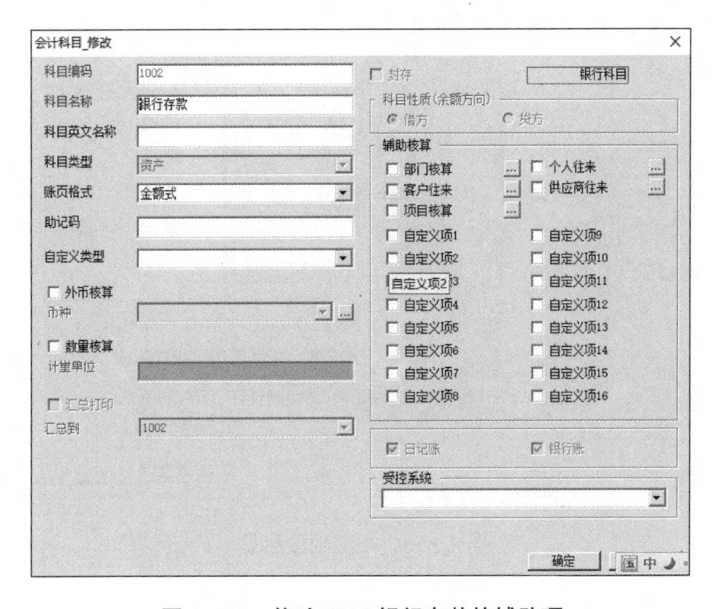

图 4—13　修改 1002 银行存款的辅助项

4.2.5 指定会计科目

(1)在会计科目窗口,单击菜单栏上"编辑"—"指定科目"命令,进入指定科目窗口,如图4—14所示。

图4—14 指定会计科目

(2)左边选择现金科目,将"1001 库存现金"从"待选科目"按向右的单箭头移到"已选科目"。如图4—15所示。

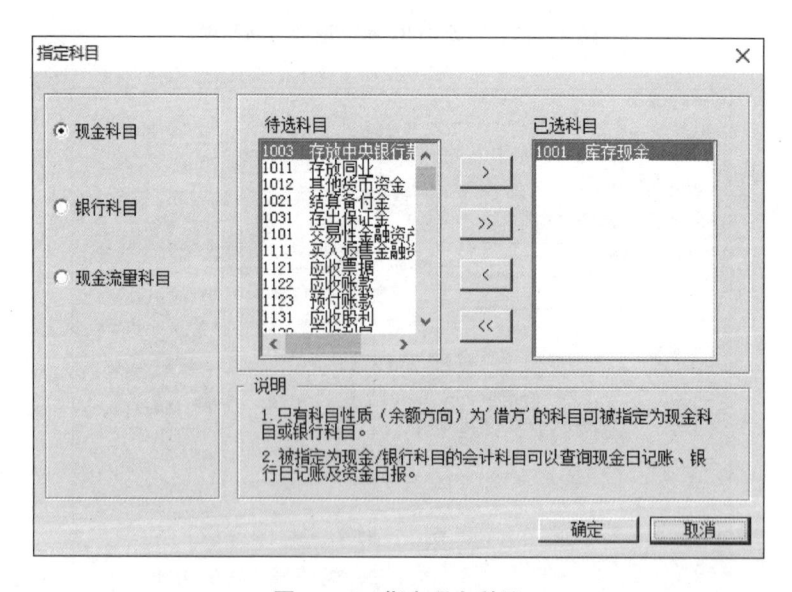

图4—15 指定现金科目

(3)左边选择银行科目,将"1002 银行存款"从"待选科目"按向右的单箭头移到"已选科目"。如图4—16所示。

(4)左边选择现金流量科目,将"1001 库存现金""100201 农行存款""100202 中行存款""100203 建行存款"依次从"待选科目"按向右的单箭头移到"已选科目"。如图4—17所示。

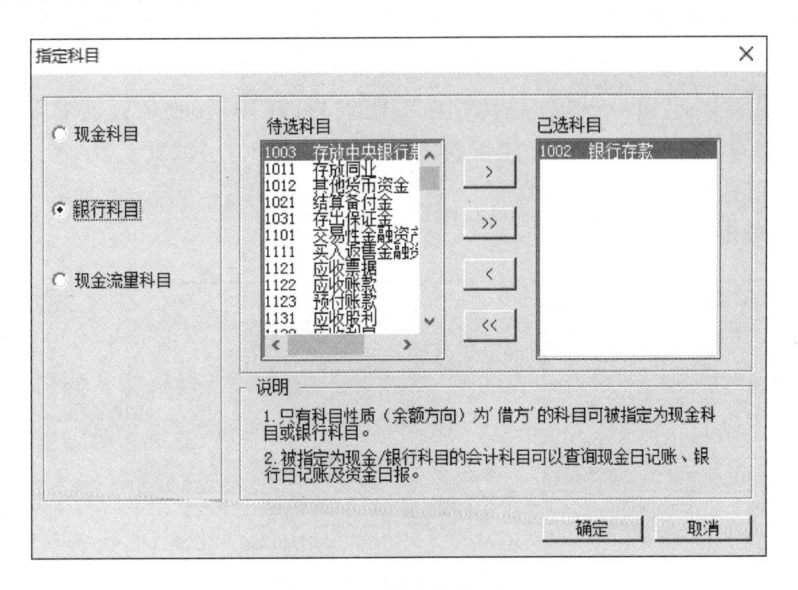

图4—16 指定银行科目

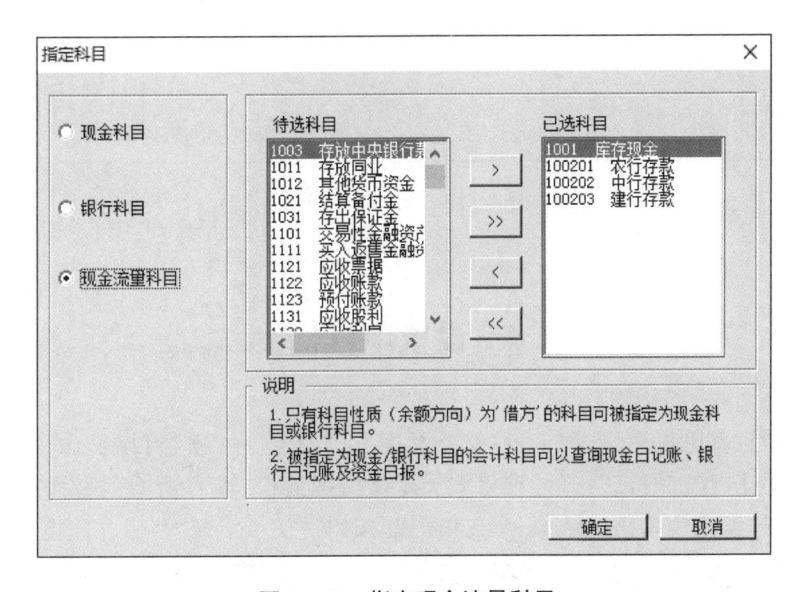

图4—17 指定现金流量科目

注意:没有指定现金和银行科目,无法做出纳签字,没有指定现金流量科目,没法生成现金流量表。

4.3 设置凭证类别

(1)左侧执行"基础设置"选项卡的"基础档案"—"财务"—"凭证类别"命令,双击进入凭证类别预置窗口,选择"收款凭证、付款凭证、转账凭证",单击确定。

(2)进入"凭证类别"窗口,单击菜单栏第二排的"修改"按钮,收款凭证的限制类型在下拉列表选择"借方必有",限制科目展开项依次选择"1001、100201、100202、100203"。依次设置付款凭证和转账凭证,如图4—18所示。

(3)设置完单击菜单栏上退出。

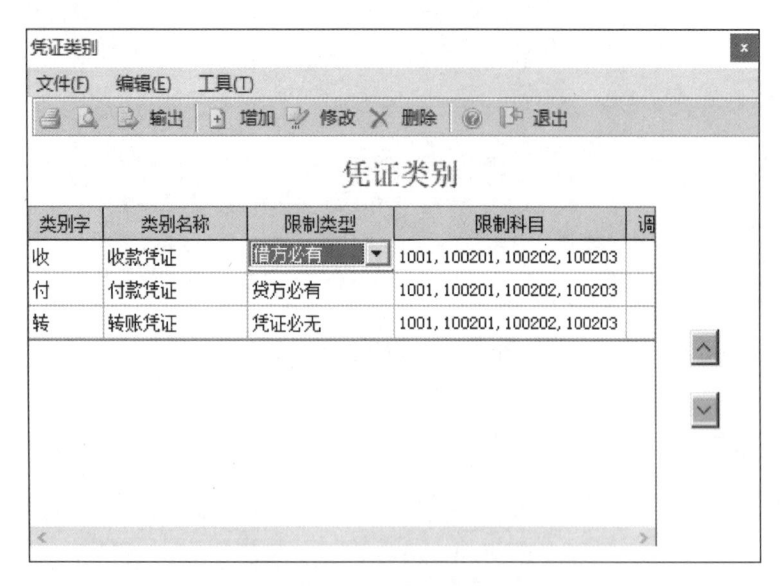

图4—18 设置凭证类别

4.4 设置项目档案

(1)左侧执行"基础设置"选项卡的"基础档案"—"财务"—"项目目录"命令,双击进入"项目档案"窗口,单击"增加"按钮,打开项目大类定义增加窗口,输入新增项目大类名称"生产成本",依次下一步,都采用系统默认值,单击"完成"按钮。

(2)在"项目档案"窗口,右上角项目大类下拉列表选择"生产成本"。选择"核算科目"选项卡,单击"≫"按钮将"直接材料""直接人工""制造费用"都由"待选科目"变成"已选科目",单击右下角的"确定"按钮,如图4—19所示。

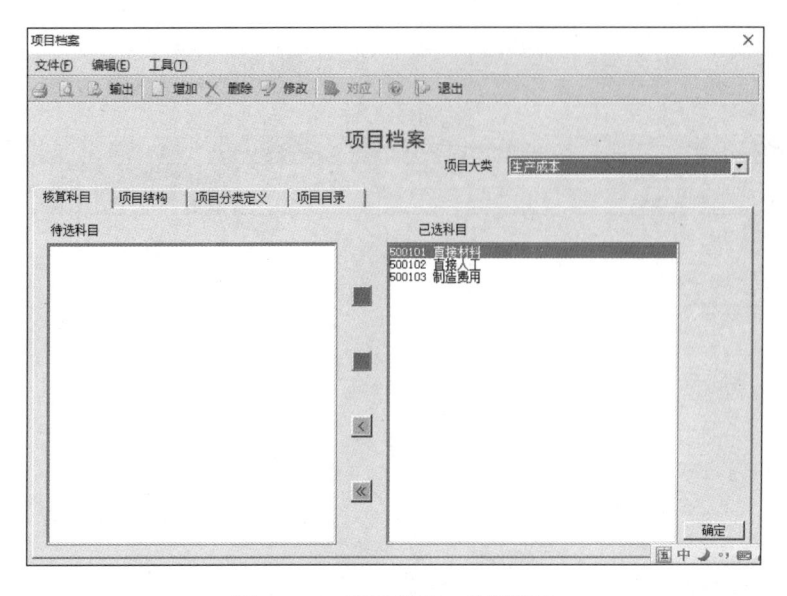

图 4-19　项目档案—核算科目

（3）在"项目档案"窗口，选择"项目分类定义"选项卡，单击"增加"按钮，录入"1 自行开发商品"，单击"确定"保存，然后再录入"2 委托开发商品"。如图 4-20 所示。

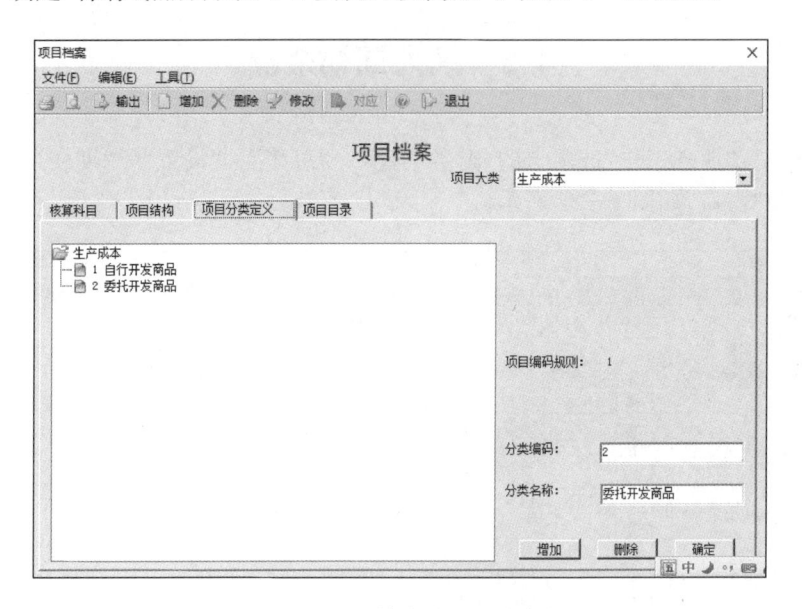

图 4-20　项目档案—项目分类定义

（4）在"项目档案"窗口，选择"项目目录"选项卡，单击右下角"维护"按钮，进入"项目目录维护"窗口，单击菜单栏上的"增加"按钮，录入项目编号"101"，项目名称"电脑(奔腾)"，所属分类码"1"，继续增加录入项目编号"102"，项目名称"电脑(酷睿)"，所属分类码"1"。如图 4-21 所示。

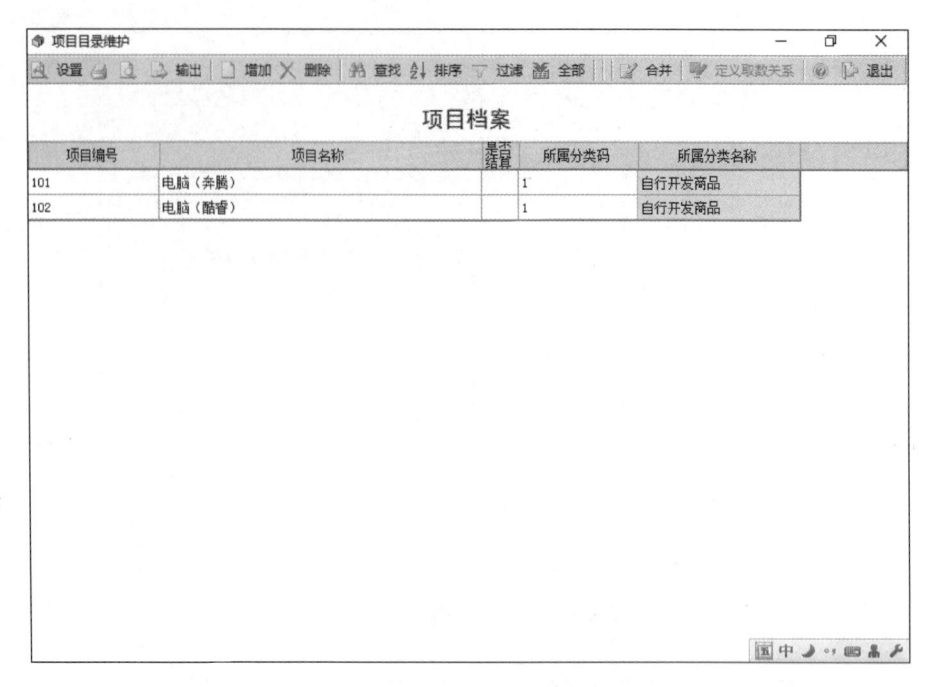

图 4-21 项目档案—项目目录

4.5 录入期初余额

(1)左侧执行"业务工作"选项卡的"财务会计"—"总账"—"设置"—"期初余额"命令,双击进入"期初余额"窗口,如图 4-22 所示。

图 4-22 期初余额

(2) 直接输入末级科目(背景色为白色)的期初余额,如库存现金直接录入累计借方 6 894,累计贷方 5 930,期初余额 16 500,年初余额背景色是灰色的不需要录入,会根据累计借方、累计贷方和期初余额自动计算。

(3) 非末级科目也不需要录入(背景色为灰色),把下级科目金额录入,上级科目自动加总,如银行存款。中行存款和建行存款有外币的,在外币这一行要录入外币金额。

(4) 设置了辅助核算的科目底色会显示淡黄色。不同的辅助核算录入方法不一样。

①往来辅助核算——客户往来、供应商往来、个人往来。

A. 双击"应收账款"这一行,弹出"辅助期初余额"窗口,单击菜单栏上的"往来明细"按钮,进入"期初往来明细"窗口,点击"增行"按钮,按照表 4—6 录入期初往来明细,如图 4—23 所示。

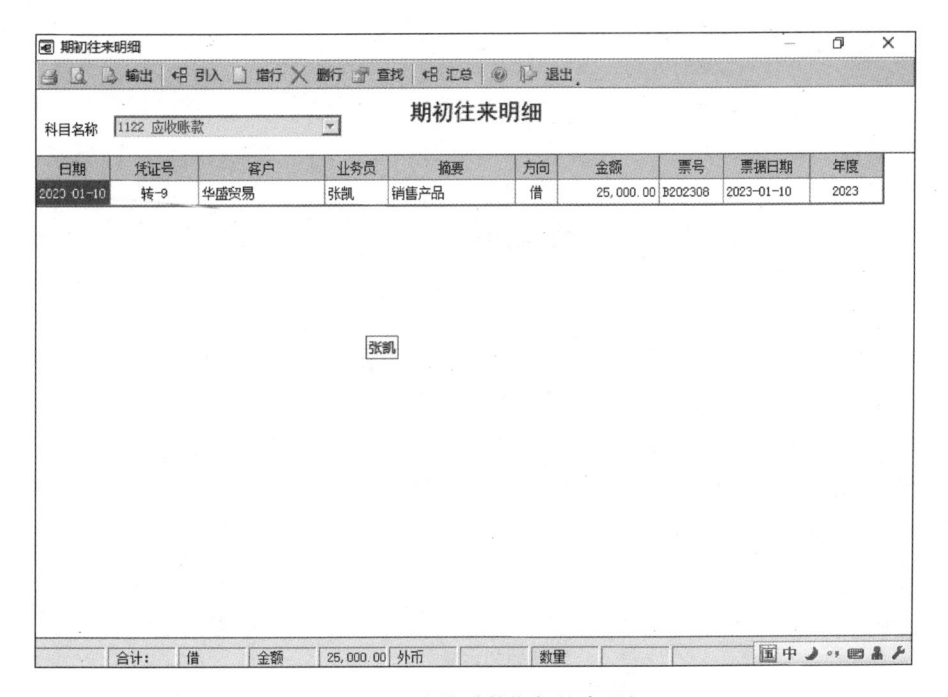

图 4—23 应收账款期初往来明细

B. 单击菜单栏上的"汇总"按钮,弹出"完成了往来明细到期初表的汇总"窗口,单击确定,然后退出。

C. 回到辅助期初余额窗口,录入累计借方 120 000,累计贷方 240 000。如图 4—24 所示,然后退出。

D. 供应商往来和个人往来录入方法跟客户往来录入方法一样,参照实验资料比照录入。

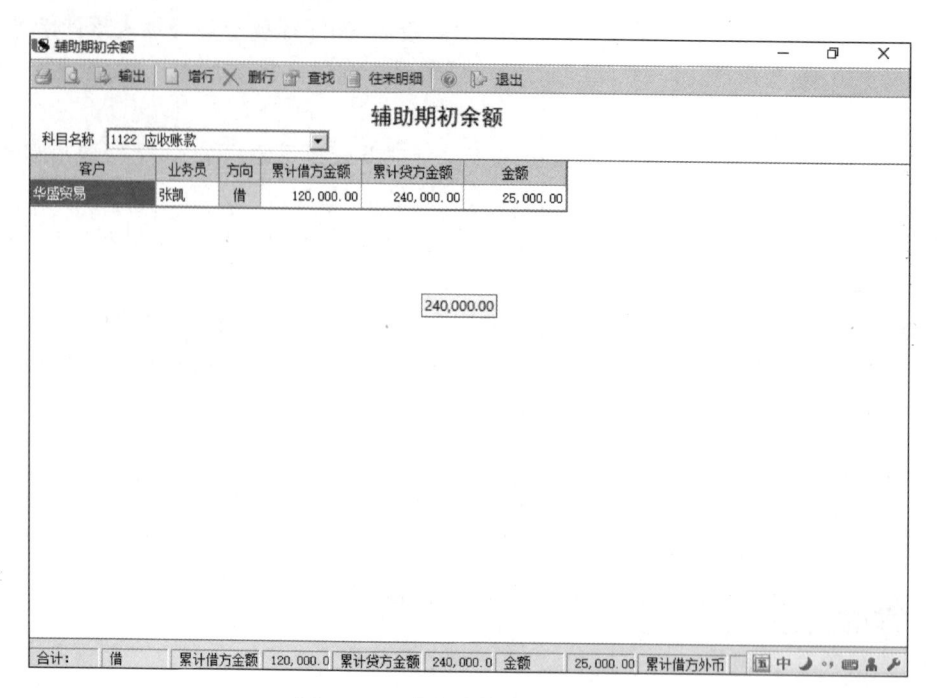

图 4—24 应收账款辅助期初余额

②项目核算——生产成本的二级科目直接材料、直接人工、制造费用。

A. 双击"直接材料"这一行,弹出"辅助期初余额"窗口,单击菜单栏上的"增行"按钮。项目展开项选择"电脑(奔腾)",然后录入累计借方金额、累计贷方金额和金额。

B. 继续单击"增行"按钮,项目展开项选择"电脑(酷睿)",然后录入累计借方金额、累计贷方金额和金额。如图 4—25 所示。

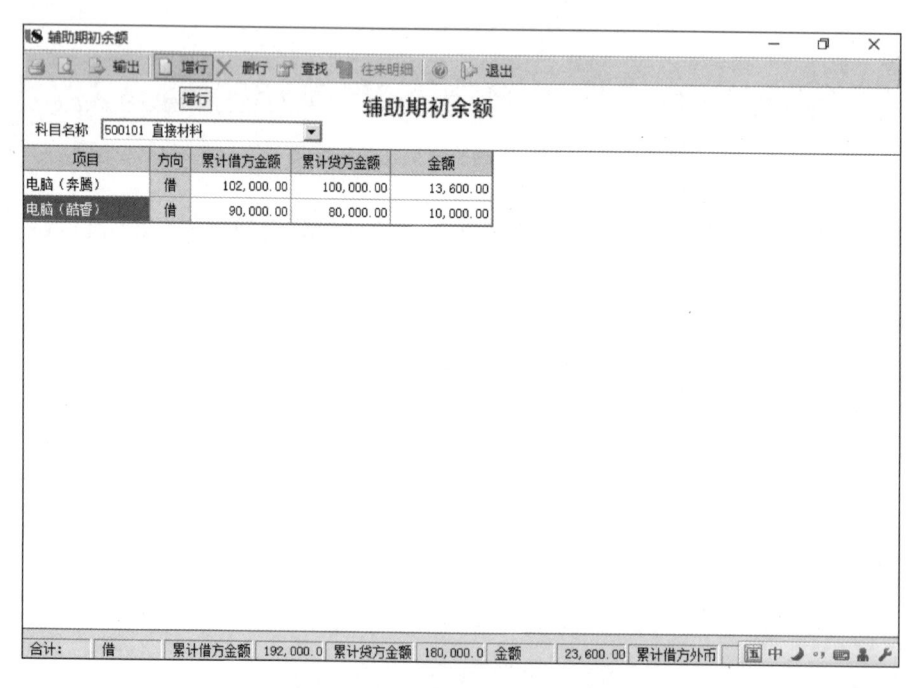

图 4—25 直接材料辅助期初余额

C. 直接人工和制造费用的录入方法跟直接材料的录入方法一样，按照实验资料比照录入。

③部门核算——制造费用、销售费用和管理费用的二级科目工资及福利费、折旧、办公费、水电费、修理费、其他。

A. 双击制造费用下属的"工资及福利费"这一行，弹出"辅助期初余额"窗口，单击菜单栏上的"增行"按钮。部门展开项选择"一车间"，然后录入累计借方金额、累计贷方金额和金额。

B. 继续单击"增行"按钮，部门展开项选择"二车间"，然后录入累计借方金额、累计贷方金额和金额。如图4－26所示。

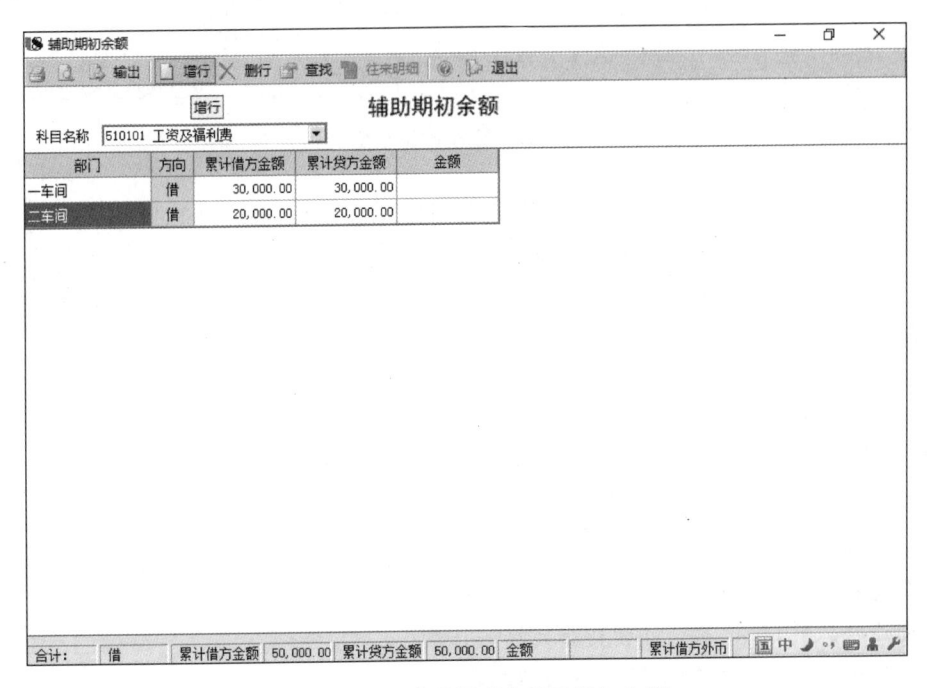

图4－26　工资及福利费辅助期初余额

C. 折旧、办公费、水电费、修理费、其他的录入方法跟"工资及福利费"录入方法一样。

D. 销售费用和管理费用的二级科目的期初余额录入方法跟制造费用的二级科目录入方法一样。

4.6　期初余额试算平衡

（1）所有科目期初余额录入完成以后，单击"期初余额"窗口菜单栏上的"试算"按钮，弹出"期初试算平衡表"对话框。试算结果平衡可以单击"确定"退出，试算结果不平衡，说明期初余额录入有误，需要对照查找问题，可以相互间检查，然后修改期初余额，直至试算结果平衡。如图4－27所示。

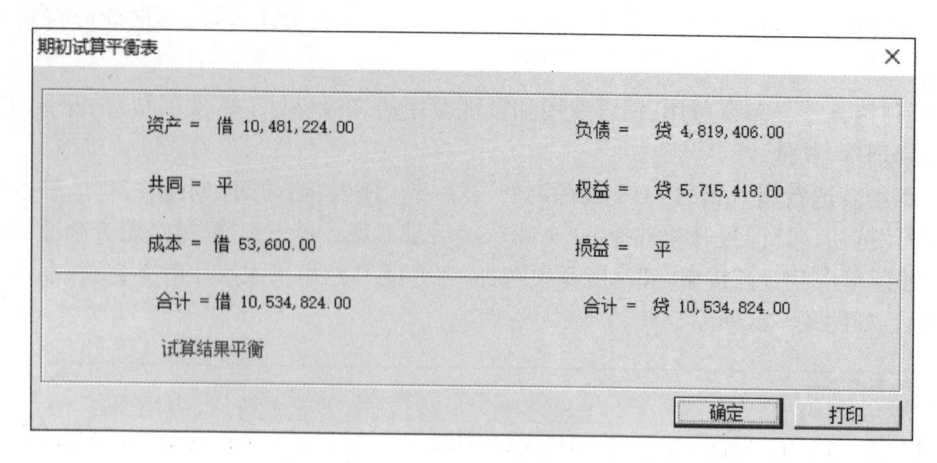

图 4—27　期初试算平衡表

（2）单击菜单栏上的"对账"按钮,可以完成总账、明细账和辅助账的对账工作。

注意:期初余额试算平衡只能保证最后一列"期初余额"数据的平衡,年初余额需要自己手动核对正确与否,有可能累计借方和累计贷方录错,导致倒算的年初余额有误,最终会影响资产负债表年初余额的平衡。

复习思考题

1. 总账选项卡设置的意义是什么?
2. 辅助核算有什么作用?
3. 简述指定现金科目、银行科目、现金流量科目的目的。
4. 简述收款凭证、付款凭证和转账凭证的区别。
5. 期初余额试算不平衡会不会影响后续操作?

第 5 章 总账日常业务处理

【总账日常业务处理概述】

```
填制凭证 ──→ 修改凭证
   │      └→ 作废/恢复凭证
   ↓
出纳签字
   ↓
审核凭证
   ↓
主管签字
   ↓
记账
   ↓
科目汇总表查询
```

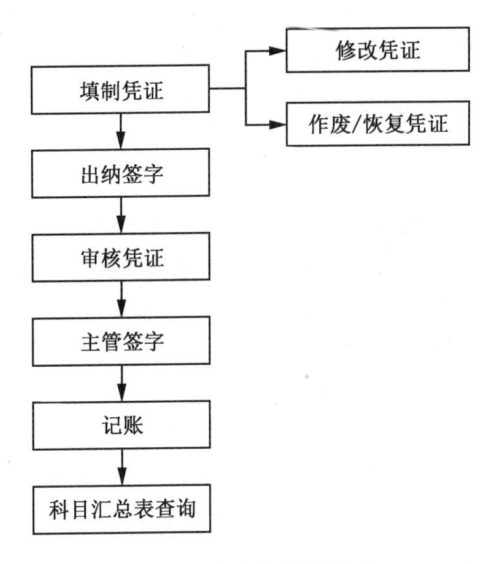

图 5—1 本章总体流程

  总账系统的核心功能之一就是凭证处理,既可以在本系统手工填制凭证,也可以通过常用凭证、期末转账、红字冲销等生成凭证,还可以接收应收款管理、应付款管理、固定资产、薪资管理和存货核算等子系统生成的凭证。主要程序包括:填制凭证、查询凭证、修改凭证、作废及整理凭证、出纳签字、审核凭证、凭证记账以及取消凭证记账等。为确保登记到账簿的每一笔经济业务的准确性和可靠性,制单人员所填制的凭证必须经过审核人员的审核,审核凭证主要包括出纳签字、审核凭证和主管签字三个环节,003 会计填制完凭证,需要经过 004 出纳签字,002 总账会计审核凭证、主管签字,然后根据审核无误的凭证才能记账,最终生成科目汇总表。

【思政元素】

审核和制单不能为同一个人,体现的是不相容岗位相分离,要各司其职,社会主义核心价值观中强调诚信原则,承担审核职责,就要落到实处,签字了就要承担责任。系统虽然提供无痕迹修改方式,尽量还是谁修改谁签字,责任划分清晰。认识到自己的责任,在以后的工作中对国家、对单位、对个人负责。

思政案例

【实验目标】

1. 掌握用友软件中总账系统日常业务处理的相关内容。
2. 熟悉总账系统账务处理流程。

【实验内容】

1. 填制凭证:主要包括增加凭证、修改凭证、作废/恢复凭证、整理凭证以及查询凭证相关信息。
2. 审核凭证:主要包括出纳签字、审核凭证和主管签字。
3. 凭证记账和取消记账。
4. 科目汇总表的查询(每半个月审核记账一次,输出科目汇总表)。

【实验资料】

1.1—15日凭证处理

(1)2月1日,销售一部张凯收到华盛贸易转账支票一张(转账支票号 ZZ001),金额25 000元,用来归还1月10日的货款。(附单据1张)

  借:银行存款——农行存款   25 000
    贷:应收账款   25 000(票号 B202308)

(2)2月3日,采购部刘乐向益远公司购买金属板 1*2M,100片,单价为8元/片,验收入原料仓库。同时收到增值税专用发票一张,增值税税率13%,立即以现金支票(现金支票号 XJ001)形式支付货款。(附单据2张)

  借:原材料——金属板 1*2M   800
    应交税费——应交增值税(进项税额)   104
    贷:银行存款——农行存款   904

(3)2月4日,采购部刘乐向兴华公司购买鼠标300只,单价为30元/只,增值税税率13%,验收入外购品库,货款尚未支付。(附单据2张)

  借:库存商品——外购品(鼠标)   9 000
    应交税费——应交增值税(进项税额)   1 170
    贷:应付账款   10 170(票号 C202314)

(4)2月8日,张凯向昌都贸易发出电脑(奔腾)100台,每台5 000元。全部货税款收到商业承兑汇票金额565 000。增值税税率13%。(附单据2张)

  借:应收票据   565 000(票号 B202310)
    贷:主营业务收入——电脑(奔腾)   500 000
     应交税费——应交增值税(销项税额)   65 000

(5)2月9日,财务部赵敏开出现金支票(XJ002)从银行提取现金5 000元备用。(附单据1张)

  借:库存现金   5 000
    贷:银行存款——农行存款   5 000

(6)2月10日,以银行存款(结算方式:其他,票号QT001)发放职工工资135 400元。(附单据2张)
  借:应付职工薪酬——应付工资   135 400
   贷:银行存款——农行存款   135 400

(7)2月10日,办公室李俊支付办公用品费5 000元,转账支票号ZZ002。(附单据2张)
  借:管理费用——办公费   5 000
   贷:银行存款——农行存款   5 000

(8)2月12日,销售一部支付广告费3 000元,以银行存款结算(结算方式:其他,票号QT002)。(附单据2张)
  借:销售费用——广告费   3 000
   贷:银行存款——农行存款   3 000

(9)2月13日,转让专有技术的所有权,取得转让收入价税合计21.2万元,增值税税率6%,转账支票号ZZ003。(附单据2张)
  借:银行存款——农行存款   212 000
   贷:营业外收入   200 000
    应交税费——应交增值税(销项税额)   12 000

(10)2月14日,办公室李俊出差归来,报销差旅费3 000元,出差借款多余的500元以现金退回公司。(附单据2张)
  借:管理费用——差旅费   3 000
    库存现金   500
   贷:其他应收款——应收个人款   3 500(票号G202301)

(11)2月15日,采购部刘乐以银行存款——农行(结算方式,转账支票,票号ZZ004)归还上月所欠兴华公司欠款5 000元。(附单据1张)
  借:应付账款   5 000(票号C202312)
   贷:银行存款——农行存款   5 000

2. 审核记账前修改凭证
(1)经核查,办公室李俊支付办公用品费实际5 500元,误录为5 000元。
(2)作废、整理(删除)付款5号凭证。

3. 每半个月审核记账一次,输出科目汇总表
(1)004完成出纳签字,002完成审核凭证和主管签字。
(2)完成审核记账以后,无痕迹修改方式修改付款0001号凭证。
经查入库单,2月3日采购部刘乐向益远公司购买金属板1*2M,100片,单价为8元/片,实际为80片,每片单价10元。

4.16—28日凭证处理
(12)2月16日,收到外商投资10 000美元,存入中行美元账户,转账支票号ZZ005。(附单据1张)。
  借:银行存款——中行存款   67 600
   贷:实收资本   67 600

(13)2月17日,销售二部支付广告费3 000元,以银行存款结算(结算方式:其他,票号QT003)。(附单据2张)

借：销售费用——广告费　　　　　　　　　　　　　　　3 000
　　　　贷：银行存款——农行存款　　　　　　　　　　　　　3 000
(14)2月18日，张凯向华盛贸易发出电脑(酷睿)100台，每台7 000元。款项尚未收到，增值税税率13%。(附单据2张)
　　借：应收账款　　　　　　　　　　　　　　　791 000(票号B202318)
　　　　贷：主营业务收入——电脑(酷睿)　　　　　　　　　700 000
　　　　　　应交税费——应交增值税(销项税额)　　　　　　91 000
(15)2月20日，支付借款利息5 000元，包括1月份已计提未支付的利息费用2 500元(结算方式：其他，票号QT004)。(附单据1张)
　　借：财务费用　　　　　　　　　　　　　　　　　　　　2 500
　　　　应付利息　　　　　　　　　　　　　　　　　　　　2 500
　　　　贷：银行存款——农行　　　　　　　　　　　　　　　5 000
(16)2月24日，昌都贸易(业务员张凯)退回电脑(奔腾)10台，每台5 000元，增值税税率13%，开出红字增值税专用发票(结算方式：其他，票号QT005)。(附单据2张)
　　借：银行存款——农行　　　　　　　　　　　　　　　　－56 500
　　　　贷：主营业务收入——电脑(奔腾)　　　　　　　　　－50 000
　　　　　　应交税费——应交增值税(销项税额)　　　　　　－6 500
(17)2月28日，结转耗用材料成本。(附单据1张)
　　借：生产成本——直接材料(电脑(奔腾))　　　　　　　　20 000
　　　　生产成本——直接材料(电脑(酷睿))　　　　　　　　67 000
　　　　贷：原材料——金属板1*2M 20片*8元/片　　　　　　160
　　　　　　原材料——金属板1*3M 40片*13元/片　　　　　520
　　　　　　库存商品——外购品(显示器)70台*500元/台　　35 000
　　　　　　库存商品——外购品(鼠标)70个*20元/个　　　　1 400
　　　　　　库存商品——外购品(键盘)7个*60元/个　　　　　420
　　　　　　自制半成品——主机(电脑(奔腾))7*2 500元/台　17 500
　　　　　　自制半成品——主机(电脑(酷睿))10*3 200元/台　32 000
(18)2月28日，提取本月固定资产折旧，其中一车间25 000元，办公室5 000元。(附单据2张)
　　借：制造费用——折旧　　　　　　　　　　　　　　　　25 000
　　　　管理费用——折旧　　　　　　　　　　　　　　　　5 000
　　　　贷：累计折旧　　　　　　　　　　　　　　　　　　30 000
(19)2月28日，提取本月职工工资。(附单据1张)
　　借：生产成本——直接人工(电脑(奔腾))　　　　　　　　70 000
　　　　生产成本——直接人工(电脑(酷睿))　　　　　　　　70 000
　　　　制造费用——工资及福利费(部门：一车间)　　　　　42 000
　　　　管理费用——工资及福利费(部门：办公室)　　　　　8 000
　　　　管理费用——工资及福利费(部门：财务部)　　　　　12 000
　　　　贷：应付职工薪酬——应付工资　　　　　　　　　　202 000
(20)2月28日，分配本月制造费用。(附单据2张)

借:生产成本——制造费用(电脑(奔腾))	30 000
生产成本——制造费用(电脑(酷睿))	37 000
贷:制造费用——工资及福利费(一车间)	42 000
制造费用——折旧(一车间)	25 000

(21)2月28日,结转本月完工产品成本。(附单据3张)。

借:库存商品——产成品(电脑(奔腾))30台×4 000元/台	120 000
库存商品——产成品(电脑(酷睿))30台×5 800元/台	174 000
贷:生产成本——直接材料(电脑(奔腾))	20 000
生产成本——直接材料(电脑(酷睿))	67 000
生产成本——直接人工(电脑(奔腾))	70 000
生产成本——直接人工(电脑(酷睿))	70 000
生产成本——制造费用(电脑(奔腾))	30 000
生产成本——制造费用(电脑(酷睿))	37 000

5. 004完成出纳签字,002完成审核凭证和主管签字、记账
6. 修改凭证:红字冲销凭证

经查,付款2号凭证登记错误,需要红字冲销。

5.1 填制1—15日凭证

以"003 曹霜"(会计)的身份登录"企业应用平台",修改操作日期2023-02-15,如图5-2所示。

图5-2 会计登录企业应用平台

(1)2月1日,销售一部张凯收到华盛贸易转账支票一张(转账支票号ZZ001),金额25 000元,用来归还1月10日的货款。(附单据1张)

①左侧执行"业务工作"选项卡的"财务会计"—"总账"—"凭证"—"填制凭证"命令,双击进入"填制凭证"窗口。如图5-3所示。

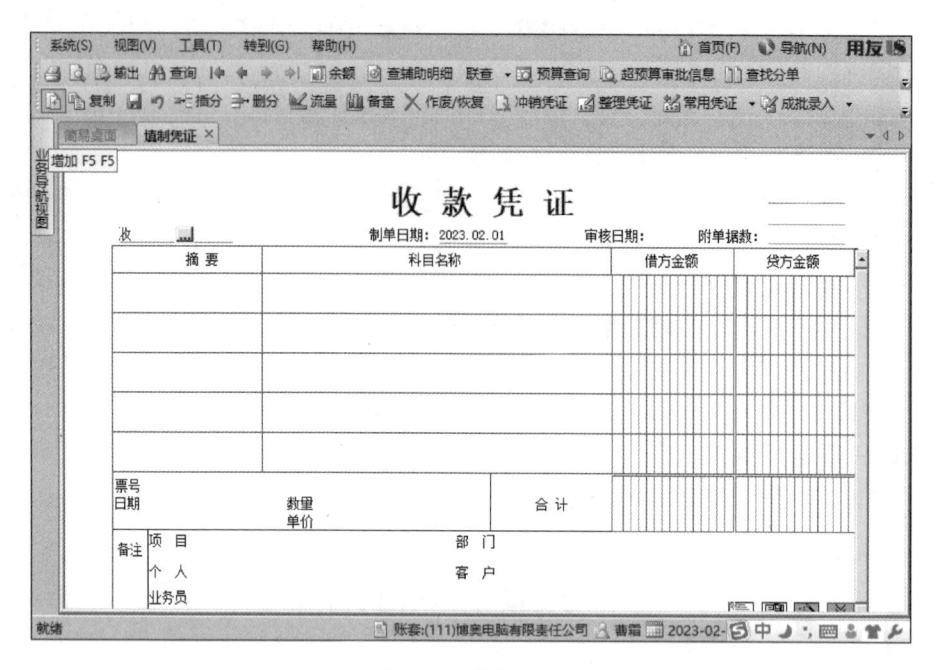

图5-3 填制凭证

②单击左上角菜单栏第三排第一个"增加"按钮,系统自动添加一张空白收款凭证。

③凭证类别:凭证左上角"展开项"点开,按照实际情况选择凭证类别,第一笔业务满足收款凭证条件,选择默认的"收","字"后面的凭证号根据总账选项参数的设置,是系统自动编号的。

④制单日期:第一笔业务制单日期选择"2023.02.01"。

⑤附单据数:指后附的原始单据数量,第一笔业务是"1"。

⑥摘要:简明扼要地反映经济业务活动实质"收到货款"。

⑦会计科目:鼠标定位到"科目名称"处,点开"展开项",从参照里面直接选择,必须选择最末级科目,选择科目"银行存款/农行存款"双击,录入金额前会弹出"辅助项"窗口,如图5-4所示,结算方式"202"转账支票,票号"ZZ001",发生日期跟业务日期保持一致"2023-02-01"。单击"确定"按钮。

⑧录入借方金额25 000,按Enter回车键,自动将摘要带入下一行。

⑨展开项选择贷方参照科目"应收账款",双击,弹出辅助项,如图5-5所示。客户展开项选择"华盛贸易",业务员选择"张凯",票号"B202308",发生日期"2023-02-01",单击"确定"按钮。

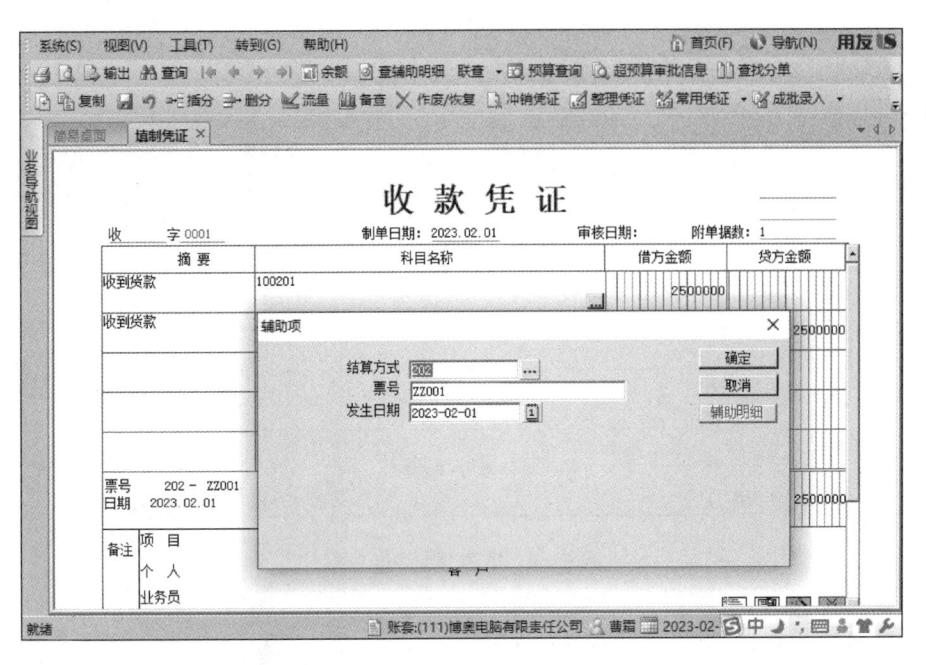

图 5—4　银行账辅助核算

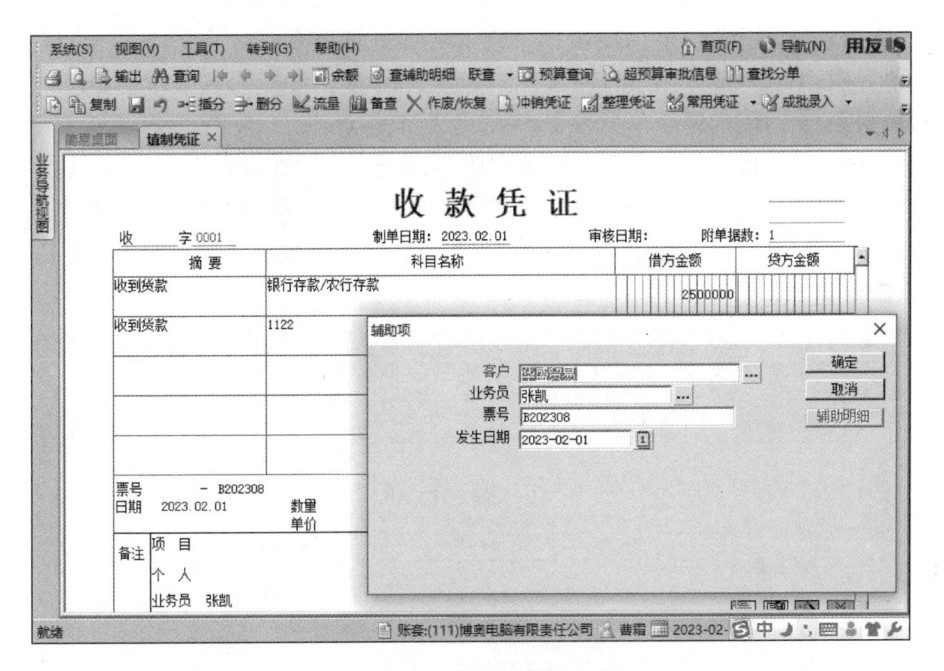

图 5—5　应收账款辅助核算

⑩录入贷方金额 25 000,或者直接按等号键"=",系统会根据借贷平衡原理,自动填充贷方金额。

⑪点击菜单栏上第三排第三个按钮"保存"键,凭证填制完成,如图 5—6 所示。

(2)2 月 3 日,采购部刘乐向益远公司购买金属板 1＊2M,100 片,单价为 8 元/片,验收入原料仓库。同时收到增值税专用发票一张,增值税税率 13％,立即以现金支票(现金支票号

图 5—6　收款凭证 0001 号

XJ001)形式支付货款。(附单据 2 张)

①单击左上角菜单栏第三排第一个"增加"按钮,系统自动添加一张空白凭证。

②凭证类别:凭证左上角展开项点开,按照实际情况选择凭证类别,第二笔业务满足付款凭证条件,选择"付款凭证","字"后面的凭证号根据总账选项参数的设置,是系统自动编号的。

③制单日期:第二笔业务制单日期选择 2023.02.03。

④附单据数:指后附的原始单据数量,第二笔业务是 2 张。

⑤摘要:简明扼要地反映经济业务活动实质:采购金属板 1*2M。

⑥借方选择科目"原材料/金属板 1*2M",会弹出数量核算辅助项,录入数量 100 片,单价 8 元,如图 5—7 所示,单击确定,借方金额 800 会自动根据数量*单价计算,按 Enter 回车键,自动将摘要带入下一行。

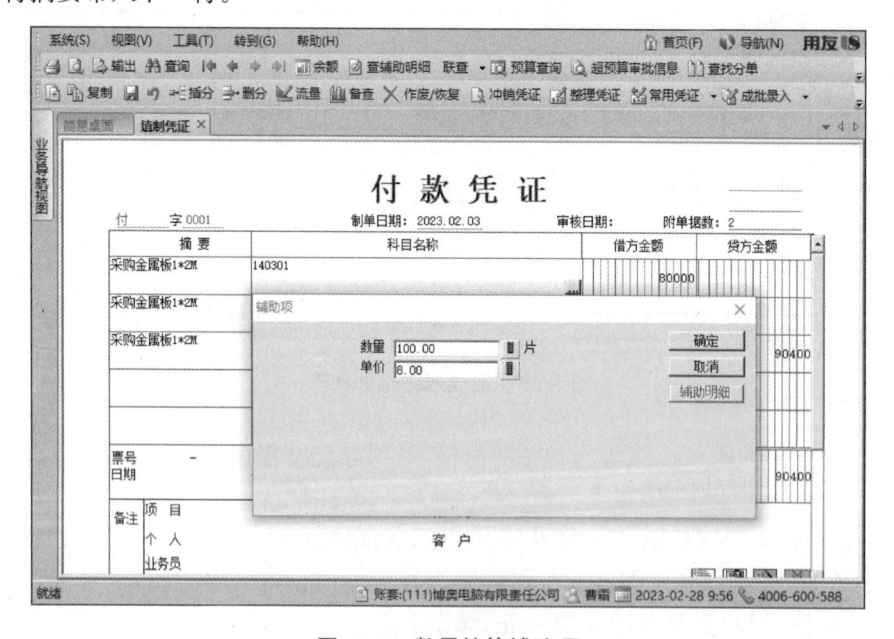

图 5—7　数量核算辅助项

⑦继续录入借方科目"应交税费/应交增值税/进项税额",贷方科目"银行存款/农行存款"(辅助项结算方式201现金支票,票号XJ001)。

⑧点击菜单栏第三排第三个按钮"保存"键,凭证填制完成,如图5-8所示。

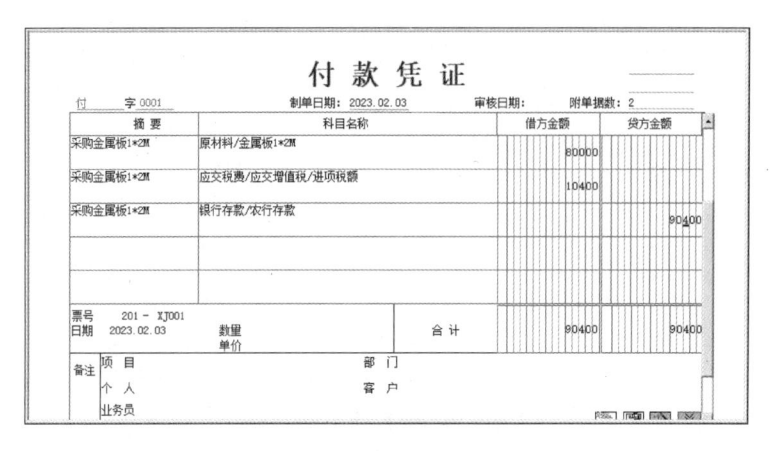

图5-8 付款凭证0001号

(3)2月4日,采购部刘乐向兴华公司购买鼠标300只,单价为30元/只,增值税税率13%,验收入外购品库,货款尚未支付。(附单据2张)

①单击左上角菜单栏第三排第一个"增加"按钮,系统自动添加一张空白凭证。

②凭证类别:凭证左上角展开项点开,按照实际情况选择凭证类别,第三笔业务满足转账凭证条件,选择"转账凭证","字"后面的凭证号根据总账选项参数的设置,是系统自动编号的。

③制单日期:第三笔业务制单日期选择2023.02.04。

④附单据数:指后附的原始单据数量,第三笔业务是2张。

⑤摘要:简明扼要地反映经济业务活动实质"购买鼠标"。

⑥借方录入参照第二笔业务,鼠标是数量核算。

⑦继续录入贷方科目应付账款(辅助项供应商是兴华公司,业务员是刘乐,票号C202314,发生日期2023-02-04)。如图5-9所示。

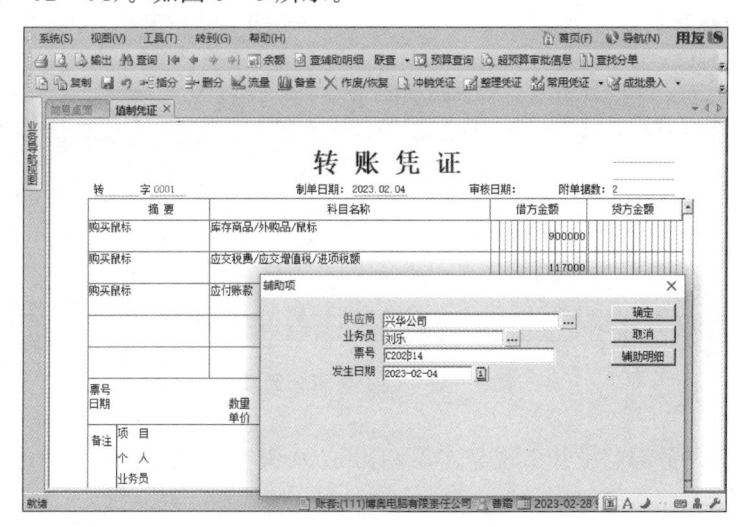

图5-9 供应商往来辅助账

⑧点击菜单栏上第三排第三个按钮"保存"键,凭证填制完成,如图 5-10 所示。

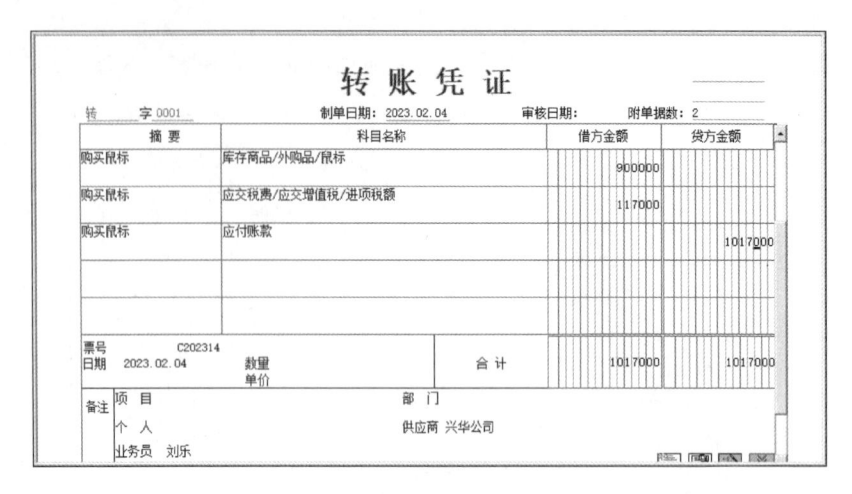

图 5-10 转款凭证 0001 号

(4)2 月 8 日,张凯向昌都贸易发出电脑(奔腾)100 台,每台 5 000 元。全部货税款收到商业承兑汇票金额 565 000。增值税税率 13%。(附单据 2 张)

在录入贷方科目"主营业务收入/电脑(奔腾)"后弹出来辅助项"数量核算",数量 100 台,单价 5 000,如图 5-11 所示,单击确定,会自动计算金额,但是是放在借方,单击键盘上的空格键,能够将金额切换到贷方。

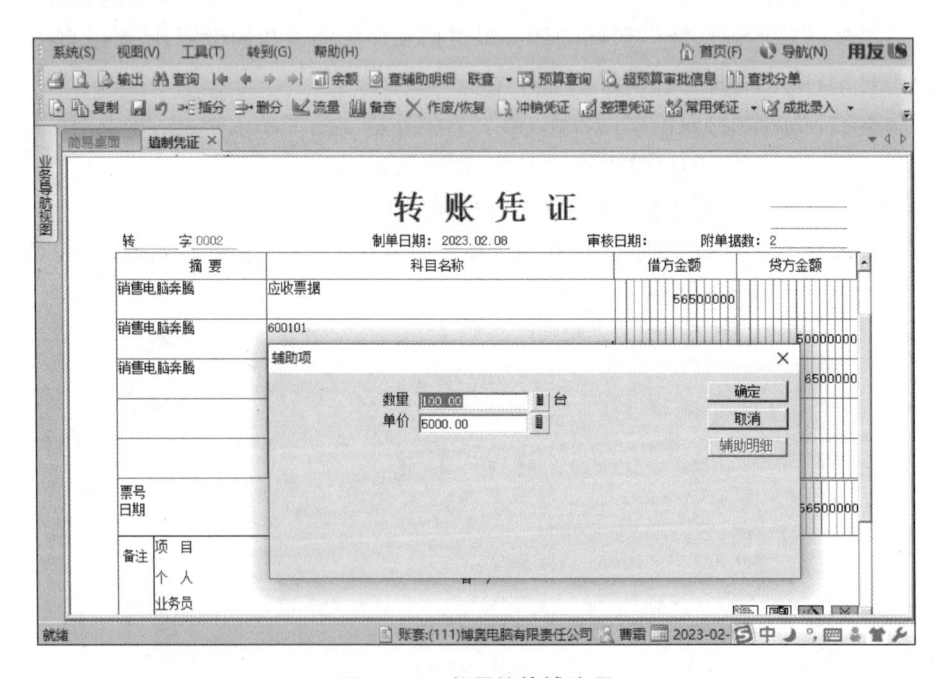

图 5-11 数量核算辅助项

(5)2 月 9 日,财务部赵敏开出现金支票(XJ002)从银行提取现金 5 000 元备用。(附单据 1 张)

提取备用金,借方是"库存现金",贷方"银行存款/农行存款",既满足收款凭证又满足付款凭证条件,在实务中按照付款凭证编号。如图 5-12 所示。

图 5-12 付款凭证 0002 号

(6)2 月 10 日,以银行存款(结算方式:其他,票号 QT001)发放职工工资 135 400 元。(附单据 2 张)

凭证填制方法参照前面业务,凭证填制完成如图 5-13 所示。

图 5-13 付款凭证 0003 号

(7)2 月 10 日,办公室李俊支付办公用品费 5 000 元,转账支票号 ZZ002。(附单据 2 张)

涉及"部门核算"辅助项,在录入借方管理费用/办公费后弹出的辅助项,部门展开项根据实际选择"办公室",如图 5-14 所示。这里部门的选择会影响账簿里面的部门收支分析表等。填制的凭证如图 5-15 所示。

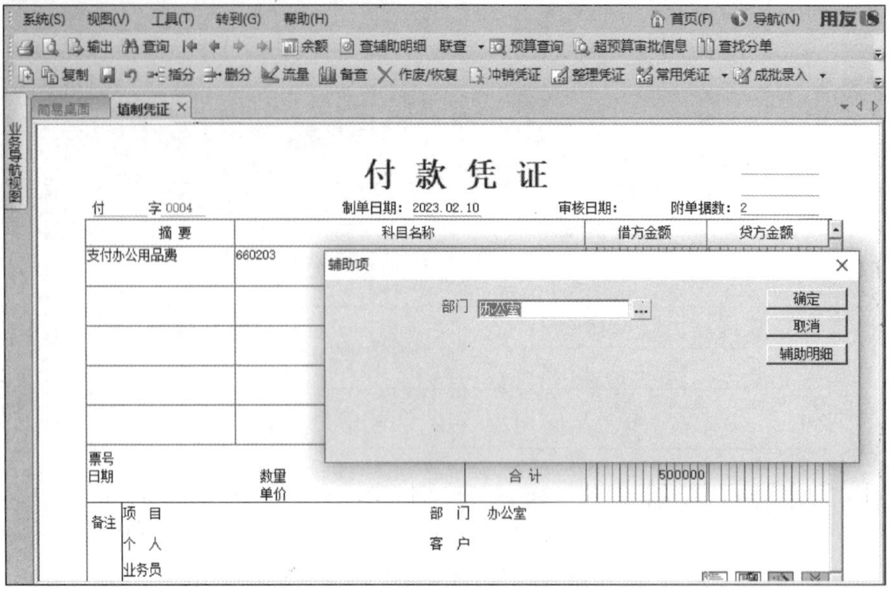

图 5—14 部门辅助核算

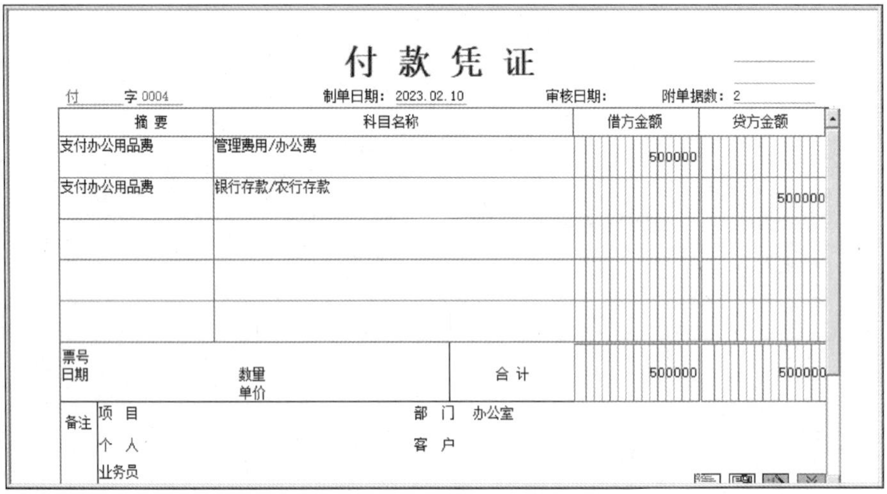

图 5—15 付款凭证 0004 号

(8)2月12日,销售一部支付广告费3 000元,以银行存款结算(结算方式:其他,票号QT002)。(附单据2张)

填制凭证过程中,需要在"科目参照"窗口选择某个科目,比如销售费用/广告费,发现科目参照里面没有,可以单击右侧的"编辑"按钮,如图5—16所示,打开"会计科目"窗口,按照会计科目增加方法增加"660106 广告费",选择"部门核算",如图5—17所示。填制的凭证如图5—18所示。

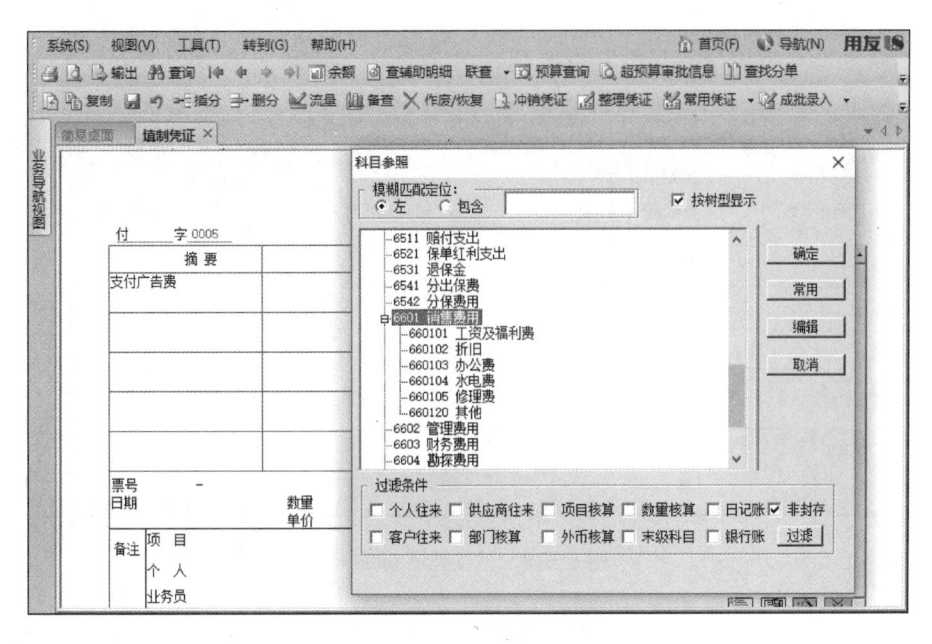

图 5-16 科目参照—编辑

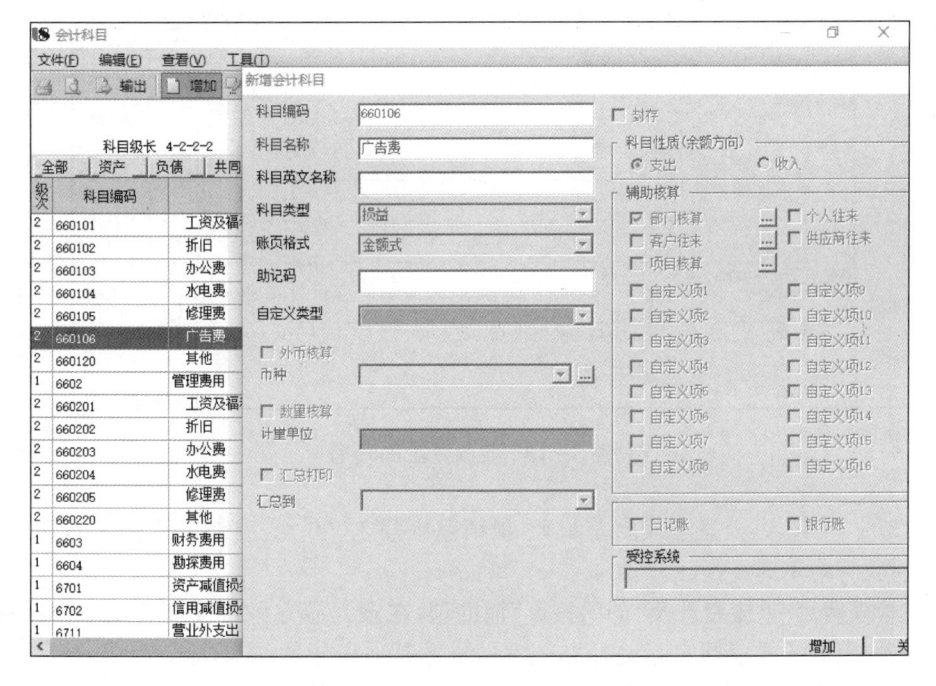

图 5-17 增加会计科目—广告费

(9)2月13日,转让专有技术的所有权,取得转让收入价税合计21.2万元,增值税税率6%,转账支票号 ZZ003。(附单据2张)

转让专有技术的所有权入账科目是"营业外收入"。填制的凭证如图5-19所示。

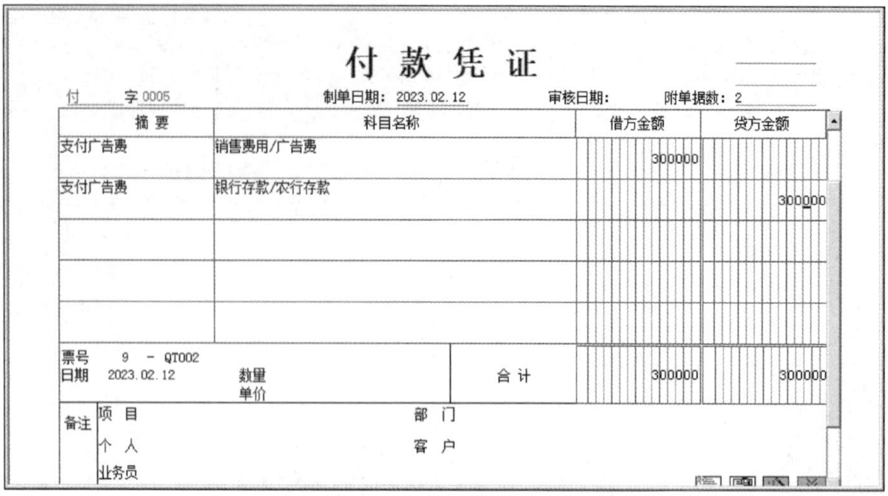

付款凭证

付 字 0005 制单日期：2023.02.12 审核日期： 附单据数：2

摘要	科目名称	借方金额	贷方金额
支付广告费	销售费用/广告费	300000	
支付广告费	银行存款/农行存款		300000
票号 9 - QT002 日期 2023.02.12 数量 单价	合计	300000	300000

备注 项目 部门
个人 客户
业务员

图 5—18 付款凭证 0005 号

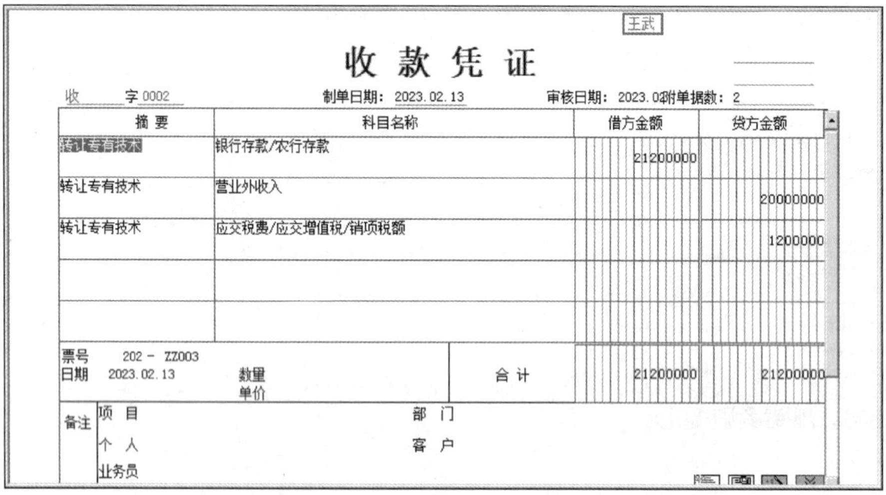

王武

收款凭证

收 字 0002 制单日期：2023.02.13 审核日期：2023.02 附单据数：2

摘要	科目名称	借方金额	贷方金额
转让专有技术	银行存款/农行存款	21200000	
转让专有技术	营业外收入		20000000
转让专有技术	应交税费/应交增值税/销项税额		1200000
票号 202 - ZZ003 日期 2023.02.13 数量 单价	合计	21200000	21200000

备注 项目 部门
个人 客户
业务员

图 5—19 收款凭证 0002 号

(10)2 月 14 日，办公室李俊出差归来，报销差旅费 3 000 元，出差借款多余的 500 元以现金退回公司。(附单据 2 张)

借方管理费用/差旅费涉及“部门核算”辅助项，在录入借方科目管理费用/差旅费后弹出的辅助项，部门展开项根据实际选择办公室。贷方其他应收款/应收个人款是个人往来辅助项，部门为办公室，个人为李俊，票号 G202301，发生日期 2023—02—14，如图 5—20 所示；填制的凭证如图 5—21 所示。

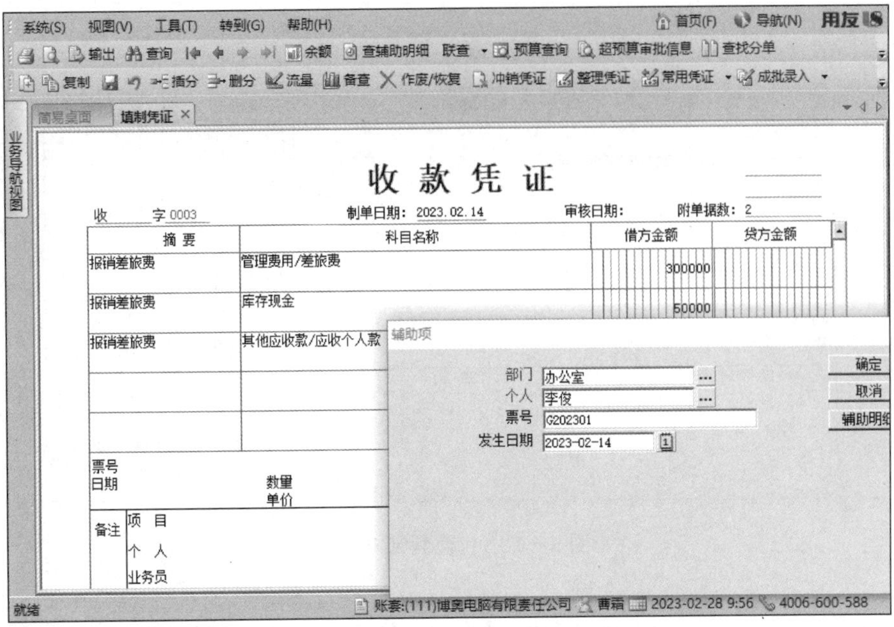

图5—20　个人往来辅助项

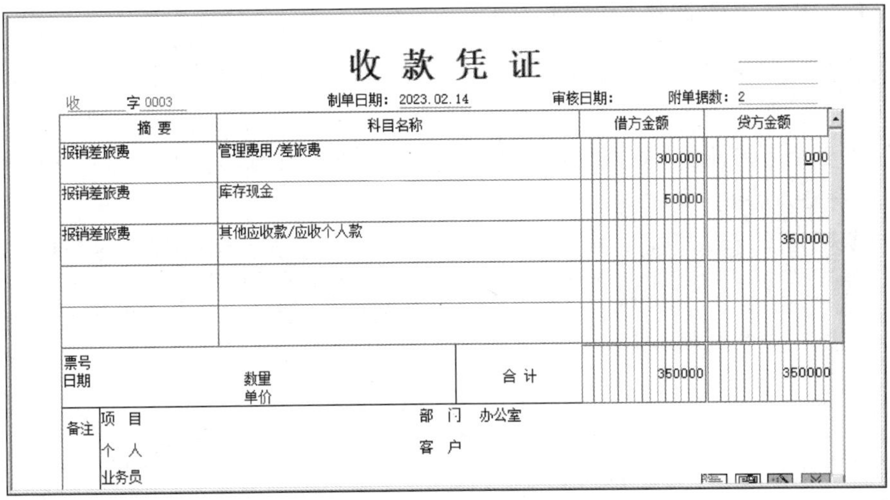

图5—21　收款凭证0003号

(11)2月15日,采购部刘乐以银行存款——农行(结算方式:转账支票,票号ZZ004)归还上月所欠兴华公司欠款5 000元。(附单据1张)

凭证填制方法参照前面业务,凭证填制完成如图5—22所示。

图 5-22　付款凭证 0006 号

5.2　审核记账前修改凭证和作废凭证

5.2.1　审核记账前修改凭证

经核查,办公室李俊支付办公用品费实际 5 500 元,误录为 5 000 元。

操作员"003 曹霜"(会计)执行"总账"—"凭证"—"填制凭证",单击菜单栏第二排向左向右的箭头,找到需要修改的付款 0004 号凭证,本例将金额由 5 000 改为 5 500,修改完单击"保存"。如图 5-23 所示。

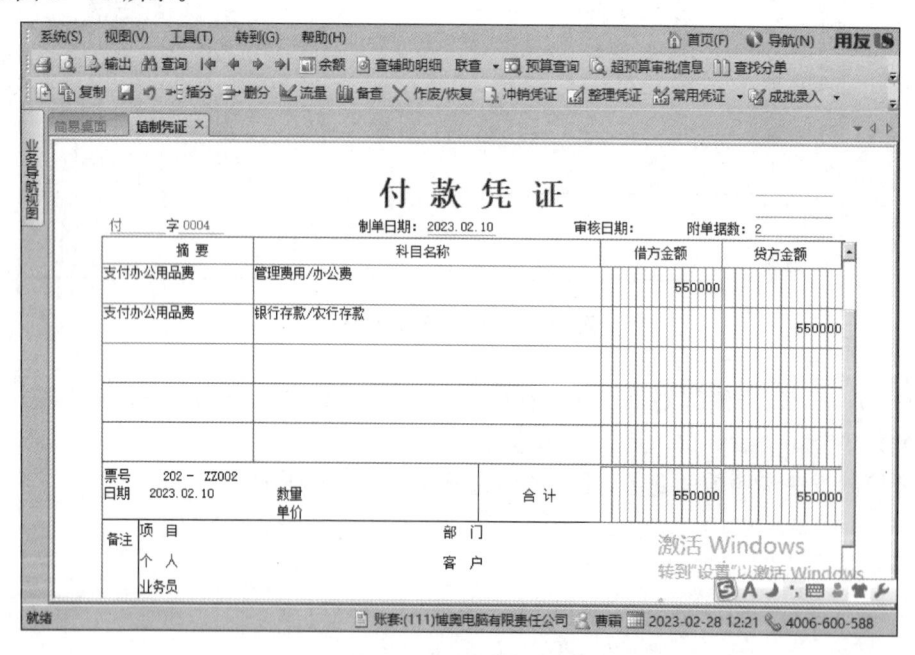

图 5-23　修改凭证金额

对于凭证上的基本项目,如摘要、科目和金额等,将光标放在要修改的地方,直接修改;如果要修改凭证的辅助项信息,首先选中辅助核算科目行,再将光标往下移至备注栏辅助项,待鼠标变为签字笔形状时双击,弹出"辅助项"对话框,在对话框中修改相关信息。

如果凭证比较多,在填制凭证窗口很难直接找到要修改的凭证,也可以先通过查询凭证再修改凭证,在查询凭证列表双击需要修改的凭证,单击菜单栏第三排第一个"修改"按钮,将金额直接修改成 5 500。

注意:查询凭证窗口只能修改凭证上的基本项目,如摘要、科目和金额等,将光标放在要修改的地方,直接修改;如果要修改凭证的辅助项信息只能在填制凭证窗口。

5.2.2　审核记账前作废、整理(删除)付款 0005 号凭证

(1)操作员"003 曹霜"(会计)执行"总账"—"凭证"—"填制凭证",单击菜单栏第二排向左向右的箭头,找到需要删除的付款 0005 号凭证。单击菜单栏第三排的"作废/恢复"按钮,凭证左上角会显示红色的签章"作废"。如图 5-24 所示。

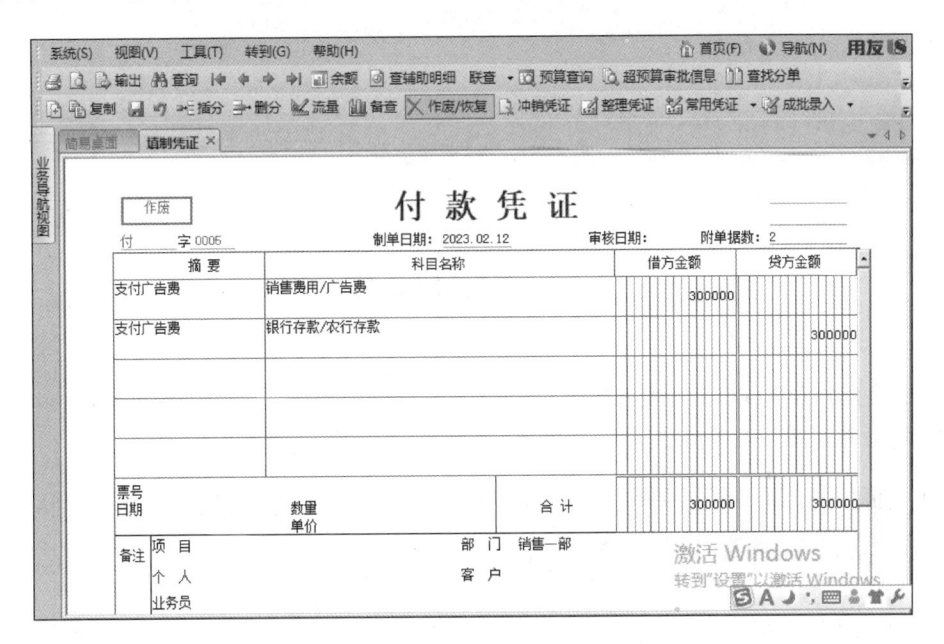

图 5-24　作废凭证

(2)在填制凭证窗口,执行菜单栏第三排的"整理凭证"按钮,弹出"凭证期间选择"窗口,默认 2023.02,如图 5-25 所示。单击"确定"按钮。弹出"作废凭证表",在"删除"列双击需要删除的凭证或者有多张需要删除可以选"全选",最后单击确定按钮,如图 5-26,系统会弹出"是否还需整理凭证断号"提示,单击"是",如图 5-27 所示。这张凭证将从系统里面被删除,系统会重新给凭证连续编号。

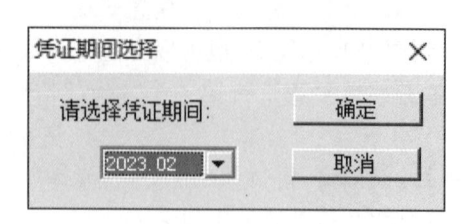

图 5-25 凭证期间选择　　　　图 5-26 作废凭证表

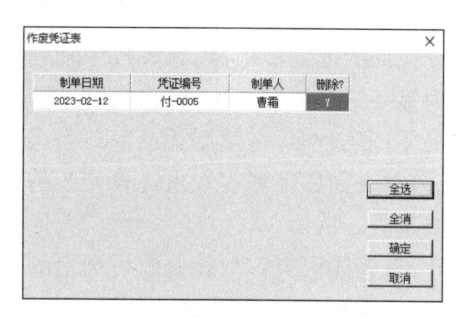

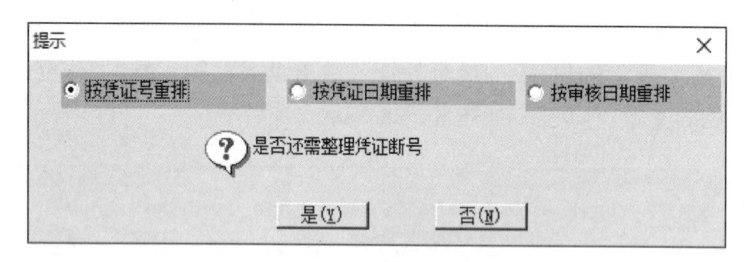

图 5-27 整理凭证断号

5.3 出纳签字

(1)更换操作员为 004(出纳),执行菜单栏上第二排"重注册"命令,打开登录窗口,如图 5-28 所示,登录日期 2023-02-15。以出纳身份登录"企业应用平台"。

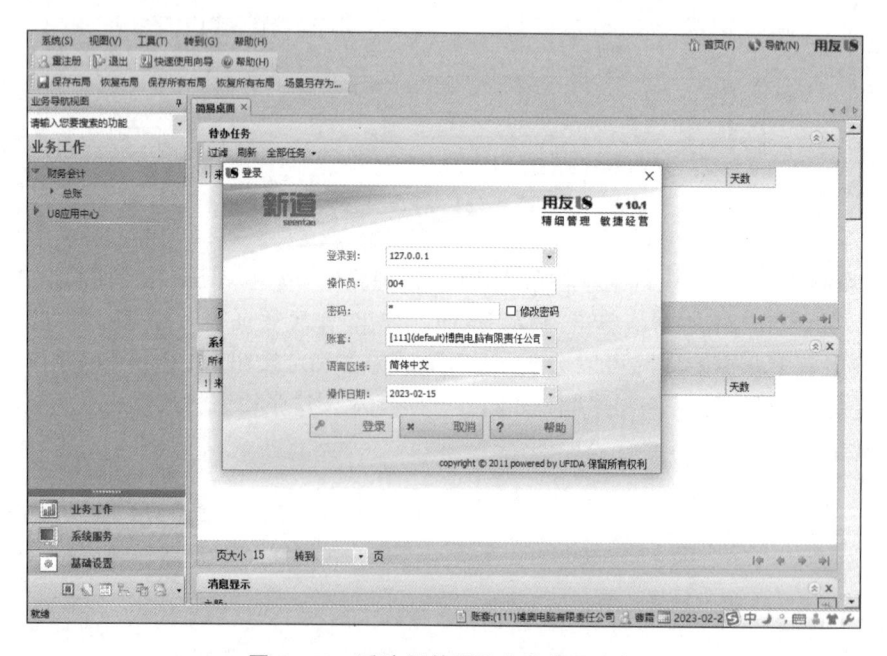

图 5-28 重注册并登录企业应用平台

(2)左侧执行"业务工作"选项卡的"财务会计"—"总账"—"凭证"—"出纳签字"命令,双击进入"出纳签字"查询条件窗口,如图 5-29 所示,直接单击"确定"按钮。

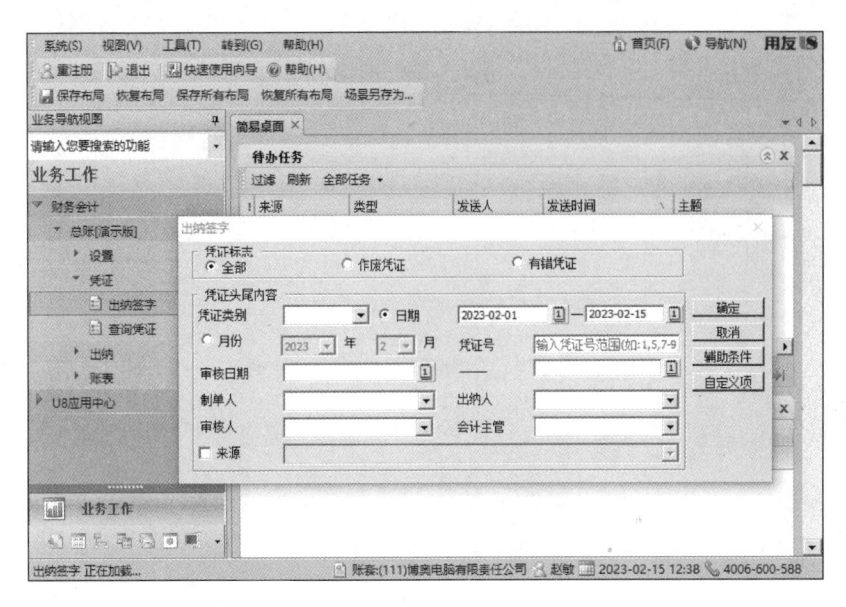

图 5-29　出纳签字查询窗口

(3)进入"出纳签字凭证列表"窗口,一共 8 张凭证,如图 5-30 所示,转账凭证没有涉及库存现金和银行存款,不需要出纳签字。双击第一张凭证,进入出纳签字窗口,检查凭证没问题,单击菜单栏第三排第一个按钮"签字",凭证最下面一排出纳后面会签上"赵敏",如图 5-31 所示。

图 5-30　出纳签字凭证列表

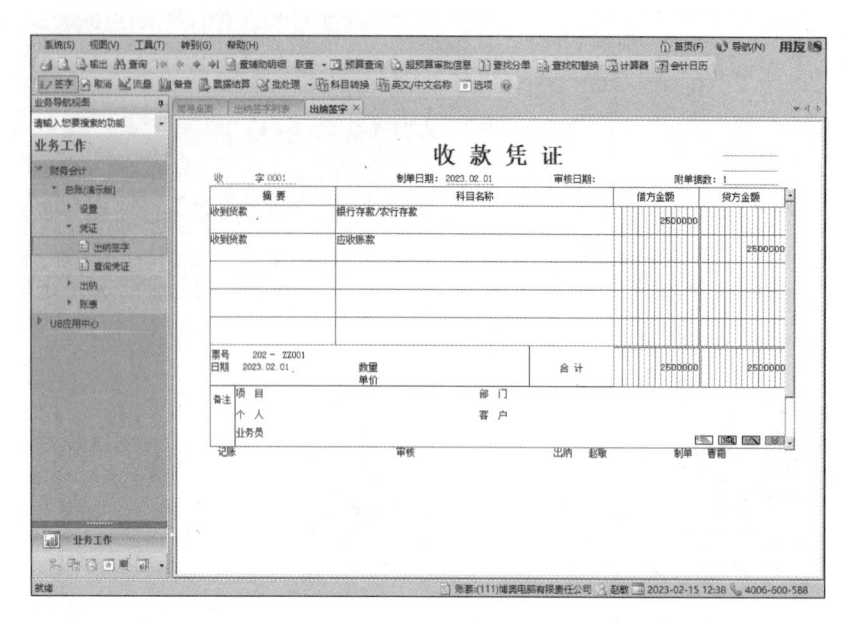

图 5-31 出纳签字

(4)单击菜单栏第二排向右的箭头,继续第二张凭证的出纳签字。若需要出纳签字的凭证比较多,系统提供批处理操作,如图 5-32 所示。单击菜单栏第三排"批处理",下拉列表里面选择"成批出纳签字"。会出现一个提示框"本次共选择[7]张凭证进行签字",直接单击"确定"完成出纳签字。

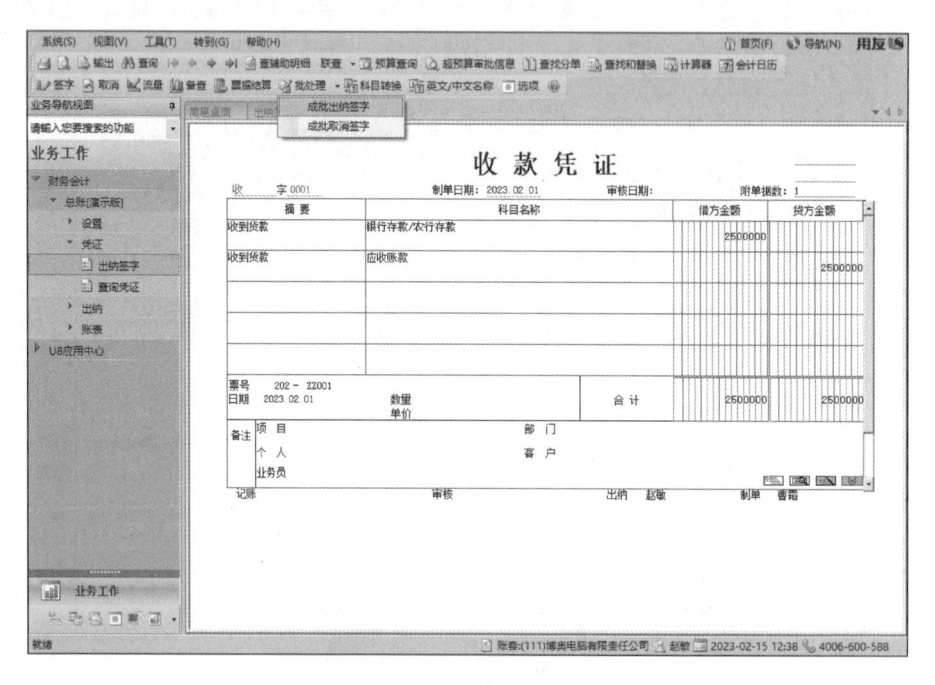

图 5-32 成批出纳签字

5.4　审核凭证和主管签字

(1)更换操作员,执行菜单栏上第二排"重注册"命令,打开登录窗口,如图5－33所示,登录日期2023－02－15。以002(会计主管)身份登录"企业应用平台"。

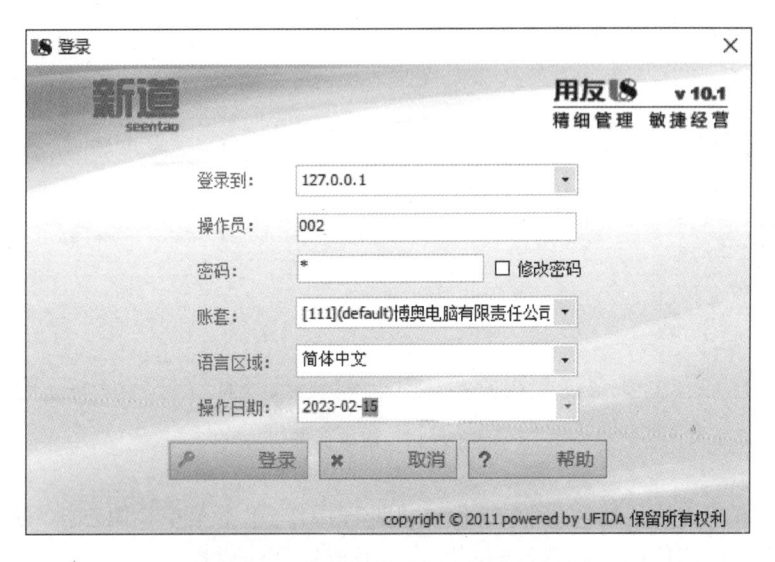

图5－33　会计主管登录企业应用平台

(2)左侧执行"业务工作"选项卡的"财务会计"—"总账"—"凭证"—"审核凭证"命令,双击进入"凭证审核"查询条件窗口,直接单击"确认"按钮进入"凭证审核列表"。

(3)在"凭证审核列表"窗口,一共10张凭证,所有凭证都需要审核。如图5－34所示,双击第一张凭证,进入审核凭证窗口,检查凭证没问题,单击菜单栏第三排第一个按钮"审核",凭证最下面审核后面会签上"王武"。如图5－35所示。

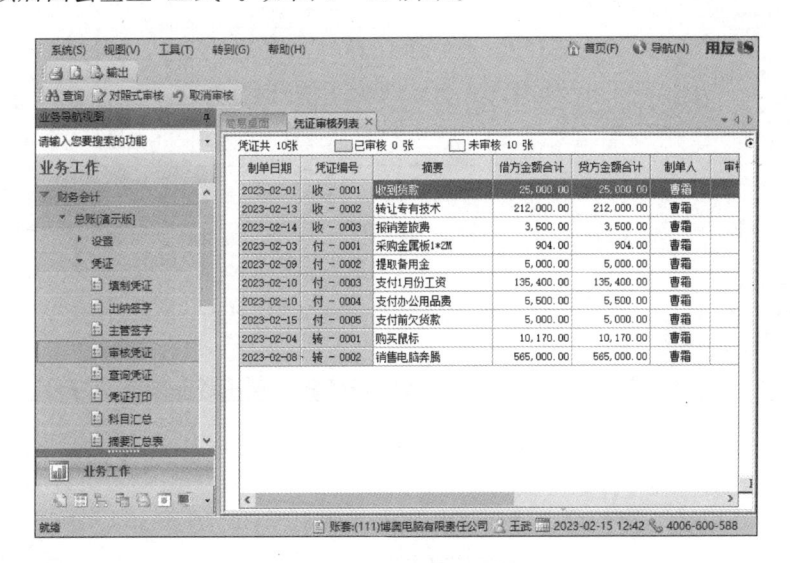

图5－34　凭证审核列表

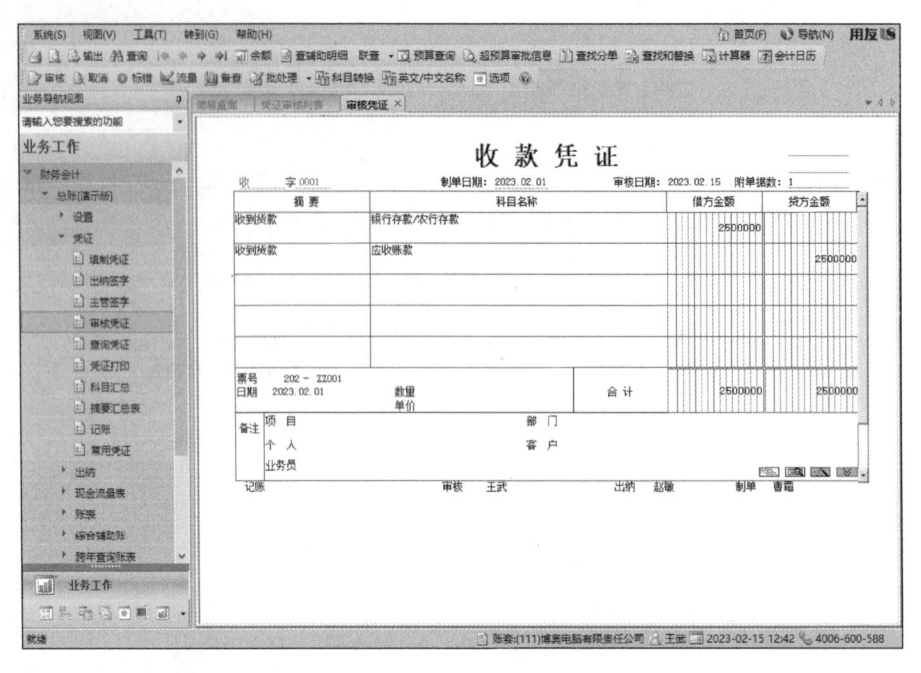

图 5-35 审核凭证

(4)若需要审核的凭证比较多,系统提供批处理操作,单击菜单栏第三排"批处理",下拉列表里面选择"成批审核凭证",如图 5-36 所示。完成凭证的成批审核。

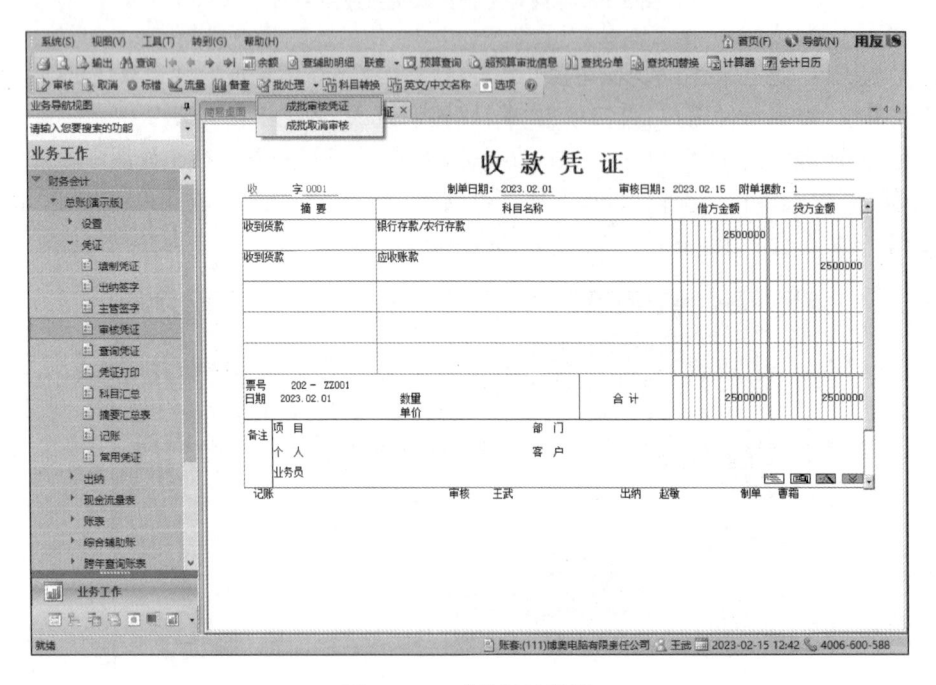

图 5-36 成批审核凭证

(5)执行"财务会计"—"总账"—"凭证"—"主管签字"命令,双击进入"主管签字"查询条件窗口,直接单击"确认"按钮进入"主管签字列表"。执行"批处理"—"成批主管签字",如图 5-

37所示。弹出对话框"是否重新刷新凭证列表数据",单击"是",凭证右上角会签上"王武"。

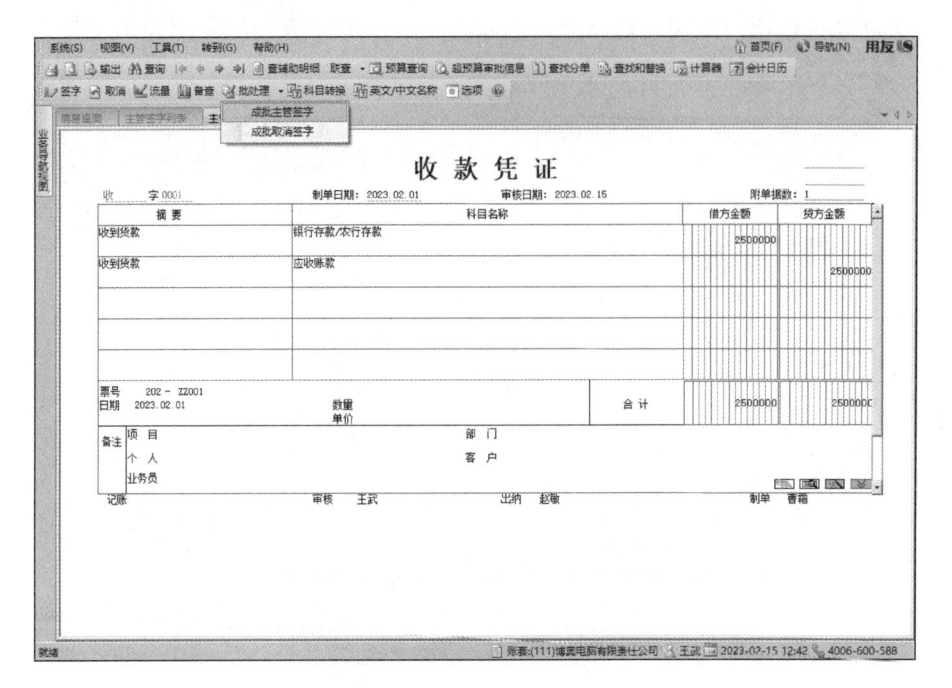

图 5-37　成批主管签字

5.5　记账和科目汇总

5.5.1　记账

(1)执行"财务会计"—"总账"—"凭证"—"记账"命令,双击进入"记账"窗口,如图 5-38 所示。

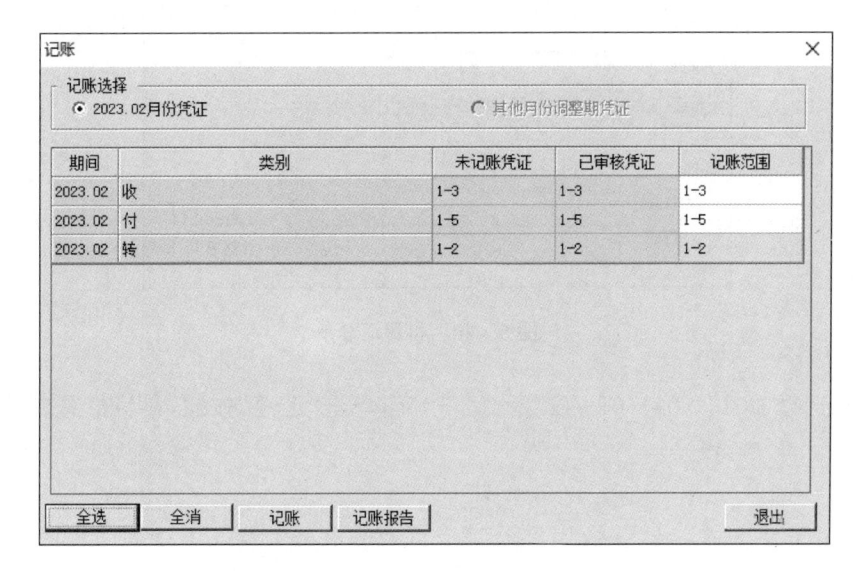

图 5-38　记账

(2)单击左下角"全选"按钮,选择所有凭证。再单击"记账"按钮,系统会显示"期初试算平衡表",单击"确定"按钮。系统会自动进行记账操作。记账完成以后系统弹出记账完毕窗口,单击"确定",如图5-39所示。

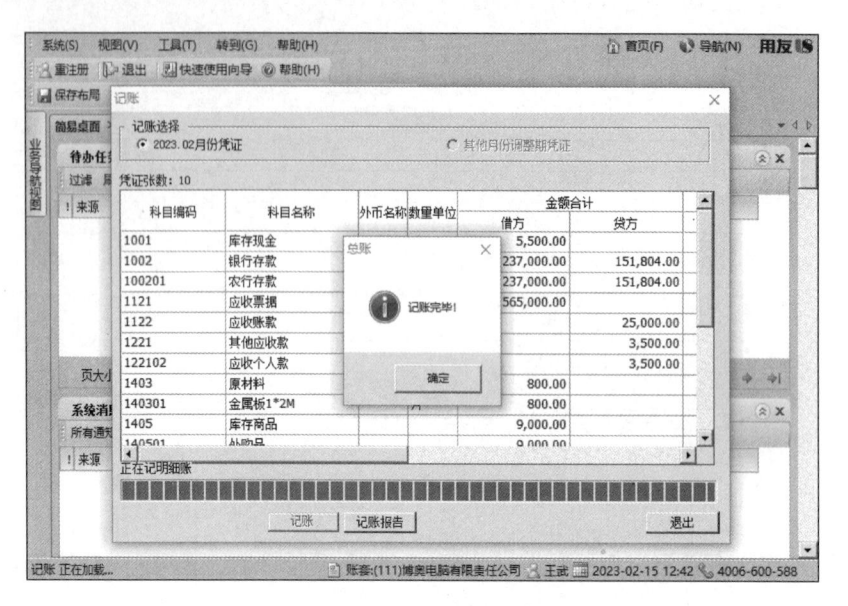

图5-39 记账完成

5.5.2 1—15号科目汇总

(1)执行"财务会计"—"总账"—"凭证"—"科目汇总"命令,双击进入"科目汇总"窗口,如图5-40所示。

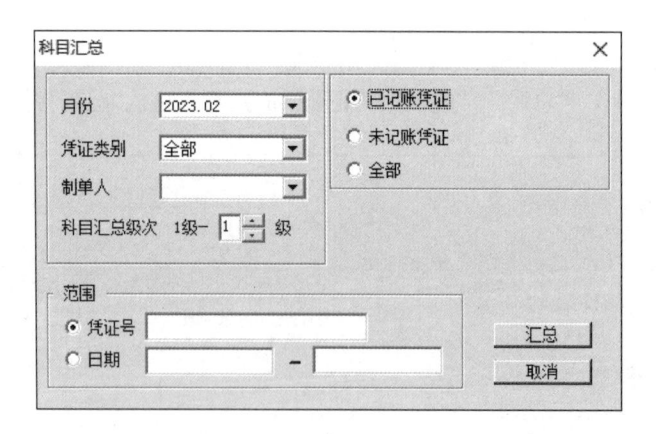

图5-40 科目汇总

(2)日期选择"2023-02-01—2023-02-15",单击"汇总"按钮,科目汇总表结果如图5-41所示。

图 5—41　科目汇总表

5.6　审核记账以后无痕迹修改凭证

经查入库单，2月3日采购部刘乐向益远公司购买金属板1＊2M，100片，单价为8元/片，实际为80片，每片单价10元。

5.6.1　激活"恢复记账前状态"菜单栏并取消记账

(1)002身份登录"企业应用平台"，左侧执行"业务工作"选项卡的"财务会计"—"总账"—"期末"—"对账"命令，双击进入"对账"窗口，如图5—42所示。

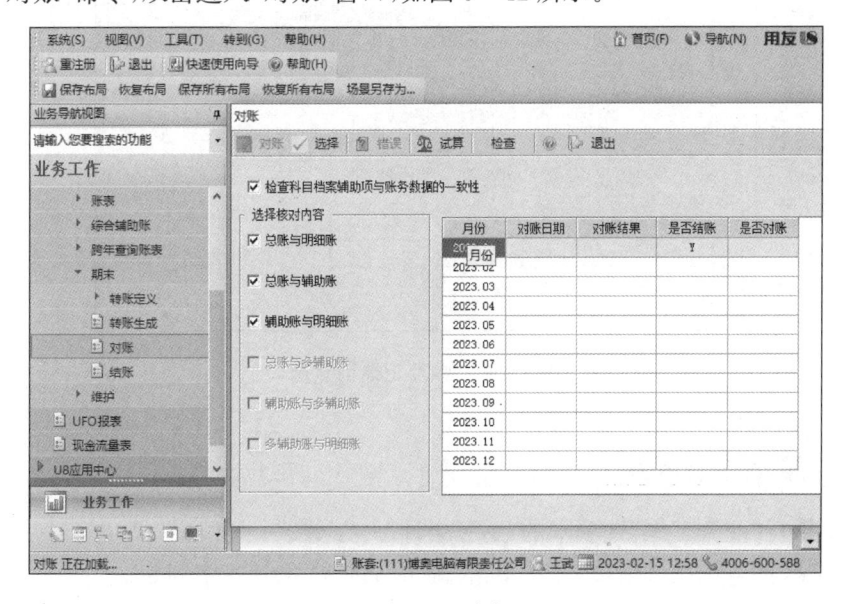

图 5—42　对账

(2)按住"Ctrl+H"组合键,弹出"恢复记账前状态功能已被激活"。如图5-43所示,单击"确定"按钮。

图5-43 恢复记账前状态功能

(3)执行"财务会计"—"总账"—"凭证"—"恢复记账前状态"命令,双击进入"恢复记账前状态"窗口,如图5-44所示,恢复方式选择"2023年2月初状态",直接单击"确定"按钮,弹出请输入口令的窗口,输入当前操作员的口令"2",单击"确定"按钮,弹出恢复记账完毕窗口,单击"确定"按钮,完成取消记账。

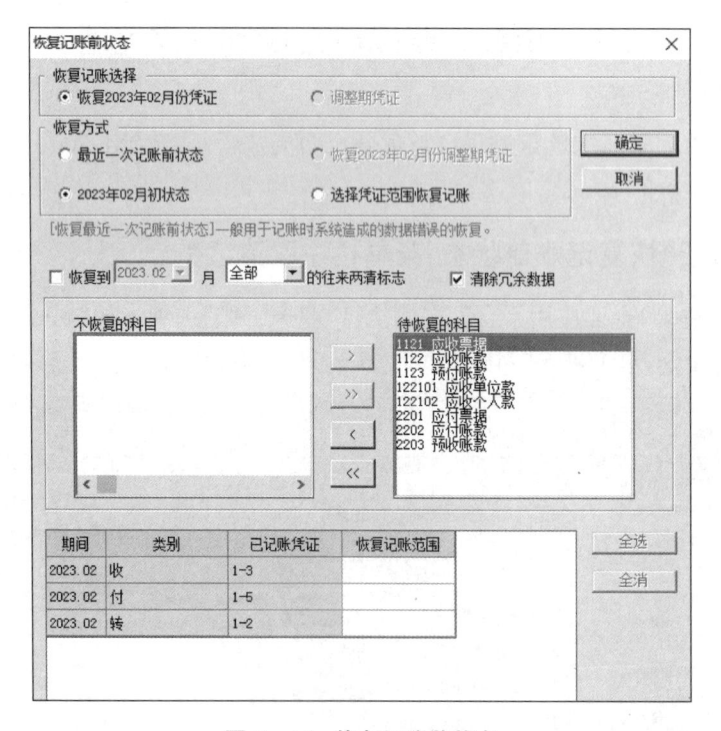

图5-44 恢复记账前状态

5.6.2 取消主管签字

(1)左侧执行"业务工作"选项卡的"财务会计"—"总账"—"凭证"—"主管签字"命令,双击弹出"主管签字"的查询条件窗口,直接单击"确定",进入"主管签字列表"。

(2)双击打开需要修改的凭证付款0001号凭证,单击菜单栏第三排第二个按钮"取消",如

图5-45所示。如果需要修改多张凭证,也可以执行"批处理"—"成批取消签字"。

图5-45 取消主管签字

5.6.3 取消审核凭证

(1)左侧执行"业务工作"选项卡的"财务会计"—"总账"—"凭证"—"审核凭证"命令,双击弹出审核凭证的查询条件窗口,直接单击"确定",进入"凭证审核列表"。

(2)双击打开需要修改的凭证付款0001号凭证,单击菜单栏第三排第二个按钮"取消",如果需要修改多张凭证,也可以执行"批处理"—"成批取消审核"。取消完,凭证下方审核后面的签名会消失,如图5-46所示。

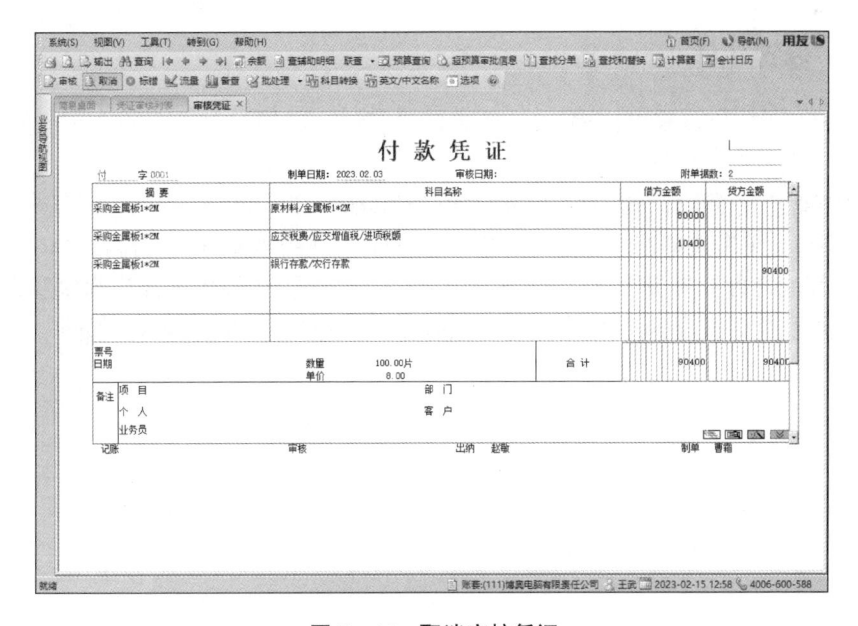

图5-46 取消审核凭证

5.6.4 取消出纳签字

(1)更换操作员,执行菜单栏第二排的"重注册"按钮,以004的身份登录"企业应用平台"。

(2)左侧执行"业务工作"选项卡的"财务会计"—"总账"—"凭证"—"出纳签字"命令,双击弹出出纳签字的查询条件窗口,直接单击"确定",进入"出纳签字列表"。

(3)双击打开需要修改的凭证付款0001号凭证,单击菜单栏第三排第二个按钮"取消",如果需要修改多张凭证,也可以执行"批处理"—"成批取消",取消完,凭证下方出纳后面的签名会消失,如图5-47所示。

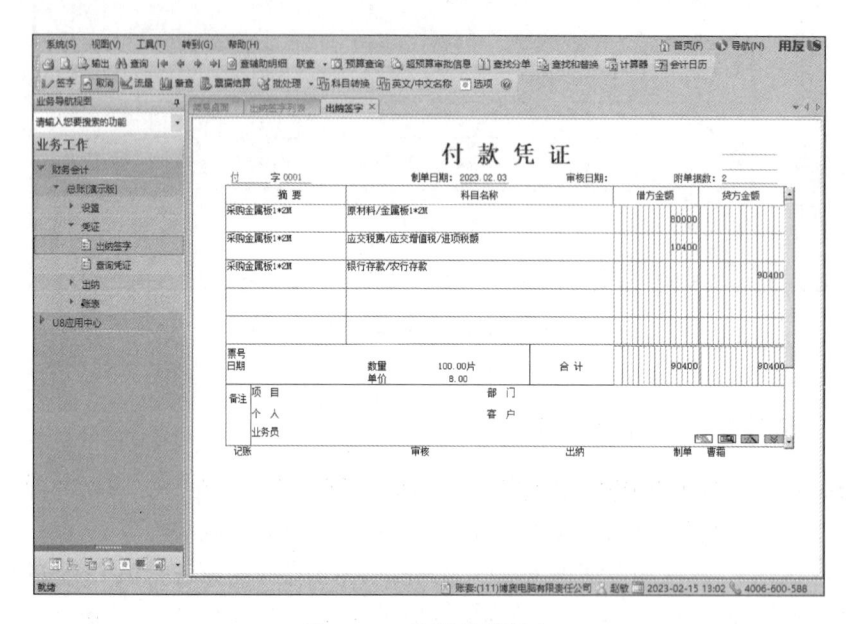

图 5-47 取消出纳签字

5.6.5 修改凭证

(1)更换操作员,执行菜单栏第二排的"重注册"按钮,以"003 曹霜"的身份登录"企业应用平台"。

(2)左侧执行"业务工作"选项卡"财务会计"—"总账"—"凭证"—"填制凭证"命令,双击进入"填制凭证"窗口。单击菜单栏第二排的向左向右的箭头,找到需要修改的付款0001号凭证。选中"有辅助核算的科目140301",再将光标往下移至备注栏辅助项,待鼠标变为签字笔形状时双击,弹出"辅助项"对话框,在对话框中修改相关信息。数量改成80,单价10。如图5-48所示。

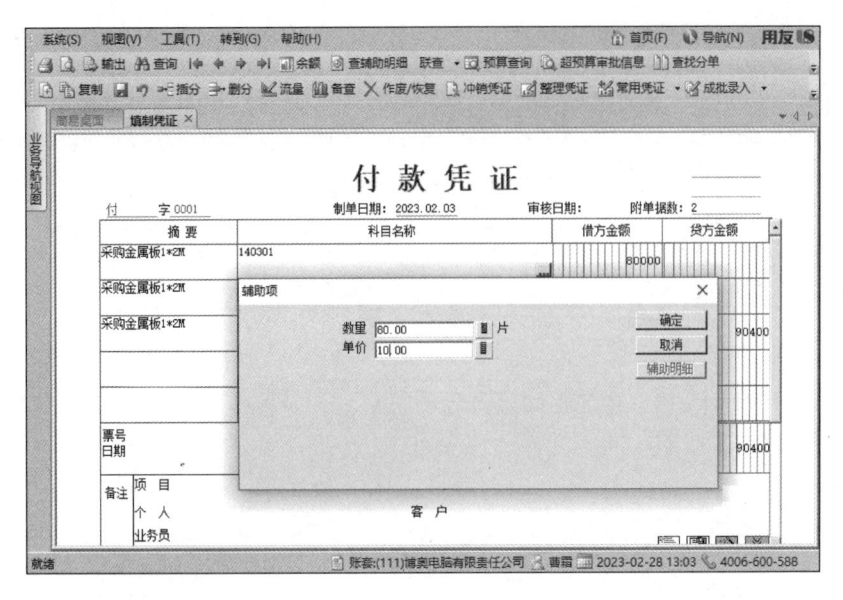

图 5-48　修改辅助项

（3）修改完的凭证重新进行"出纳签字（004）"—"审核凭证（002）"—"主管签字（002）"—"记账（002）"操作，比照前面 5.3－5.5 相关操作完成。

5.7　填制 16—28 日凭证

（12）2月16日，收到外商投资 10 000 美元，存入中行美元账户，转账支票号 ZZ005。（附单据1张）

①以"003 曹霜"的身份登录"企业应用平台"，操作日期 2023－02－28。左侧执行"业务工作"选项卡的"财务会计"—"总账"—"凭证"—"填制凭证"命令，双击进入"填制凭证"窗口。单击菜单栏第三排的第一个按钮"增加"。

②凭证类别：凭证左上角展开项点开，按照实际情况选择凭证类别"收款凭证"，"字"后面的凭证号根据总账选项参数的设置，是系统自动编号的。

③制单日期：日历框选择"2023.02.16"。

④附单据数：指后附的原始单据数量1张。

⑤摘要：简明扼要地反映经济业务活动实质"收到外商投资"。

⑥会计科目：鼠标定位到"科目名称"处，点开展开项，从参照里面直接选择，必须选择最末级科目，选择科目"银行存款/中行存款"双击，录入金额前会弹出辅助项，如图 5-49 所示，结算方式"202"转账支票，票号"ZZ005"，发生日期跟业务日期保持一致"2023－02－16"，单击"确定"。

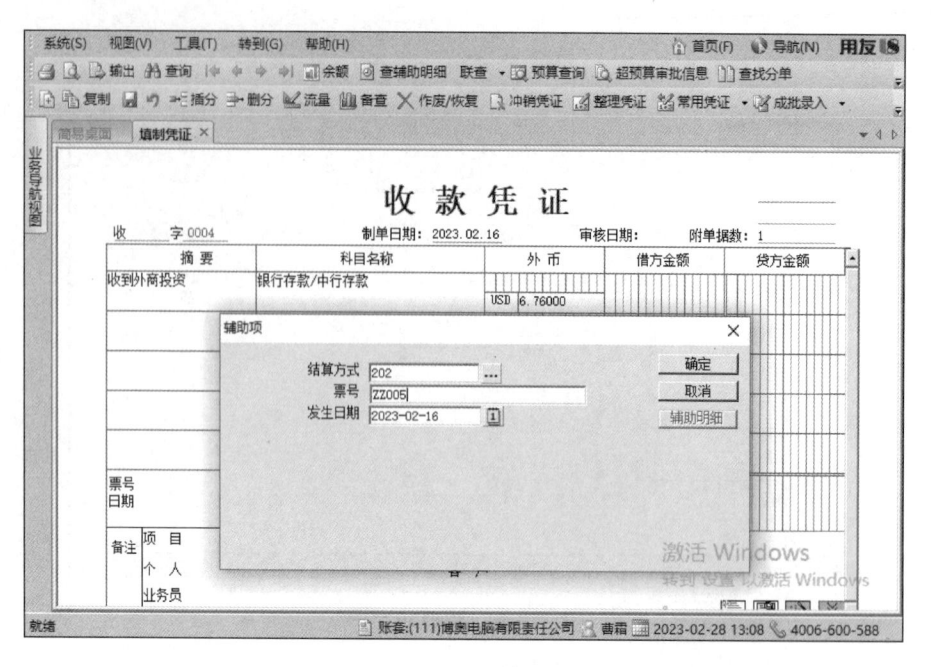

图 5—49 银行账辅助核算

⑦中行存款是"外币美元账户",会在借方金额前增加一列"外币",已经设置过美元外币固定汇率 6.76,只需要在外币栏录入 10 000,系统会自动计算借方金额 67 600。

⑧有限责任公司接受投资贷方记入"实收资本"。凭证填完如图 5—50 所示。

图 5—50 收款凭证 0004 号

(13)2 月 17 日,销售二部支付广告费 3 000 元,以银行存款结算(结算方式:其他,票号 QT003)。(附单据 2 张)

(14)2 月 18 日,张凯向华盛贸易发出电脑(酷睿)100 台,每台 7 000 元。款项尚未收到,增值税税率 13%。(附单据 2 张)

(15)2 月 20 日,支付借款利息 5 000 元,包括 1 月份已计提未支付的利息费用 2 500 元,

结算方式:其他,票号 QT004。(附单据 1 张)

第 13、14、15 笔业务比照第 12 笔业务操作。

(16)2 月 24 日,昌都贸易(业务员张凯)退回电脑(奔腾)10 台,每台 5 000 元,增值税税率 13%,开出红字增值税专用发票。(附单据 2 张)

①这笔业务"销售退回",借方银行存款是负数,输入"—"号,录完负数金额以"红色"显示。贷方录入主营业务收入,会弹出辅助项,数量是"—10"(销售退回数量是负数,否则会影响期末主营业务成本的结转),单价 5 000,如图 5—51 所示。

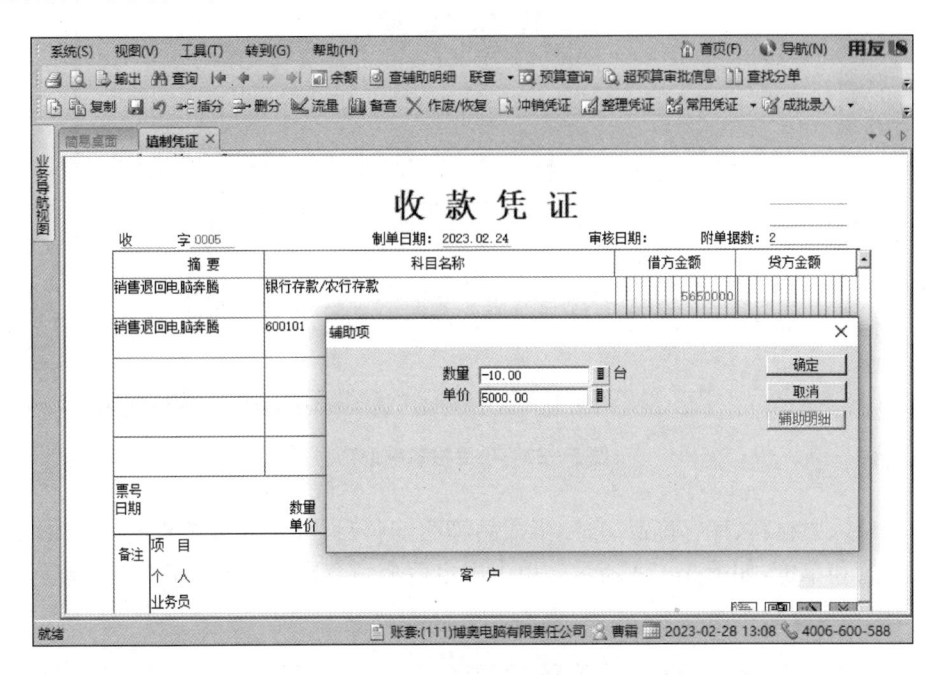

图 5—51 销售退回辅助项

②单击确定后金额"—50 000"(用红色显示代表负数)会自动填充到借方,按键盘上空格键自动切换到贷方。凭证填制完如图 5—52 所示。

图 5—52 收款凭证 0005 号

(17)28日,结转耗用材料成本。(附单据1张)

①项目核算:借方录入"生产成本/直接材料"会弹出图5—53所示的辅助项,选择对应的项目名称即可。

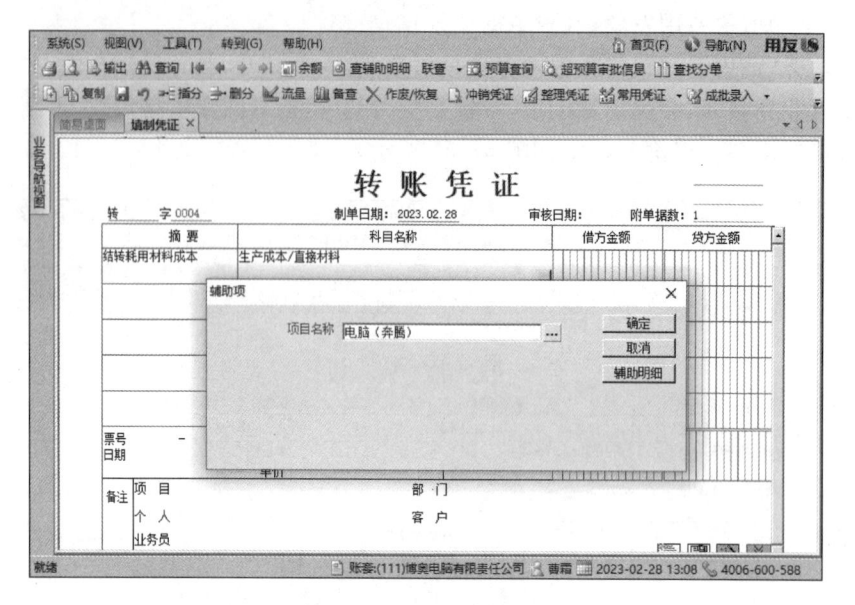

图5—53 项目核算辅助项

②贷方录入原材料、库存商品、自制半成品等明细科目,都是数量核算的,会弹出辅助项,对应录入数量和单价,如图5—54所示。单击确定后金额会自动填充到借方,按键盘上的空格键,自动切换到贷方。

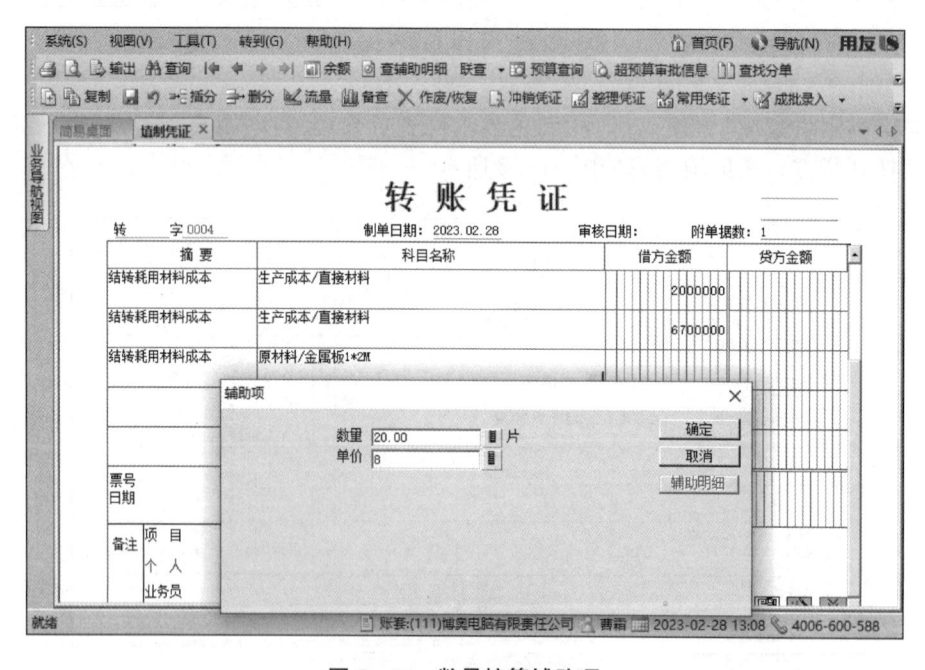

图5—54 数量核算辅助项

(18)2月28日,提取本月固定资产折旧,其中一车间25 000元,办公室5 000元。(附单据2张)

(19)2月28日,提取本月职工工资。(附单据1张)

(20)2月28日,分配本月制造费用。(附单据2张)

(21)2月28日结转本月完工产品成本。(附单据3张)

第18—21笔业务比照第17笔业务填制。

5.8 出纳签字,审核凭证和主管签字、记账

5.8.1 出纳签字

(1)更换操作员,执行菜单栏上第二排"重注册"命令,打开登录窗口,登录日期2023－02－28。以004身份登录"企业应用平台"。

(2)左侧执行"业务工作"选项卡的"财务会计"—"总账"—"凭证"—"出纳签字"命令,双击进入出纳签字查询条件窗口,直接单击确认按钮。

(3)进入出纳签字凭证列表窗口,一共4张凭证,转账凭证没有涉及库存现金和银行存款,不需要出纳签字。如图5－55所示,双击第一张凭证,进入出纳签字窗口,检查凭证没问题,单击菜单栏第三排第一个按钮签字,凭证最下面一排出纳后面会签上赵敏。

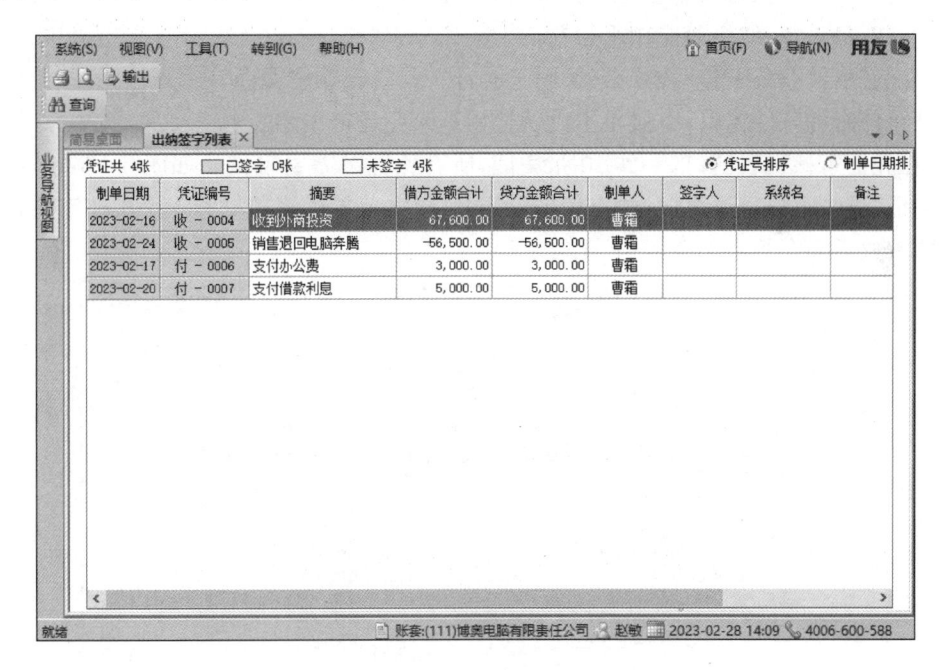

图5－55 出纳签字列表

(4)单击菜单栏第二排向右的箭头,继续第二张凭证的出纳签字。若需要出纳签字的凭证比较多,系统提供批处理操作,单击菜单栏第三排"批处理"—"成批出纳签字",如图5－56所示。

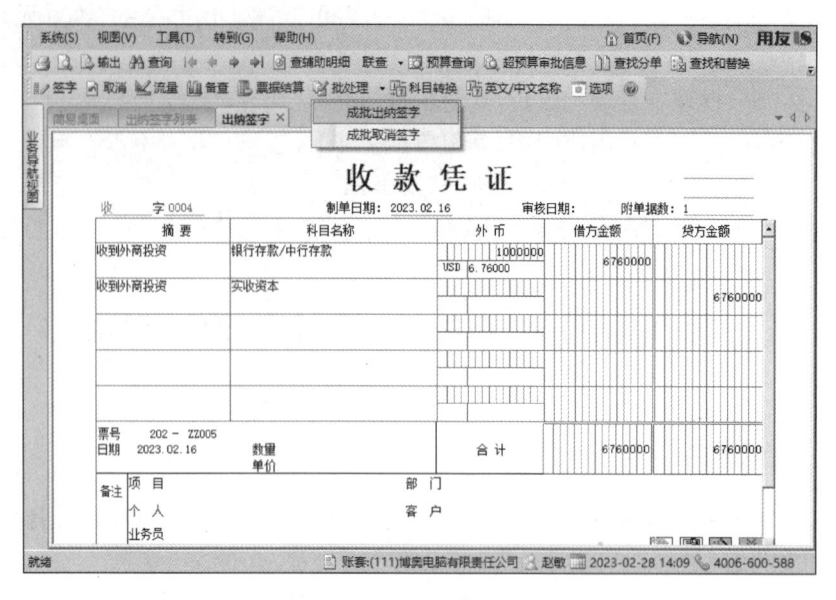

图 5-56　成批出纳签字

5.8.2　审核凭证和主管签字、记账

(1)更换操作员,执行菜单栏上第二排"重注册"命令,打开登录窗口,登录日期 2023-02-28。以 002 身份登录"企业应用平台"。

(2)左侧执行"业务工作"选项卡的"财务会计"—"总账"—"凭证"—"审核凭证"命令,双击进入凭证审核查询条件窗口,直接单击确认按钮进入凭证审核列表。

(3)在凭证审核列表窗口,一共 10 张凭证,所有凭证都需要审核。如图 5-57 所示,双击第一张凭证,进入审核凭证窗口,检查凭证没问题,单击菜单栏第三排第一个按钮审核,凭证最下面一排审核后面会签上王武。

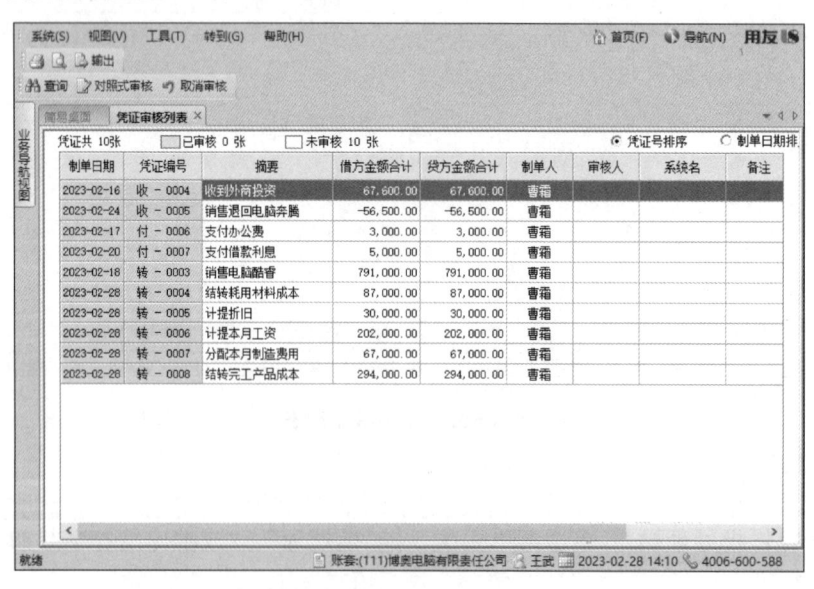

图 5-57　凭证审核列表

(4)若需要审核的凭证比较多,系统提供批处理操作,单击菜单栏第三排批处理,下拉列表里面选择成批审核凭证,如图5—58所示。完成凭证的成批审核。

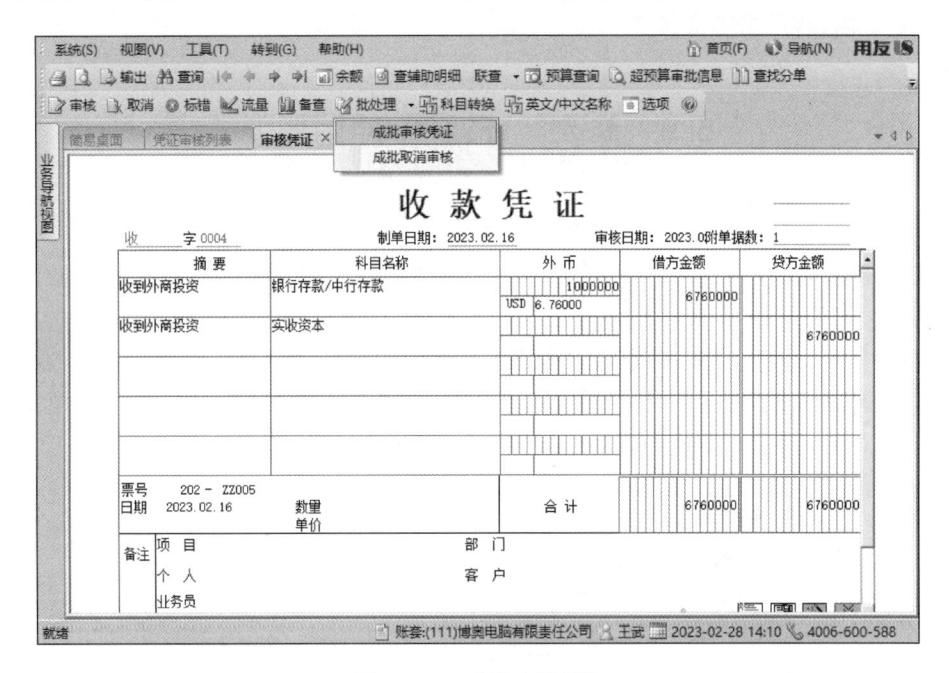

图5—58 成批审核凭证

(5)执行"财务会计"—"总账"—"凭证"—"主管签字"命令,双击进入主管签字查询条件窗口,直接单击确认按钮进入主管签字列表。执行"批处理"—"成批主管签字",如图5—59所示。弹出对话框是否重新刷新凭证列表数据,单击是,凭证右上角会签上王武。

图5—59 成批主管签字

(6)执行"财务会计"—"总账"—"凭证"—"记账"命令,双击进入记账窗口,单击左下角"全选"按钮,选择所有凭证。再单击"记账"按钮。系统会自动进行记账操作。记账完成以后系统弹出记账完毕窗口,单击确定。

5.9 修改凭证:红字冲销凭证

经查,付款2号凭证登记错误,需要红字冲销。

(1)更换操作员,执行菜单栏上第二排"重注册"命令,打开登录窗口,登录日期2023－02－28。以003身份登录"企业应用平台"。

(2)左侧执行"业务工作"选项卡的"财务会计"—"总账"—"凭证"—"填制凭证"命令,单击菜单栏上的"冲销凭证"按钮,弹出"冲销凭证"窗口,选择"付款凭证",凭证号"2",单击"确定"按钮。如图5－60所示。系统会自动生成一张红字冲销凭证。如图5－61所示。

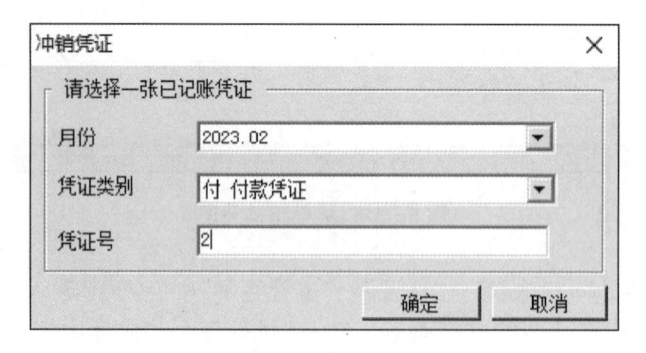

图 5－60 冲销凭证

图 5－61 红字冲销凭证付款凭证 0008 号

说明:在前面业务处理部分做到付款凭证007号,现在红字冲销凭证按照系统自动编号就是付字0008号。

(3)这张凭证需要进行出纳签字(004)、审核凭证和主管签字、记账(002)。

(4)16—28号科目汇总。执行"财务会计"—"总账"—"凭证"—"科目汇总"命令,双击进入"科目汇总"窗口,如图5—62所示,日期选择2023—02—16—2023—02—28,单击"汇总"按钮,结果如图5—63所示。

图5—62　16—28日科目汇总

图5—63　16—28日科目汇总表

复习思考题

1. 请阐述总账系统凭证处理的核心流程。
2. 填制凭证保存时弹出"不满足凭证必无"代表什么含义？
3. 辅助核算没弹出来或者填制错误怎么修改？
4. 填制凭证时需要使用某个明细科目，发现参照里面没有怎么增加？
5. 已审核或者已记账凭证能否修改或者删除？怎么操作？

第6章 账簿查询

【账簿查询概述】

```
查询发生额及余额表
        ↓
    查询明细账
        ↓
    查询多栏账 ─── 客户辅助账
        ↓      ├── 供应商辅助账
    查询辅助账 ─┼── 个人往来账
              ├── 部门辅助账
              └── 项目辅助账
```

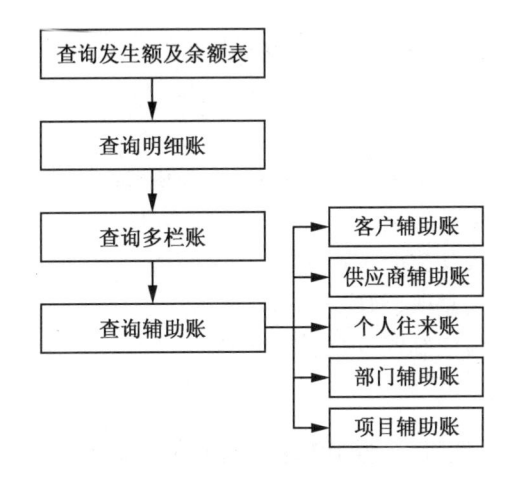

图 6-1 本章总体流程

企业发生的经济业务,经过制单、出纳签字、审核、主管签字和记账等程序后,就形成了正式的会计账簿。第5章填制的凭证数量较多,信息较为分散,每张凭证只能记载个别经济业务的内容,所提供的资料是零星的,不能全面、连续、系统地反映和监督一个经济单位在一定时期内某一类和全部经济业务活动情况,且不便于日后查阅。会计除了核算功能以外,更多的需要提供管理所需信息,为企业经营决策提供信息,所以企业需要在凭证的基础上设置和运用登记账簿的方法,把分散在会计凭证上的大量核算资料,加以集中和归类整理,生成具有系统性的会计信息,从而为编制会计报表、进行会计分析、提高经营效率及效果提供主要依据。会计信息化相比手工账最大的优势在于,省略了繁琐的登记账簿过程,系统能够根据查询条件,自动生成各类账簿。除了现金日记账、银行存款日记账在出纳模块查询,其余的总账、明细账、发生额及余额表,多栏账,客户往来辅助账、供应商往来辅助账、个人往来账、部门辅助账、项目辅助账等都在"总账"—"账表"下查询。

【思政元素】

会计信息化提供了很多方便,能很方便地查询到各类账表,为企业管理决策提供大量有用信息。但是这个过程中获知的信息都是企业的商业秘密,不能外泄,要保持职业谨慎,在岗位中获得的信息要保密。财务人员泄露财务信息可以构成侵犯商业秘密罪。根据法律规定,侵犯商业秘密罪是指以盗窃、利诱、胁迫或者其他不正当手段获取权利人的商业秘密,或者非法披露、使用或者允许他人使用其所掌握的或获取的商业秘密,给商业秘密的权利人造成重大损失的行为。因此,财务人员泄露财务信息可能会构成侵犯商业秘密罪。

思政案例

【实验目标】

1. 理解账簿查询的原理及流程。
2. 掌握如何查询总账、明细账、日记账、多栏账、辅助账。

【实验内容】

1. 查询总账、明细账、发生额及余额表,多栏账。
2. 查询客户往来辅助账、供应商往来辅助账、个人往来账、部门辅助账、项目辅助账。

【实验资料】

1. 查询发生额及余额表。
2. 查询余额表:查询余额范围在 10 000 以上的所有负债类科目的期末余额。
3. 查询数量金额式的库存商品明细账,实现账证联查。
4. 查询销售费用多栏账。
5. 查询客户辅助账:客户余额表、客户往来账龄分析、客户往来催款单。
6. 查询供应商辅助账:供应商余额表、供应商往来对账。
7. 查询个人往来账:个人往来明细账、个人往来两清。
8. 查询部门辅助账:部门总账、部门收支分析。
9. 查询项目辅助账:项目明细账、项目统计分析。

6.1 查询发生额及余额表

6.1.1 不限条件的发生额及余额表查询

(1)以 002 身份在 2023-02-28 登录"企业应用平台"。执行"总账"—"账表"—"科目账"—"余额表"命令,打开"发生额及余额查询条件"对话框。

(2)查询条件不需要设置,保持默认,单击"确定"按钮,进入"发生额及余额表"窗口,如图 6-2 所示。

发生额及余额表

金额式

月份：2023.02-2023.02

科目编码	科目名称	期初余额 借方	期初余额 贷方	本期发生 借方	本期发生 贷方	期末余额 借方	期末余额 贷方
1001	库存现金	16,500.00		500.00		17,000.00	
1002	银行存款	3,273,474.00		248,100.00	154,804.00	3,366,770.00	
1012	其他货币资金	2,300,000.00				2,300,000.00	
1101	交易性金融资产	163,500.00				163,500.00	
1121	应收票据			565,000.00		565,000.00	
1122	应收账款	25,000.00		791,000.00	25,000.00	791,000.00	
1221	其他应收款	3,500.00				3,500.00	
1231	坏账准备		10,000.00				10,000.00
1402	在途物资	60,000.00				60,000.00	
1403	原材料	1,050.00		800.00	680.00	1,170.00	
1405	库存商品	2,062,200.00		303,000.00	36,820.00	2,328,380.00	
1409	自制半成品	523,000.00			49,500.00	473,500.00	
1601	固定资产	1,800,000.00				1,800,000.00	
1602	累计折旧		25,000.00		30,000.00		55,000.00
1701	无形资产	300,000.00				300,000.00	
1702	累计摊销		12,000.00				12,000.00
资产小计		10,528,224.0	47,000.00	1,908,400.0	300,304.00	12,166,320.00	77,000.00
2001	短期借款		1,300,000.				1,300,000.00
2202	应付账款		5,000.00	5,000.00	10,170.00		10,170.00
2211	应付职工薪酬		224,198.00	135,400.00	202,000.00		290,798.00
2221	应交税费		90,208.00	1,274.00	161,500.00		250,434.00
2231	应付利息			2,500.00			2,500.00
2501	长期借款		3,200,000.				3,200,000.00
负债小计			4,819,406.	144,174.00	373,670.00	2,500.00	5,051,402.00
4001	实收资本		5,000,000.		67,600.00		5,067,600.00
4002	资本公积		210,000.00				210,000.00
4101	盈余公积		82,000.00				82,000.00
4103	本年利润		73,418.00				73,418.00
4104	利润分配		350,000.00				350,000.00
权益小计			5,715,418.		67,600.00		5,783,018.00
5001	生产成本	53,600.00		294,000.00	294,000.00	53,600.00	
5101	制造费用			67,000.00	67,000.00		
成本小计		53,600.00		361,000.00	361,000.00	53,600.00	
6001	主营业务收入				1,150,000.00		1,150,000.00
6301	营业外收入				200,000.00		200,000.00
6401	主营业务成本						
6403	税金及附加						
6601	销售费用			3,000.00		3,000.00	
6602	管理费用			33,500.00		33,500.00	
6603	财务费用			2,500.00		2,500.00	
6711	营业外支出						
6801	所得税费用						
损益小计				39,000.00	1,350,000.00	39,000.00	1,350,000.00
合计		10,581,824.0	10,581,824	2,452,574.0	2,452,574.00	12,261,420.00	12,261,420.00

图 6-2 发生额及余额表

6.1.2 余额 10 000 以上的负债的查询

(1) 执行"总账"—"账表"—"科目账"—"余额表"命令，打开"发生额及余额查询条件"对话框，余额录入 10 000，科目类型选择"负债"。如图 6-3 所示。

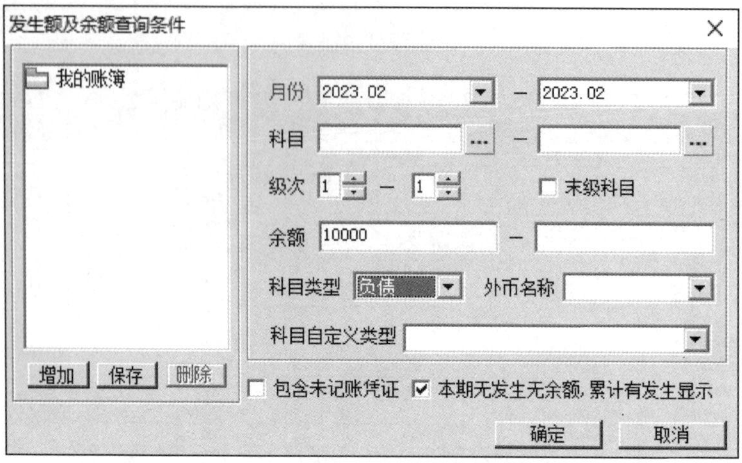

图 6-3 发生额及余额查询条件

(2)单击"确定"按钮,进入"发生额及余额表"窗口,如图 6-4 所示。

科目编码	科目名称	期初余额 借方	期初余额 贷方	本期发生 借方	本期发生 贷方	期末余额 借方	期末余额 贷方
2001	短期借款		1,300,000.				1,300,000.00
2202	应付账款		5,000.00	5,000.00	10,170.00		10,170.00
2211	应付职工薪酬		224,198.00	135,400.00	202,000.00		290,798.00
2221	应交税费		90,208.00	1,274.00	161,500.00		250,434.00
2501	长期借款		3,200,000.				3,200,000.00
负债小计			4,819,406.	141,674.00	373,670.00		5,051,402.00
合计			4,819,406.	141,674.00	373,670.00		5,051,402.00

月份:2023.02-2023.02

图 6-4 余额 10 000 以上的负债的发生额及余额表

6.2 查询库存商品明细账

(1)执行"总账"—"账表"—"科目账"—"明细账"命令,打开"明细账查询条件"窗口,需要查询哪个科目在科目展开项选择对应科目即可,本例选择"1405 库存商品",单击"确定"。

(2)库存商品明细账查询结果右上角还可以选择账页格式,此例选择"数量金额式"。如图 6-5 所示。

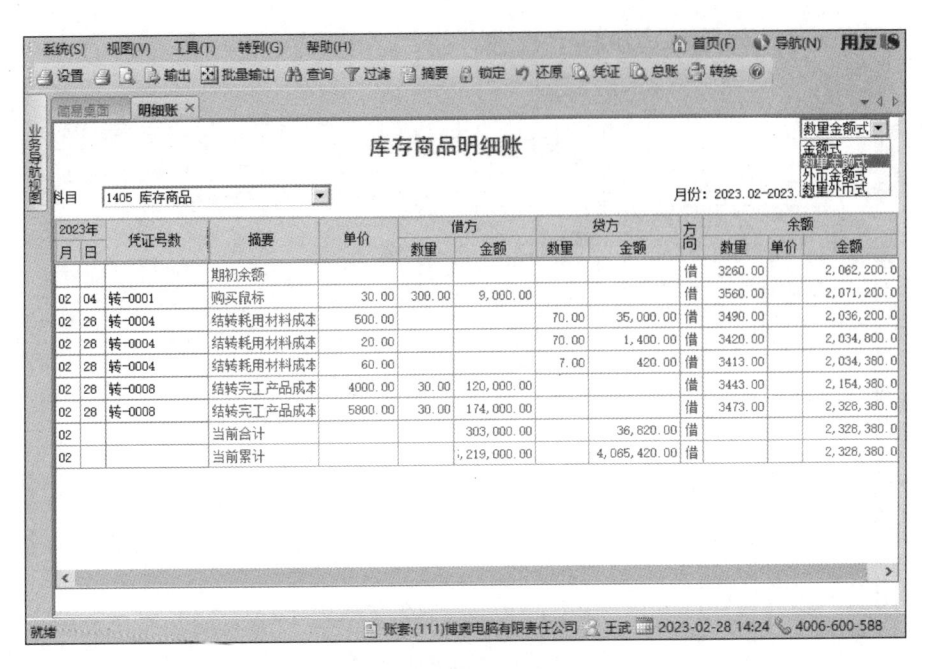

图 6-5 库存商品明细账

（3）账证联查。双击 2 月 4 日这一行，可以打开转-0001 号凭证，如图 6-6 所示。

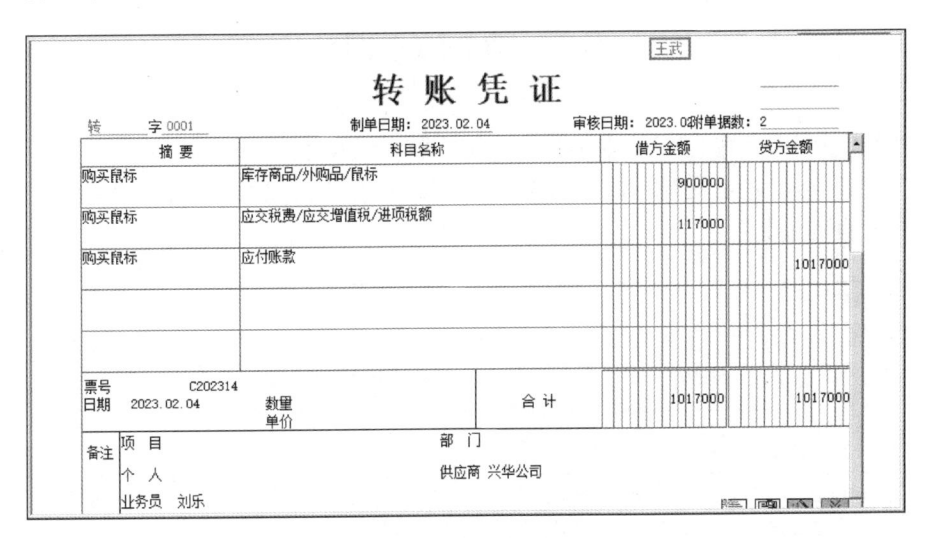

图 6-6 转账凭证 0001 号

（4）左上角科目下拉列表还可以查询库存商品的其他二级和三级科目的数量金额式明细账，如图 6-7 所示。

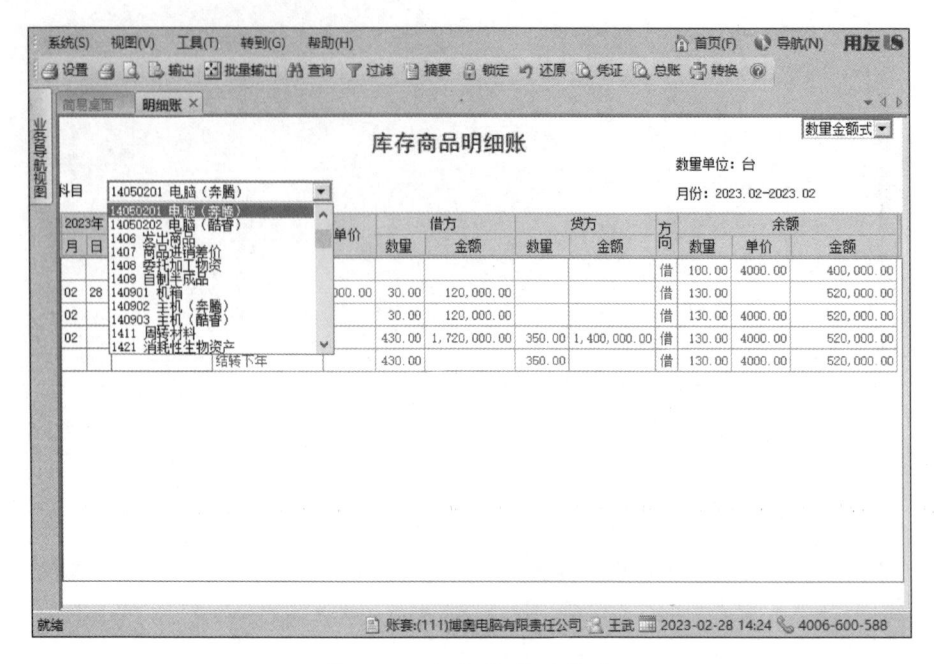

图 6-7　电脑(奔腾)明细账

6.3　查询多栏账

(1)执行"总账"—"账表"—"科目账"—"多栏账"命令，打开"多栏账"窗口，单击菜单栏上增加按钮，打开"多栏账定义"窗口，如图 6-8 所示。核算科目选择"6601 销售费用"。栏目定义选择右侧"自动编制"。

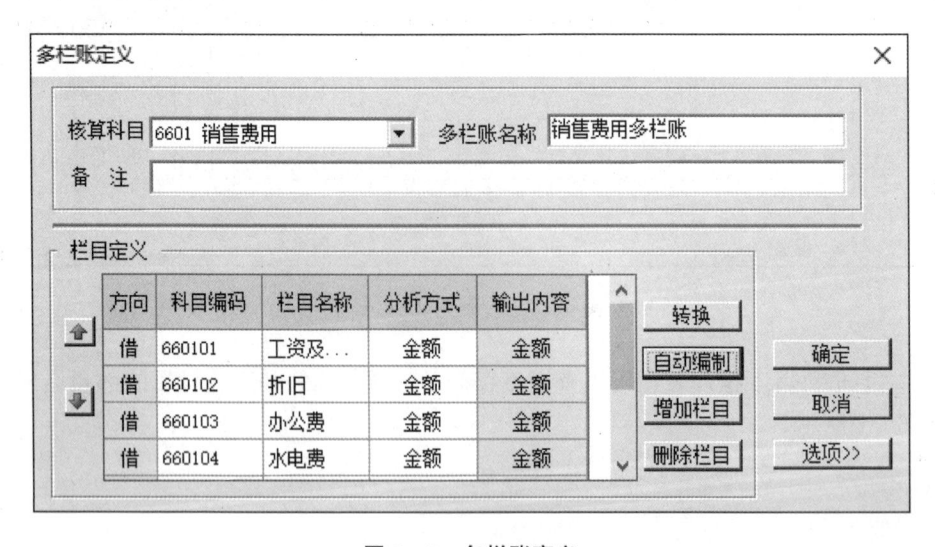

图 6-8　多栏账定义

(2)单击"确定"按钮,完成销售费用多栏账定义,回到"多栏账"窗口,双击"销售费用多栏账",如图6－9所示,打开"多栏账查询"窗口,单击"确定"。

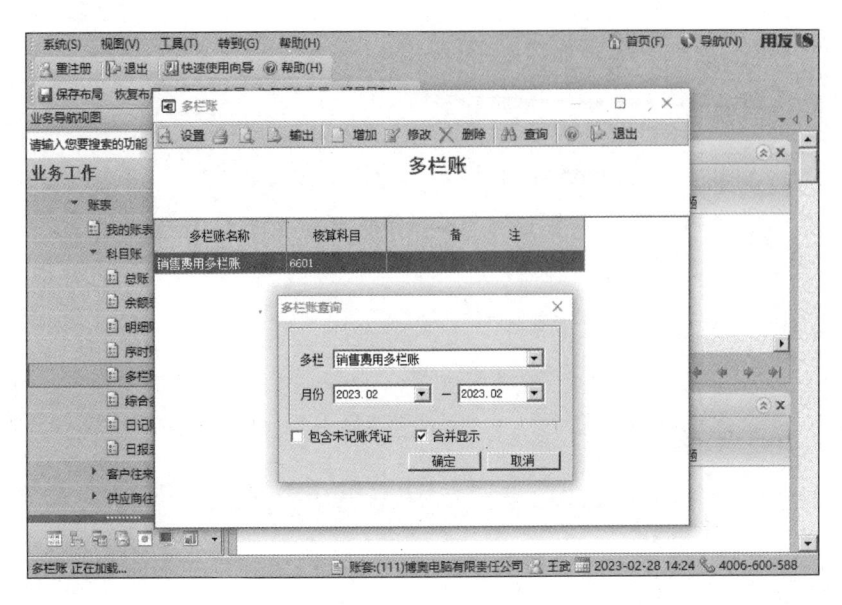

图6－9　多栏账查询

(3)多栏账查询结果如图6－10所示。

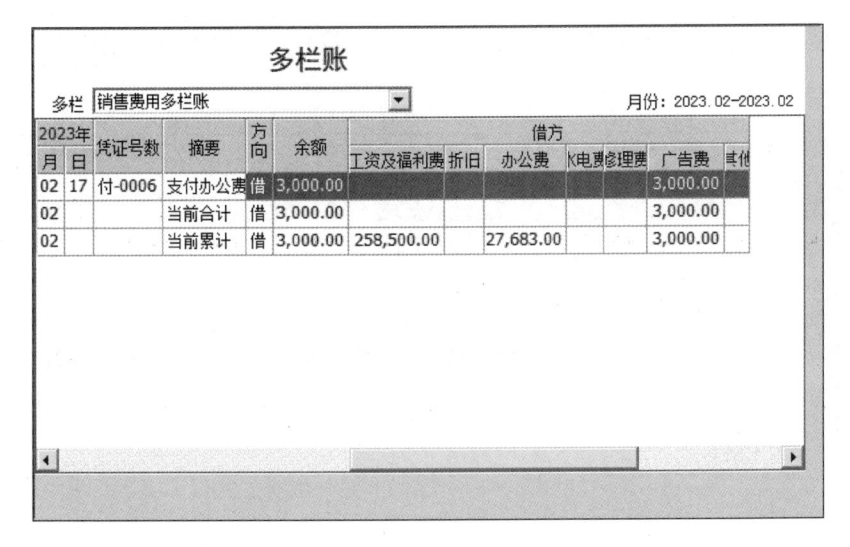

图6－10　销售费用多栏账

6.4　查询客户往来辅助账

6.4.1　查询客户余额表

(1)执行"总账"—"账表"—"客户往来辅助账"—"客户往来余额表"—"客户余额表"命令,

打开"客户余额表"查询窗口,选择客户"华盛贸易",月份为"2023.02",如图 6-11 所示,单击确定按钮。

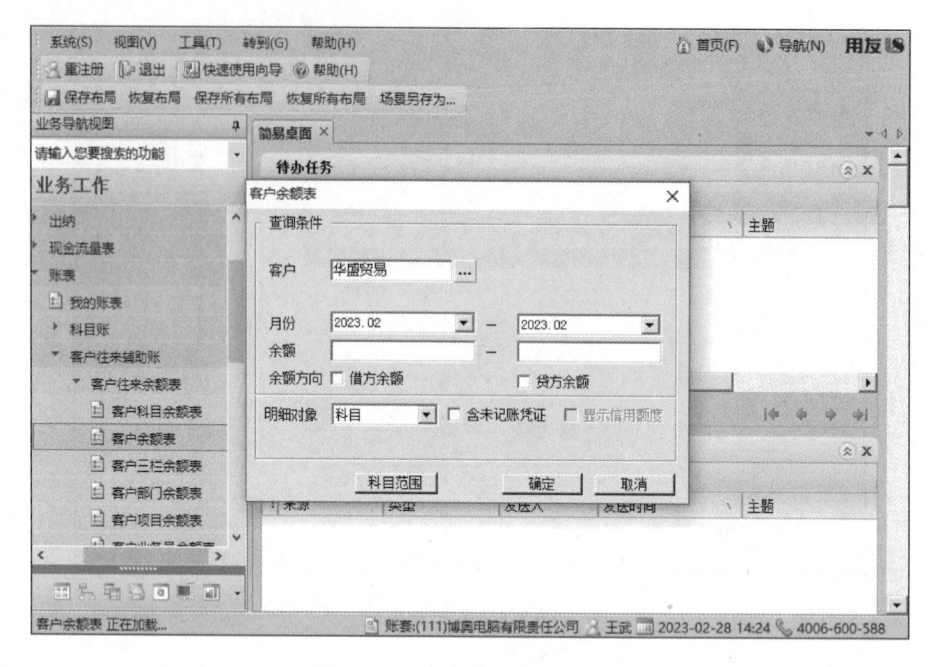

图 6-11　客户余额表查询条件

(2)华盛贸易的客户余额表如图 6-12 所示,左上角客户下拉列表可以选择查询其他客户余额表。

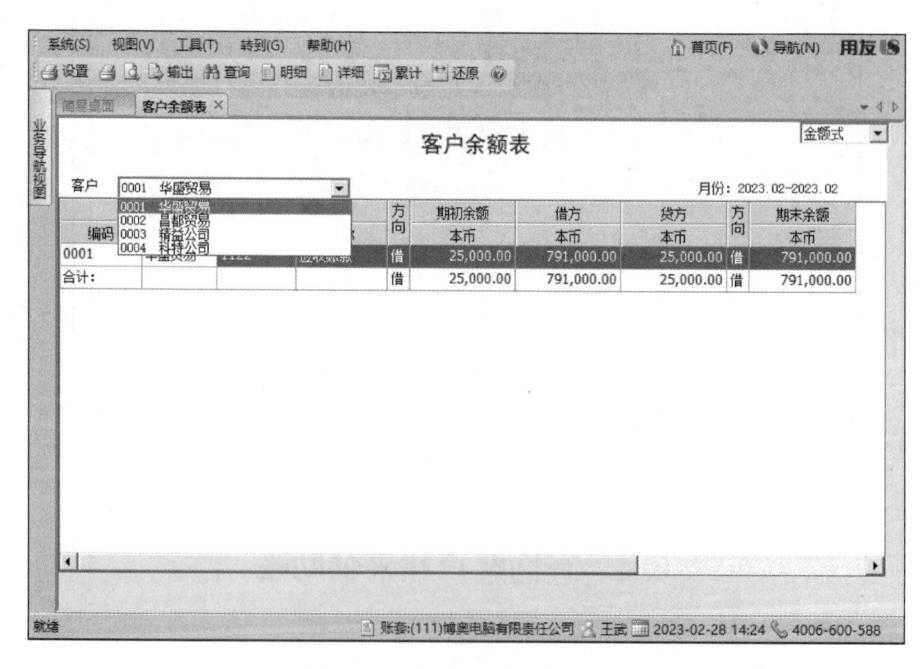

图 6-12　华盛贸易客户余额表

6.4.2 客户往来账龄分析

(1)执行"总账"—"账表"—"客户往来辅助账"—"客户往来账龄分析"命令,打开"客户往来账龄"查询窗口。如图6-13所示。

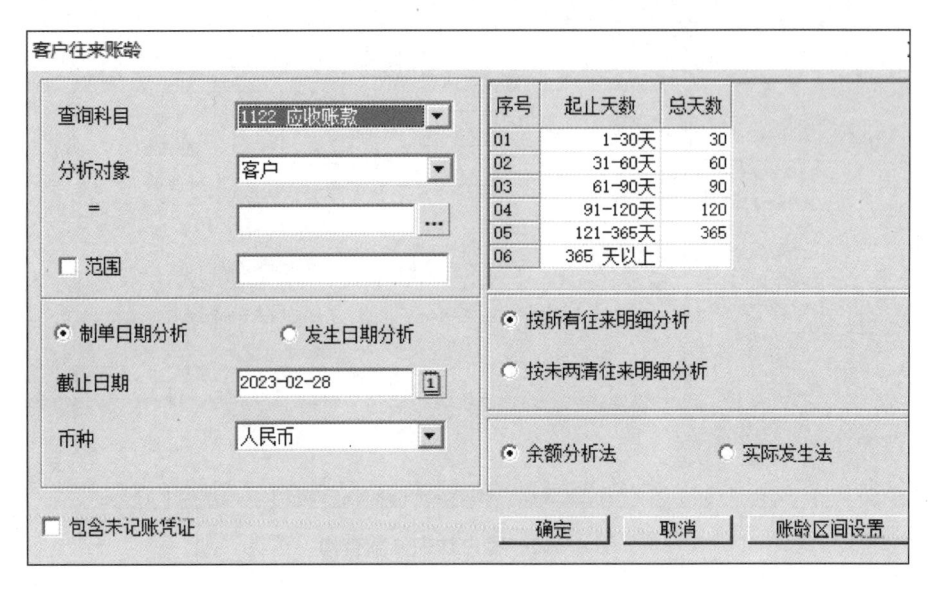

图6-13 客户往来账龄查询

(2)查询科目选择"1122应收账款",分析对象选择"客户"。截止日期选择默认的"2023-02-28",单击"确定"按钮,显示往来账龄分析,如图6-14所示。

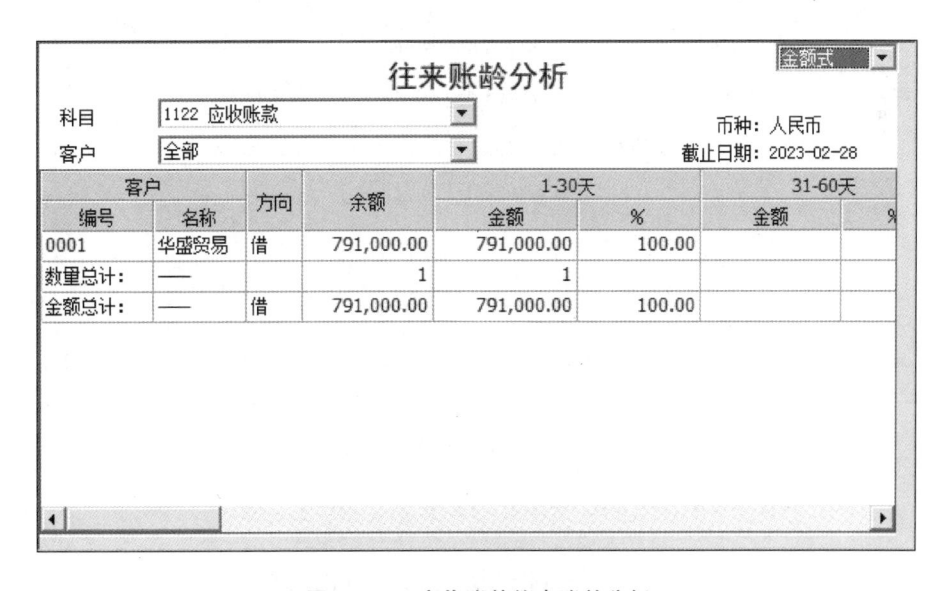

图6-14 应收账款往来账龄分析

(3)还可以查询客户往来催款单。执行"总账"—"账表"—"客户往来辅助账"—"客户往来催款单"命令,打开"客户往来催款"查询窗口,如图6-15所示。查询科目选择"1122应收账款",单击"确定",查询结果如图6-16所示。左上角客户下拉列表可以选择不同的客户。

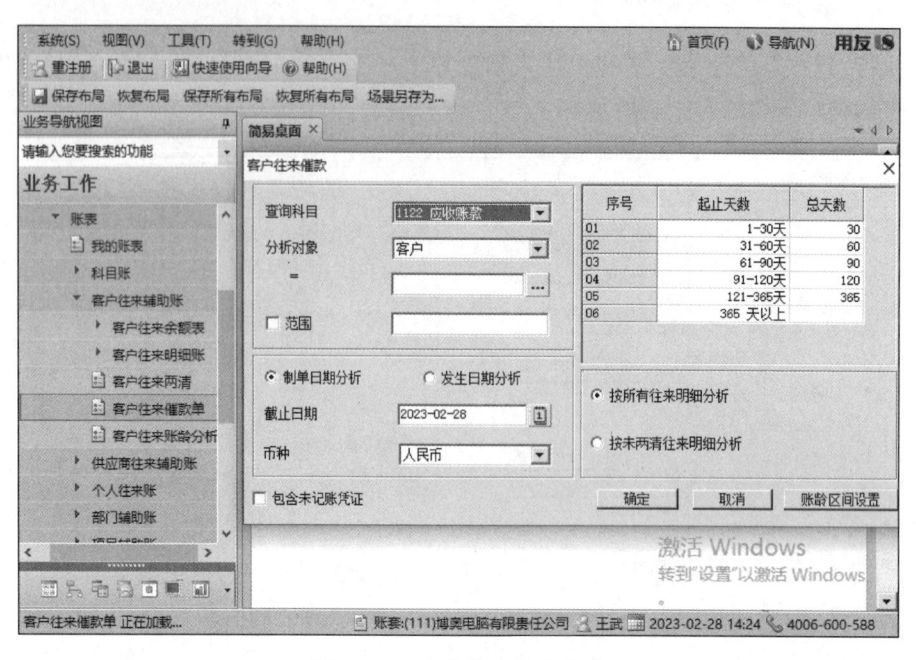

图6-15 客户往来催款查询

图6-16 客户往来催款单

6.5 查询供应商往来辅助账

(1)执行"总账"—"账表"—"供应商往来辅助账"—"供应商往来余额表"—"供应商余额"命令,打开"供应商余额表"查询窗口,选择供应商"兴华公司",月份为"2023.02",单击"确定"

按钮。如图 6—17 所示。

图 6—17 供应商余额表查询条件

(2)兴华公司的供应商余额表如图 6—18 所示,左上角供应商下拉列表可以选择查询其他供应商余额表。

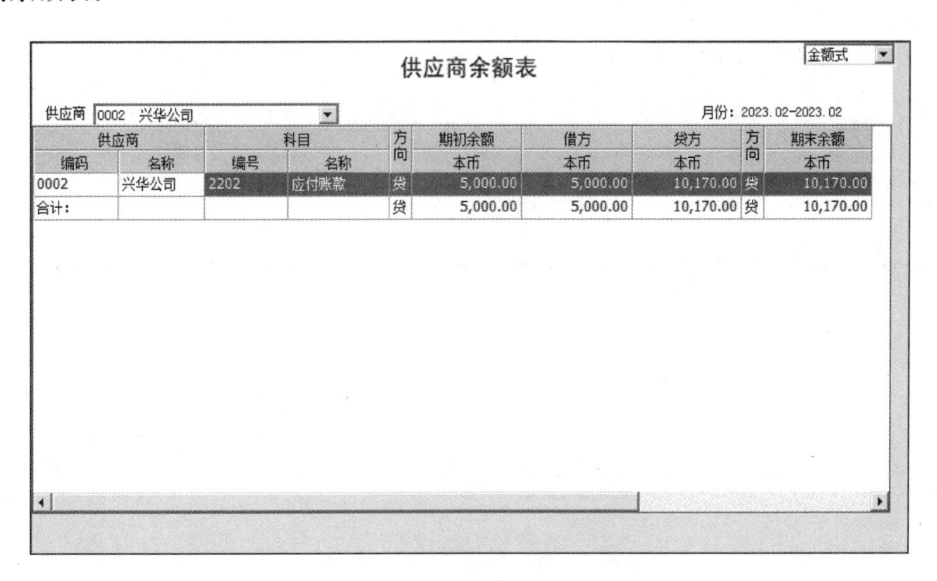

图 6—18 供应商余额表

(3)供应商往来对账。执行"总账"—"账表"—"供应商往来辅助账"—"供应商往来对账单",查询科目选择"应付账款",分析对象"供应商",截止日期默认"2023—02—28",如图 6—19 所示,单击"确定"。查询的供应商往来对账单如图 6—20 所示。

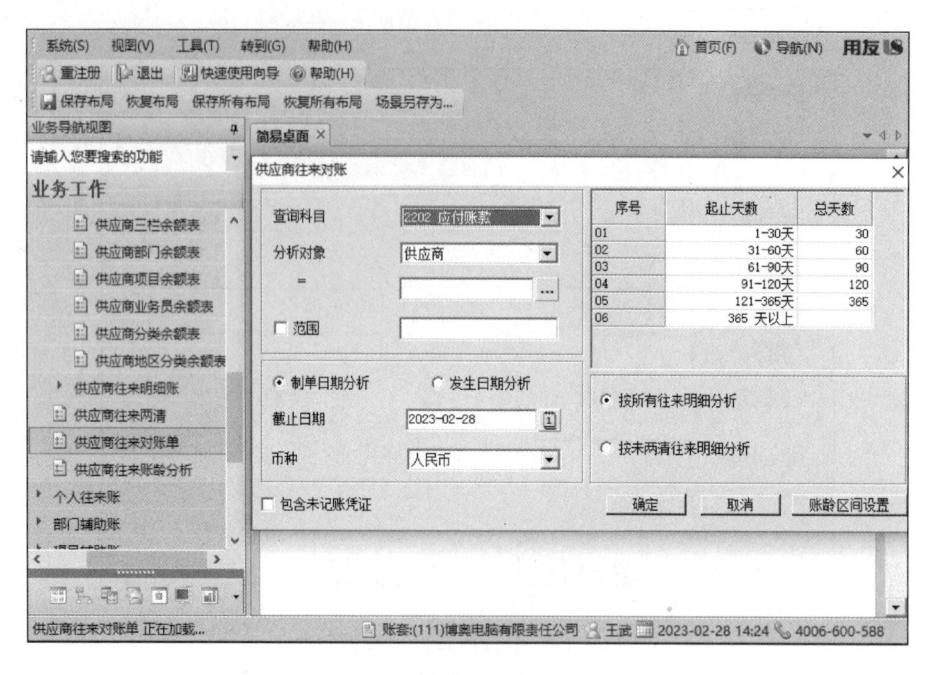

图 6-19 供应商往来对账查询

图 6-20 供应商往来对账单

6.6 查询个人往来账

(1)执行"总账"—"账表"—"个人往来账"—"个人往来明细账"—"个人明细账查询"命令，打开"查询条件选择"窗口，选择部门:101办公室,个人101李俊,月份为2023.02,如图6-21所示。个人往来明细账如图6-22所示。

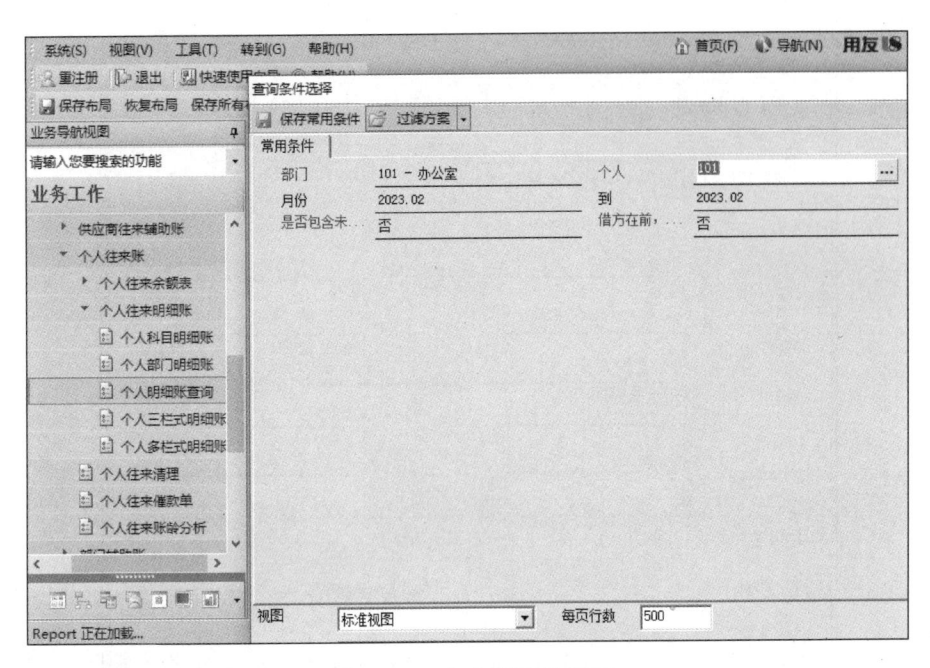

图 6-21 个人明细账查询

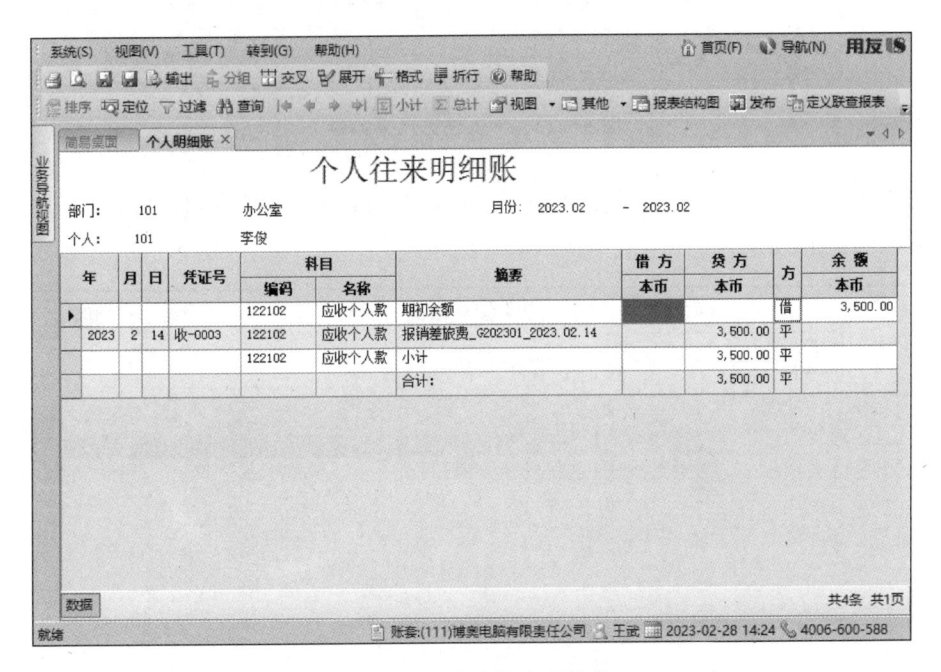

图 6-22 个人往来明细账

（2）执行"总账"—"账表"—"个人往来账"—"个人往来清理"命令，打开"个人往来两清条件"窗口，如图 6-23 所示。科目选择应收个人款。个人选择 101 李俊，勾选显示已两清复选框，单击确定。

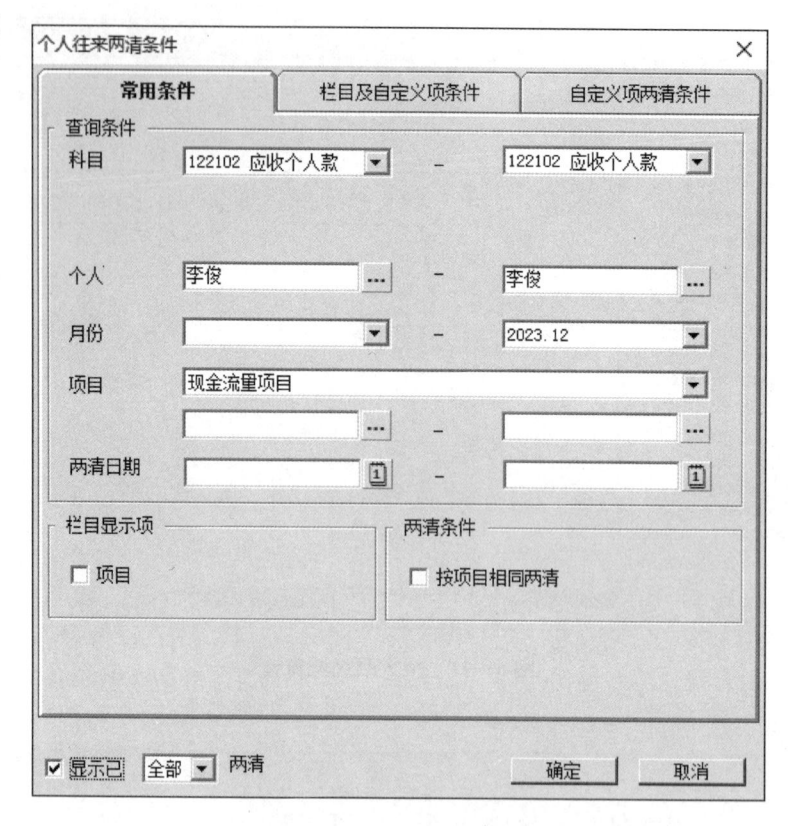

图 6—23 个人往来两清条件

（3）在"个人往来两清"窗口，单击"勾对"按钮，弹出自动勾兑结果，如图 6—24 所示，个人往来两清窗口显示两清。

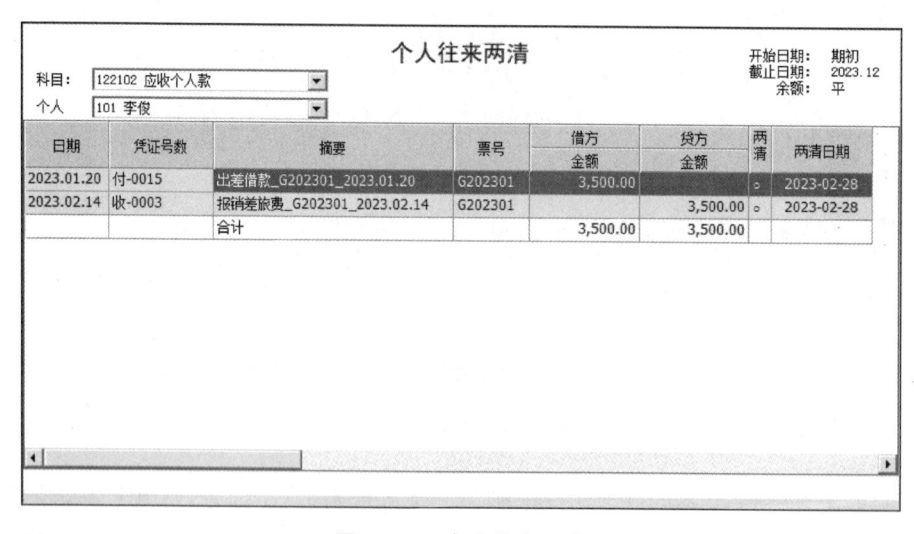

图 6—24 个人往来两清

6.7　查询部门辅助账

(1)执行"总账"—"账表"—"部门辅助账"—"部门总账"命令,打开"部门总账条件"查询窗口,选择部门:101办公室,月份为 2023.02,如图 6-25 所示,部门总账如图 6-26 所示。

图 6-25　部门总账条件

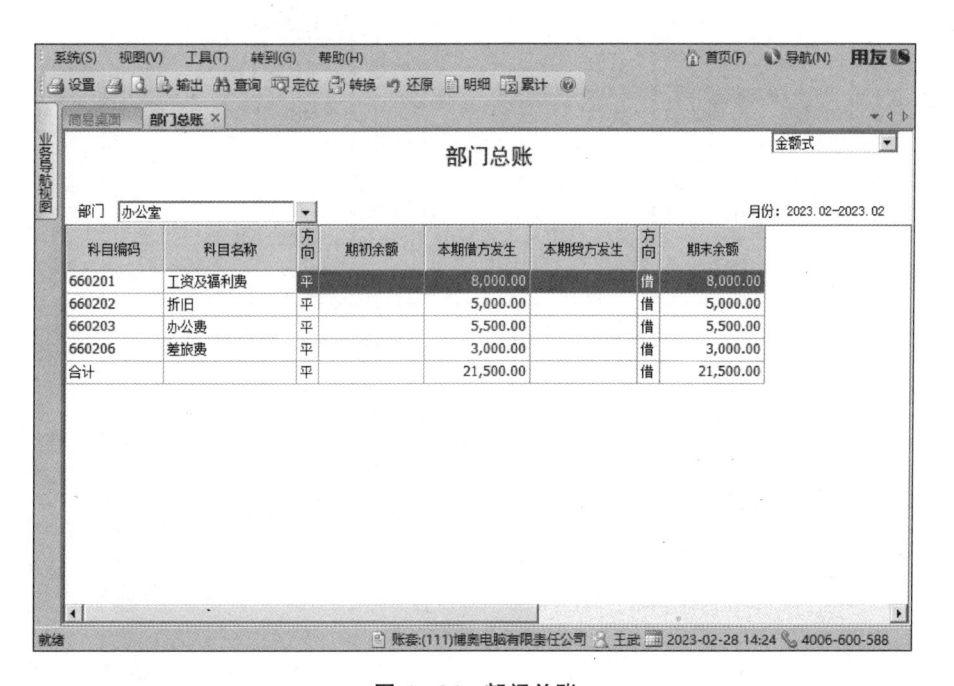

图 6-26　部门总账

(2)执行"总账"—"账表"—"部门辅助账"—"部门收支分析"命令,双击打开"部门收支分析条件",按照向导先选择分析科目:管理费用所有二级科目,如图 6-27 所示,单击下一步"所有部门"按向右双箭头移到右边,如图 6-28 所示,选择 2023.02 作为分析月份,单击完成按钮,显示部门收支分析如图 6-29 所示。

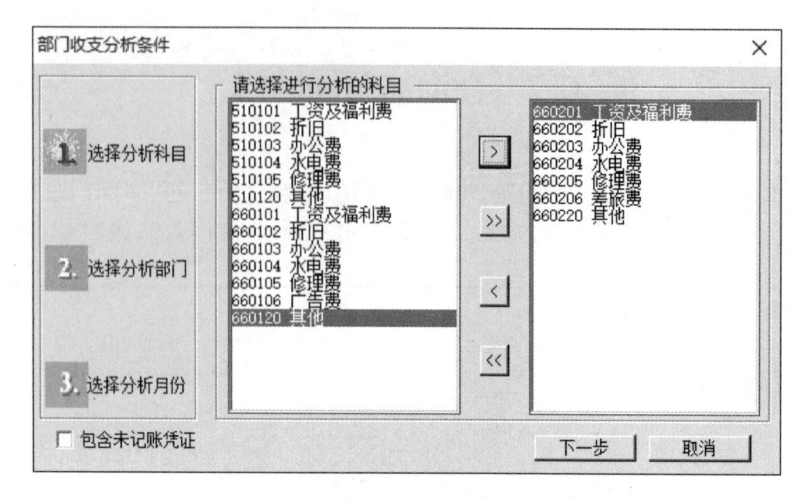

图 6-27 部门收支分析—选择分析科目

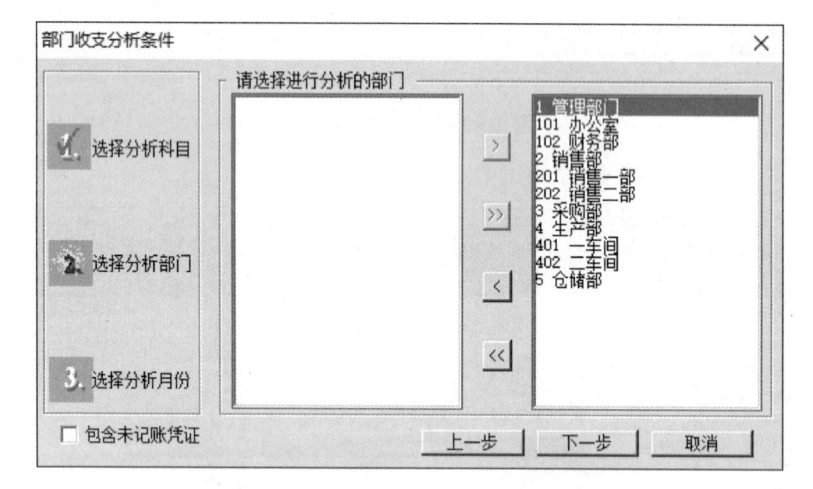

图 6-28 部门收支分析—选择分析部门

图 6-29 部门收支分析表

6.8 查询项目辅助账

(1)执行"总账"—"账表"—"项目辅助账"—"项目明细账"—"项目明细账"命令,打开"项目明细账条件"查询窗口,选择项目大类"生产成本",项目"电脑(奔腾)",如图 6－30 所示。单击"确定",显示项目明细账,如图 6－31 所示。

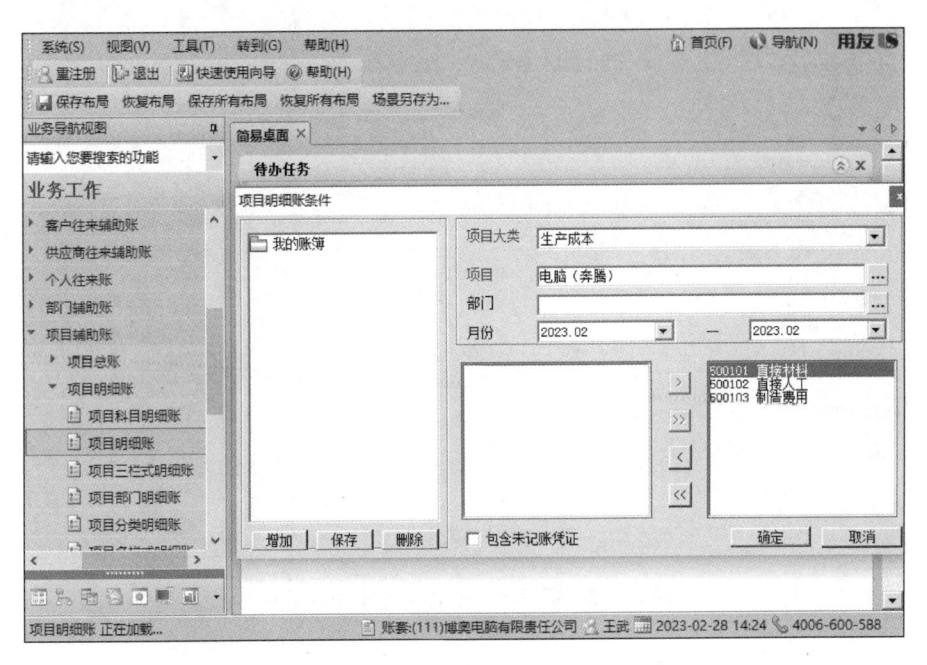

图 6－30　项目明细账条件

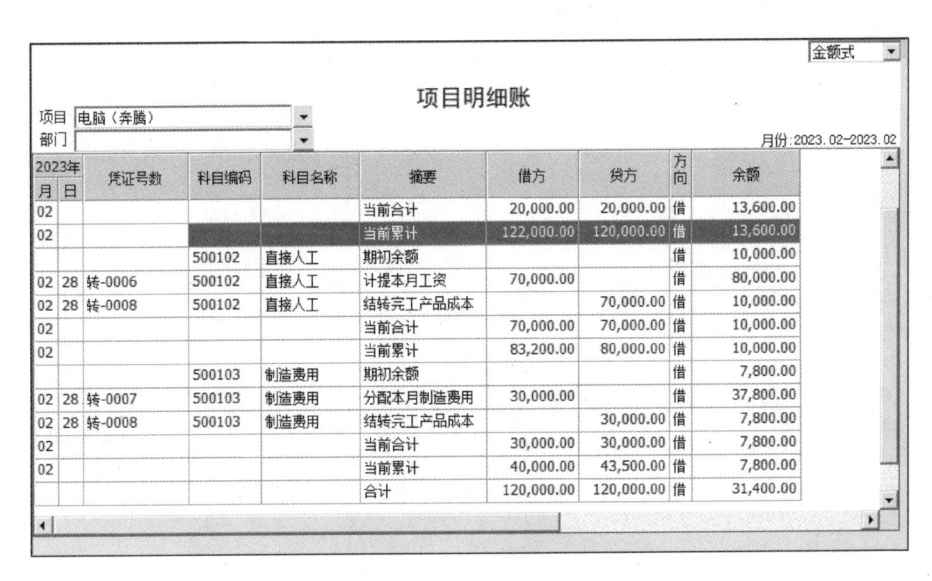

图 6－31　项目明细账

(2)左上角项目可以选择其他项目,查询其他项目明细账。

(3)执行"总账"—"账表"—"项目辅助账"—"项目统计分析"命令,打开"项目统计条件",如图6—32所示。项目大类选择"生产成本",单击"下一步",选择所有科目为统计科目,如图6—33所示,单击"下一步",选择默认的统计月份2023.02,单击"完成",如图6—34所示,项目统计分析表如图6—35所示。

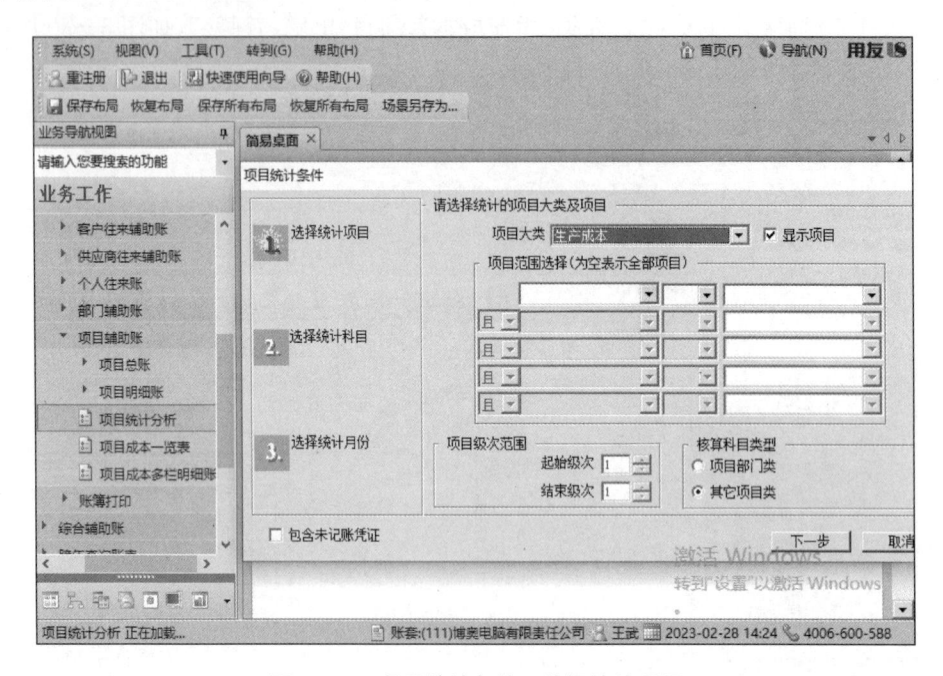

图6—32 项目统计条件—选择统计项目

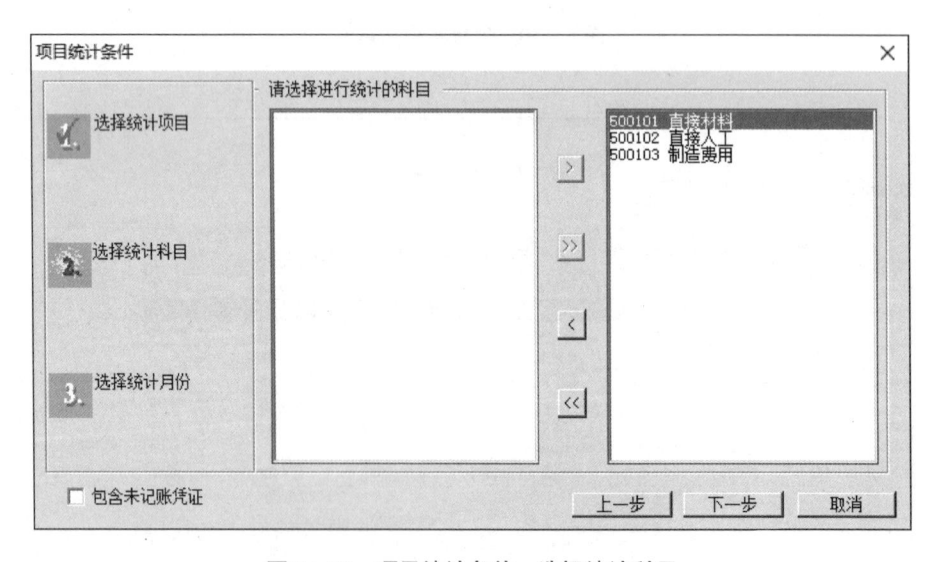

图6—33 项目统计条件—选择统计科目

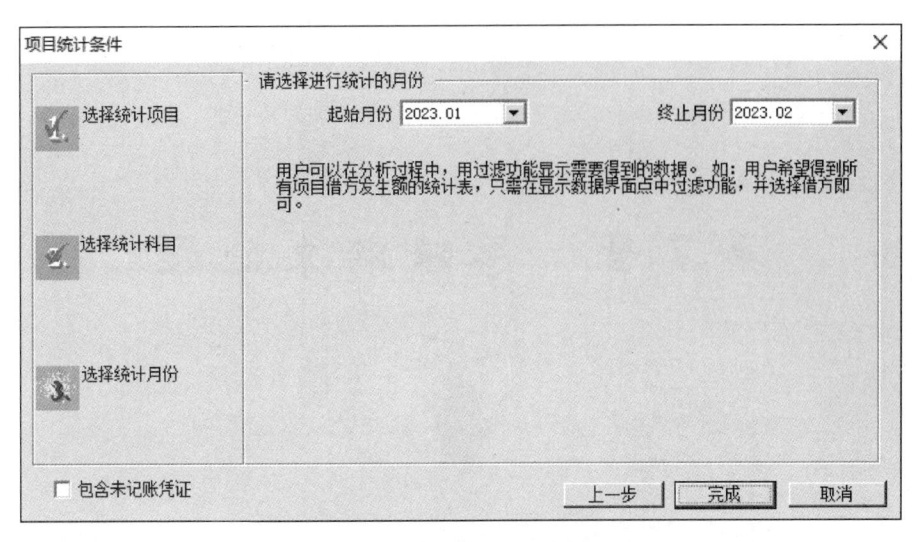

图 6-34　项目统计条件—选择统计科目

图 6-35　项目统计表

复习思考题

1. 除了实验里面查询的账表,其余的查询条件怎么设置?
2. 除了销售费用能生成三栏账,还有哪些科目可以生成三栏账?
3. 库存现金日记账、银行存款日记账的查询在什么位置?

第7章 总账期末处理

【总账期末处理概述】

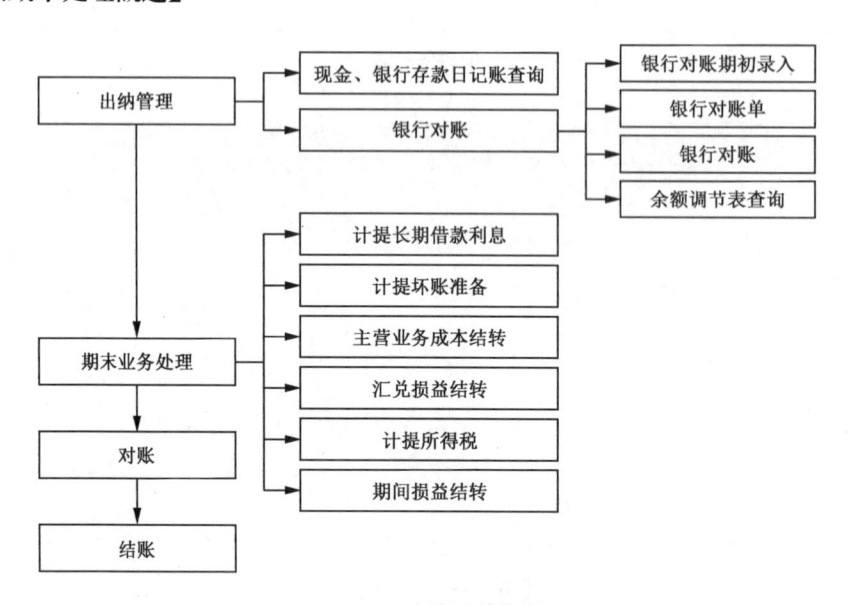

图 7—1 本章总体流程

　　总账期末处理主要包括银行对账、自动转账、对账、结账。与日常业务相比,数量不多,但业务种类繁杂。银行对账即银行存款清查,通过将企业银行存款日记账与开户银行提供的银行对账单记录进行核对找出所有未达账项,并通过编制银行存款余额调节表使得调节后的银行存款日记账余额相符。

　　在会计信息化环境下,针对企业期末重复会发生的经济业务活动,通过自定义转账定义或者设置,能完成坏账准备计提、累计折旧计提、借款利息计提、所得税计提等,能自动完成月末分摊、对应转账、销售成本、汇兑损益、期间损益结转等业务,减少月末会计人员的工作量。

　　最后进行对账和结账操作,在会计信息化方式下,结账是一种成批数据处理,每月只结账一次,主要是对当月日常业务处理的结束和对下月账簿的初始化,由计算机自动完成。结账以后,就不能再处理 2023 年 2 月的业务。

【思政元素】

涉及现金业务及出纳工作内容时要树立正确的价值观和金钱观,公私分明,具备专业的职业道德和职业素养,不能占为己有。面对"好赚钱""赚快钱"的机会时,要多一点思考,多一份谨慎,坚守法律和职业底线。同时也提醒企业要加强内部管理和财务制度的规范,及时堵塞漏洞才能杜绝权力的滥用。

思政案例

【实验目标】

1. 熟悉总账系统现金处理的相关内容,查询库存现金、银行存款日记账等。
2. 掌握银行对账的各种操作,生成银行存款余额调节表。
3. 掌握自动转账设置与生成、对账和月末结账的操作方法。

【实验内容】

1. 查询库存现金日记账、银行存款日记账。
2. 输入银行对账期初数据,输入银行对账单,银行对账,余额调节表查询输出。
3. 自定义转账设置、主营业务成本结转、汇兑损益结转、所得税的计提、期间损益结转设置以及凭证的生成、审核、记账等。
4. 完成对账、结账。

【实验资料】

1. 银行存款日记账(农行)月初余额为 2 984 674 元,银行对账单(农行)月初余额为 3 009 674 元,未达账项一笔,系 2023 年 1 月 31 日转账支票收款 25 000 元,银收企未收。

2. 2 月份银行对账单

表 7—1   2 月份银行对账单

日 期	结算方式	票 号	借方金额	贷方金额	余 额
					3 009 674
2023.2.3	201	XJ001		904	3 008 770
2023.2.9	201	XJ002		5 000	3 003 770
2023.2.9	201	XJ002		−5 000	3 008 770
2023.2.10	9	QT001		135 400	2 873 370
2023.2.10	202	ZZ002		5 500	2 867 870
2023.2.13	202	ZZ003	212 000		3 079 870
2023.2.17	9	QT003		3 000	3 076 870
2023.2.20	9	QT004		5 000	3 071 870
2023.2.24	9	QT005	−56 500		3 015 370

3. 期末处理

(1) 自定义转账计提本月长期借款利息

2023 年 2 月 28 日计提本月长期借款利息,假定年利率为 4%,按照表 7—2 设置自定义转账公式,并生成记账凭证。

表7—2　　　　　　　　　计提长期借款利息自定义转账设置

转账序号	摘要	凭证类别	科目	方向	金额公式
0001	计提本月长期借款利息	转账凭证	财务费用	借	QM(2501,月,贷)*0.04/12
			应付利息	贷	CE()

(2)计提坏账准备

按应收账款期末余额的6‰计提。

表7—3　　　　　　　　　坏账准备转账设置

转账序号	摘要	凭证类别	科目	方向	金额公式
0002	计提坏账准备	转账凭证	信用减值损失 6702	借	QM(1122,月,借)*0.006-QC(1231,月,贷)
			坏账准备	贷	CE()

(3)销售成本结转

库存商品科目"140502",商品销售收入科目"6001",商品销售成本科目"6401"。

(4)汇兑损益结转

凭证类别:收款凭证。期末汇率:美元6.93,港币0.87。

注意:操作员004对于已生成的凭证进行出纳签字,002对于已生成的凭证进行审核、主管签字、记账,再计提所得税。

(5)计提所得税

表7—4　　　　　　　　　计提所得税转账设置

转账序号	摘要	凭证类别	科目编码	方向	金额公式
0003	计提所得税	转账凭证	所得税费用	借	(FS(6001,月,贷)+FS(6051,月,贷)+FS(6301,月,贷)+FS(6061,月,贷)-FS(6401,月,借)-FS(6402,月,借)-FS(6601,月,借)-FS(6602,月,借)-FS(6603,月,借)-FS(6702,月,借))*0.25
			应交税费——应交所得税	贷	CE()

(6)期间损益结转定义与转账生成

设置期间损益结转凭证的凭证类别为转账凭证,本年利润科目为4103。

7.1　查询现金日记账、银行存款日记账

(1)以004登录"企业应用平台",执行"总账"—"出纳"—"现金日记账"命令,打开"现金日记账查询条件"窗口,科目选择"库存现金",如图7—2所示。现金日记账查询结果如图7—3

所示。

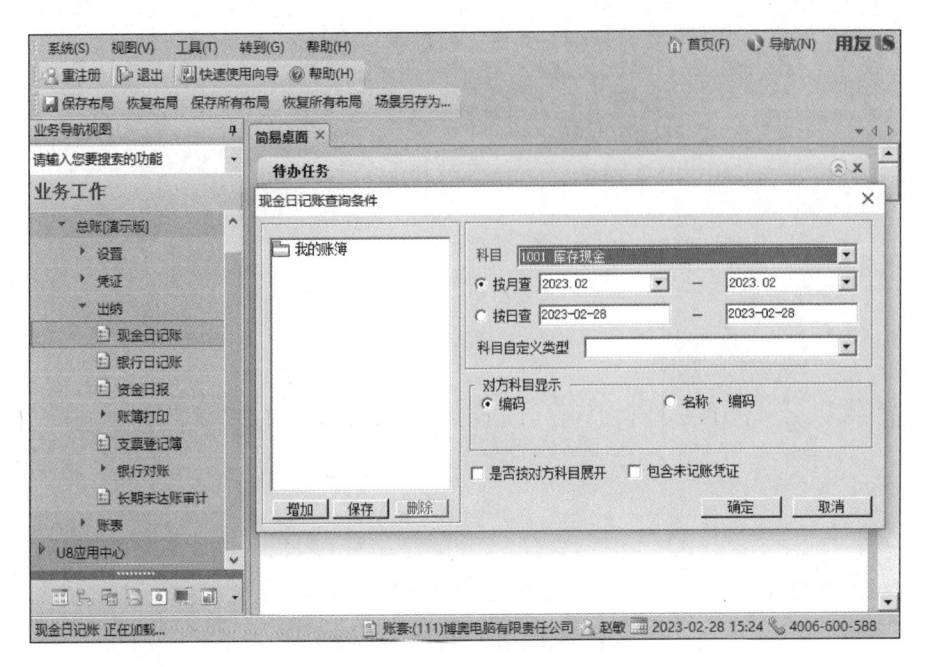

图7—2 现金日记账查询条件

图7—3 现金日记账

(2)执行"总账"—"出纳"—"银行日记账"命令,打开"银行日记账查询条件"窗口,科目选择"银行存款/农行存款",如图7—4所示。银行日记账查询结果如图7—5所示。

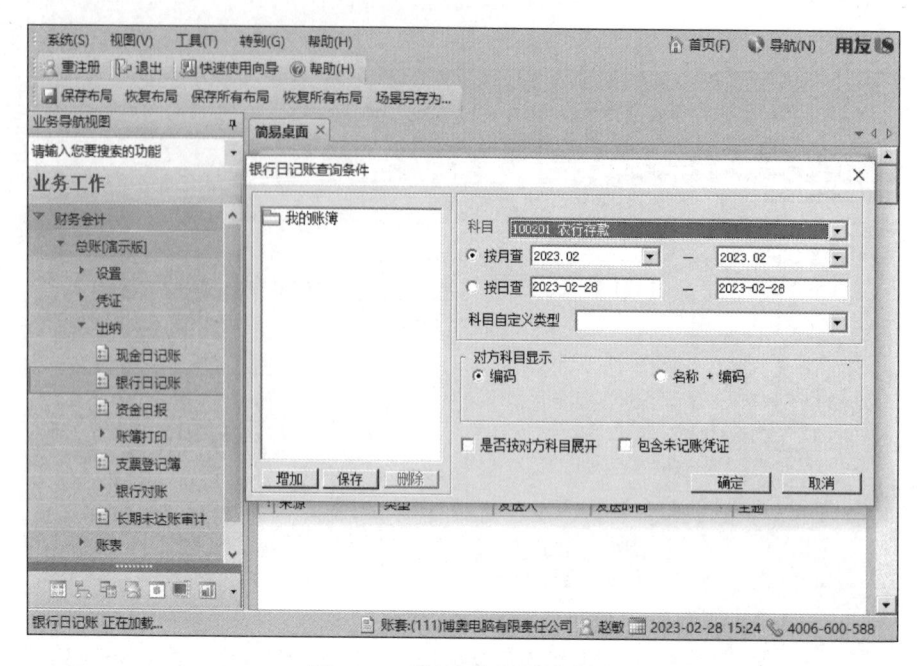

图 7-4　银行日记账查询条件

图 7-5　银行日记账

7.2 银行对账

(1)执行"总账"—"出纳"—"银行对账"—"银行对账期初录入"命令,打开"银行科目选择"对话框,如图7-6所示,选择科目"100201农行存款",单击"确定"按钮,进入"银行对账期初"窗口。

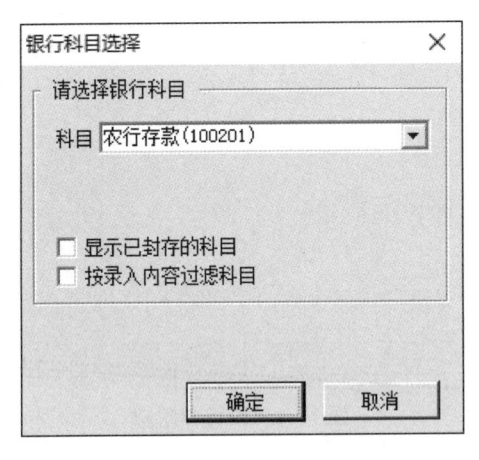

图7-6 银行科目选择

(2)输入单位日记账的调整前余额2 984 674元,输入银行对账单的调整前余额3 009 674元,如图7-7所示。

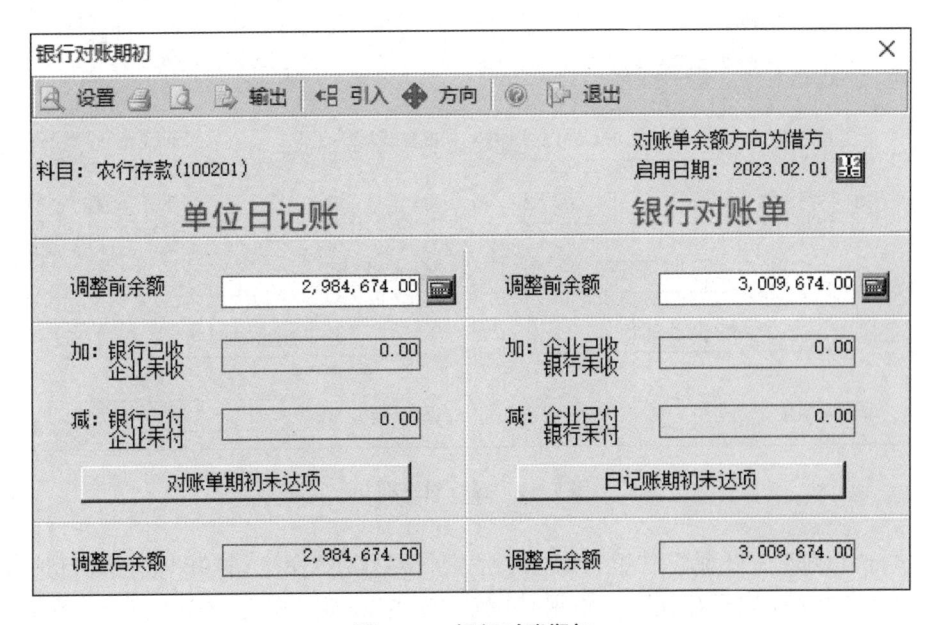

图7-7 银行对账期初

(3)单击"对账单期初未达项"按钮,进入"银行方期初"窗口。单击"增加"按钮,输入日期

2023.01.31,结算方式"202",票号 ZZ001,借方金额 25 000,如图 7-8 所示。单击"保存"按钮,最后单击退出,回到银行对账期初,如图 7-9 所示。

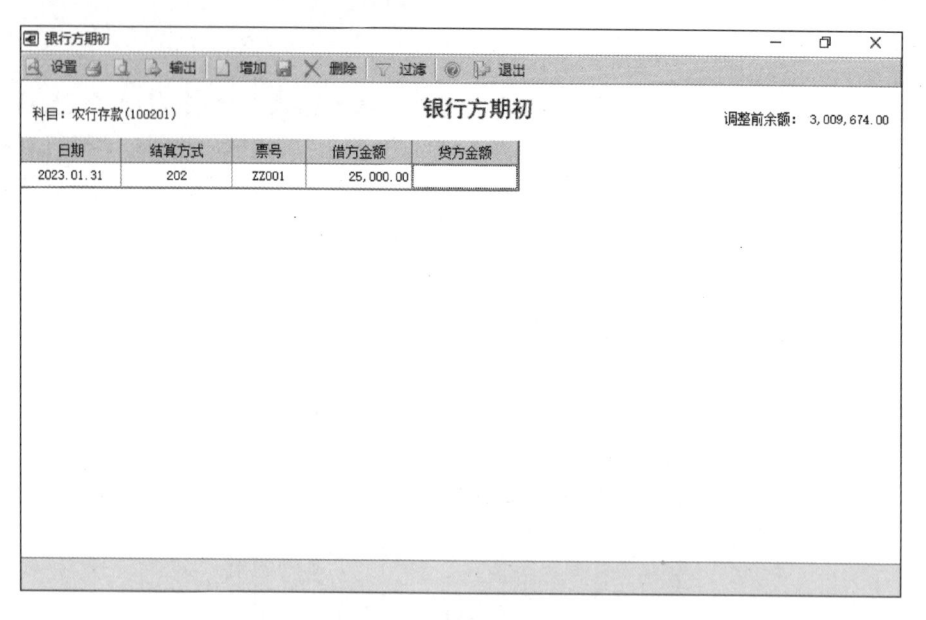

图 7-8 银行方期初

图 7-9 银行对账期初

(4)执行"总账"—"出纳"—"银行对账"—"银行对账单"命令,打开"银行科目选择"对话框,选择科目"100201 农行存款",月份保持默认,单击"确定"按钮,进入"银行对账单"窗口。单击增加按钮,输入银行对账单,如图 7-10 所示。

银行对账单

科目：农行存款(100201)　　　　　　　　　　　　　　　　　　对账单账面余额：3,015,370.00

日期	结算方式	票号	借方金额	贷方金额	余额
2023.01.31	202	ZZ001	25,000.00		3,009,674.00
2023.02.03	201	XJ001		904.00	3,008,770.00
2023.02.09	201	XJ002		5,000.00	3,003,770.00
2023.02.09	201	XJ002		−5,000.00	3,008,770.00
2023.02.10	9	QT001		135,400.00	2,873,370.00
2023.02.10	202	ZZ002		5,500.00	2,867,870.00
2023.02.13	202	ZZ003	212,000.00		3,079,870.00
2023.02.17	9	QT003		3,000.00	3,076,870.00
2023.02.20	9	QT004		5,000.00	3,071,870.00
2023.02.24	9	QT005	−56,500.00		3,015,370.00

□ 已勾对　□ 未勾对

图 7－10　银行对账单

（5）执行"总账"—"出纳"—"银行对账"—"银行对账"命令，打开"银行科目选择"对话框，选择科目"100201 农行存款"，月份 2023.01—2023.02，如图 7－11 所示，单击"确定"。

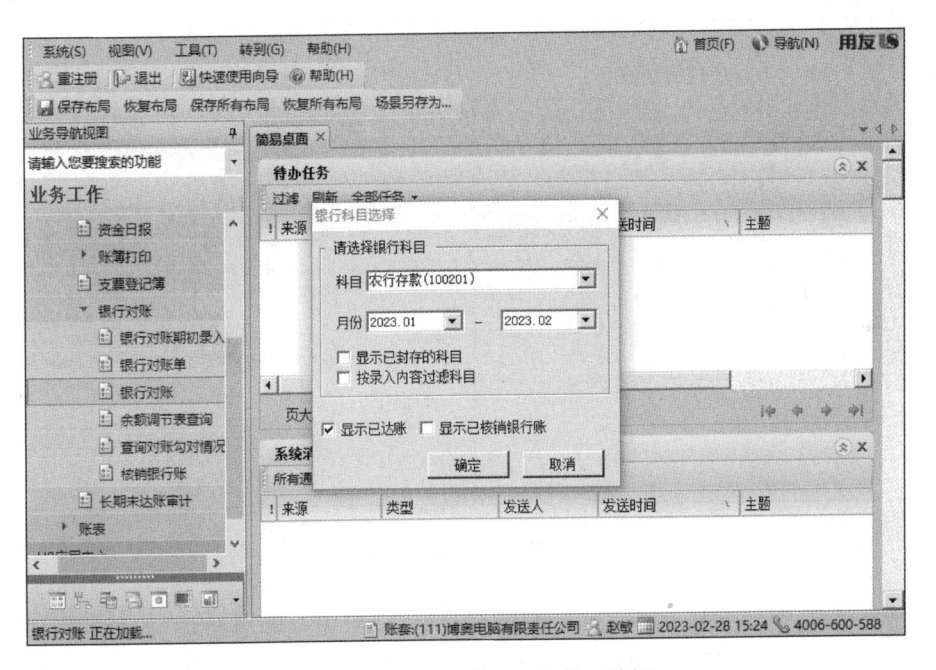

图 7－11　银行对账—银行科目选择

（6）点击菜单栏上"对账"按钮，打开"自动对账"窗口，如图 7－12 所示。对账条件默认，单击"确定"。

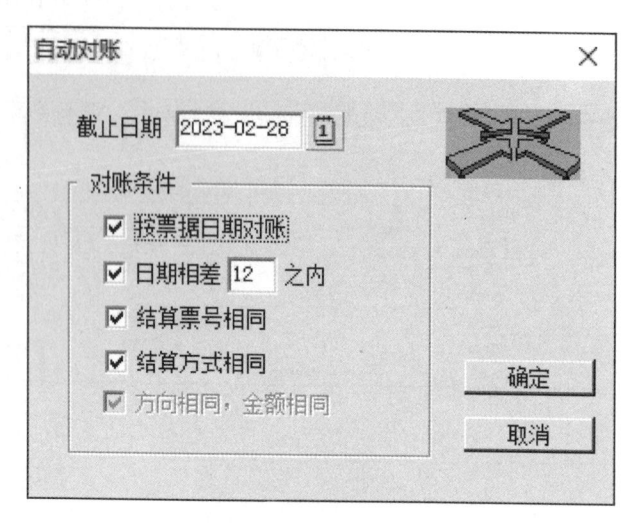

图 7-12 自动对账

(7)显示自动对账结果,单位日记账和银行对账单对账相符的在"两清"栏会显示红色圈圈标记,没有对账上的会是白色背景的,如图 7-13 所示。

图 7-13 银行对账

注意:如果有相同记录,但是自动对账没有对上,很可能是制单时银行存款的结算方式或票号录错,这时可以核实原始单据,证明交易确实发生,可以选择手工对账,左右两边相同的记录分别在两清栏双击,如图 7-14 所示,手工对账会在两清栏里显示"√"。

(8)执行"总账"—"出纳"—"银行对账"—"余额调节表"查询命令,打开"银行存款余额调节表"窗口,选择科目"100201 农行存款",如图 7-15 所示,双击农行存款(100201)这一行,会弹出银行存款余额调节表。

图 7-14 手工对账

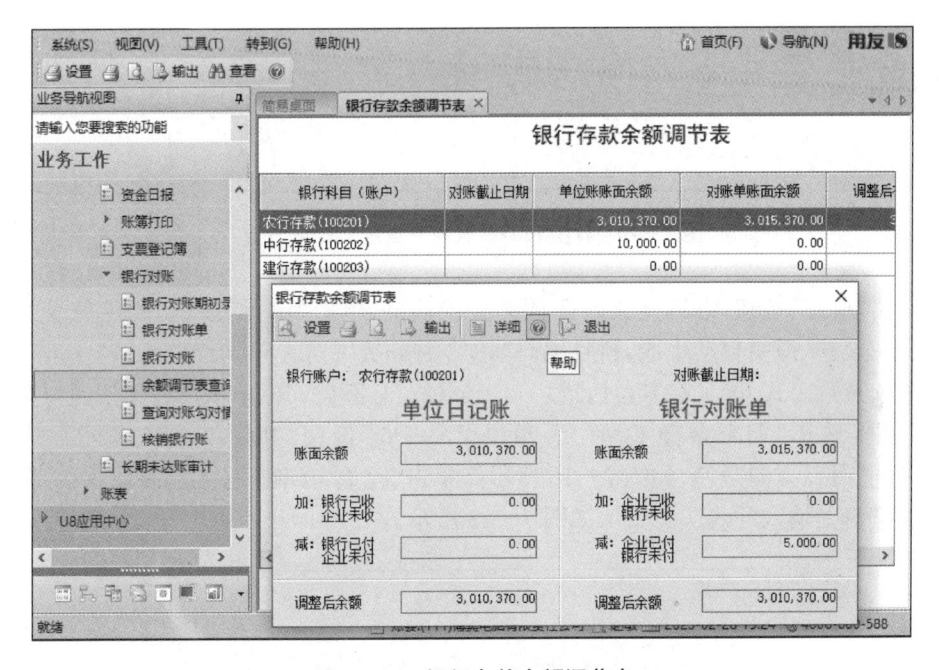

图 7-15 银行存款余额调节表

7.3 期末自动转账

7.3.1 计提本月长期借款利息转账定义

2023年2月28日计提本月长期借款利息,假定年利率为4%,按照表7-2设置自定义转账,并生成记账凭证。

(1)以"003 曹霜"身份登录"企业应用平台",执行左侧"业务工作"—"总账"—"期末"—"转账定义"—"自定义转账"命令,进入"自动转账设置"窗口。

(2)单击"增加"按钮,打开"转账目录"设置对话框,输入转账序号"0001",转账说明"计提长期借款利息",选择凭证类别"转账凭证",如图7—16所示。

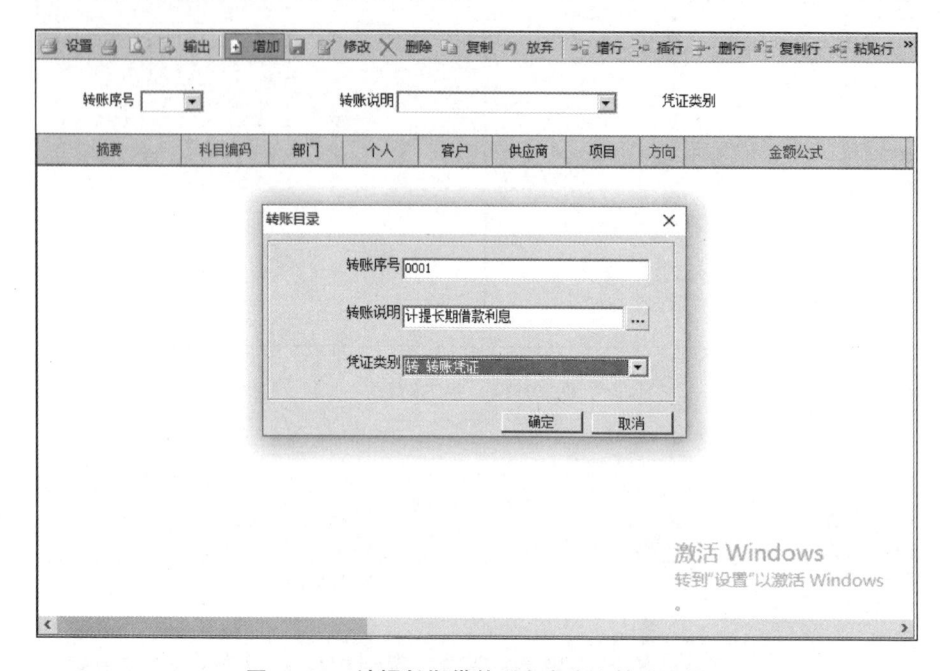

图7—16 计提长期借款利息自定义转账设置

(3)单击"确定"按钮,继续定义转账凭证分录信息,单击"增行"按钮,确定分录的借方信息。摘要根据转账说明自动生成,科目编码"6603 财务费用",方向"借"。

(4)输入金额公式 QM(2501,月,贷)﹡0.04/12。金额公式栏单击展开项按钮,打开"公式向导"对话框,选择"期末余额 QM()",单击"下一步"按钮,如图 7—17 所示。选择科目"2501",期间"月",方向"贷",如图 7—18 所示。单击"完成"按钮,返回金额公式栏,鼠标定位在最后,从键盘上输入"﹡0.04/12",如图 7—19 所示。

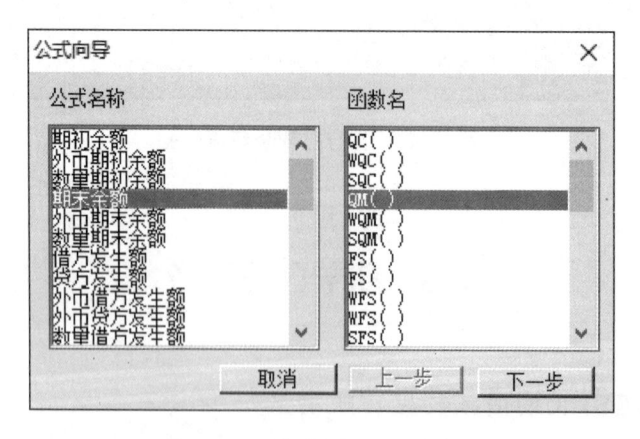

图7—17 公式向导—公式名称

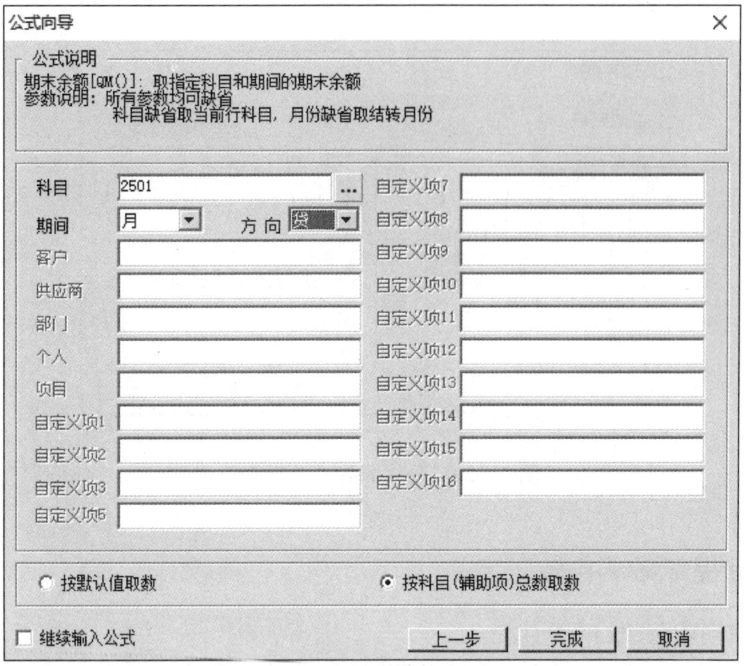

图 7—18　公式向导—科目选择

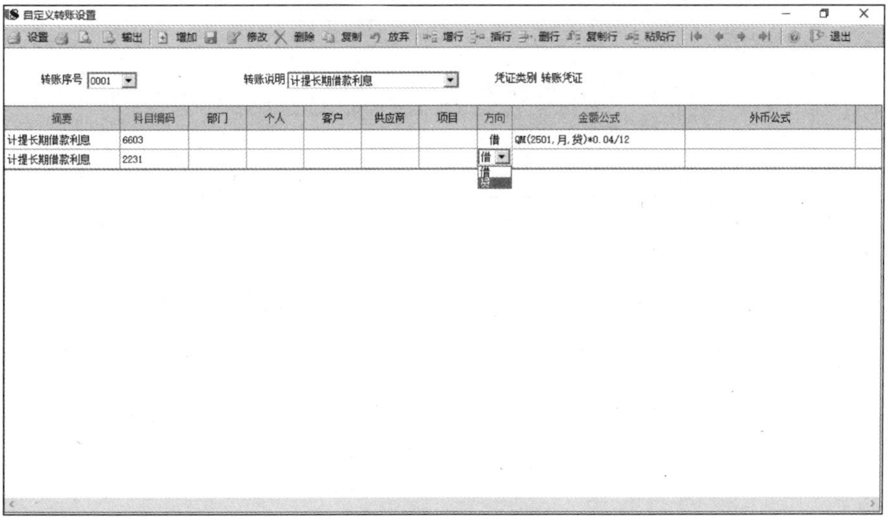

图 7—19　定义公式

(5)单击"增行"按钮,确定分录的贷方信息。选择科目编码"2231",方向"贷",金额公式栏单击展开项按钮,打开"公式向导"对话框,选择公式名称"CE()",如图 7—20 所示。

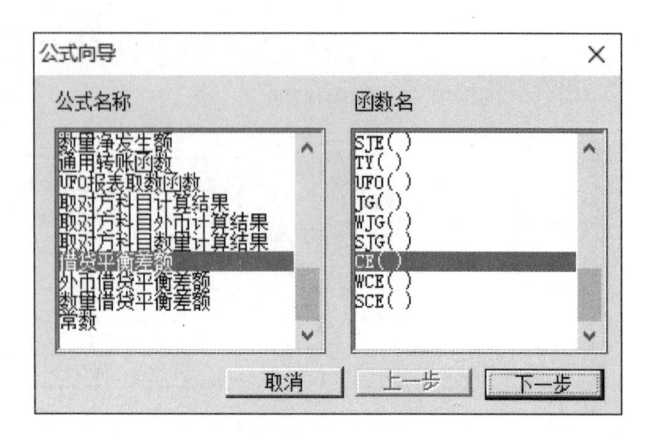

图7-20 公式向导—选择CE()

7.3.2 计提坏账准备转账定义

按应收账款期末余额的6‰计提。

(1)单击菜单栏上"增加"按钮,打开"转账目录"设置对话框,输入转账序号"0002",转账说明"计提坏账准备",选择凭证类别"转账凭证",如图7-21所示。

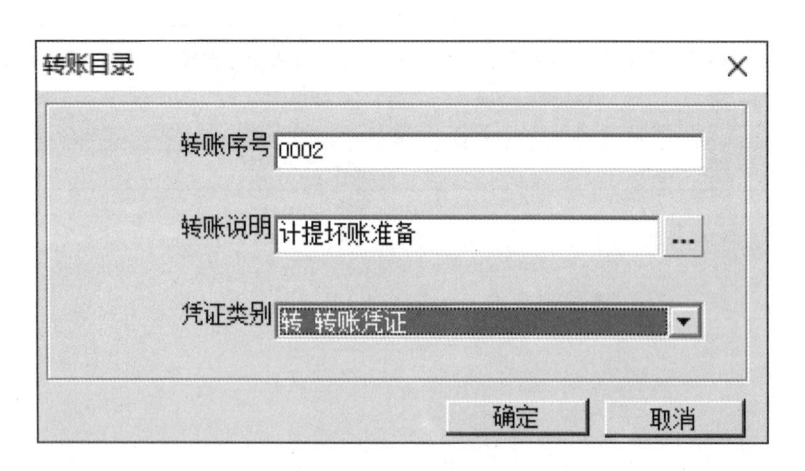

图7-21 转账目录

(2)单击"确定"按钮,继续定义转账凭证分录信息,单击"增行"按钮,确定分录的借方信息。摘要根据转账说明自动生成,科目编码"6702信用减值损失",科目表里没有这个科目,展开项打开"科目参照",点"编辑"增加"6702信用减值损失",科目类型"损益",科目性质"支出"。

(3)输入金额公式 QM(1122,月,借)*0.006-QC(1231,月,贷)。金额公式栏单击展开项按钮,打开"公式向导"对话框,选择"期末余额 QM()",单击"下一步"按钮。选择科目"1122",期间"月",方向"借",如图7-22所示,勾选"继续输入公式",运算符选择"减",单击下一步,打开"公式向导"对话框,选择"期初余额 QC()",如图7-23所示,单击"下一步"按钮,科目"1231",方向"贷",如图7-24所示。单击"完成"按钮,返回金额公式栏,鼠标定位在"减号"之前,从键盘上输入"*0.006"。

图7-22 公式向导

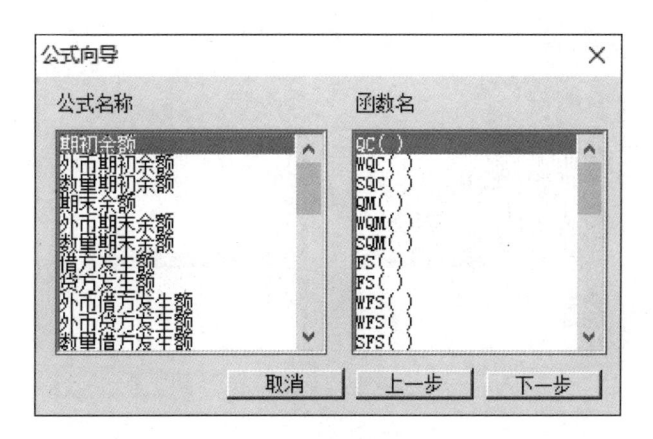

图7-23 选择期初余额 QC( )

图 7—24 公式向导

(4)单击"增行"按钮,确定分录的贷方信息。选择科目编码"1231 坏账准备",方向"贷",金额公式栏单击展开项按钮,打开"公式向导"对话框,选择公式名称"CE()",如图 7—25 所示。公式定义完如图 7—26 所示。

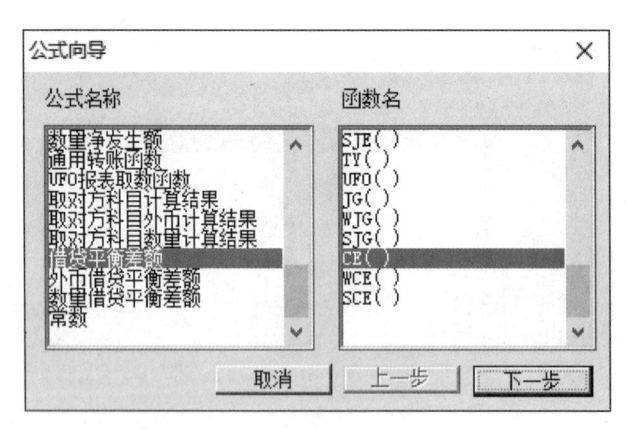

图 7—25 公式向导—选择 CE()

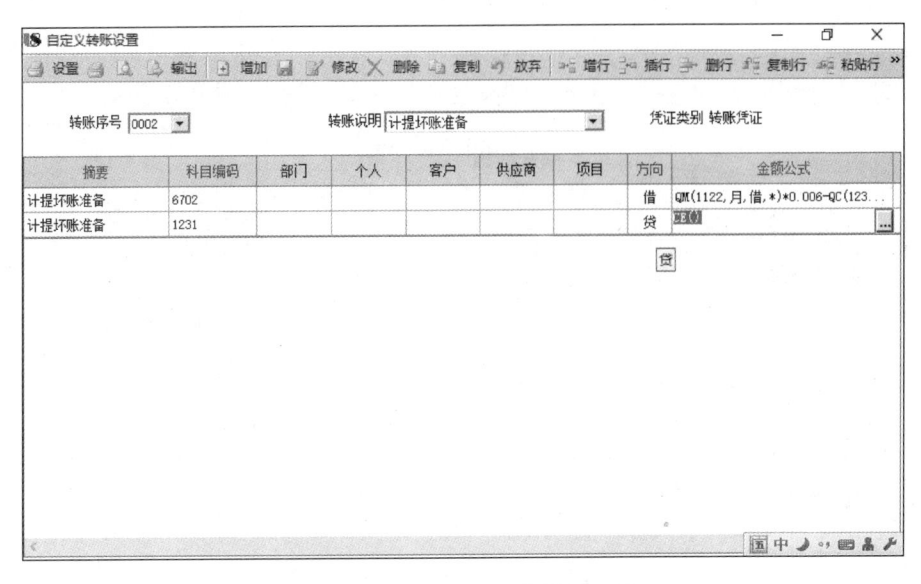

图 7-26　计提坏账准备转账设置

7.3.3　转账生成—自定义转账

(1) 执行"总账"—"期末"—"转账生成"命令，进入"转账生成"窗口。

(2) 左边选择自定义转账，右上角选择"全选"，编号 0001 和 0002 的"是否结转"列都有字母"Y"。如图 7-27 所示。

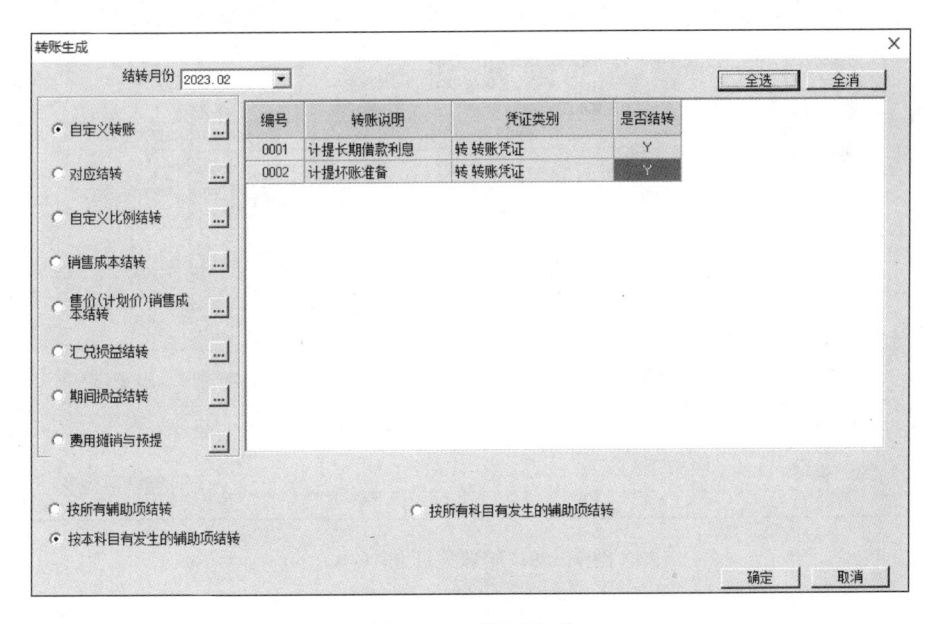

图 7-27　转账生成

(3) 单击"确定"按钮，系统自动生成转账凭证，如图 7-28 所示，单击菜单栏上的"保存"键，左上角显示"已生成"标签。

图 7—28　转账凭证 0009 号

(4)按菜单栏上向右的箭头,生成第二张凭证,如图 7—29 所示,单击菜单栏上的"保存"键,左上角显示"已生成"标签。

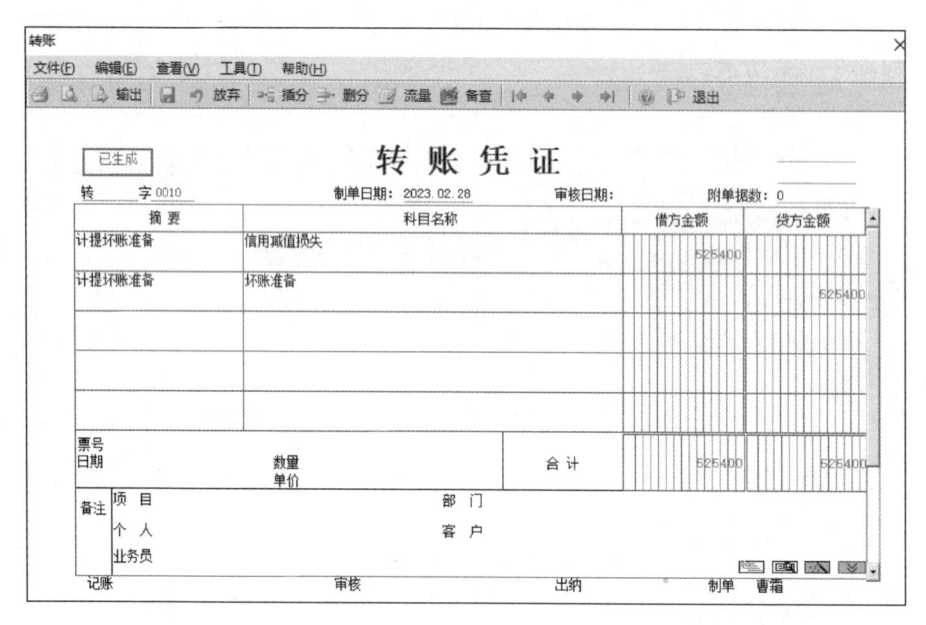

图 7—29　转账凭证 0010 号

7.3.4　销售成本结转定义与转账生成

(1)执行"总账"—"期末"—"转账定义"—"销售成本结转"命令,进入"销售成本结转设置"窗口,凭证类别"转账凭证",库存商品科目"140502",商品销售收入科目"6001",商品销售成本科目"6401",单击"确定"按钮。如图 7—30 所示。

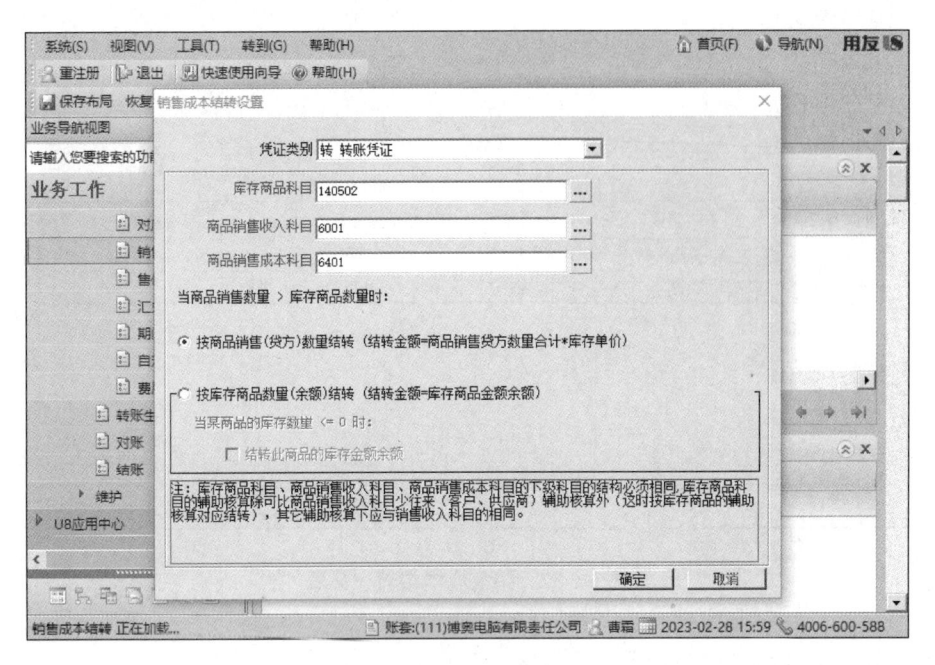

图 7—30 销售成本结转设置

(2)执行"总账"—"期末"—"转账生成"命令,左边选择"销售成本结转",单击"确定"按钮,如图 7—31 所示。

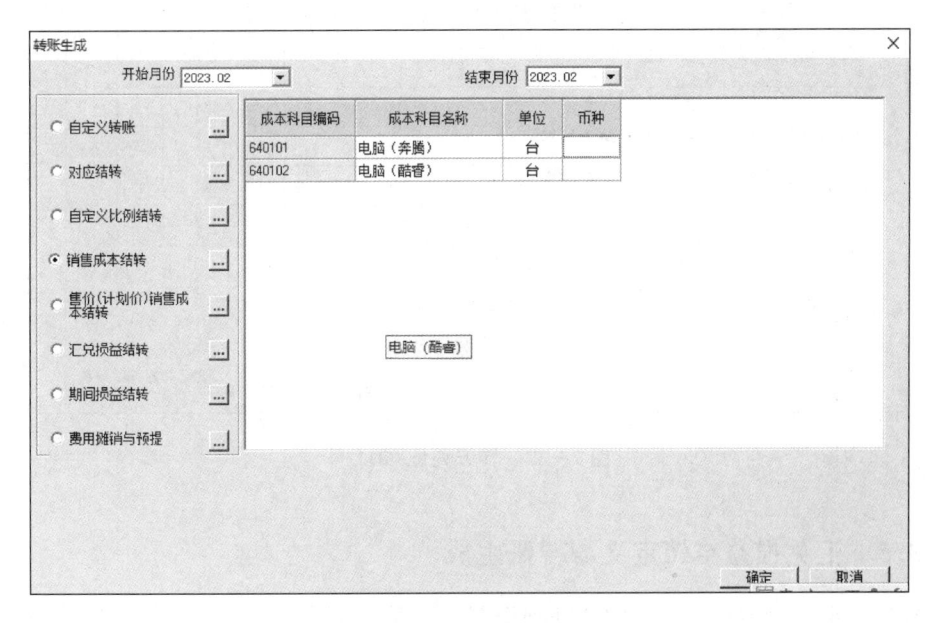

图 7—31 销售成本转账生成

(3)进入"销售成本结转一览表",直接单击"确定"按钮。系统自动生成转账凭证,如图 7—32 所示,单击菜单栏上的"保存"键,左上角显示"已生成"标签。如图 7—33 所示。

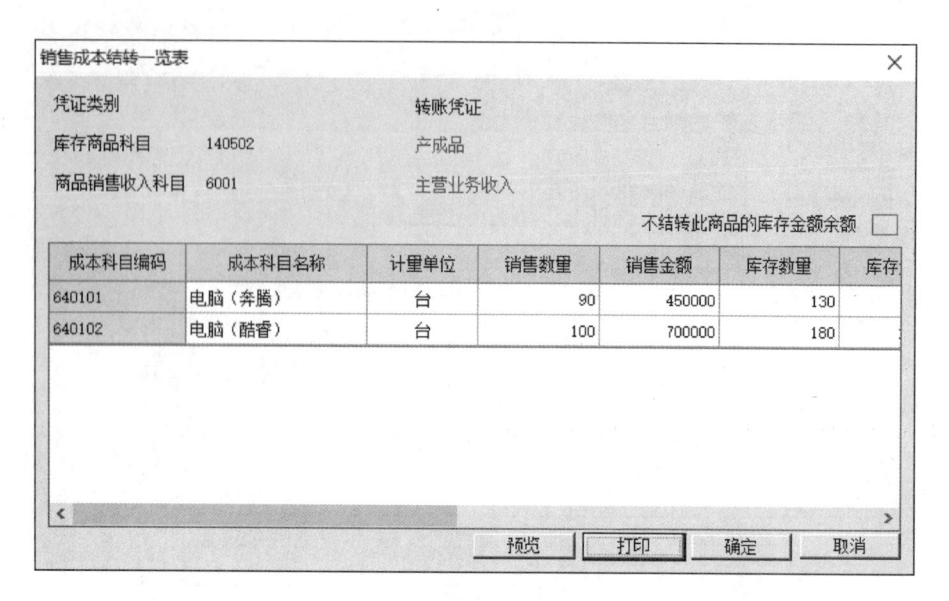

图7－32　销售成本结转一览表

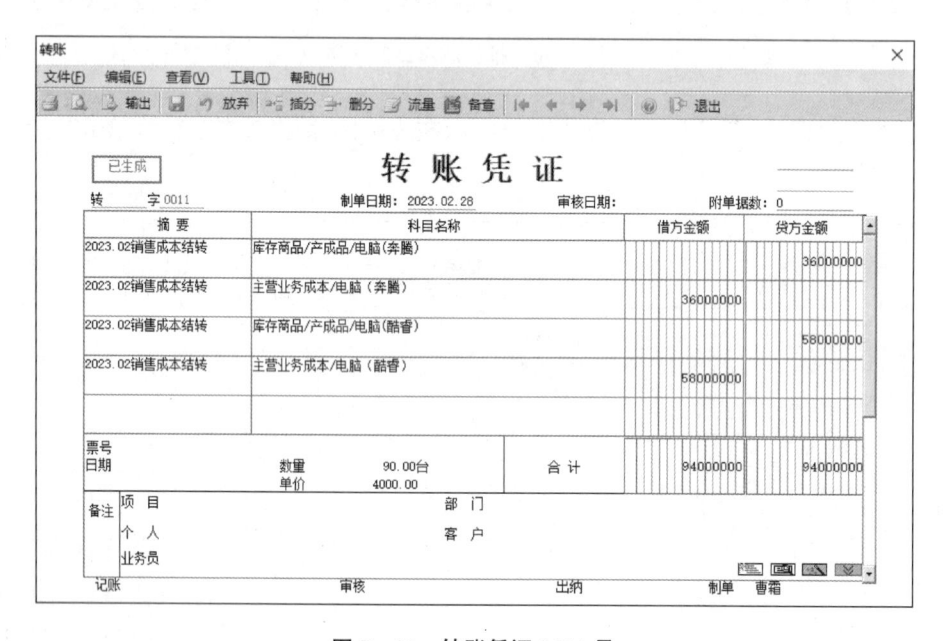

图7－33　转账凭证0011号

7.3.5　汇兑损益结转定义与转账生成

(1)执行"企业应用平台"左侧的"基础设置"—"基础档案"—"财务"—"外币设置"。双击进入"外币设置"窗口,输入港币调整汇率0.87,如图7－34所示。美元调整汇率6.93,如图7－35所示。

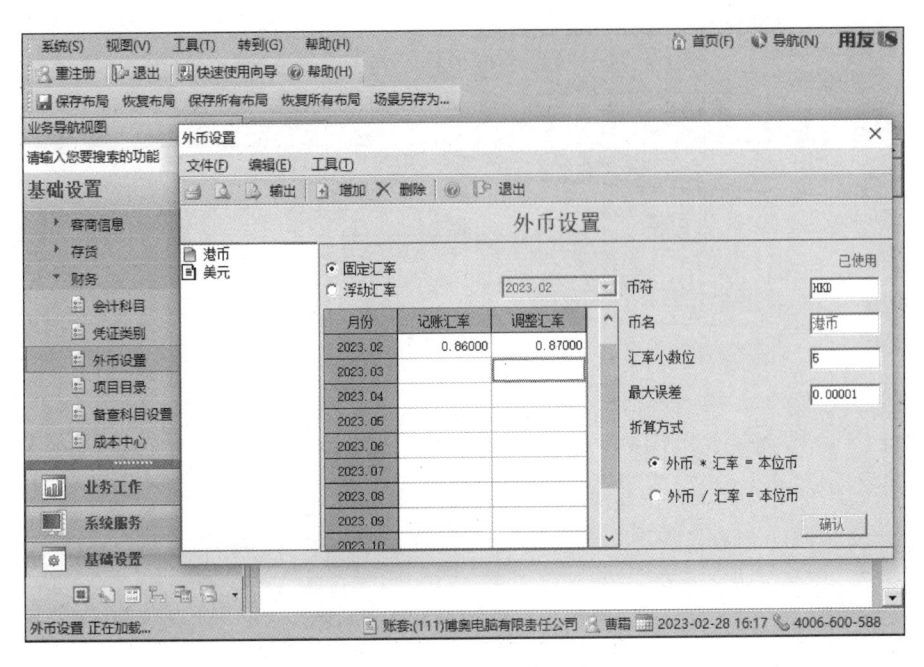

图 7-34 港币调整汇率

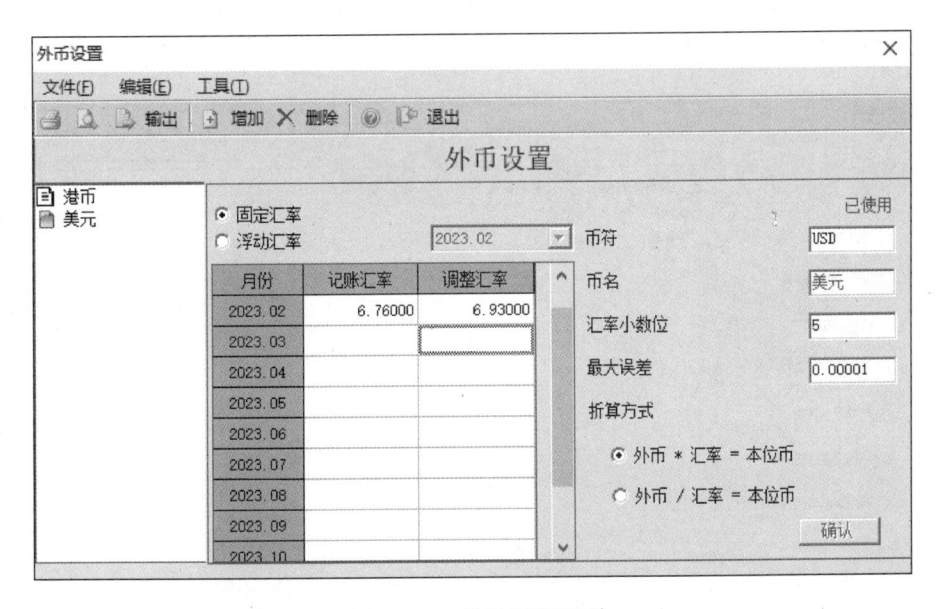

图 7-35 美元调整汇率

(2)执行左侧"业务工作"选项卡—"总账"—"期末"—"转账定义"—"汇兑损益"命令,进入"汇兑损益结转设置"窗口,选择凭证类别"收款凭证"(根据实际情况选择,汇率上升是收款凭证,汇率下降是付款凭证),汇兑损益入账科目"6061",两行都双击"是否计算汇兑损益"列,显示字母"Y",如图 7-36 所示。单击"确定"按钮。

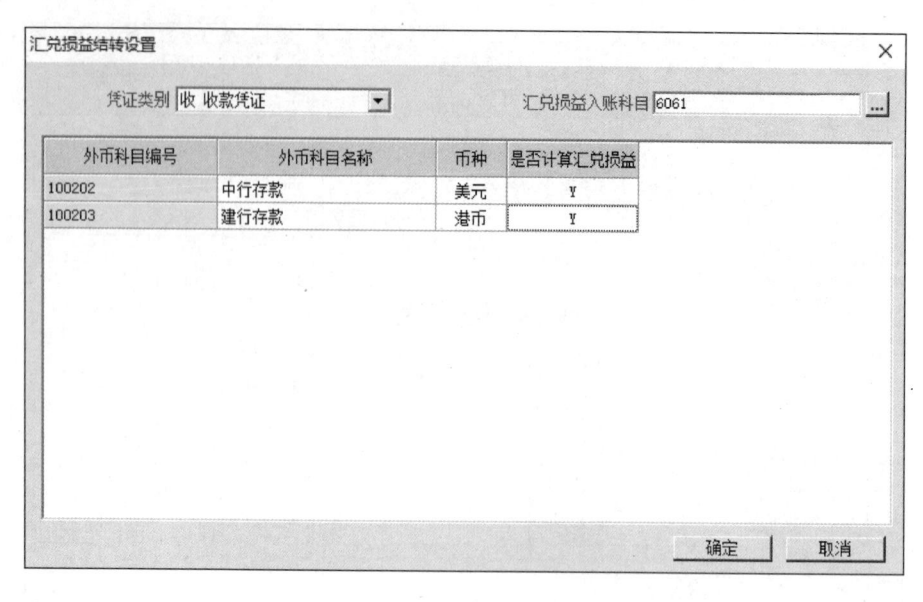

图 7-36 汇兑损益结转设置

(3) 执行"总账"—"期末"—"转账生成"命令，左边选择"汇兑损益结转"，右上角选择"全选"，如图 7-37 所示，"是否结转"列会显示字母"Y"。单击"确定"按钮。会弹出汇兑损益试算表，检查无误单击"确定"按钮，如图 7-38 所示。

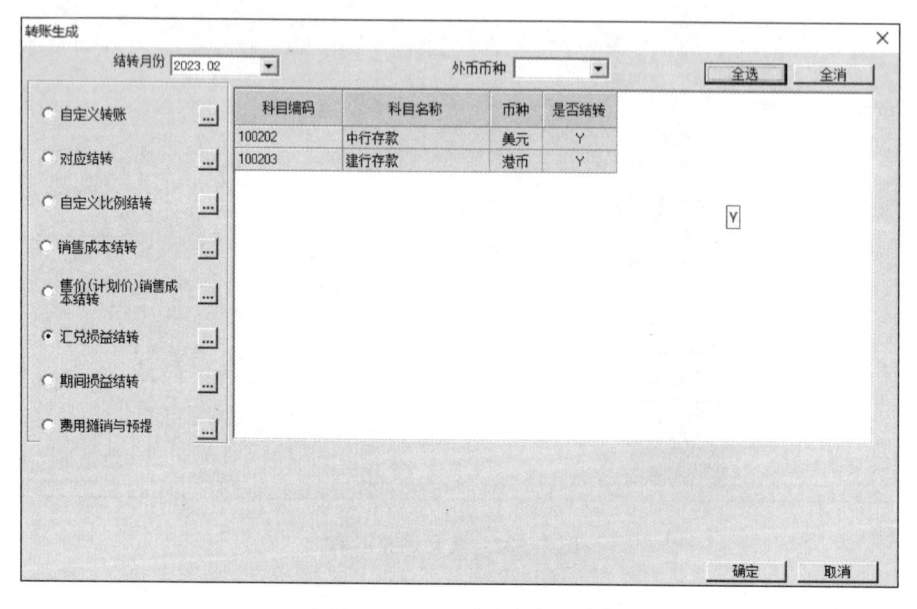

图 7-37 汇兑损益结转

汇兑损益试算表

凭证类别　收款凭证
入账科目　6061　　　汇兑损益

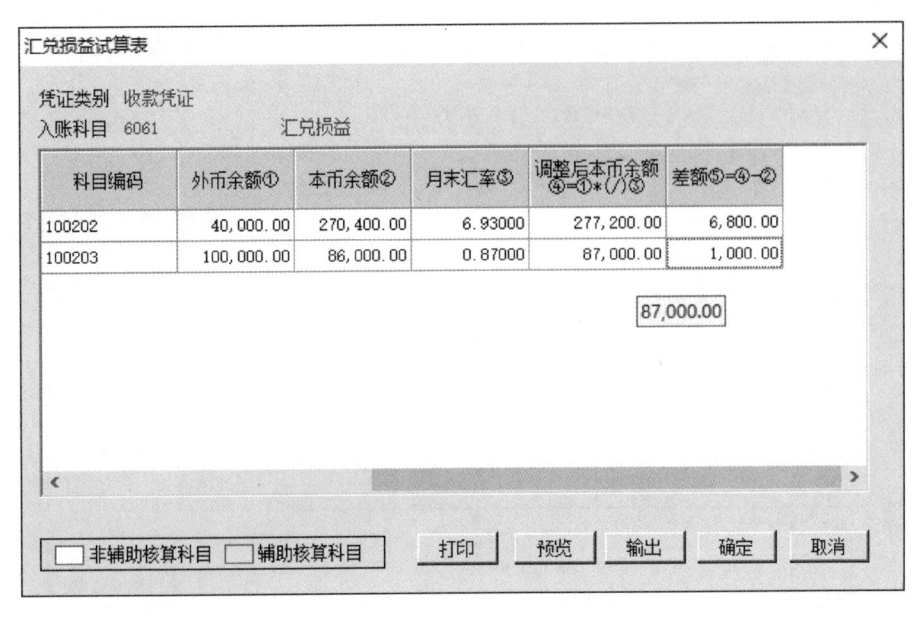

科目编码	外币余额①	本币余额②	月末汇率③	调整后本币余额 ④=①*(/)③	差额⑤=④-②
100202	40,000.00	270,400.00	6.93000	277,200.00	6,800.00
100203	100,000.00	86,000.00	0.87000	87,000.00	1,000.00
				87,000.00	

☐ 非辅助核算科目　　☐ 辅助核算科目　　　打印　预览　输出　确定　取消

图 7-38　汇兑损益试算表

（4）系统自动生成一张汇兑损益结转收款凭证，单击"保存"系统会提示："第 1 条分录：结算方式不能为空！"如图 7-39 所示。选择第一行的会计科目银行存款—中行存款，鼠标往下移变成签字笔形状双击，打开辅助项，结算方式，"9 其他"，票号为 QT006，选择第二行的会计科目银行存款—建行存款，鼠标往下移变成签字笔形状双击，打开辅助项，结算方式，其他"9"，票号为 QT007。如图 7-40 所示。

凭证

❌　第1条分录:结算方式不能为空！

确定

图 7-39　结算方式不能为空

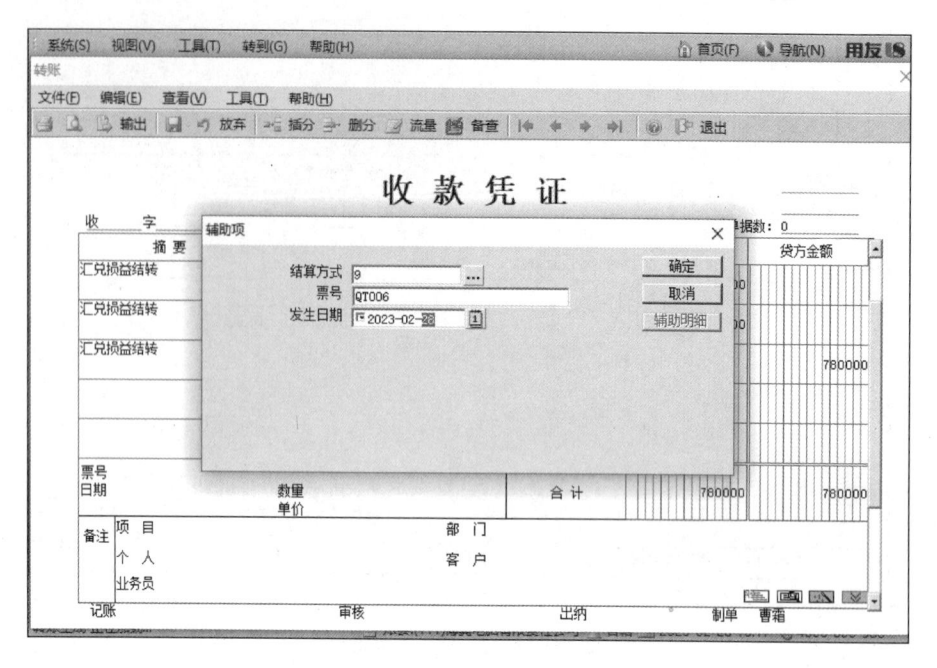

图 7-40 银行账辅助项

(5)单击菜单栏上的"保存"键,左上角显示"已生成"标签。如图 7-41 所示。

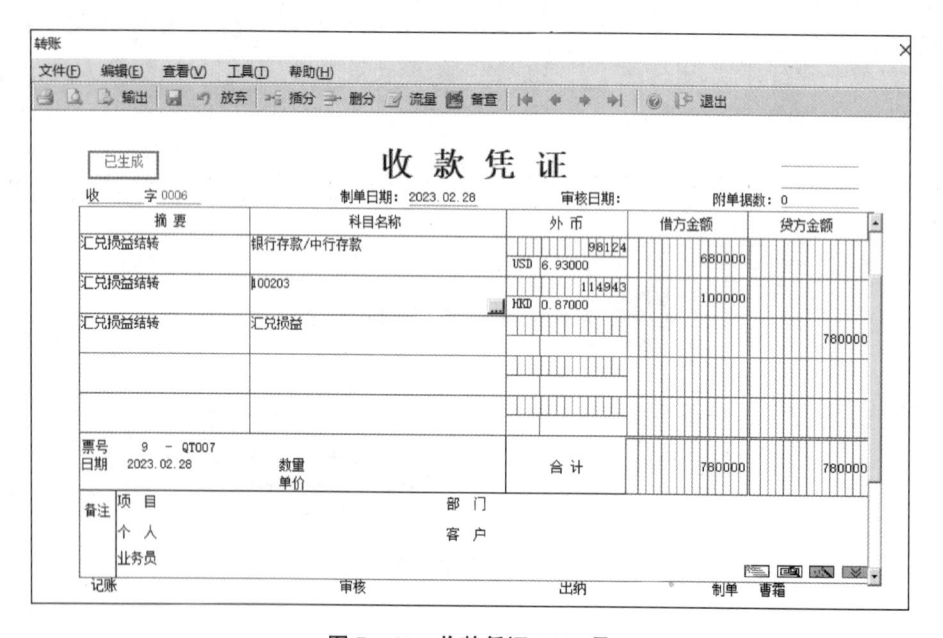

图 7-41 收款凭证 0006 号

7.3.6 操作员 004 对于已生成的凭证进行出纳签字,002 对于已生成的凭证进行审核、主管签字、记账,再计提所得税

(1)更换操作员,执行菜单栏上第二排"重注册"命令,打开登录窗口,登录日期 2023-02

—28。以 004 身份登录"企业应用平台"。

(2)左侧执行"业务工作"选项卡的"财务会计"—"总账"—"凭证"—"出纳签字"命令,双击进入出纳签字查询条件窗口。直接单击确认按钮。

(3)进入出纳签字凭证列表窗口,只有 1 张凭证,如图 7—42 所示,转账凭证没有涉及库存现金和银行存款,不需要出纳签字。双击这张凭证,进入出纳签字窗口,检查凭证没问题,单击菜单栏第三排第一个按钮"签字",凭证最下面一排出纳后面会签上"赵敏"。如图 7—43 所示。

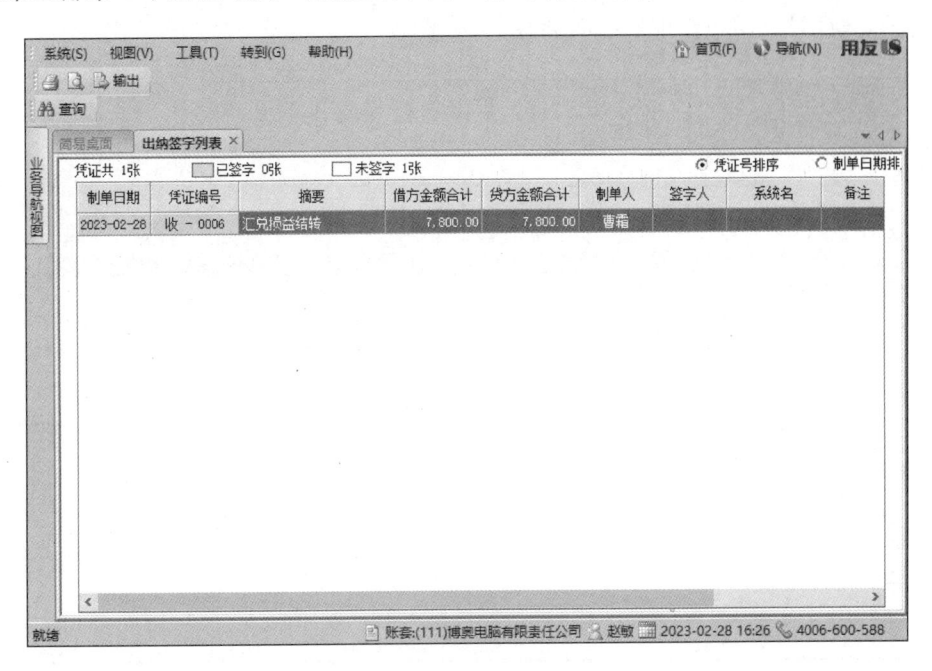

图 7—42　出纳签字列表

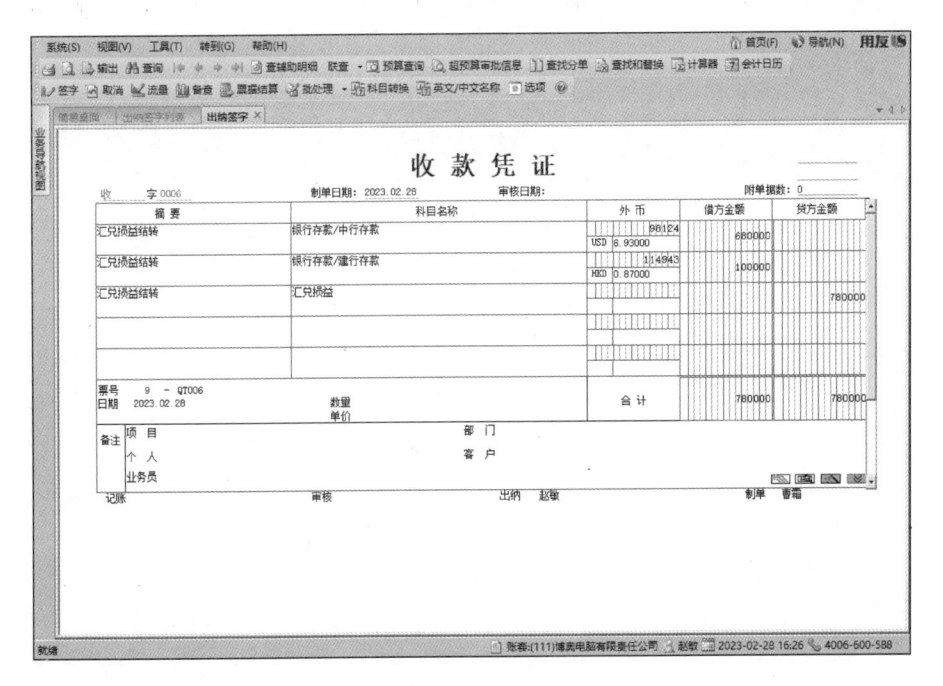

图 7—43　出纳签字

(4) 更换操作员,执行菜单栏上第二排"重注册"命令,打开登录窗口,登录日期 2023-02-28。以 002 身份登录"企业应用平台"。

(5) 左侧执行"业务工作"选项卡的"财务会计"—"总账"—"凭证"—"审核凭证"命令,双击进入凭证审核查询条件窗口,直接单击确认按钮进入凭证审核列表。

(6) 在凭证审核列表窗口,一共 4 张凭证,所有凭证都需要审核。如图 7-44 所示,双击第一张凭证,进入审核凭证窗口,检查凭证没问题,单击菜单栏"批处理"—"成批审核凭证",如图 7-45 所示,凭证最下面一排审核后面会签上"王武"。

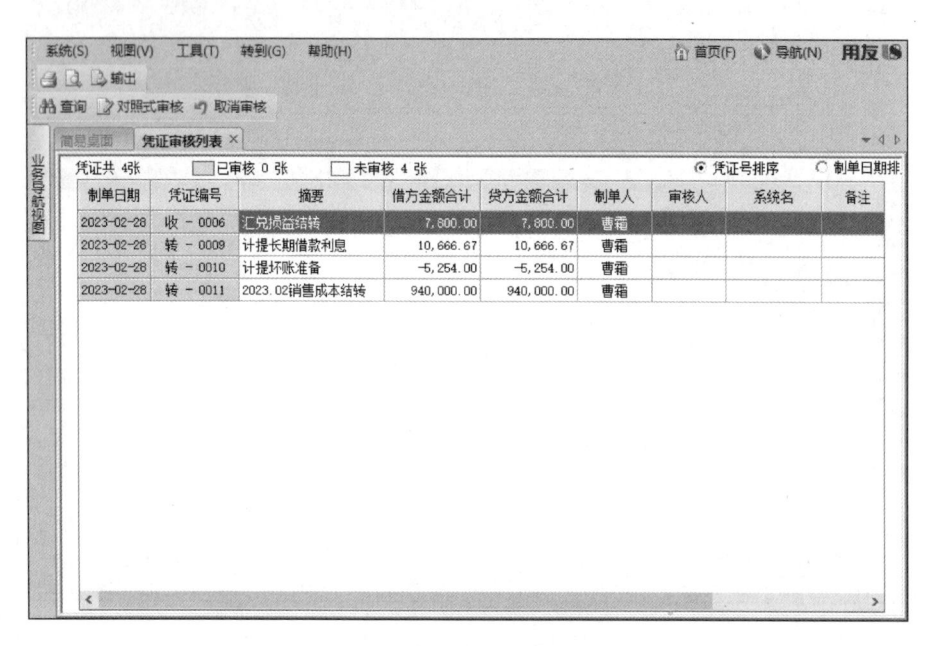

图 7-44 凭证审核列表

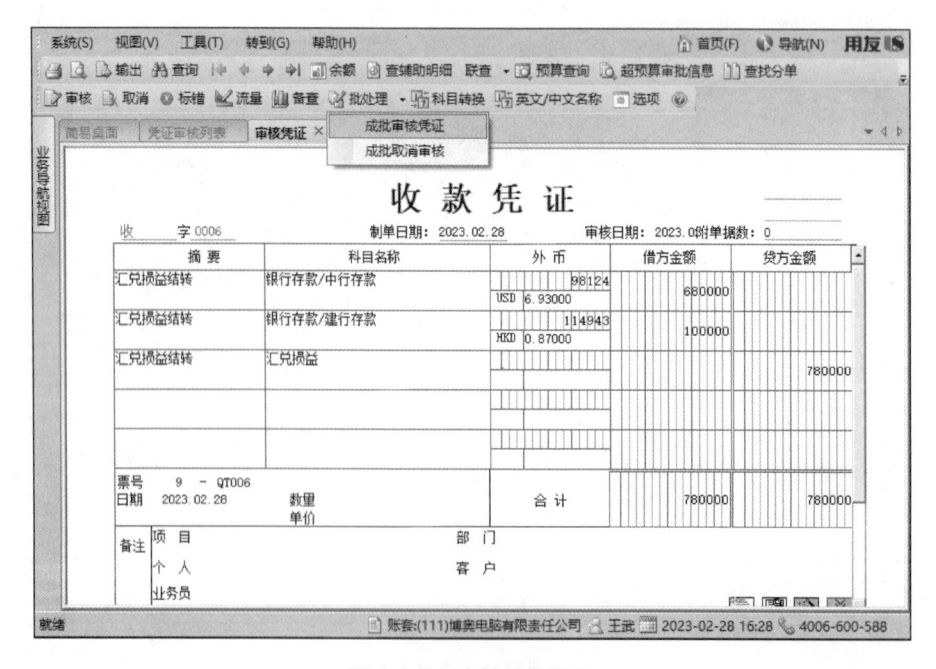

图 7-45 成批审核凭证

（7）执行"财务会计"—"总账"—"凭证"—"主管签字"命令，双击进入主管签字查询条件窗口。直接单击"确认"按钮进入主管签字列表。执行"批处理"—"成批主管签字"，单击"是"，凭证右上角会签上"王武"，如图7－46所示。

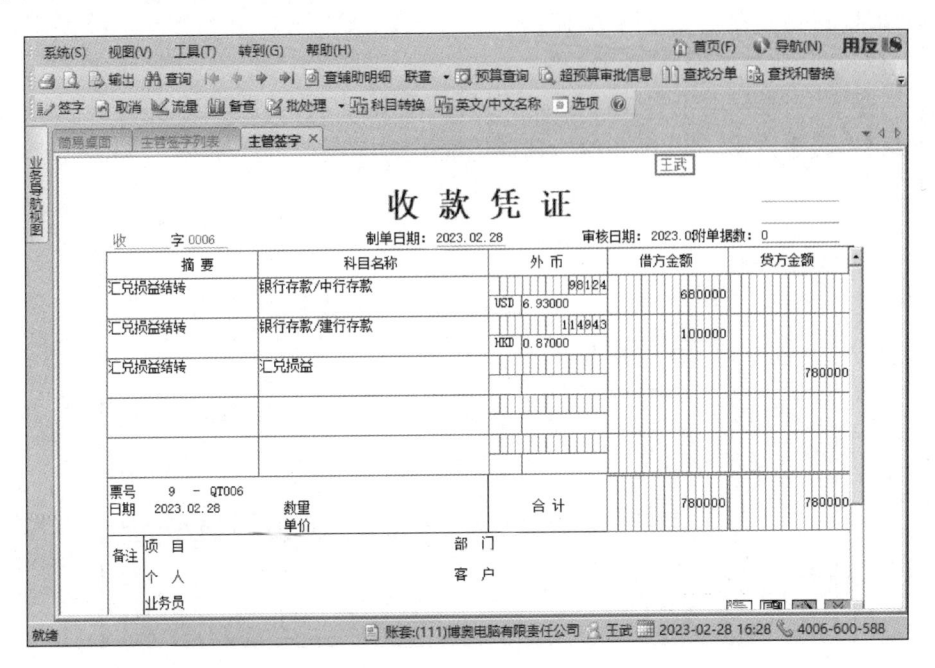

图7－46　主管签字

（8）执行"财务会计"—"总账"—"凭证"—"记账"命令，双击进入记账窗口，如图7－47所示，单击左下角"全选"按钮，选择所有凭证。再单击"记账"按钮，系统会自动进行记账操作。记账完成以后系统弹出记账完毕窗口，单击确定。

图7－47　记账

7.3.7 计提所得税转账定义与转账生成

(1)更换操作员,执行菜单栏上第二排"重注册"命令,打开登录窗口,登录日期 2023-02-28。以 003 身份登录"企业应用平台"。

(2)左侧执行"业务工作"选项卡的"财务会计"—"总账"—"期末"—"转账定义"—"自定义转账"命令,进入"自动转账设置"窗口,单击"增加"按钮,打开"转账目录"设置对话框。输入转账序号"0003",转账说明"计提所得税",选择凭证类别"转账凭证",如图 7-48 所示,单击"确定"按钮。

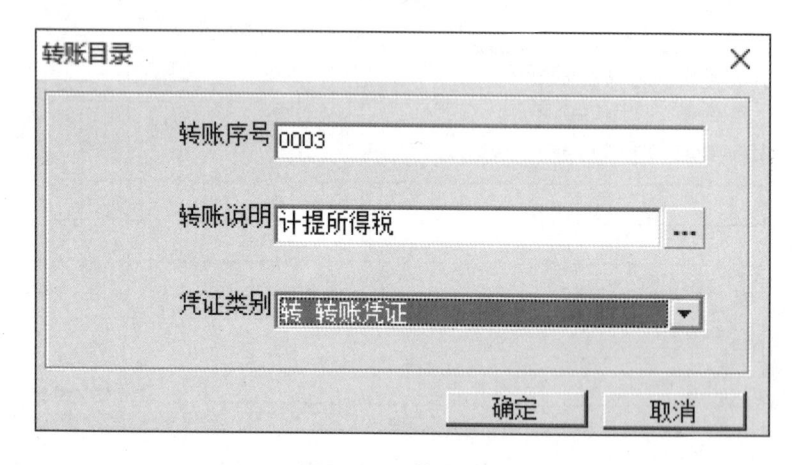

图 7-48 转账目录

(3)继续定义转账凭证分录信息,单击"增行"按钮,确定分录的借方信息。摘要根据转账说明自动生成,选择科目编码"6801",方向"借"。

(4)输入金额公式(FS(6001,月,贷)+FS(6051,月,贷)+FS(6301,月,贷)+FS(6061,月,贷)-FS(6401,月,借)-FS(6402,月,借)-FS(6601,月,借)-FS(6602,月,借)-FS(6603,月,借)-FS(6702,月,借))*0.25。金额公式栏单击展开项按钮,打开"公式向导"对话框,选择贷方发生额 FS(),单击"下一步"按钮,如图 7-49 所示。选择科目"6001",期间"月",方向默认"贷方",勾选"继续录入公式",运算符"+",单击"下一步"按钮,如图 7-50。选择贷方发生额 FS(),单击"下一步"按钮。选择科目"6051",期间"月",方向默认"贷方"。选择继续录入公式,运算符"+",单击"下一步"按钮,选择贷方发生额 FS(),单击"下一步"按钮,按钮选择科目"6301",期间"月",方向默认"贷方",勾选"继续录入公式",运算符"+(加)",单击"下一步"按钮。选择科目"6061",期间"月",方向默认"贷方"。选择"继续录入公式",运算符"-"(减),如图 7-51 所示。

图 7—49　公式向导—贷方发生额 FS( )

图 7—50　公式向导—科目 6001

(5)单击"下一步"按钮,选择借方发生额 FS(),如图 7-52 所示,单击"下一步"按钮,选择科目"6401",期间"月",方向默认借方。继续将公式录入完。

图 7-51　公式向导—科目 6061

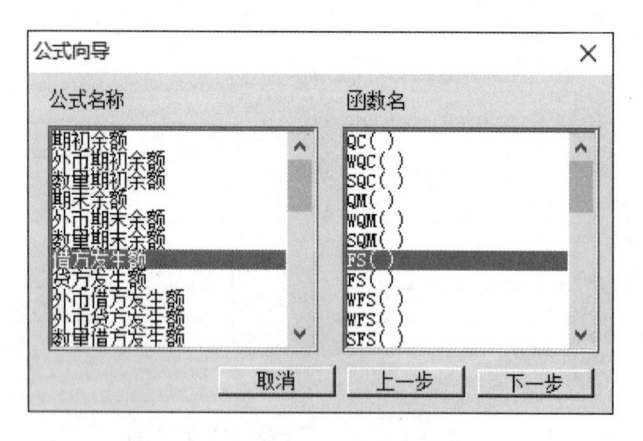

图 7-52　公式向导—借方发生额 FS()

(6)返回金额公式栏,鼠标定位在"最前面",录入左括号"(",鼠标定位在最后面录入右括号")",从键盘上输入"*0.25",如图 7-53 所示。

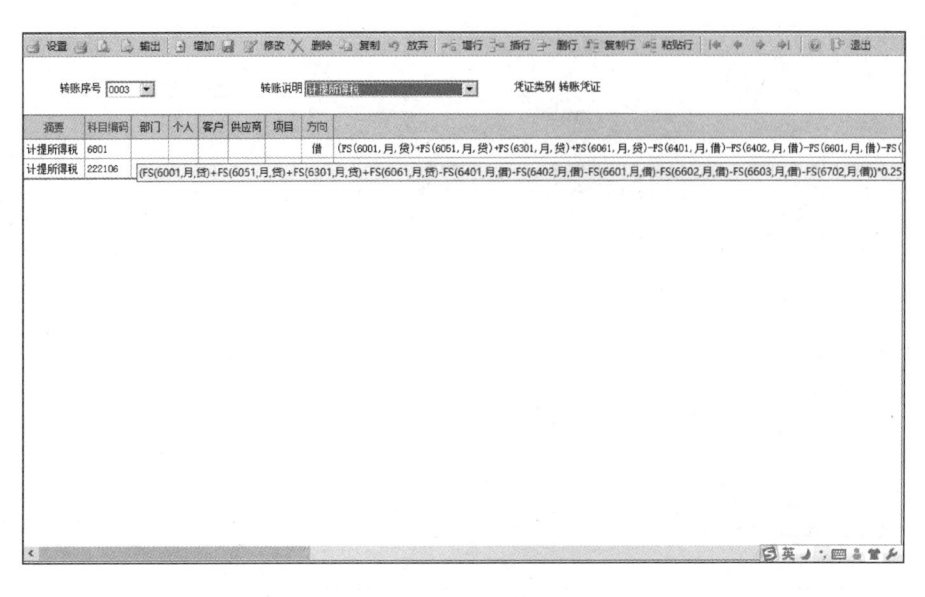

图 7—53　自定义转账设置

(7)单击"增行"按钮,确定分录的贷方信息。选择科目编码"222106 应交税费——应交所得税",方向"贷",金额公式栏单击展开项按钮,打开"公式向导"对话框,选择公式名称"CE()",单击菜单栏上"保存"键,如图 7—54 所示。

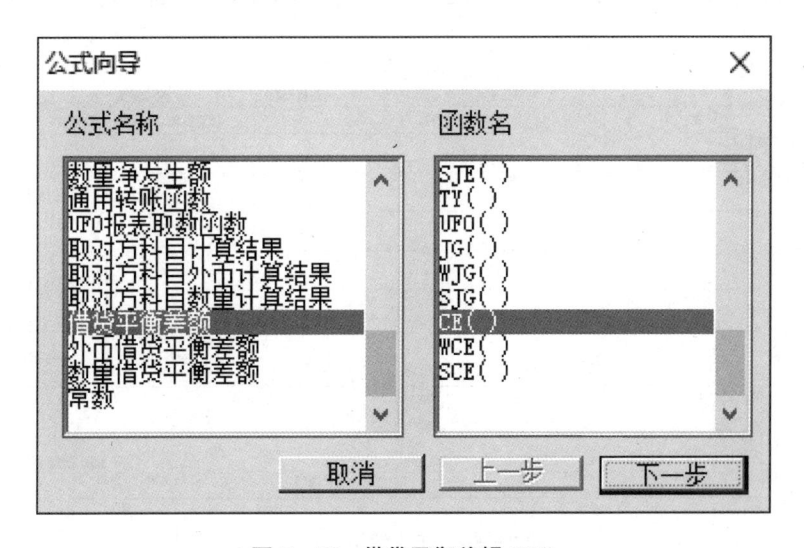

图 7—54　借贷平衡差额 CE()

(8)执行"财务会计"—"总账"—"期末"—"转账生成"命令,左边选择"自定义转账",右边双击选择"003 计提所得税"(0001 和 0002 已经生成过,这里不要重复选择),如图 7—55 所示,是否结转会显示字母"Y"。单击"确定"按钮系统自动生成转账凭证。单击保存按钮,左上角显示"已生成"标签。如图 7—56 所示。

图 7-55 转账生成—自定义转账

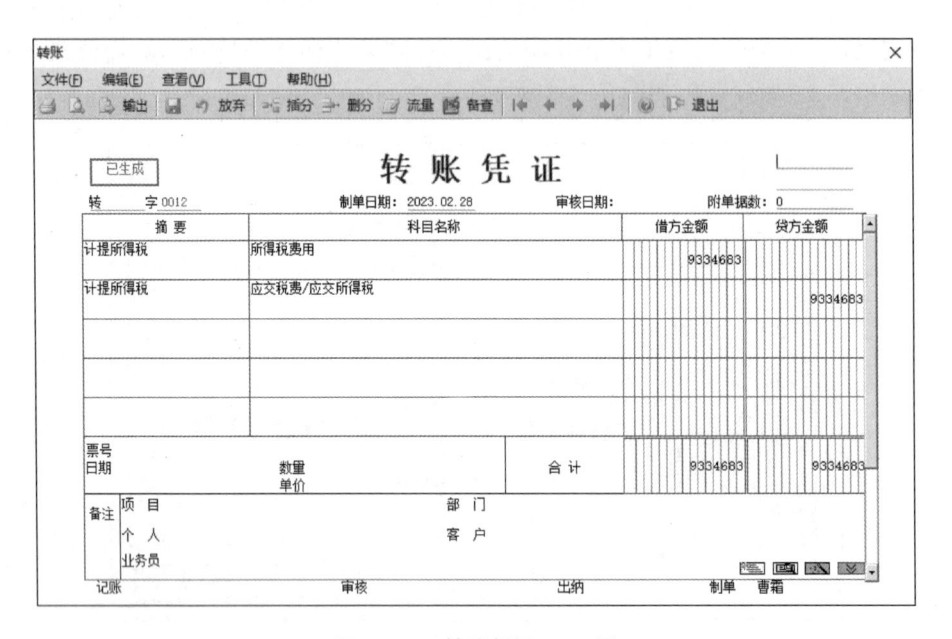

图 7-56 转账凭证 0012 号

(9)操作员 002 对已生成的凭证进行审核、主管签字、记账。操作参考 7.3.5 汇兑损益结转定义与转账生成的第(6)个操作步骤。

7.3.8 期间损益结转定义与转账生成

(1)切换操作员"003 曹霜"登录"企业应用平台",执行"总账"—"期末"—"转账定义"—"期间损益"命令,进入"期间损益结转设置"窗口。选择凭证类别"转账凭证",本年利润科目"4103",单击"确定"按钮,如图 7-57 所示。

图 7—57　期间损益结转设置

(2)期间损益生成,执行"总账"—"期末"—"转账生成"命令,进入"期间损益结转"窗口。

(3)类型选"收入",单击"全选"按钮,如图 7—58 所示。单击确定,自动生成如图 7—59 所示凭证,单击"保存"。

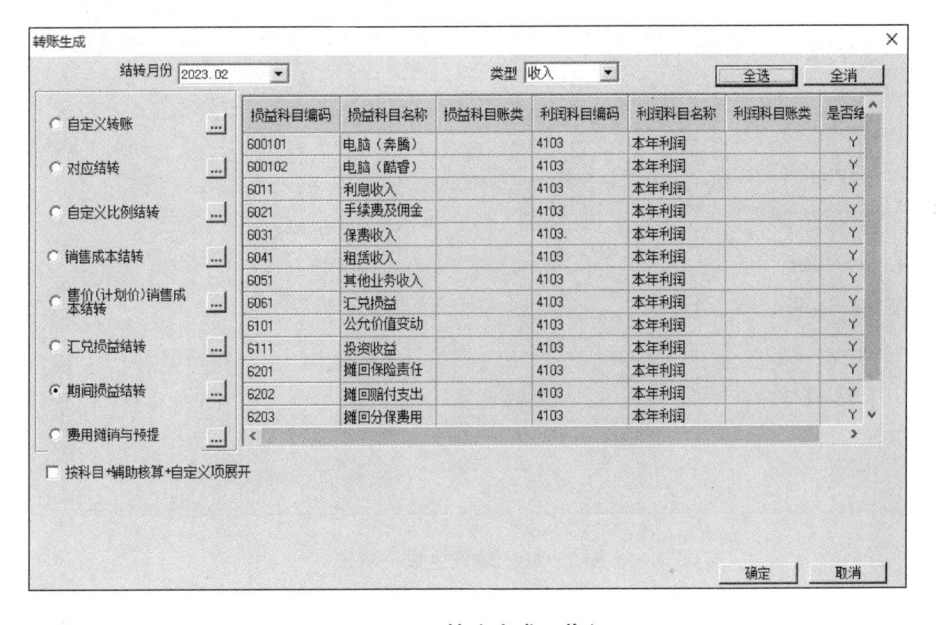

图 7—58　转账生成—收入

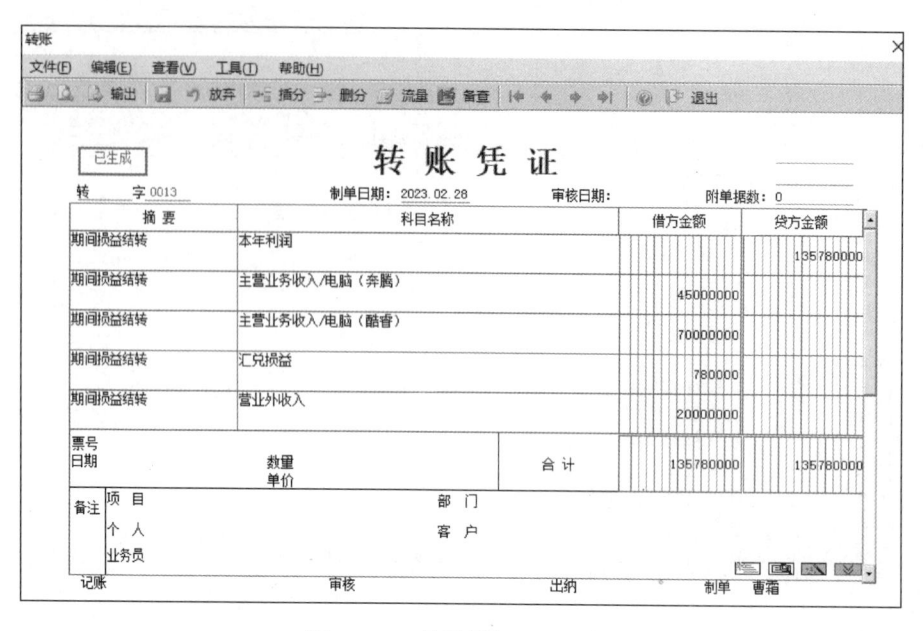

图 7-59 转账凭证—0013 号

(4)类型选"支出",单击"全选"按钮,如图 7-60 所示。单击"确定",会弹出提示框"2023.02 或之前月有未记账凭证,是否继续结转?"单击"是",自动生成如图 7-61 所示凭证,单击"保存"。

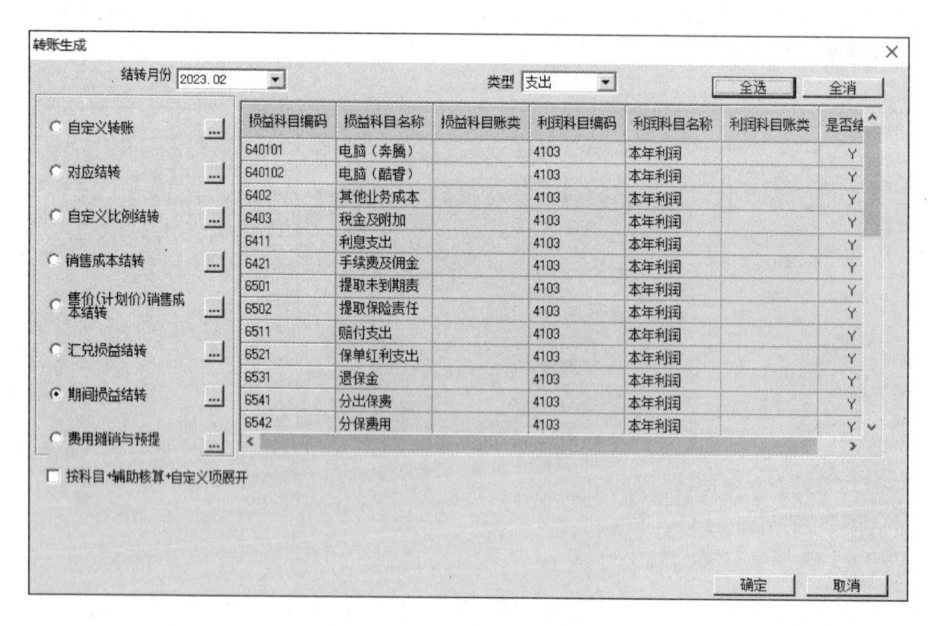

图 7-60 转账生成—支出

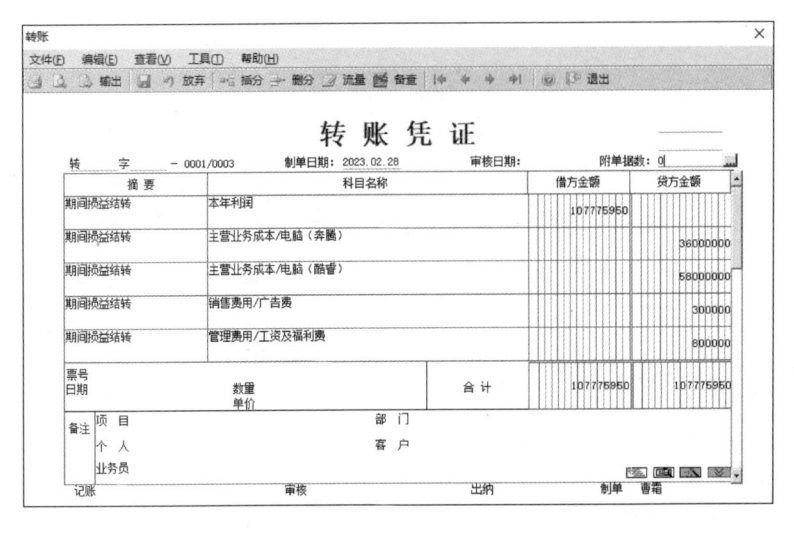

图 7—61　转账凭证 0014 号

(5)操作员 002 王武对已生成的凭证进行审核、主管签字、记账。操作参考 7.3.5 汇兑损益结转定义与转账生成的第(6)个操作步骤。

7.4　科目汇总表查询

执行"财务会计"—"总账"—"凭证"—"科目汇总"命令,双击进入科目汇总窗口,日期选择 2023—02—01—2023—02—28,单击"汇总"按钮,结果如图 7—62 所示。

图 7—62　科目汇总表

7.5 对　账

以001的身份进行对账、结账。
(1)执行"总账"—"期末"—"对账"命令,进入"对账"窗口。如图7-63所示。

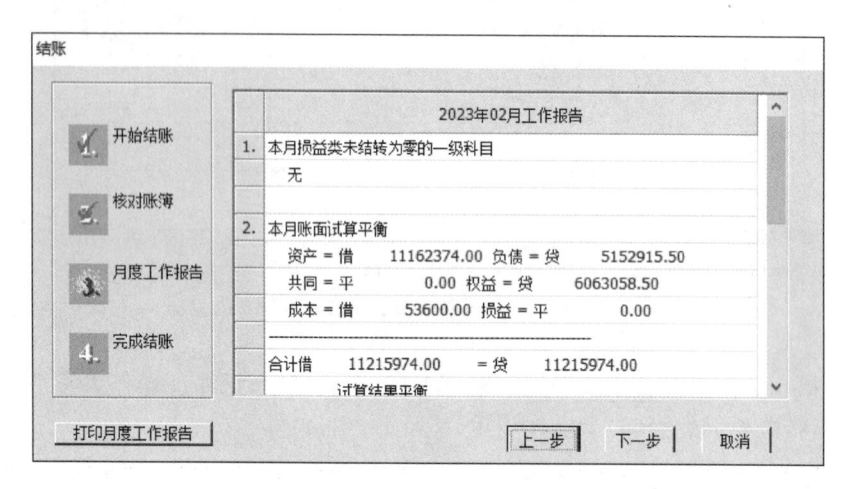

图7-63　2023年02月工作报告

(2)将光标定位在要进行对账的月份"2023.02",单击"选择"按钮。
(3)单击"对账"按钮,开始自动对账,并显示对账结果。
(4)单击"试算"按钮,可以对各科目类别余额进行试算平衡。

7.6　结账与取消结账

7.6.1　结账

(1)执行"总账"—"期末"—"结账"命令,进入"结账"窗口,如图7-64所示。

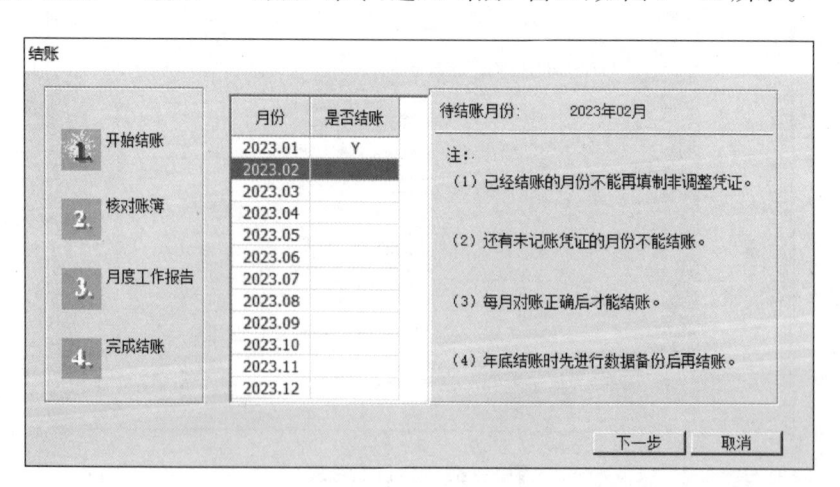

图7-64　结账

(2)单击要结账月份"2023.02",单击"下一步"按钮。
(3)单击"对账"按钮,系统对要结账的月份进行账账核对。
(4)单击"下一步"按钮,系统显示"2023 年 02 月工作报告",如图 7-65 所示。

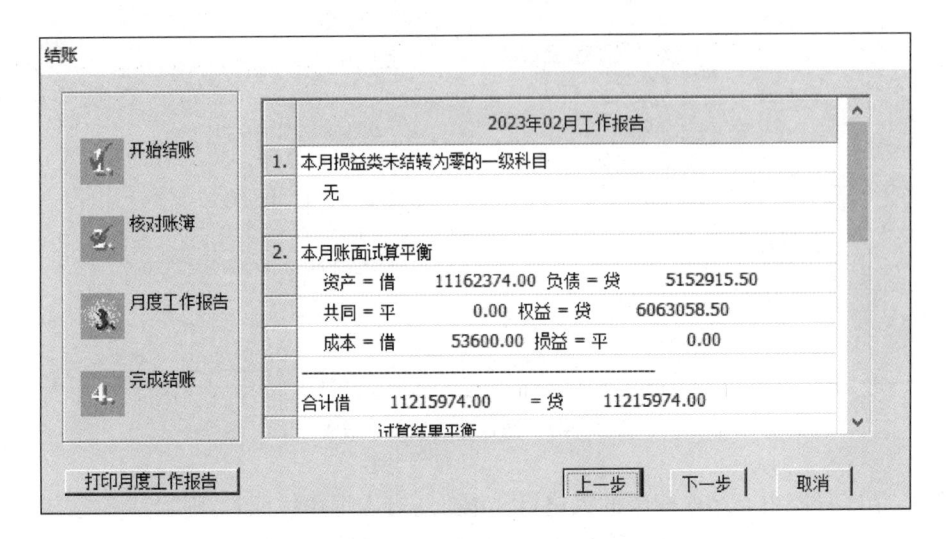

图 7-65　2023 年 02 月工作报告

(5)查看工作报告后,单击"下一步"按钮,单击"结账"按钮,如图 7-66 所示,若符合结账要求,系统结账,否则不予结账。结账完成如图 7-67 所示。

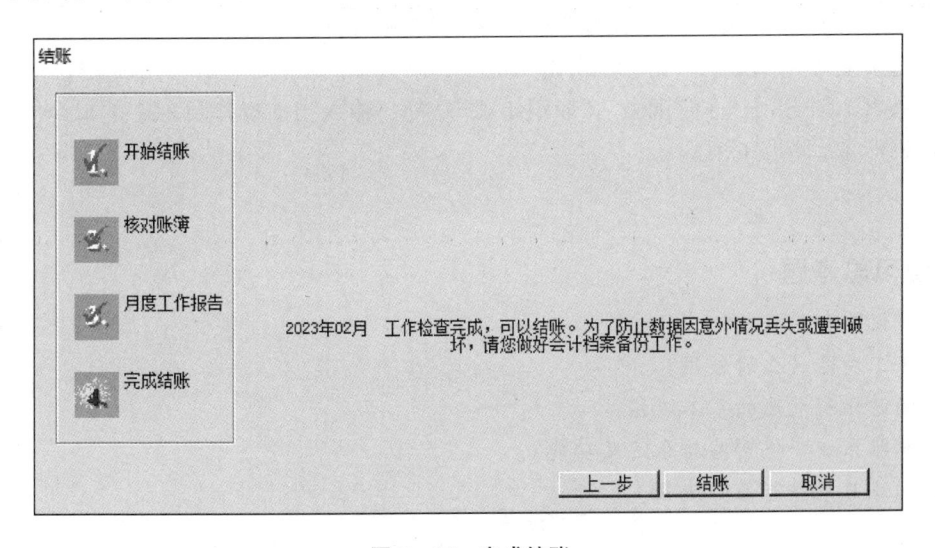

图 7-66　完成结账

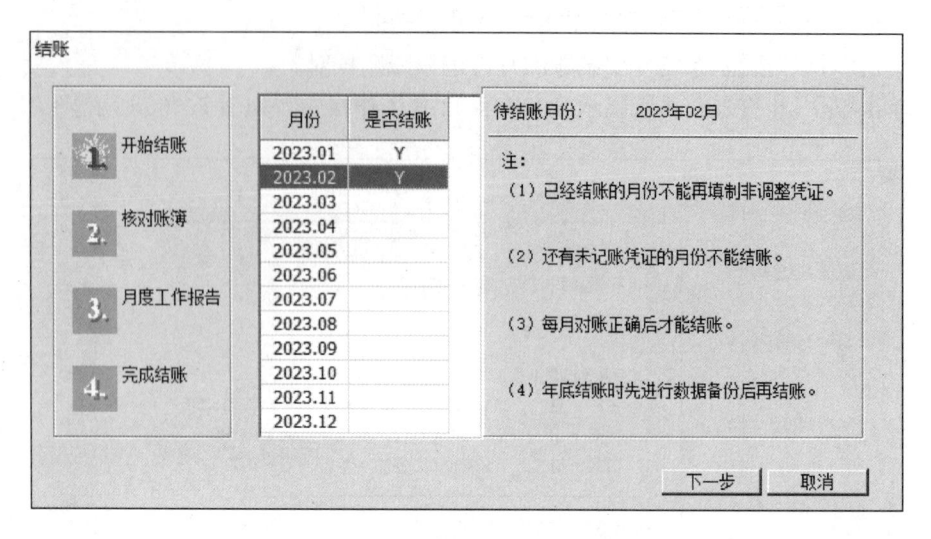

图 7—67　结账完成显示字母 Y

注意:结账只能由有结账权限的人进行。本月还有未记账凭证时,则本月不能结账。结账必须按月连续进行,上月未结账,则本月不能结账。若总账与明细账对账不符,则不能结账。如果与其他系统联合使用,其他子系统未全部结账,则本月不能结账。

7.6.2　取消结账

(1)执行"总账"—"期末"—"结账"命令,进入"结账"窗口。
(2)选择要取消结账的月份"2023.02"。
(3)按"Ctrl+Shift+F6"键激活"取消结账"功能。输入当前操作员 001 的口令"1",单击"确认"按钮,取消结账标记。

复习思考题

1. 日记账如何查询?
2. 手工对账什么时候用?
3. 简述银行对账的基本流程。
4. 总账系统提供哪些转账定义功能?
5. 简述月末结账基本流程。

第8章 报表管理

【报表系统概述】

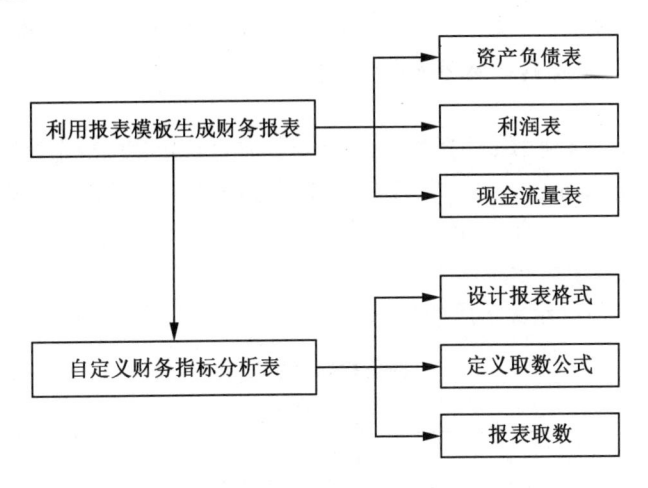

图8-1 本章总体流程

UFO报表系统是用友ERP—U8的报表管理系统,用友财务软件的报表管理系统是报表事务处理的工具,主要实现文件管理、格式管理、数据处理、图形处理、二次开发等功能,该系统可以从总账、应付系统、应收系统、薪资管理、固定资产管理以及供应链管理各系统提取数据,生成各种报表。可通过以下两种方法取得报表:通过系统自带的模板快速生成资产负债表、利润表和现金流量表等对外财务报表,也可以根据企业管理实际需要灵活地设计自定义报表,比如货币资金表、管理费用明细表、财务指标分析表等。无论是自定义报表,还是报表模板生成的报表,需要在格式状态下,根据需要调整格式,如定义组合单元格、画表格线及调整行高和列宽等。有的还需要自己定义公式,定义公式需要符合公式本身的语法规则,同时也应符合企业会计准则的规定。在数据状态下,可以管理报表的数据,如输入关键字、计算表页等。关键字可以唯一标识一个表页,可方便快速选择表页。关键字的显示位置在格式状态下设置,关键字的值则在数据状态下录入,每个报表可以定义多个关键字。在格式状态下可以定义各种计算公式,在数据状态下进行单元格公式的计算。

【思政元素】

通过本章的编制企业财务报表实践环节,使学生明确财务数据的来龙去脉,更深刻体会财务人员应该保持应有的职业谨慎,履行好会计工作的监督职责,要严格遵守企业会计准则和相关会计法律、法规、制度,遵守职业道德规范,履行好会计工作的监督职责,为国家看好资金门、把好经济关,对自己负责,对社会公众负责,对国家负责,提高使命感和责任感。党的二十大报告中强调加快建设法治社会。法治社会是构筑法治国家的基础。弘扬社会主义法治精神,传承中华优秀传统法律文化,引导全体人民做社会主义法治的忠实崇尚者、自觉遵守者、坚定捍卫者。财务舞弊事件频繁发生,对市场和投资者毫无敬畏之心,严重破坏资本市场健康生态,我们要时刻提醒自己不做假账。

思政案例

【实验目标】

1. 理解报表编制的原理及流程。
2. 掌握报表格式定义、公式定义的操作方法;掌握报表单元公式的用法。
3. 掌握如何利用报表模板生成一张报表。

【实验内容】

1. 利用报表模板自动生成资产负债表、利润表、现金流量表等。
2. 自定义一张报表。定义报表的尺寸,定义组合单元格以及报表的单元风格和单元属性,设置关键字以及公式,最终制成所需的报表。

【实验资料】

1. 2023年2月28日,利用报表模板生成资产负债表、利润表、现金流量表。
2. 自定义报表:设计如表8—1所示财务指标分析表。基本要求:

(1)第1行行高16毫米,第2至6行行高10毫米,第1列列宽36毫米;

(2)表头字体为黑体,字号为18号;

(3)前3行和第1列单元文字居中显示。

表8—1 财务指标分析表

＊＊年＊＊月＊＊日

分析指标	计算结果	备 注
流动比率		流动资产/流动负债
销售净利率		净利润/销售收入
总资产净利率		净利润/总资产

8.1 资产负债表

(1)001李军登录U8"企业应用平台",选择"业务工作"—"财务会计"—"UFO报表"命令,打开"UFO报表"窗口。会提示日积月累对话框,如图8—2所示。单击文件下拉列表的"新建"按钮,新建一张空白报表,如图8—3所示。

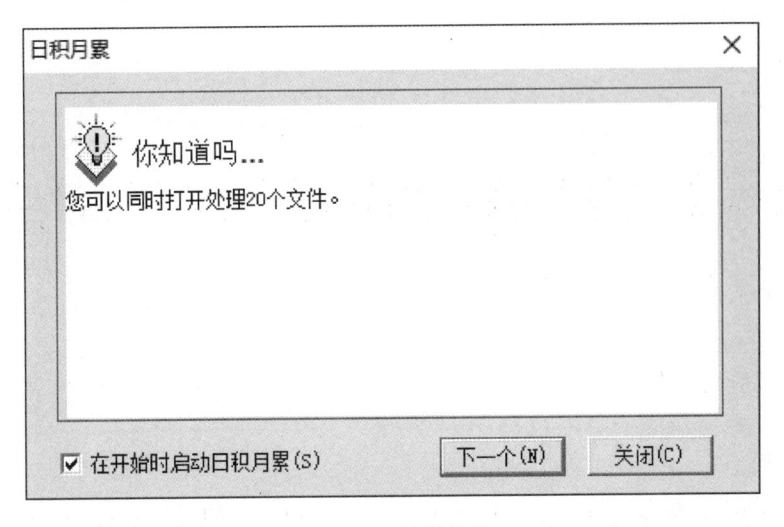

图 8-2　日积月累

图 8-3　新建空白报表

(2)调用模板生成资产负债表。左下键是格式状态,点击"格式"菜单下的"报表模板"命令,如图 8-4 所示,打开"报表模板"对话框,在"您所在的行业"下拉框中选择"2007 年新会计制度科目","财务报表"下拉框中选择"资产负债表",如图 8-5 所示。

图 8-4 报表模板

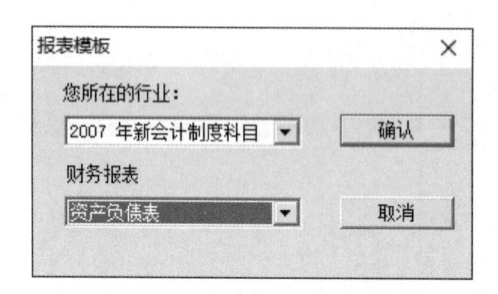

图 8-5 报表模板—资产负债表

(3)单击"确认"按钮,系统提示"模板格式将覆盖本表格式!是否继续?"单击"确定"按钮,结果如图 8-6 所示。

图 8-6 资产负债表模板

(4)选择 C15 单元格,存货的期末余额,单击菜单栏上的"fx"按钮,打开定义公式窗口,在原公式最后输入"+",如图 8—7 所示,单击"函数向导",选择"用友账务函数",函数名"期末QM",单击"下一步"按钮,如图 8—8 所示,进入用友账务函数,科目选择"1409 自制半成品",期间"月",单击"确定",如图 8—9 所示。

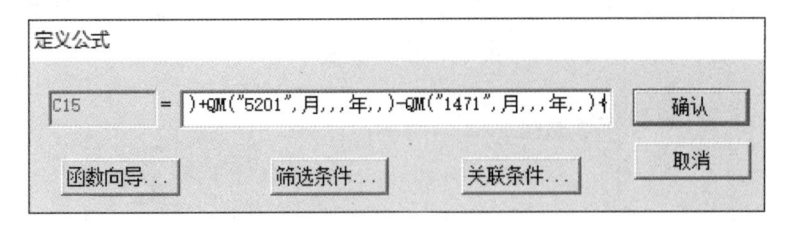

图 8—7　定义公式

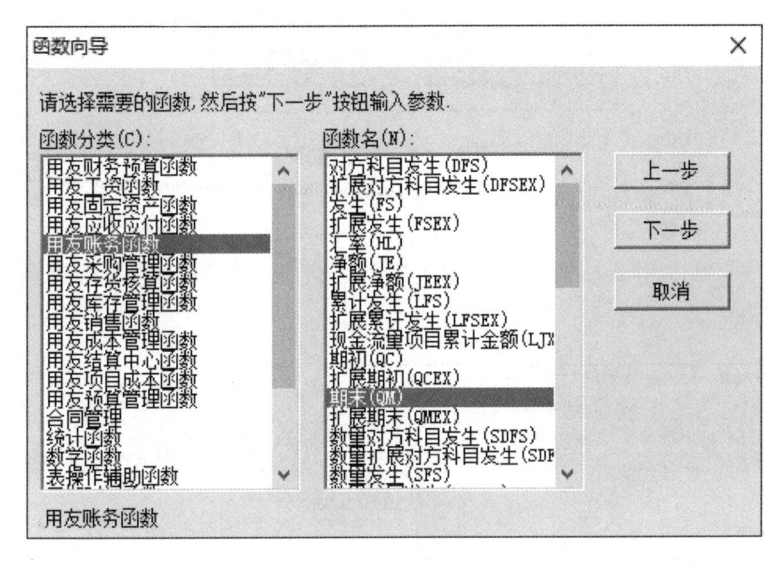

图 8—8　函数向导

图 8—9　账务函数

(5)同理,选择"D15单元格",存货的年初余额,单击菜单栏上的"fx"按钮,打开定义公式窗口,在原公式最后输入"+",单击函数向导,选择"用友账务函数",函数名"期初",单击"下一步"按钮,进入用友账务函数,单击"参照",科目选择"1409自制半成品",期间"全年",单击"确定"。

(6)将报表切换至数据状态。单击窗口左下角的"格式"按钮,系统提示"是否确定全表重算?"单击"否",如图8-10所示,此时报表切换为数据状态。

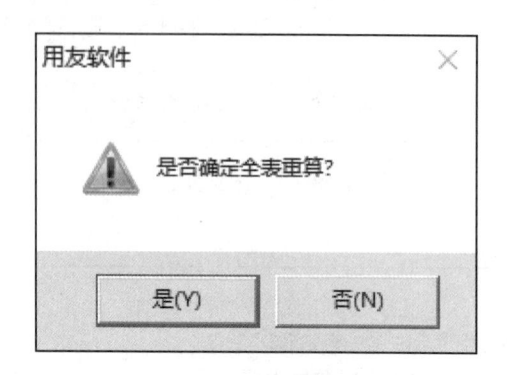

图8-10 全表重算

(7)执行"数据"菜单下的"关键字"—"录入"命令,如图8-11所示,打开"录入关键字"对话框,录入关键字"2023年2月28日"。单击"确认"按钮,系统提示"是否重算第1页?"单击"是",结果如图8-12所示。

图8-11 关键字录入

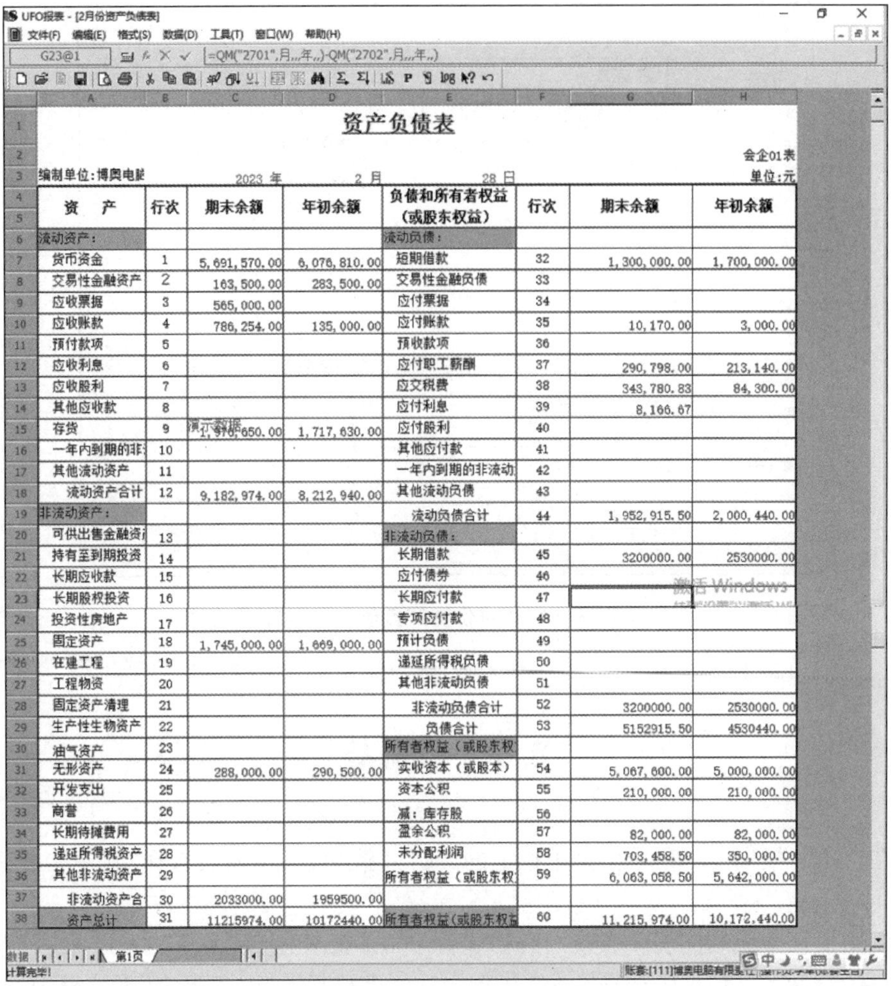

资产负债表

会企01表

编制单位:博奥电脑　2023 年　2 月　28 日　单位:元

资　产	行次	期末余额	年初余额	负债和所有者权益（或股东权益）	行次	期末余额	年初余额
流动资产：				流动负债：			
货币资金	1	5,691,570.00	6,076,810.00	短期借款	32	1,300,000.00	1,700,000.00
交易性金融资产	2	163,500.00	283,500.00	交易性金融负债	33		
应收票据	3	565,000.00		应付票据	34		
应收账款	4	786,254.00	135,000.00	应付账款	35	10,170.00	3,000.00
预付款项	5			预收款项	36		
应收利息	6			应付职工薪酬	37	290,798.00	213,140.00
应收股利	7			应交税费	38	343,780.83	84,300.00
其他应收款	8			应付利息	39	8,166.67	
存货	9	演示数据 1,976,650.00	1,717,630.00	应付股利	40		
一年内到期的非	10			其他应付款	41		
其他流动资产	11			一年内到期的非流动	42		
流动资产合计	12	9,182,974.00	8,212,940.00	其他流动负债	43		
非流动资产：				流动负债合计	44	1,952,915.50	2,000,440.00
可供出售金融资	13			非流动负债：			
持有至到期投资	14			长期借款	45	3200000.00	2530000.00
长期应收款	15			应付债券	46		
长期股权投资	16			长期应付款	47		
投资性房地产	17			专项应付款	48		
固定资产	18	1,745,000.00	1,669,000.00	预计负债	49		
在建工程	19			递延所得税负债	50		
工程物资	20			其他非流动负债	51		
固定资产清理	21			非流动负债合计	52	3200000.00	2530000.00
生产性生物资产	22			负债合计	53	5152915.50	4530440.00
油气资产	23			所有者权益（或股东权			
无形资产	24	288,000.00	290,500.00	实收资本（或股本）	54	5,067,600.00	5,000,000.00
开发支出	25			资本公积	55	210,000.00	210,000.00
商誉	26			减：库存股	56		
长期待摊费用	27			盈余公积	57	82,000.00	82,000.00
递延所得税资产	28			未分配利润	58	703,458.50	350,000.00
其他非流动资产	29			所有者权益（或股东权	59	6,063,058.50	5,642,000.00
非流动资产合	30	2033000.00	1959500.00				
资产总计	31	11215974.00	10172440.00	所有者权益(或股东权	60	11,215,974.00	10,172,440.00

图 8－12　资产负债表

注意:资产负债表取数完毕,应根据会计等式“资产＝负债＋所有者权益”,检查报表是否平衡。若不平衡,应查找原因并进行调整。

(8)保存报表。单击菜单栏上的“文件”按钮,打开“另存为”对话框,存储位置选择“桌面”,“文件名”栏输入“2 月份资产负债表”。单击“另存为”按钮,完成保存。如图 8－13 所示。

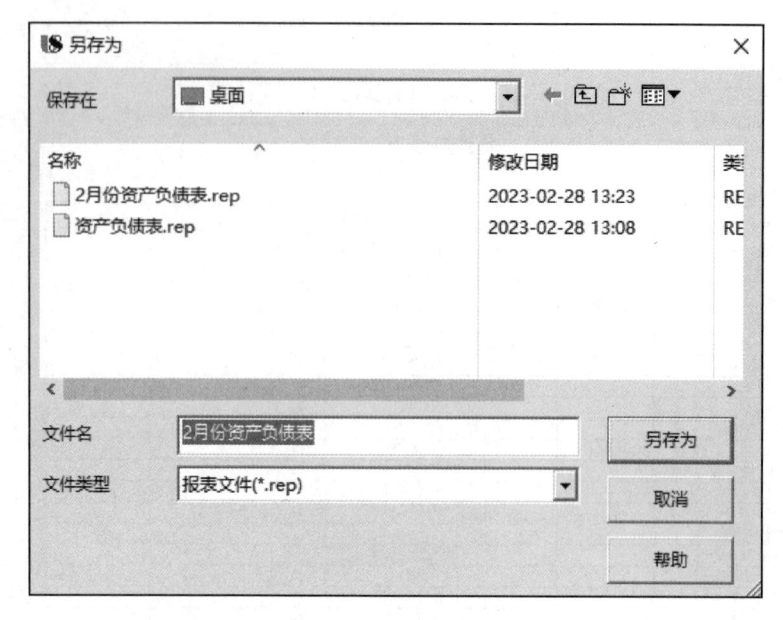

图 8-13　2 月份资产负债表另存为

8.2　利润表

(1)在"UFO 报表"窗口,单击菜单栏上的"文件"按钮,下拉列表选择"新建",新建一张空白报表。

(2)调用模板生成利润表。点击"格式"菜单下的"报表模板"命令,打开"报表模板"对话框,"您所在的行业"下拉框中选择"2007 年新会计制度科目","财务报表"下拉框中选择"利润表",如图 8-14 所示。

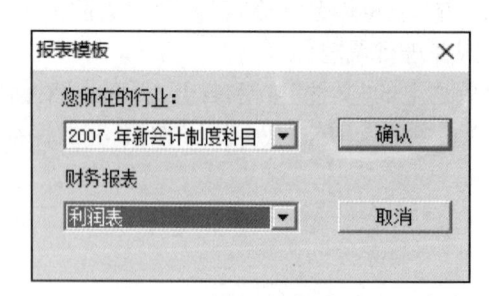

图 8-14　报表模板—利润表

(3)根据最新会计准则调整报表项目。将 A7 单元格由"营业税金及附加"改为"税金及附加";A12单元格上插入一行,单击菜单栏上的"编辑"下拉列表的"插入"—"行"。如图8-15

所示。项目名称输入"信用减值损失";设置信用减值损失本期金额公式为"fs(6702,月,"借",年)",如图 8—16 和 8—17 所示。

图 8—15　插入行

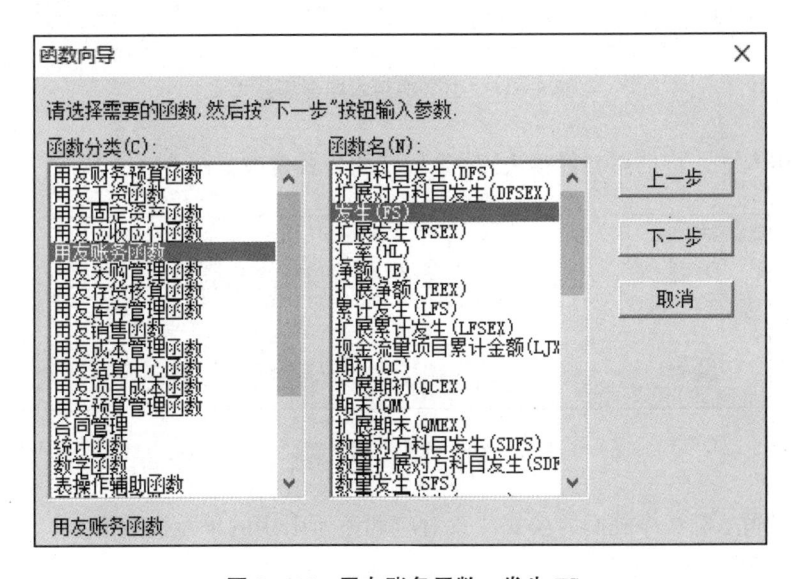

图 8—16　用友账务函数—发生 FS

图 8-17 账务函数—科目 6702

(4) 修改 C10 单元格公式如图 8-18 所示。

图 8-18 财务费用本期金额公式

(5) 因为插入了一行信用减值损失,营业利润的公式修改如图 8-19 所示。

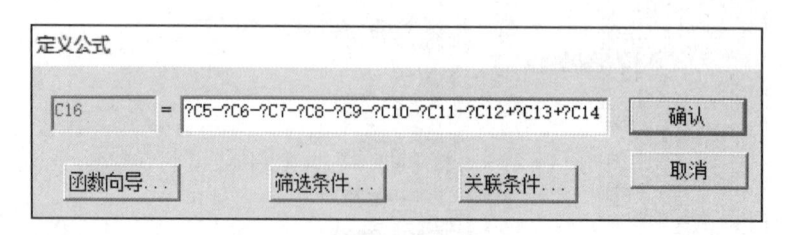

图 8-19 营业利润计算公式

(6) 计算利润总额和净利润的公式注意对应调整所引用的单元格数据。
C20＝C16＋C17－C18
C22＝C20－C21

(7) 将报表切换至数据状态,录入关键字"2023 年 2 月",并进行整表重算,结果如图 8-20 所示。将利润表保存在桌面上。

图 8—20　2023 年 2 月利润表

8.3　现金流量表

（1）指定现金流量科目。在"企业应用平台"基础设置中，执行"基础档案"—"财务"—"会计科目"命令，进入会计科目窗口，执行"编辑"—"指定科目"命令，打开"指定科目"对话框。如图 8—21 所示。单击"现金流量科目"单选按钮，将与现金流量有关的科目从待选科目列表选择到已选科目列表。

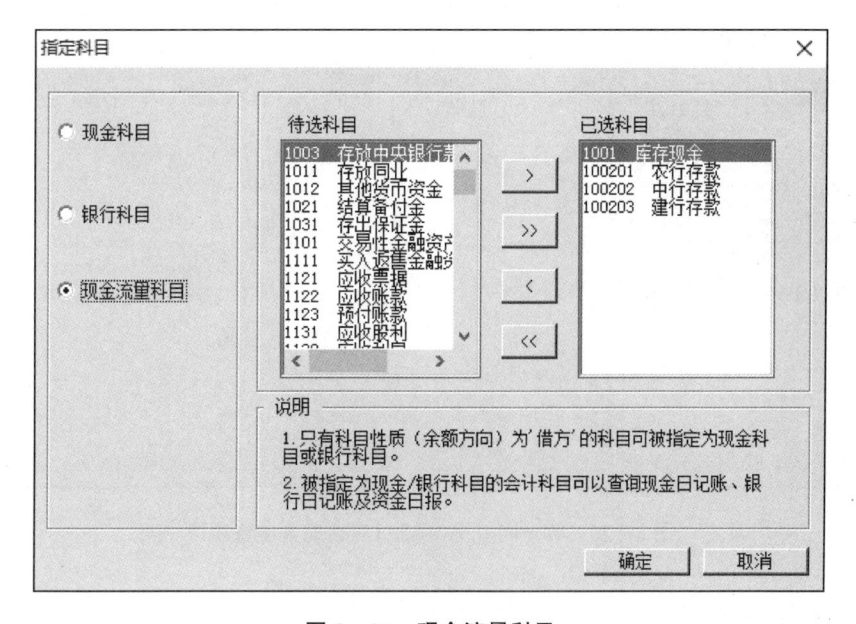

图 8—21　现金流量科目

(2)录入业务的现金流量信息。执行"总账"—"现金流量表"—"现金流量凭证查询"命令,打开现金流量查询及修改窗口。窗口左侧显示本月与现金流量科目有关的凭证。选择第一张凭证,单击"修改"按钮,打开"现金流量录入修改"对话框,如图8—22所示。

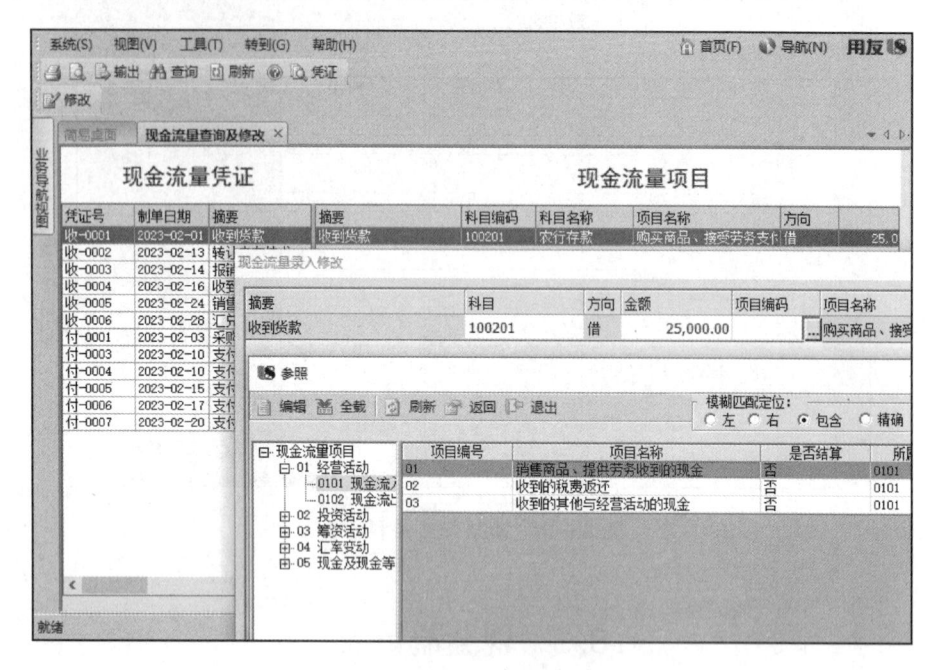

图8—22　现金流量项目

(3)双击"项目编码"栏,打开"参照"对话框。如图8—23所示。选择对应的现金流量项目。收-0001号凭证对应的现金流量项目是经营活动现金流入"01 销售商品提供劳务收到的现金"。

图8—23　收-0001号凭证对应的现金流量项目

(4)同理设置其他现金流量凭证的现金流量项目。如表8—2所示。

表 8—2　　　　　　　　　　　　　现金流量项目

现金流量凭证	现金流量项目
收款 0001 号	销售商品、提供劳务收到的现金
收款 0002 号	处置固定资产、无形资产和其他长期资产收回的现金净额
收款 0003 号	收到其他与经营活动有关的现金
收款 0004 号	吸收投资收到的现金
收款 0005 号	销售商品、提供劳务收到的现金
收款 0006 号	汇率变动对现金及现金等价物的影响
付款 0001 号	购买商品、接受劳务支付的现金
付款 0003 号	支付给职工以及为职工支付的现金
付款 0004 号	支付其他与经营活动有关的现金
付款 0005 号	购买商品、接受劳务支付的现金
付款 0006 号	支付其他与经营活动有关的现金
付款 0007 号	分配股利、利润或偿付利息支付的现金

(5)在格式状态下，补充录入本期金额的公式。选择 C6 单元格，单击"fx"按钮，打开"定义公式"对话框。单击"函数向导"按钮打开"函数向导"对话框。如图 8—24 所示。

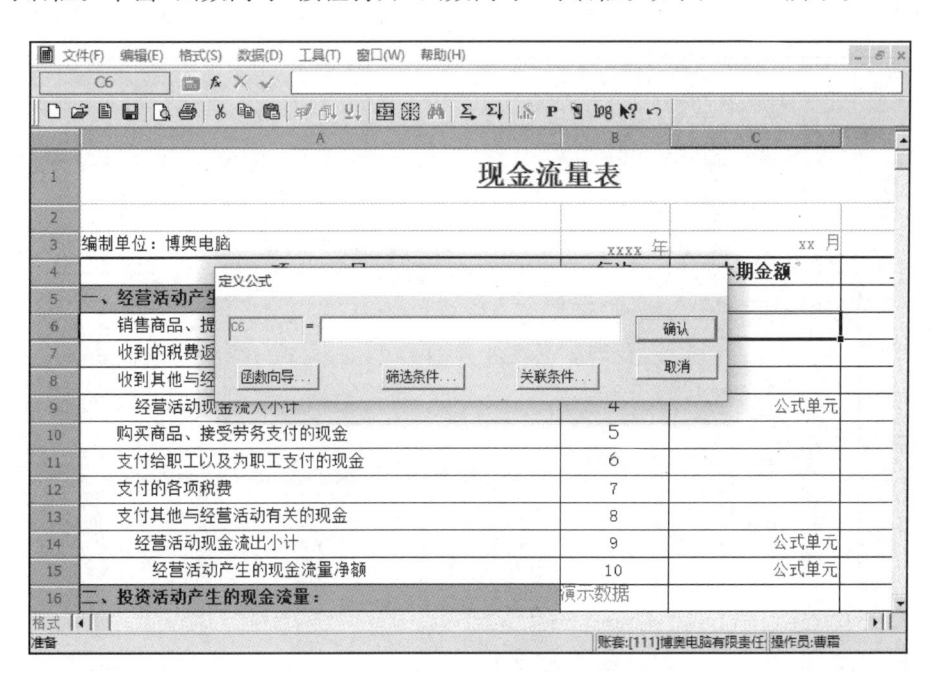

图 8—24　本期金额的公式设置

(6)从左侧的函数分类中选择"用友账务函数"，在右侧的函数名窗口中选择"现金流量项目金额"函数，如图 8—25 所示。

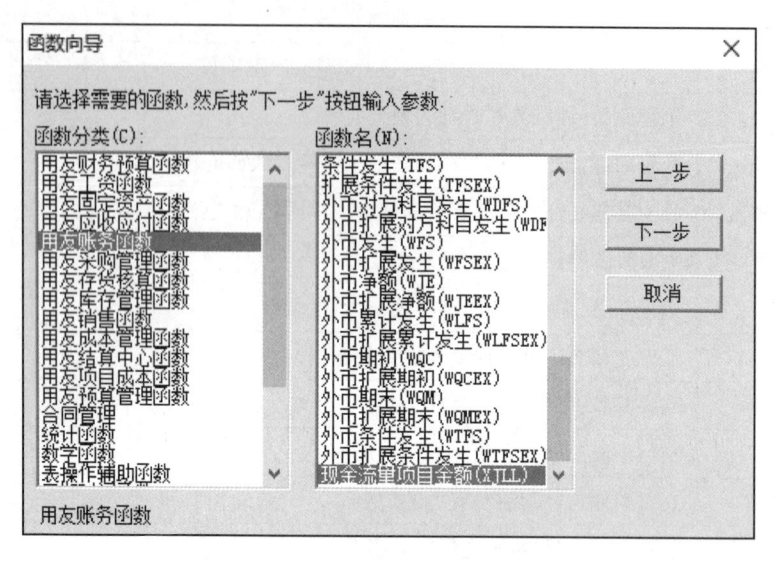

图 8—25　函数向导—用友账务函数

(7) 单击"下一步"按钮,进入"用友账务函数"对话框。单击"参照"按钮,进入"账务函数对话框"。会计期间选择"月";方向是默认的流入(根据实际是流入还是流出选择)。现金流量项目编码选择"01 销售商品、提供劳务收到的现金",单击"确定"按钮返回,定义公式对话框如图 8—26 所示。

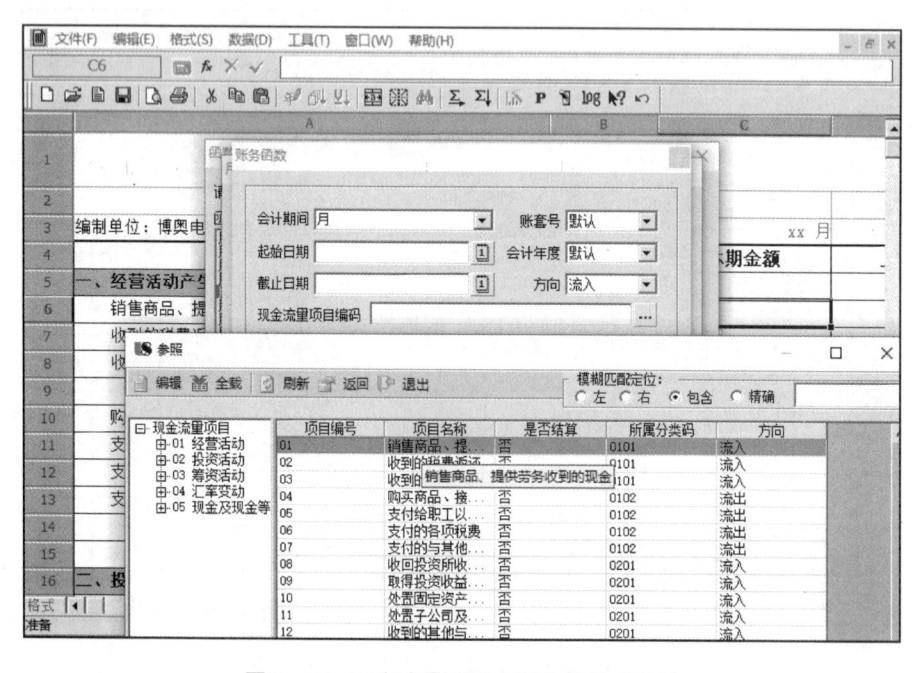

图 8—26　现金流量项目本期金额公式设置

(8)定义其他项目的现金流量公式。特别注意如果设置的是"流出"项,比如 C10 单元格,账务函数方向不能采用默认的,需要在下拉列表选择"流出"。如图 8—27 所示。

图 8—27　流出项设置

(9)"C41 单元格"是期初现金及现金等价物余额,公式设置如图 8—28 所示。

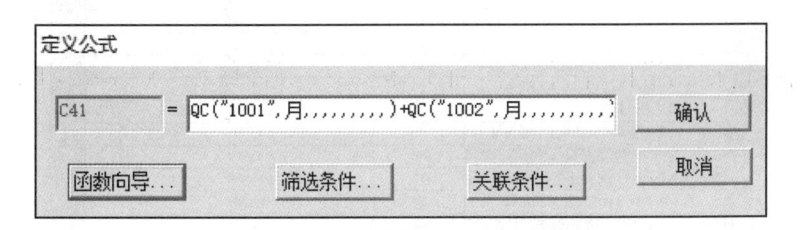

图 8—28　期初现金及现金等价物余额

(10)生成的现金流量表如图 8—29 所示。将现金流量表另存在桌面上。

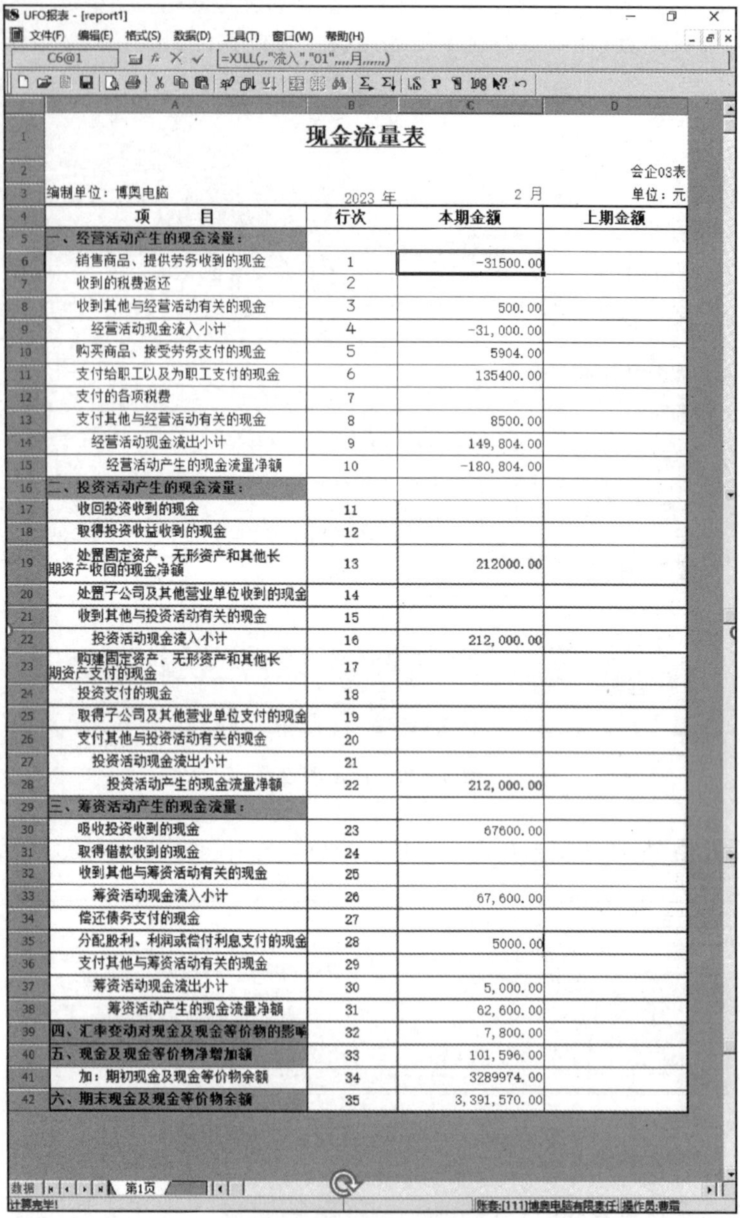

现金流量表

会企03表

编制单位：博奥电脑　　2023 年　　2 月　　单位：元

项　目	行次	本期金额	上期金额
一、经营活动产生的现金流量：			
销售商品、提供劳务收到的现金	1	-31500.00	
收到的税费返还	2		
收到其他与经营活动有关的现金	3	500.00	
经营活动现金流入小计	4	-31, 000.00	
购买商品、接受劳务支付的现金	5	5904.00	
支付给职工以及为职工支付的现金	6	135400.00	
支付的各项税费	7		
支付其他与经营活动有关的现金	8	8500.00	
经营活动现金流出小计	9	149, 804.00	
经营活动产生的现金流量净额	10	-180, 804.00	
二、投资活动产生的现金流量：			
收回投资收到的现金	11		
取得投资收益收到的现金	12		
处置固定资产、无形资产和其他长期资产收回的现金净额	13	212000.00	
处置子公司及其他营业单位收到的现金	14		
收到其他与投资活动有关的现金	15		
投资活动现金流入小计	16	212, 000.00	
购建固定资产、无形资产和其他长期资产支付的现金	17		
投资支付的现金	18		
取得子公司及其他营业单位支付的现金	19		
支付其他与投资活动有关的现金	20		
投资活动现金流出小计	21		
投资活动产生的现金流量净额	22	212, 000.00	
三、筹资活动产生的现金流量：			
吸收投资收到的现金	23	67600.00	
取得借款收到的现金	24		
收到其他与筹资活动有关的现金	25		
筹资活动现金流入小计	26	67, 600.00	
偿还债务支付的现金	27		
分配股利、利润或偿付利息支付的现金	28	5000.00	
支付其他与筹资活动有关的现金	29		
筹资活动现金流出小计	30	5, 000.00	
筹资活动产生的现金流量净额	31	62, 600.00	
四、汇率变动对现金及现金等价物的影响	32	7, 800.00	
五、现金及现金等价物净增加额	33	101, 596.00	
加：期初现金及现金等价物余额	34	3289974.00	
六、期末现金及现金等价物余额	35	3, 391, 570.00	

图 8—29　现金流量表

8.4　自定义财务指标分析表

(1)2023 年 2 月 28 日，由“003 曹霜”登录 U8“企业应用平台”。选择“业务工作”—“财务会计”—“UFO 报表”命令，打开“UFO 报表”窗口。同时弹出日积月累提示框，单击“关闭”按钮，返回 UFO 报表窗口。

(2)执行“文件”—“新建”命令，建立一张空白报表，报表名默认为“report1”。查看空白报表底部左下角的"格式/数据"按钮,当前状态为"格式"状态。

(3)执行"格式"—"表尺寸"命令,打开"表尺寸"对话框。输入行数"6",列数"3",如图8—30所示,单击"确认"按钮。

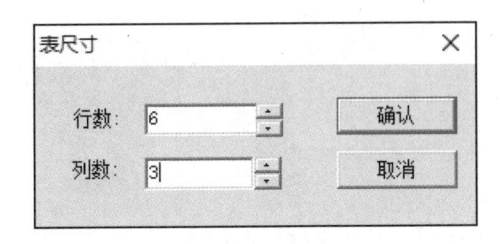

图 8—30 表尺寸

(4)定义组合单元。选择需合并的区域"A1:C1"。执行"格式"—"组合单元"命令,打开"组合单元"对话框,选择组合方式"整体组合"或"按行组合",即合并成一个组合单元,如图8—31所示。同理将"A2:C2"合并成一个组合单元。

图 8—31 组合单元

(5)输入报表项目。选中需要输入内容的单元或组合单元。在该单元或组合单元中输入相关文字内容(除第二行以外),如在 A1 组合单元输入"财务指标分析表",如图 8—32 所示。

图 8—32 输入报表项目

(6)画表格线。选中报表需要画线的区域"A3:C6"。执行"格式"—"区域画线"命令,打开"区域画线"对话框。选择"网线",单击"确认"按钮,将所选区域画上表格线,如图8-33所示。

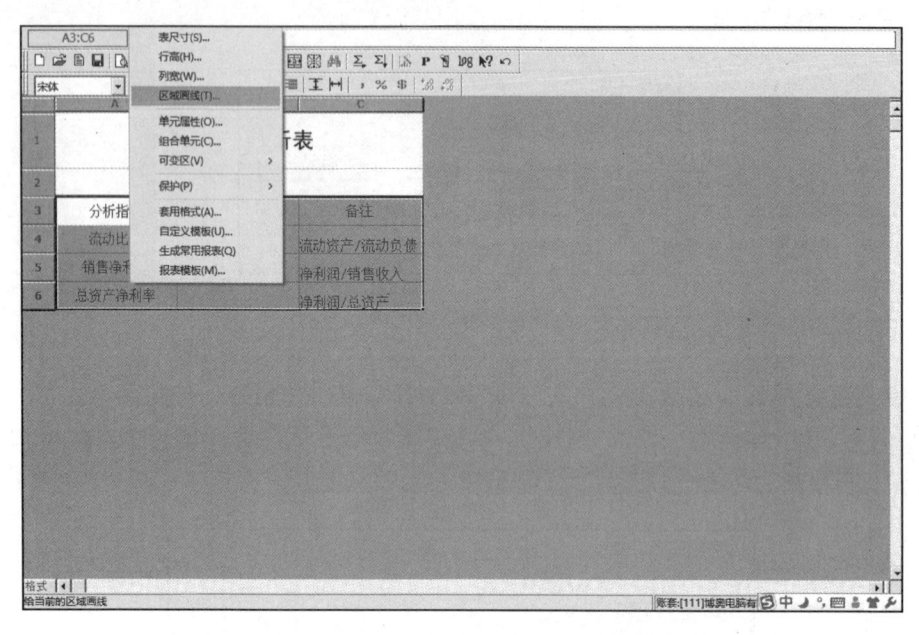

图8-33 区域画线

(7)定义报表行高、列宽。选中需要调整的1行。执行"格式"—"行高"命令,打开"行高"对话框,输入行高:"16",单击"确认"按钮。同理将第2-6行行高设为10毫米,如图8-34所示。选中需要调整的A列,执行"格式"—"列宽"命令,打开"列宽"对话框。输入列宽:"36",单击"确认"按钮,如图8-35所示。

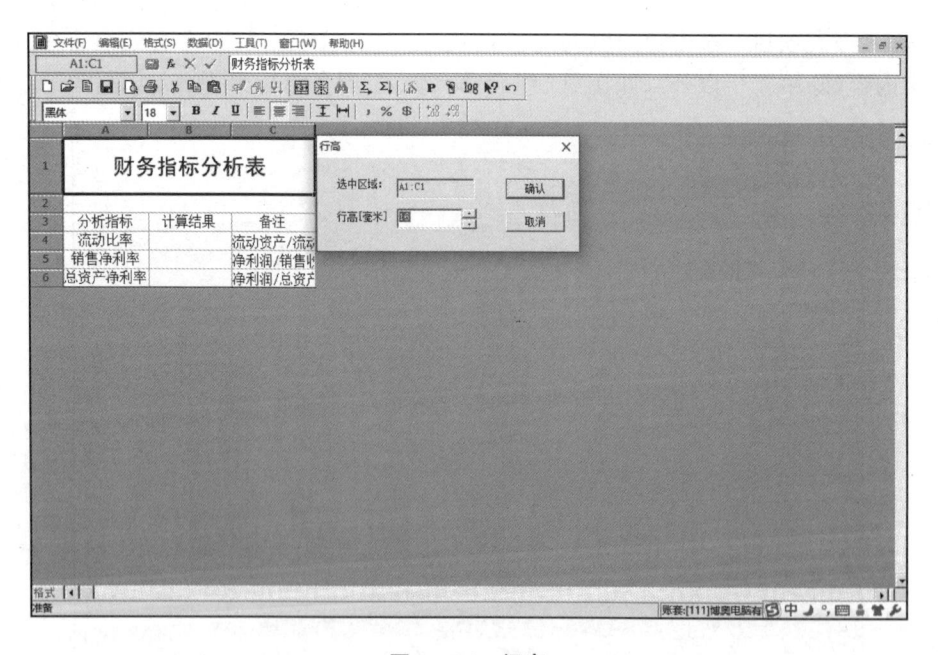

图8-34 行高

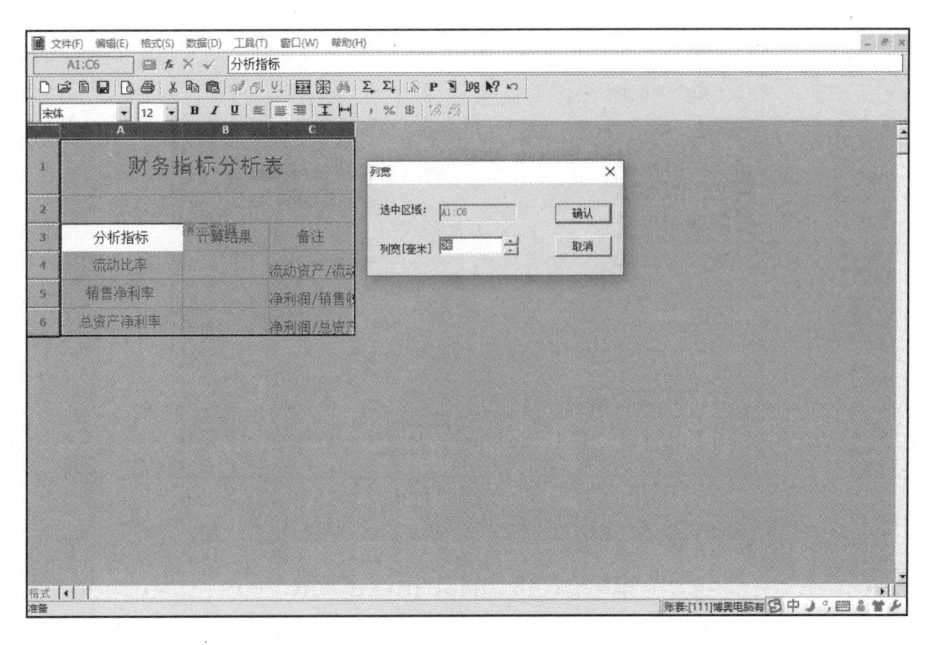

图 8—35　列宽

（8）定义单元属性。选定前三行，执行"格式"—"单元属性"命令，打开"单元属性"对话框。单击"对齐"选项卡，对齐方式都选择"居中"，单击"确定"按钮，如图 8—36 所示。参照上述办法，将 A 列的对齐方式也设置为居中。选中第一行，执行"格式"—"单元属性"命令，打开"单元属性"对话框。单击"字体图案"选项卡，将字体改为黑体，字号改为 18。如图 8—37 所示，单击"确定"按钮。

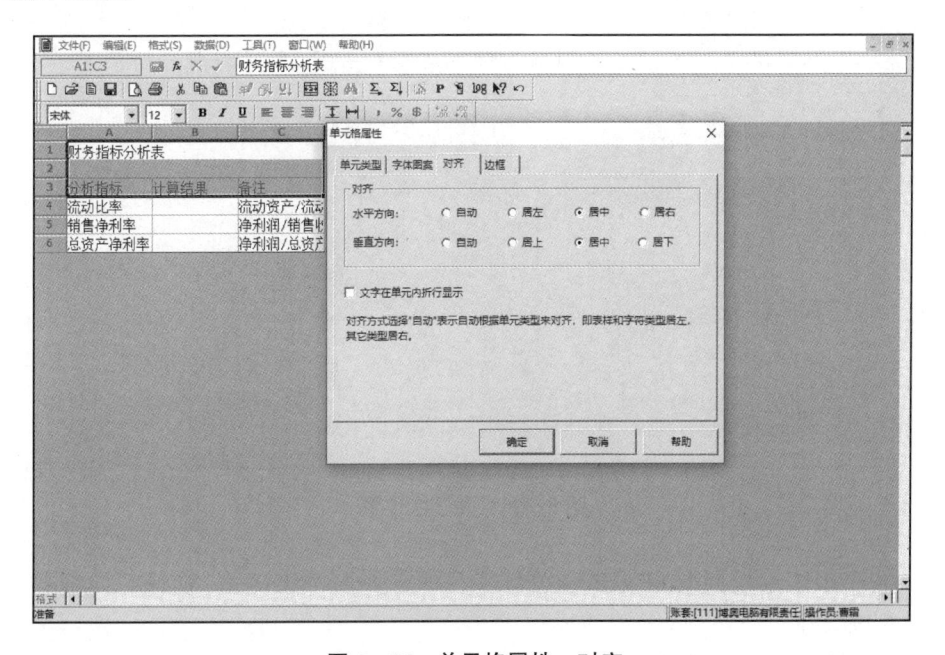

图 8—36　单元格属性—对齐

图 8-37　单元格属性—字体图案

(9)设置关键字。选中需要输入关键字的单元"B2"。执行"数据"—"关键字"—"设置"命令,如图 8-38 所示。打开"设置关键字"对话框。单击"年"按钮,单击"确定"按钮。同理,在 B2 单元中分别设置"月"和"日"关键字,单击"确定"按钮。

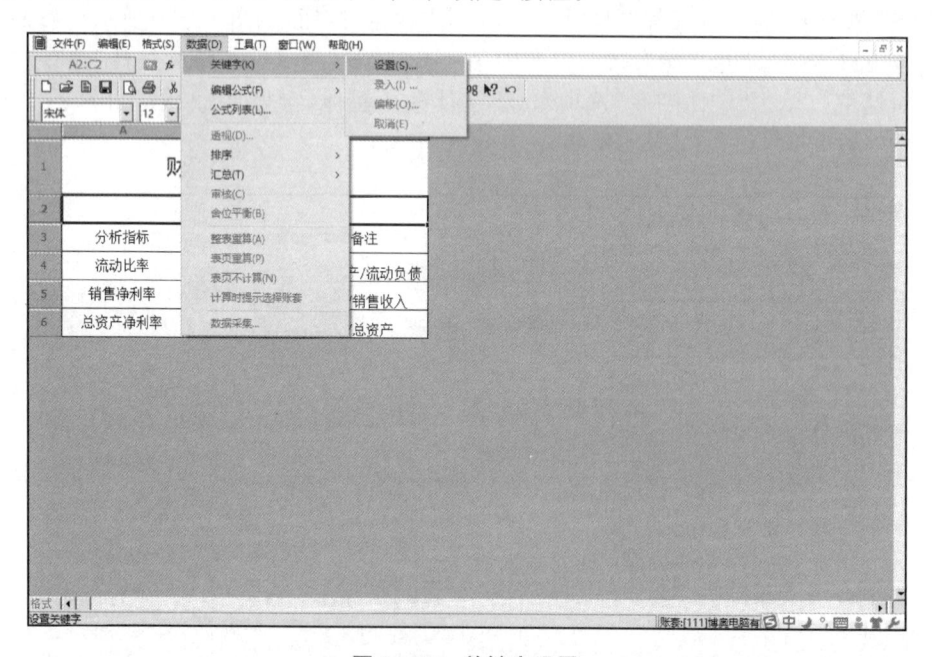

图 8-38　关键字设置

注意:每个报表可以同时定义多个关键字。如果要取消关键字,须执行"数据"—"关键字"—"取消"命令。

(10)执行"数据"—"关键字"—"偏移"命令,如图 8-39 所示,打开"关键字偏移"对话框,并设置"年"、"月"、"日"分别向左偏移"-160"、"-130"和"-100",如图 8-40 所示。

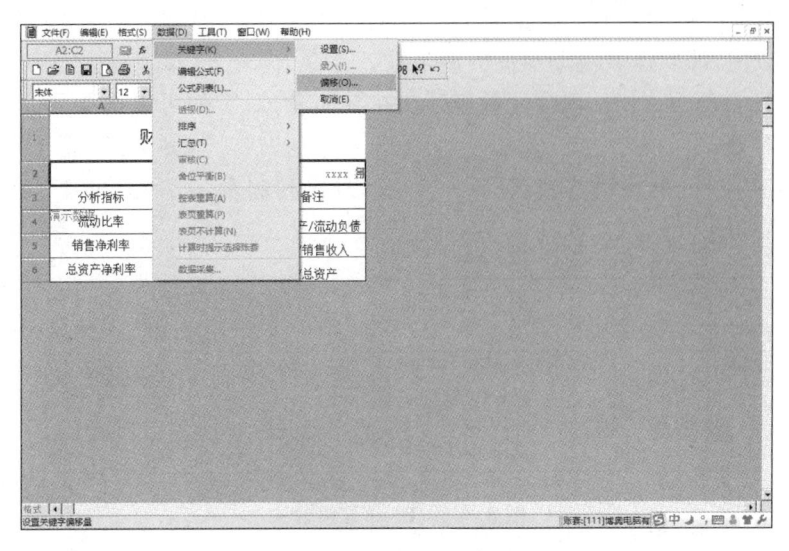

图 8-39　关键字偏移

图 8-40　关键字偏移量

(11)报表单元公式定义。选定需要定义公式的单元"B4"。单击执行"数据"—"编辑公式"—"单元公式"命令(或直接单击菜单栏上第二排的"fx"),打开"定义公式"对话框,如图 8-41 所示。在定义公式窗口手工录入"C:\2月份资产负债表"—>C18@1/"C:\2月份资产负债表"—>G19@1,如图 8-41 所示。单击"确认"按钮。

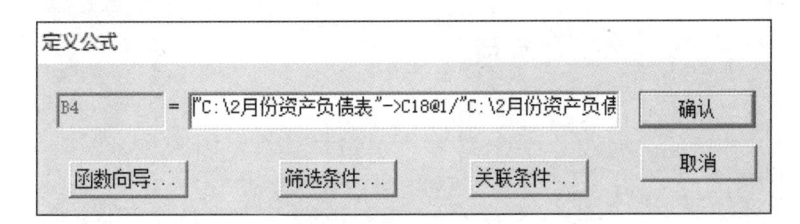

图 8-41　B4 单元格公式

说明:"C:\2月份资产负债表"—>C18@1 表示取 C 盘"2月份资产负债表.rep"第 1 个表页中 C18 单元格的数值,即取该表流动资产的期末数。

"C:\1月份资产负债表"—>G19@1表示取C盘"1月份资产负债表.rep"第1个表页中G19单元格的数值,即取该表流动负债的期末数。

如果资产负债表、利润表、现金流量表存在在其他盘,对应的可以选择其他盘。或者从其他位置复制到C盘。

(12)同理录入B5单元格的公式B5="C:\2月份利润表"—>C22@1/"C:\2月份利润表"—>C5@1,如图8-42所示。

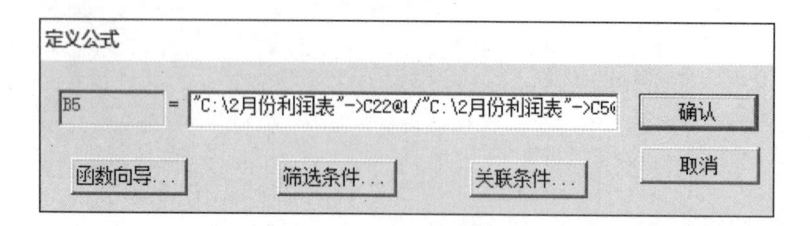

图8-42　B5单元格公式

(13)同理录入B6单元格的公式B6="C:\2月份利润表"—>C22@1/"C:\2月份资产负债表"—>C38@1,如图8-43所示。

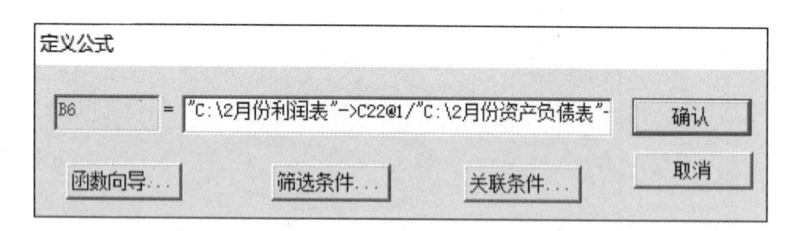

图8-43　B6单元格公式

(14)选中B5:B6,执行"格式"—"单元属性"命令,打开"单元属性"对话框。单击"单元类型"选项卡,单元类型是数值,勾选百分号,小数位数是4,如图8-44所示,单击"确定"按钮。

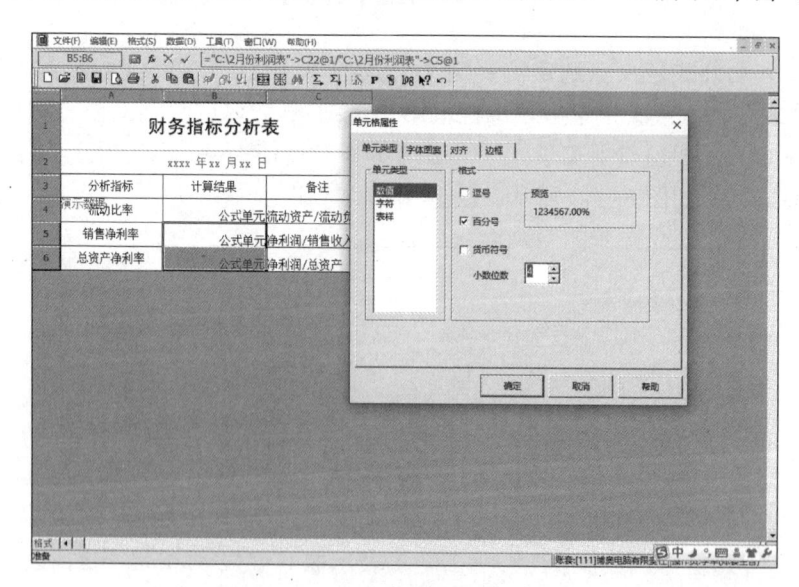

图8-44　单元格属性—单元类型

(15)左下角将"格式"切换至"数据"状态,录入关键字"2023年2月28日",并进行整表重算,结果如图8-45所示。

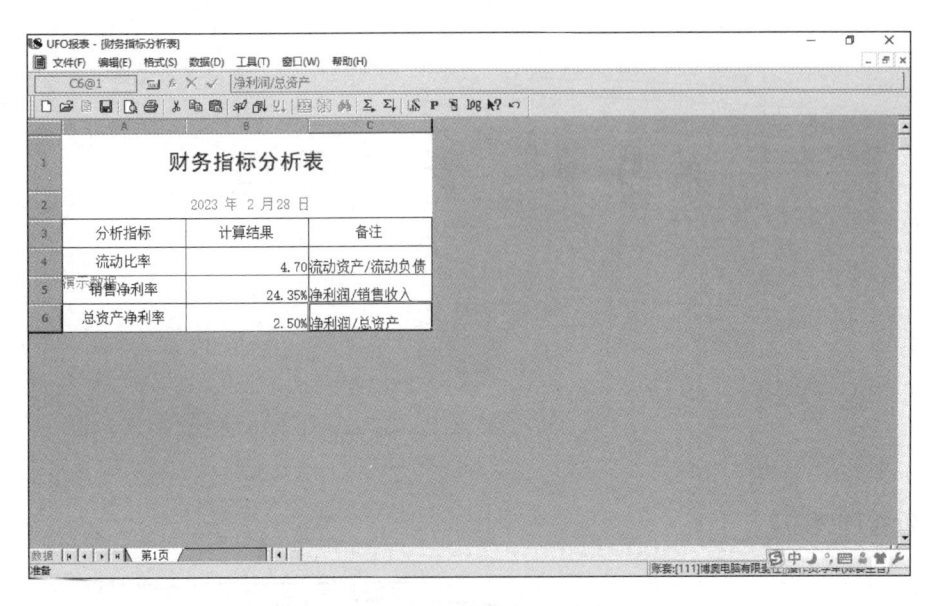

图8-45 财务指标分析表

复习思考题

1. 格式状态和数据状态的菜单栏有什么区别?
2. 设置关键字有什么意义?如何设置关键字?
3. 资产负债表不平怎么处理?
4. 简述自定义报表的基本流程。

第 9 章 薪资管理

【薪资管理概述】

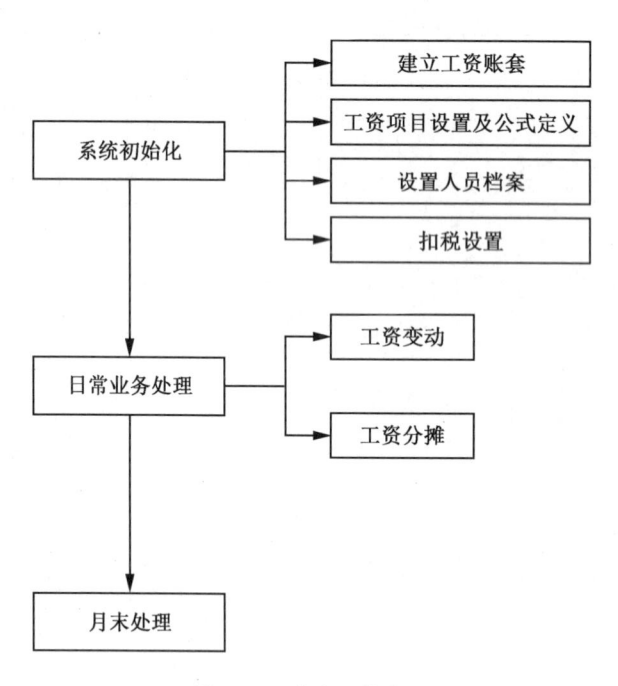

图 9-1 本章总体流程

薪资管理是企业管理的重要组成部分,职工工资的发放包括发给职工个人的劳动报酬和按国家规定发放的津贴、补贴等,它影响到企业的发展,涉及每一位员工的切身利益,不同的工资决策会给企业带来不同的结果。具有激励机制的工资方案,可以调动管理人员和普通员工的工作积极性,更好地提高效率,这些都建立在工资核算上。如果企业中所有员工的工资发放项目相同、工资计算方法也相同,那么可以对全部员工进行统一的工资核算方案,对应地选择系统提供的单工资类别应用方案;否则需要选择系统提供的多工资类别应用方案。

薪资管理系统的任务是以职工个人的工资原始数据为基础,计算应发工资、扣款合计和实发工资等，编制工资结算单；按部门和人员类别进行汇总，进行个人所得税计算；提供对工资相关数据的多种方式的查询和分析，进行工资费用分配与计提，并实现自动转账处理。

薪资管理系统初始化包括建立工资账套和基础信息设置两部分。建立工资账套以后，要对整个系统运行所需的一些基础信息进行设置。账套基础信息的设置应该在关闭工资类别的情况下进行。基础信息设置包括部门设置、人员类别设置、人员附加信息设置、工资项目设置（可以根据不同企业的需要设计工资项目和计算公式）、银行名称设置。

薪资管理系统的日常业务主要包括对职工档案的维护、职工工资变动数据的录入及计算、个人所得税计算与申报、结合工资发放形式进行扣零处理或向代发工资的银行传输工资数据、自动计算汇总工资数据，自动完成工资分摊、计提、转账业务等。由于职工工资与考勤、工作绩效等各项因素相关，所以每个月都需要进行职工工资的计提。

每月工资数据处理完毕后均可进行月末结转，月末结转只有在会计年度的1月至11月进行，并且只有在当月工资数据处理完毕后才可进行。进行期末处理后，当月数据将不允许变动。如果是12月则进行年末结转。

【思政元素】

薪资涉及企业每一位员工，要维护企业和员工的利益，认真仔细，核对每一项数据。协助企业做到让员工满意，让员工有获得感、幸福感。在讲解个人所得税代扣代缴相关政策时可以结合被查处的偷税漏税案例，让同学们了解相关的税务政策，自觉做到依法纳税。

思政案例

【实验目标】

1. 掌握薪资管理的初始设置，如建立工资账套、设置工资项目以及工资项目计算公式。
2. 掌握薪资管理的日常业务处理。
3. 掌握工资分摊以及月末结转。

【实验内容】

1. 薪资管理的初始设置，如建立工资账套、设置工资项目以及工资项目计算公式。
2. 薪资管理的日常处理。
3. 工资分摊以及月末结转。

【实验资料】

1. 工资类别个数：单个；核算币种：人民币（RMB）；不核算计件工资；要求代扣代缴个人所得税；选择扣零处理：扣零至元。

2. 工资项目

表 9-1　　　　　　　　　　　　　　　　工资项目表

项目名称	类型	长度	小数位数	增减项
基本工资	数字	8	2	增项
奖金	数字	8	2	增项
交通补贴	数字	8	2	增项
应发合计	数字	10	2	增项
请假天数	数字	2	0	其他
请假扣款	数字	8	2	减项

续表

项目名称	类型	长度	小数位数	增减项
养老保险金	数字	8	2	减项
扣款合计	数字	10	2	减项
实发合计	数字	10	2	增项
代扣税	数字	10	2	减项

3. 银行名称

银行编码0401,银行名称农行珞瑜东路分理处,个人账户规则定长,账号长度7,自动带出账号长度3。

4. 人员档案

表9-2　　　　　　　　　　　　　　　　人员档案

人员编码	姓名	部门	人员类别	银行	账号
101	李俊	办公室	管理人员	农行珞瑜东路分理处	2023001
102	李军	财务部	管理人员	农行珞瑜东路分理处	2023002
103	王武	财务部	管理人员	农行珞瑜东路分理处	2023003
104	曹霜	财务部	管理人员	农行珞瑜东路分理处	2023004
105	赵敏	财务部	管理人员	农行珞瑜东路分理处	2023005
106	刘乐	采购部	采购人员	农行珞瑜东路分理处	2023006
107	张凯	销售一部	销售人员	农行珞瑜东路分理处	2023007
108	何东	销售二部	销售人员	农行珞瑜东路分理处	2023008
109	张博	一车间	生产人员	农行珞瑜东路分理处	2023009
110	王可	二车间	生产人员	农行珞瑜东路分理处	2023010
111	张凡	仓储部	管理人员	农行珞瑜东路分理处	2023011

5. 设置工资项目的计算公式

表9-3　　　　　　　　　　　　　　　工资项目计算公式

工资项目	计算公式
请假扣款	请假天数×基本工资/30
交通补贴	Iff(人员类别=管理人员,500,200)
养老保险	(基本工资+奖金)×8%

6. 所得税税率表

表9-4　　　　　　　　　　　　　　　所得税税率表

级次	应纳税所得额下限	应纳税所得额上限	税率	速算扣除数
1	0	3 000	3%	0

续表

级次	应纳税所得额下限	应纳税所得额上限	税率	速算扣除数
2	3 000	12 000	10%	105
3	12 000	25 000	20%	555
4	25 000	35 000	25%	1 005
5	35 000	55 000	30%	2 755
6	55 000	80 000	35%	5 505
7	80 000		45%	13 505

7. 基本工资和奖金数据

表9—5　　　　　　　　　　　　　基本工资和奖金数据

人员编码	姓名	基本工资	奖　金
101	李俊	8 000	2 000
102	李军	6 000	1 000
103	王武	5 800	1 000
104	曹霜	5 600	800
105	赵敏	5 500	800
106	刘乐	5 200	800
107	张凯	4 800	1 000
108	何东	4 800	1 000
109	张博	4 000	500
110	王可	4 000	500
111	张凡	4 500	500

8. 工资变动数据

(1) 请假天数，财务部102李军2月请假3天，采购部106刘乐请假2天。

(2) 由于销售一部业绩良好，本月销售一部人员奖励500元。

9. 工资分摊

表9—6　　　　　　　　　　　　　工资分摊设置

部　门	人员类别	借方科目	贷方科目
办公室、财务部、仓储部	管理人员	660201 管理费用/工资及福利费	221101 应付职工薪酬/应付工资
销售一部、销售二部	销售人员	660101 销售费用/工资及福利费	221101 应付职工薪酬/应付工资
一车间、二车间	生产人员	500102 生产成本/直接人工	221101 应付职工薪酬/应付工资
一车间、二车间	车间管理人员	510101 制造费用/工资及福利费	221101 应付职工薪酬/应付工资

9.1 账套初始化及参数设置

9.1.1 在"企业应用平台"中启用薪资管理系统

(1)引入第4章输出的账套,以账套主管"001李军"的身份在2023-02-01登录"企业应用平台"。

(2)左侧"基础设置"选项卡,执行"基本信息"—"系统启用"命令,打开"系统启用"对话框,单击选中"WA薪资管理"复选框,弹出"日历"对话框,设置薪资管理系统启用日期为"2023年2月1日",如图9-2所示。单击"确定"按钮,系统弹出"确实要启用当前系统吗?"信息提示框,单击"是"返回。

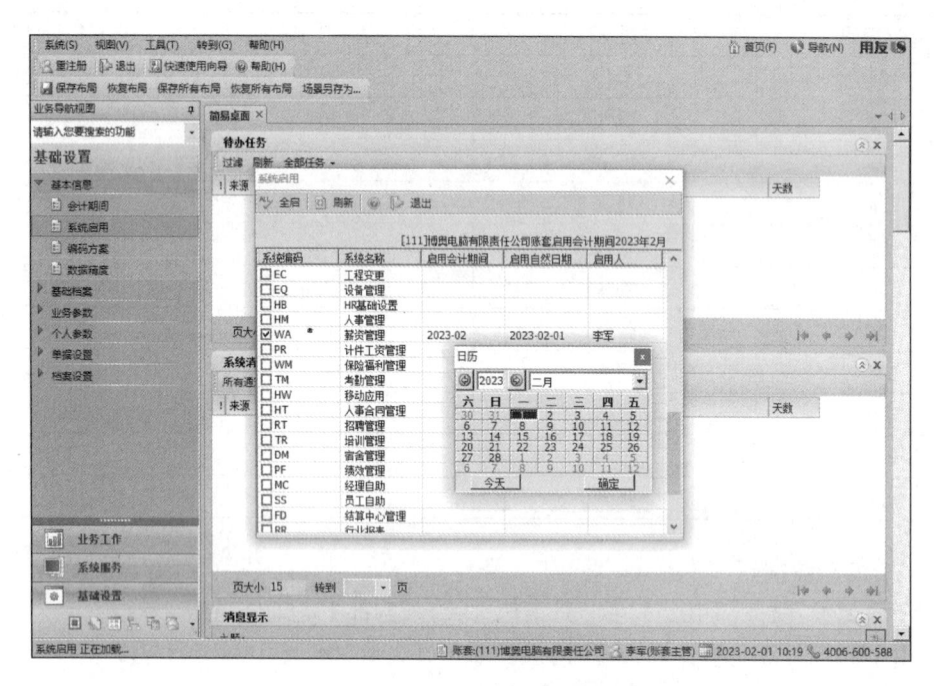

图9-2 WA薪资管理系统启用

9.1.2 建立工资账套

(1)执行"人力资源"—"薪资管理"命令,系统弹出提示:"请先设置工资类别",单击"确定"按钮,打开"建立工资套"对话框。

(2)在"建立工资套"第一步"参数设置"中,选择本账套所需处理的工资类别个数为"单个",默认币别名称为"人民币",如图9-3所示,单击"下一步"按钮。

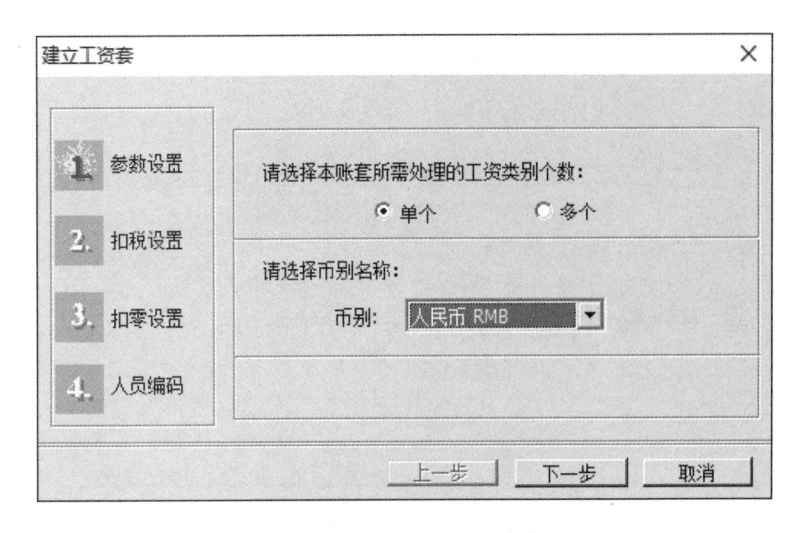

图 9—3 建立工资套—参数设置

(3)在"建立工资套"第二步"扣税设置"中,选中"是否从工资中代扣个人所得税"复选框,如图 9—4 所示,单击"下一步"按钮。

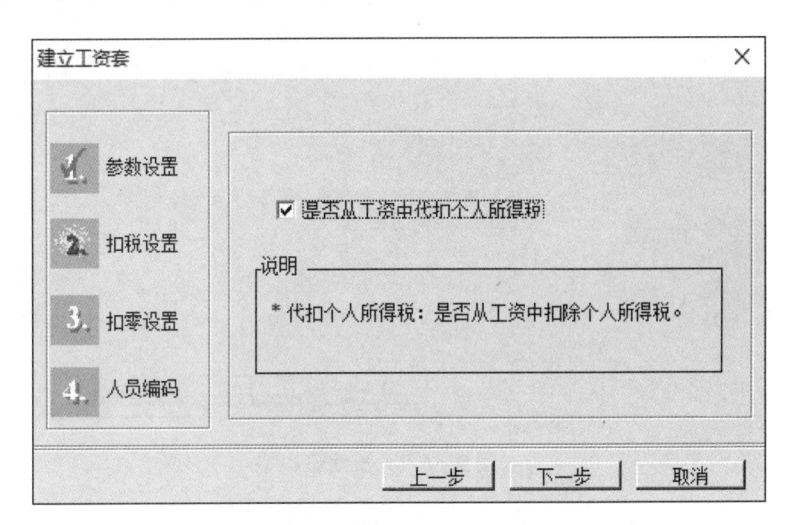

图 9—4 建立工资套—扣税设置

(4)在"建立工资套"第三步"扣零设置"中,选中"扣零"复选框,扣零至元,如图 9—5 所示,单击"下一步"按钮。

(5)在"建立工资套"第四步"人员编码"中,系统提示"本系统要求您对员工进行统一编号,人员编码同公共平台的人员编码保持一致。"如图 9—6 所示。

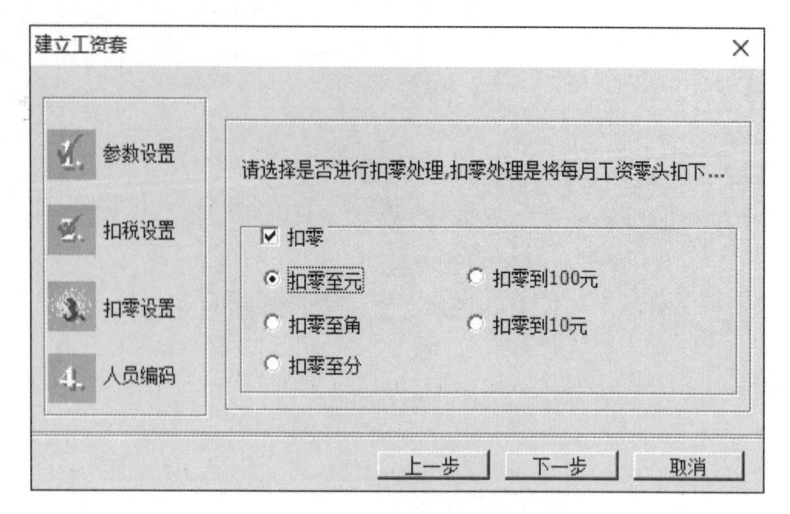

图9—5 建立工资套—扣零设置

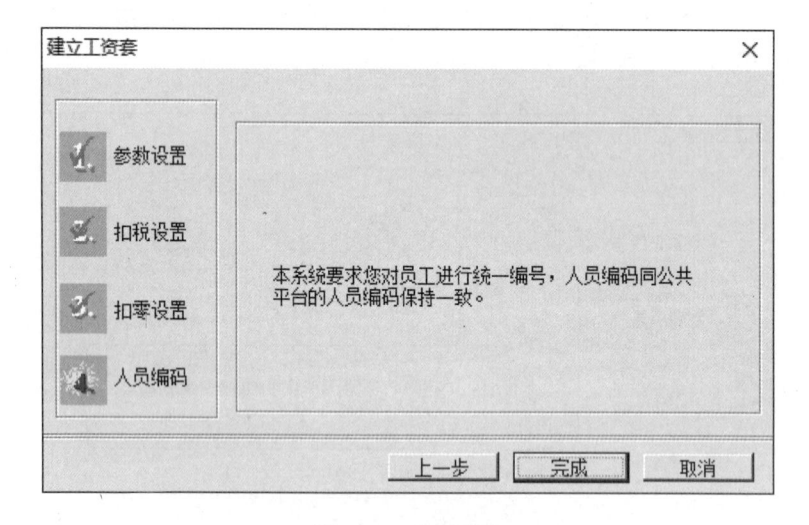

图9—6 人员编码

9.2 工资账套基础信息设置

9.2.1 工资项目设置

(1)执行"人力资源"—"薪资管理"—"设置"命令,打开"工资项目设置"对话框。

(2)单击"增加"按钮,工资项目列表中增加一空行,单击"名称参照"下拉列表框,从下拉列表中选择"基本工资"选项。双击"类型"栏,单击下拉列表框,从下拉列表中选择"数字"选项,"长度"采用系统默认值"8"。双击"小数"栏,单击增减器的上三角按钮,将小数设为2,双击"增减项"栏,单击下拉列表框,从下拉列表中选择"增项"选项。

(3)单击右侧的"置顶"按钮,将"基本工资"置顶。如图 9—7 所示。

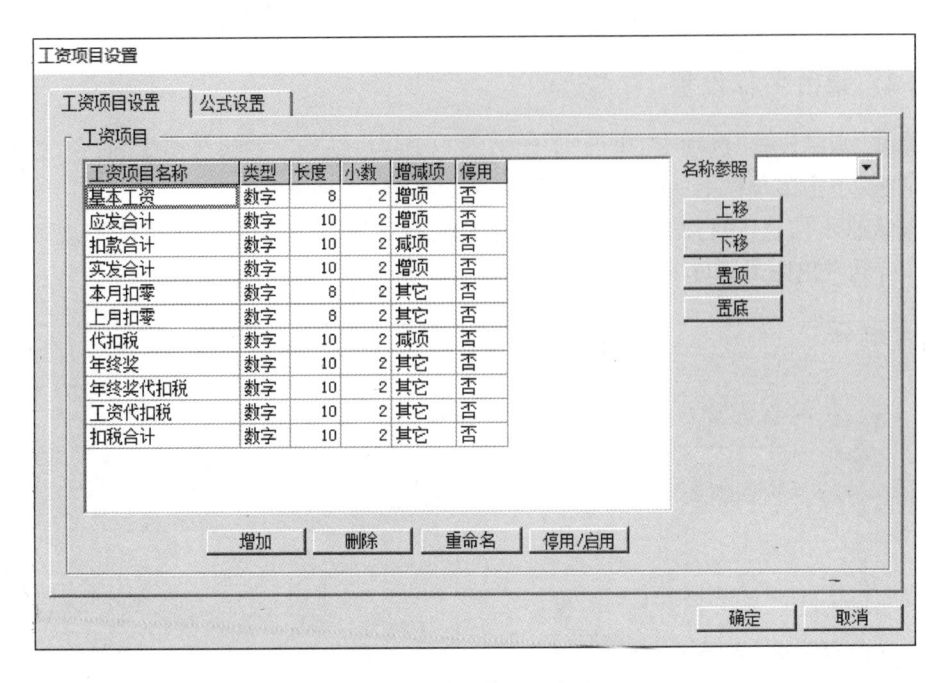

图 9—7　增加基本工资项目

(4)选中"基本工资"行,单击"增加"按钮,在基本工资下增加一个空行,按照表 9—1 里的工资项目依次设置,名称参照里有的可以直接参照,没有的可以自己手动录入。增加完所有其他工资项目,如图 9—8 所示。

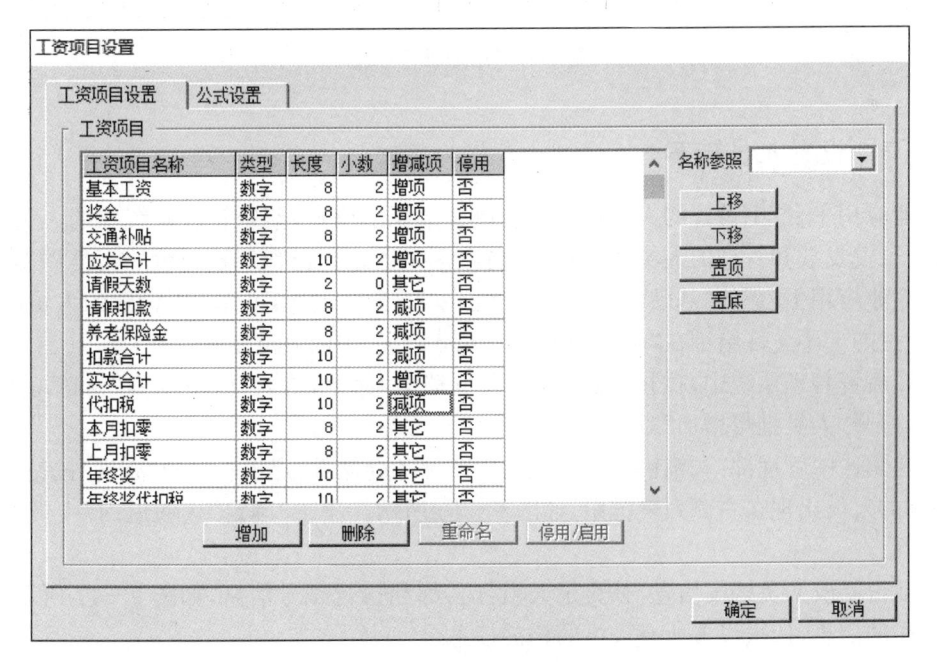

图 9—8　工资项目设置

(5)单击"确定"按钮,出现系统提示"工资项目已经改变,请确认各工资类别的公式是否正确",单击"确定"按钮。

9.2.2 银行名称设置

(1)左侧"基础设置"选项卡,执行"基础档案"—"收付结算"—"银行档案"命令,打开"银行档案"对话框,单击菜单栏上的"增加"按钮,进入"增加银行档案"窗口。

(2)录入基本信息,银行编码0401,银行名称农行珞瑜东路分理处,个人账户规则定长,账号长度7,自动带出账号长度3。如图9—9所示。

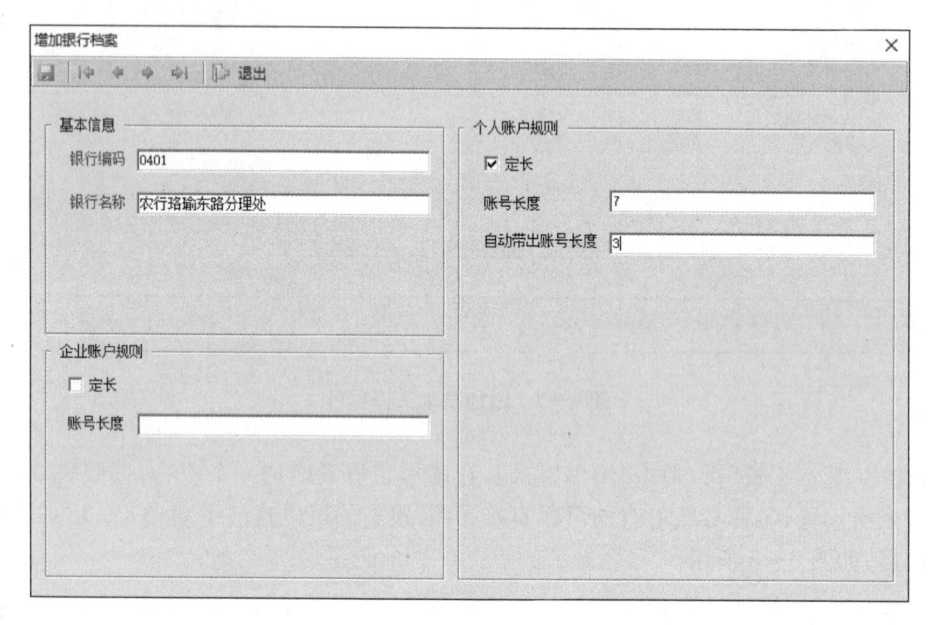

图9—9 增加银行档案

9.2.3 设置人员档案

"企业应用平台"中设置的人员档案是企业全部职工信息,薪资管理系统中的人员档案是需要进行工资发放和管理的人员,它们之间是包含关系。薪资管理系统中的人员档案一定是来自在"企业应用平台"的"基础设置"—"基础档案"—"人员档案设置"中设置的人员档案,前期已设置过的。不允许给不在"基础档案"—"人员档案"中的人员发放工资。

(1)在薪资管理系统中,执行"设置"—"人员档案"命令,进入"人员档案"窗口。单击"批增"按钮,打开"人员批量增加"对话框。

(2)左侧选中管理部门、销售部、采购部、生产部和仓储部,点击右上角"查询"按钮,选中的所有类别的人员出现在右侧列表框中,如图9—10所示。单击"确定"按钮返回"人员档案"窗口。

(3)双击修改人员档案信息,补充录入银行名称和银行账号信息,如图9—11所示。按照表9—2中的信息,依次设置所有人员的相关信息。

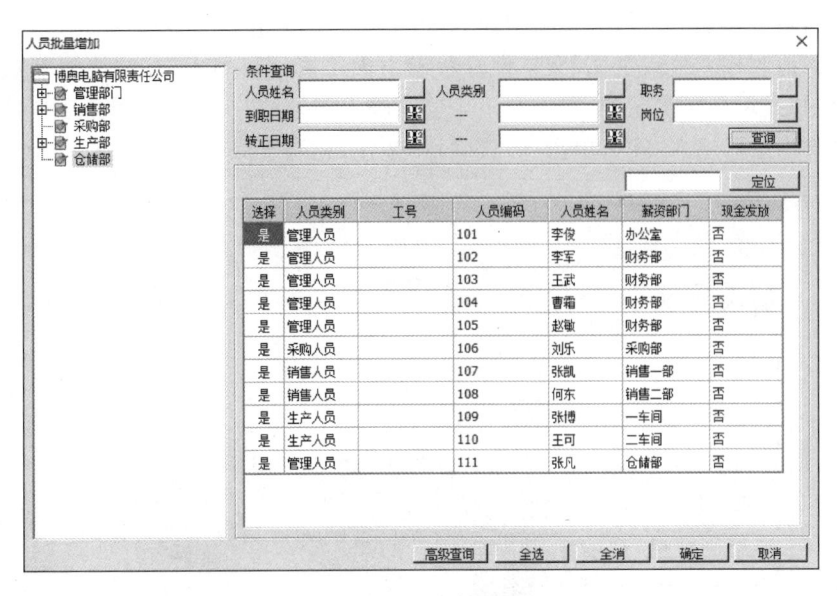

图 9-10 人员批量增加

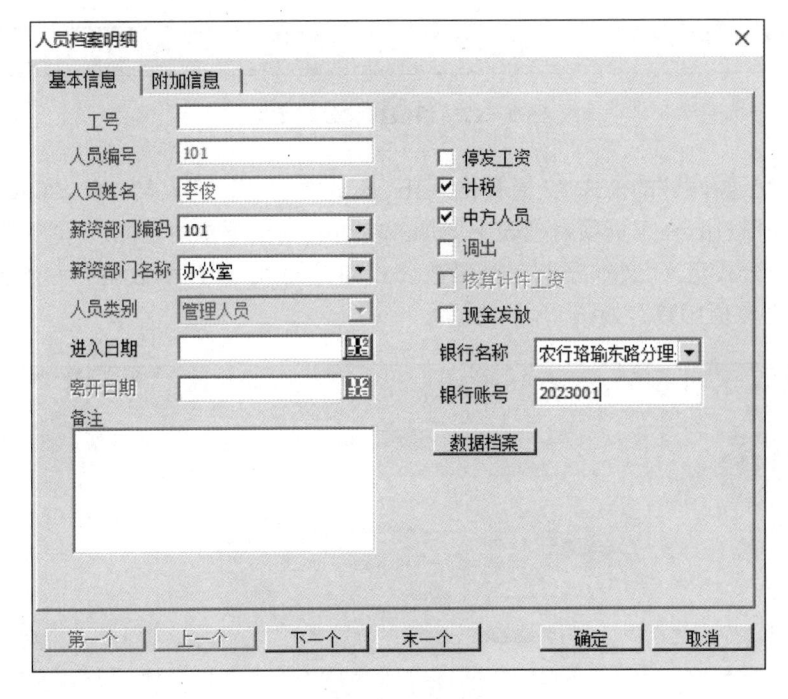

图 9-11 附加信息

9.2.4 设置工资项目的计算公式

(1)设置公式"请假扣款＝请假天数×基本工资/30"。执行"人力资源"—"薪资管理"—"设置"—"工资项目设置"命令,进入"工资项目设置"窗口。

(2)在"工资项目设置"对话框中单击"公式设置"选项卡。单击工资项目下的"增加"按钮,在工资项目列表中增加一空行。单击下拉列表框选择"请假扣款"选项。

(3)单击"请假扣款公式定义"文本框。单击下面工资项目列表中的"请假天数",使"请假天数"出现在公式定义文本框中,单击左下角公式输入参照的"＊",然后单击工资项目中的"基本工资",再单击"/",输入"30",单击"公式确认"按钮,相当于保存键。如图9-12所示。

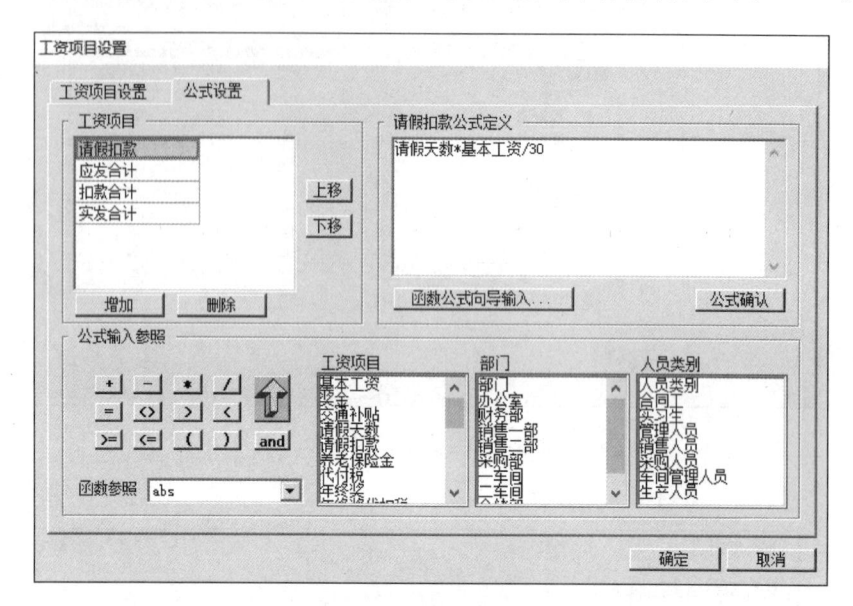

图9-12 请假扣款公式定义

(4)设置"交通补贴"的公式"交通补助＝Iff(人员类别＝管理人员,500,200)"。单击工资项目下的"增加"按钮,在工资项目列表中增加一空行。单击下拉列表框选择"交通补贴"选项。单击"交通补贴公式定义"文本框。选择函数公式向导输入,打开函数向导—步骤之1。函数名选择"iff 条件取值函数",如图9-13所示。

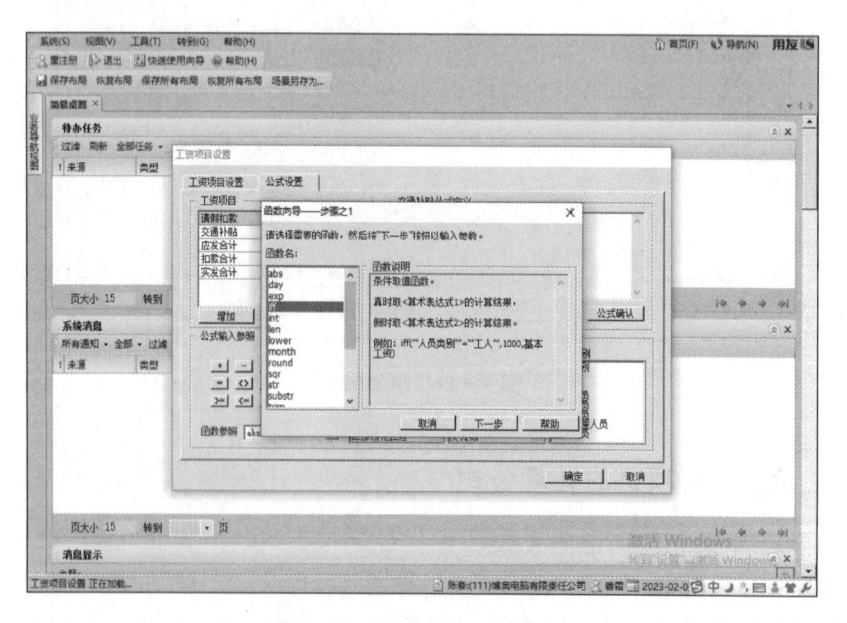

图9-13 函数向导—步骤之1

(5)单击"下一步",进入函数向导——步骤之2,逻辑表达式展开项点开,在参照下拉列表里面选择人员类别为管理人员,单击"确认"按钮,在数学表达式1后面录入500,在数学表达式2后面录入200,单击"完成"按钮,退出公式向导,回到"工资项目设置"窗口,如图9-14所示。

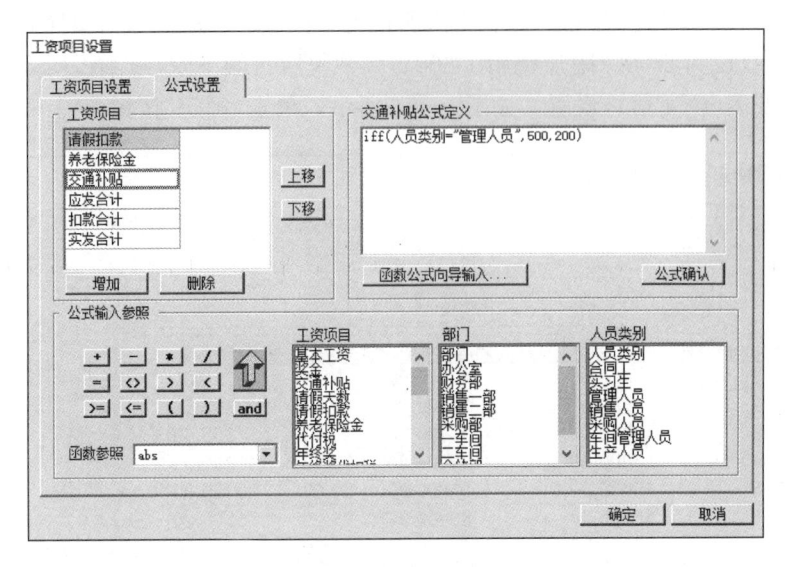

图9-14 交通补贴公式定义

(6)设置养老保险金=(基本工资+奖金)×8%。单击工资项目下的"增加"按钮,在工资项目列表中增加一空行。单击下拉列表框选择"养老保险金"选项。单击"养老保险金公式定义"文本框。单击左下角公式输入参照的"(",然后单击工资项目中的"基本工资",再单击"+",单击工资项目中的"奖金",继续录入")"、"*0.08"。单击"公式确认"按钮,相当于保存键。如图9-15所示。

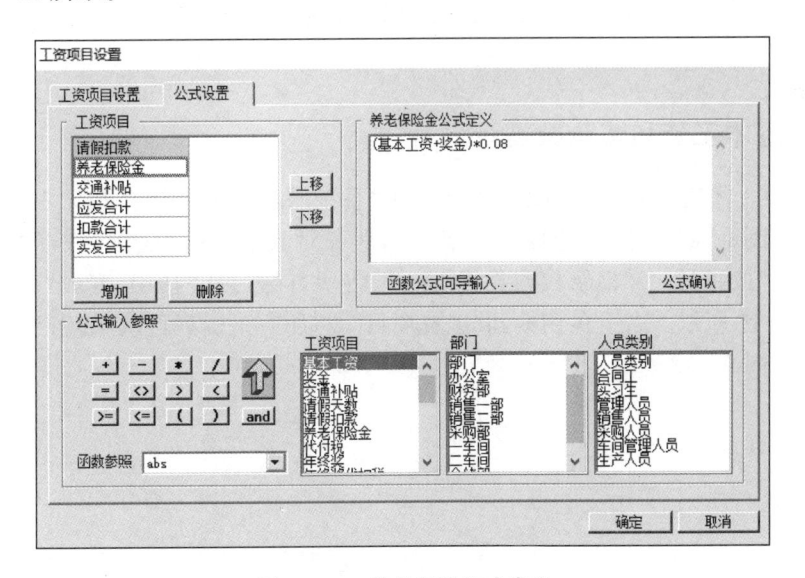

图9-15 养老保险公式定义

9.2.5 设置所得税税率表

(1)执行"人力资源"—"薪资管理"—"设置"—"选项"命令,弹出选项对话框,选择"扣税设置"选项卡,单击"税率设置"按钮,弹出"个人所得税申报表——税率表",按照新的个人所得税税率表设置,基数设为 5 000,附加费用 1 300。应纳税所得额下限、应纳税所得额上限、税率、速算扣除数按照表 9—4 信息设置。如图 9—16 所示。单击"确定"按钮。

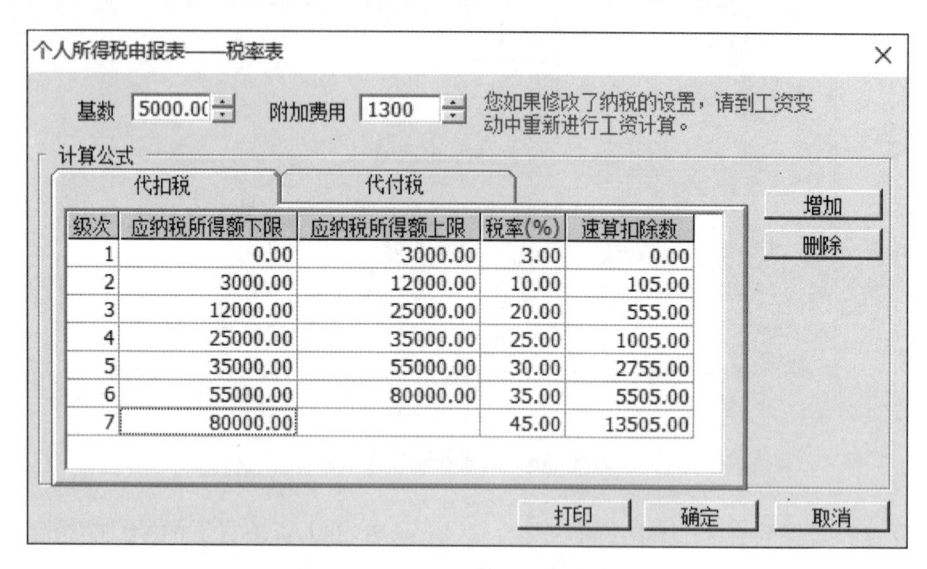

级次	应纳税所得额下限	应纳税所得额上限	税率(%)	速算扣除数
1	0.00	3000.00	3.00	0.00
2	3000.00	12000.00	10.00	105.00
3	12000.00	25000.00	20.00	555.00
4	25000.00	35000.00	25.00	1005.00
5	35000.00	55000.00	30.00	2755.00
6	55000.00	80000.00	35.00	5505.00
7	80000.00		45.00	13505.00

图 9—16　个人所得税申报表—税率表

9.3　工资系统日常业务处理

9.3.1　基本工资和奖金数据录入

(1)设置"003 曹霜"的工资权限。执行左侧"系统服务"选项卡—"权限"—"数据权限分配",打开"权限浏览"窗口,用户选择"003 曹霜",业务对象下拉列表选择"工资权限",点击菜单栏上的"授权"按钮,打开"记录权限设置"窗口,将所有部门从"禁用"变成"可用",单击"保存"键,如图 9—17 所示。右上角切换到"工资项目",将所有工资项目从"禁用"变成"可用",单击"保存"键,如图 9—18 所示。

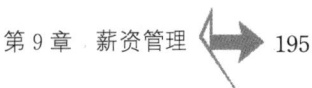

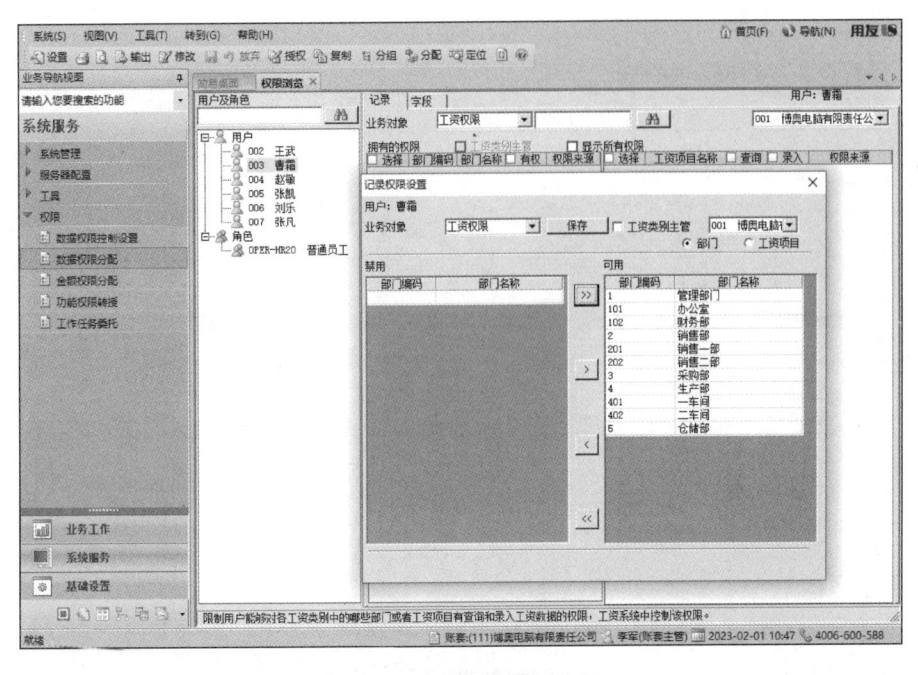

图 9-17 权限设置—部门

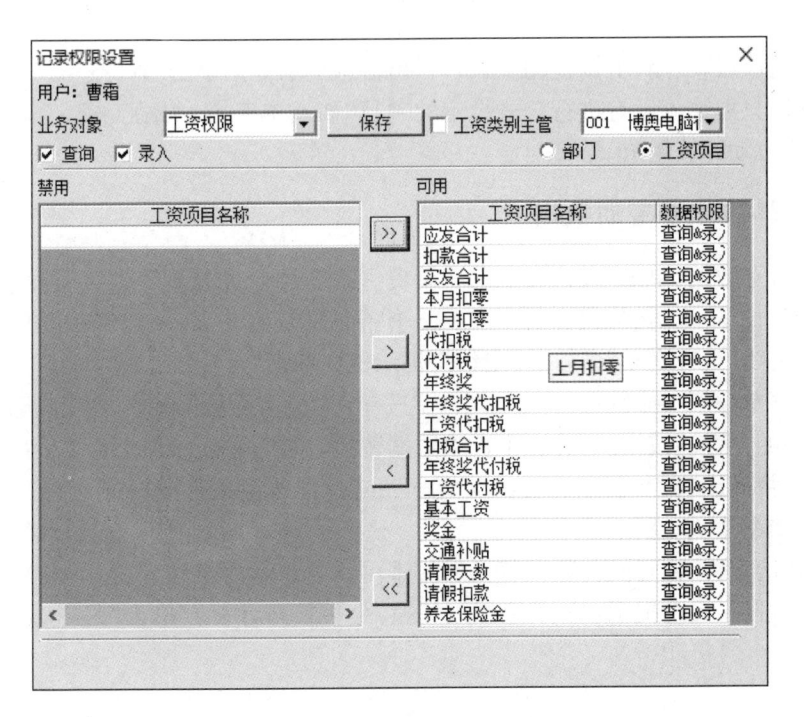

图 9-18 记录权限设置—工资项目

(2)以"003 曹霜"的身份登录,更改操作日期为 2023-02-28。

(3)左侧选择"业务工作",单击"人力资源"—"薪资管理"—"业务处理"—"工资变动"命令,进入"工资变动"窗口。根据实验资料表 9-5 输入"基本工资"和"奖金"数据。单击"确定"

按钮。如图 9-19 所示。

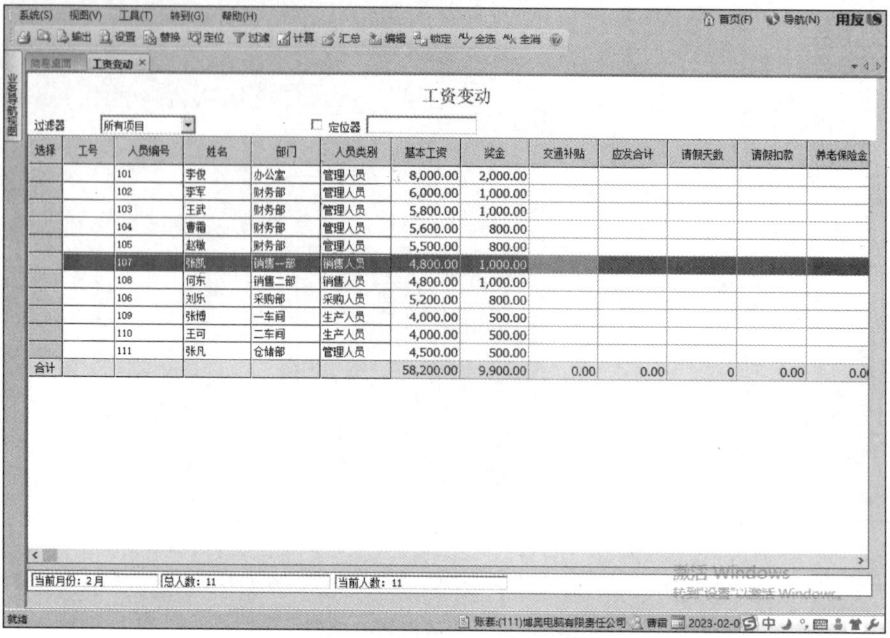

图 9-19 工资变动—基本工资和奖金

(4)录入完成后,关闭"工资变动"窗口,弹出信息提示框。单击"否"按钮。

注意:这里只需输入没有进行公式设定的项目,如基本工资、奖励工资。其余各项由系统根据计算公式自动计算生成。

9.3.2 输入工资变动数据

(1)输入考勤数据,单击"人力资源"—"薪资管理"—"业务处理"—"工资变动"命令,进入"工资变动"窗口。录入请假天数,财务部 102 李军 2 月请假 3 天,采购部 106 刘乐请假 2 天。录入完成后,关闭"工资变动"窗口,弹出信息提示框。单击"否"按钮。

(2)单击菜单栏第二排倒数第二个"全选"按钮,人员前面的"选择"栏出现选中标记"Y",单击工具栏中的"替换"按钮。弹出"工资项数据替换"窗口,在工资项目下拉列表框,选择"奖金"选项。在"替换成"文本框中,输入"奖金+500"。在替换条件处分别选择:"部门"="201 销售一部"。如图 9-20 所示。

(3)单击"确定"按钮,弹出"数据替换后将不可恢复。是否继续?"提示框。如图 9-20 所示。单击"是"按钮,系统提示:"1 条记录被替换,是否重新计算?"单击"是"按钮,系统完成工资计算。

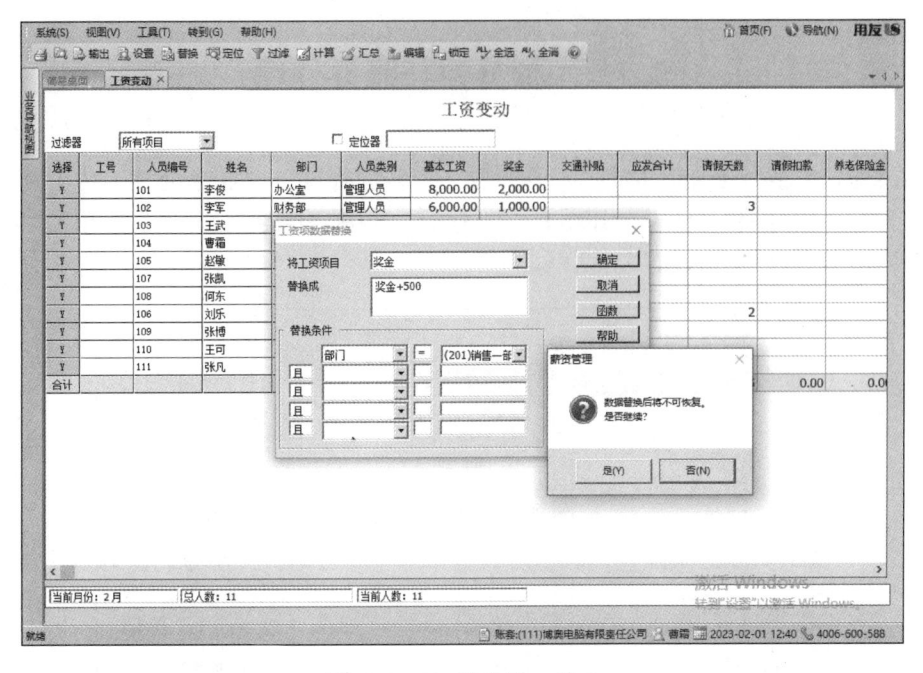

图 9－20　工资变动—奖金

9.3.3　数据计算与汇总

在"工资变动"窗口，单击菜单栏上的"计算"按钮，计算工资数据，单击菜单栏上的"汇总"按钮，汇总工资数据。如图 9－21 所示。

图 9－21　工资变动—汇总数据

9.4 工资分摊与账务处理

(1)左侧选择"业务工作",执行"人力资源"—"薪资管理"—"业务处理"—"工资分摊"命令,双击打开"工资分摊"对话框。如图9—22所示。选中"明细到工资项目",单击"工资分摊设置"按钮,打开"分摊类型设置"对话框。

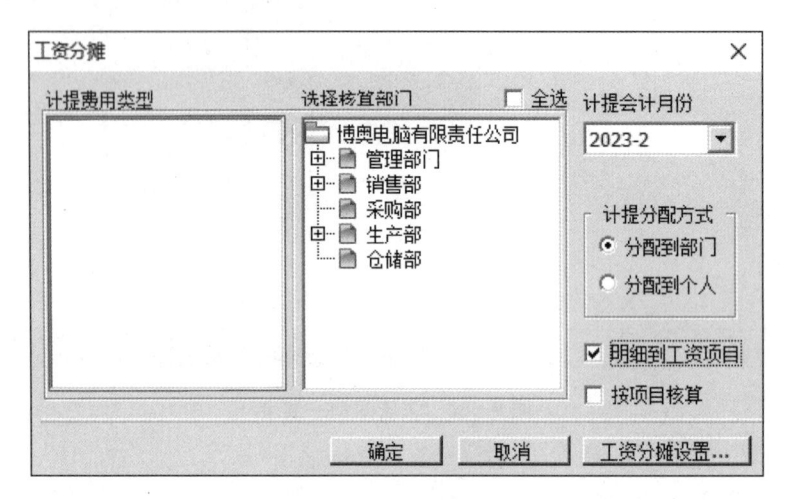

图9—22 工资分摊

(2)单击"增加"按钮,打开"分摊计提比例设置"对话框。输入计提类型名称"应付工资",分摊计提比例"100%"。如图9—23所示。

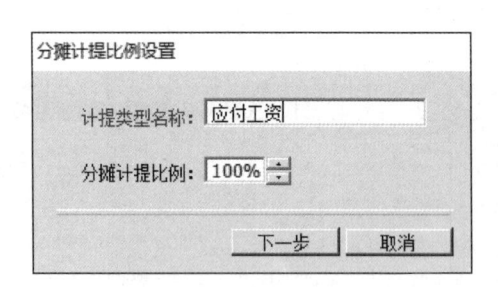

图9—23 分摊计提比例设置

(3)单击"下一步"按钮,打开"分摊构成设置"对话框。根据实验资料表9—6选择输入"部门名称"、"人员类别"、"工资项目"、"借方科目"、"贷方科目"等数据。

比如第一行,部门选择办公室、财务部、仓储部,可以"多选",人员类别展开项选择"管理人员",借方科目参照里面选择"660201管理费用/工资及福利费",贷方科目选择"221101应付职工薪酬/应付工资"。其中第三行,因为"生产成本/直接人工"设了项目核算,所以必须选择借方项目大类"电脑(奔腾)"。设置完成后如图9—24所示,点"完成"回到工资分摊窗口。

(4)在"工资分摊"对话框,选择计提费用类型"应付工资",单击选择"管理部门、销售部、采购部、生产部、仓储部",单击"确定"按钮。如图9—25所示。

(5)在弹出的"工资分摊明细"中,单击选择"合并科目相同、辅助项相同的分录"。如图9

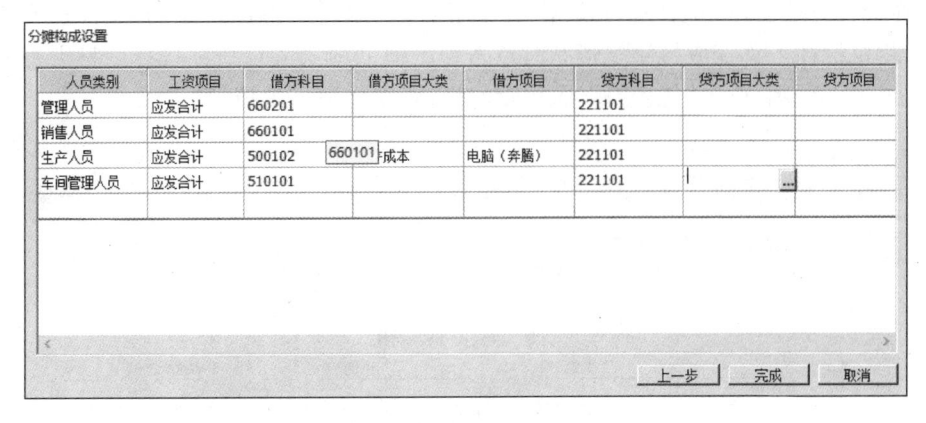

图 9—24 分摊构成设置

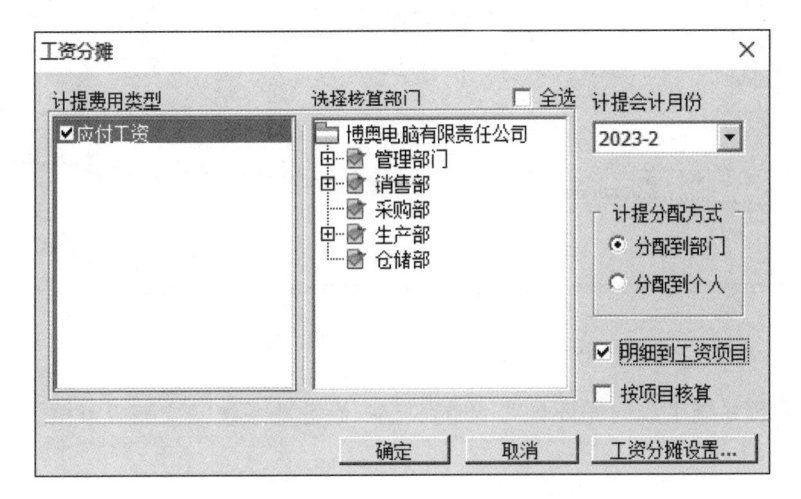

图 9—25 应付工资工资分摊

—26 所示。单击窗口上方菜单栏的"制单"按钮,进入"填制凭证"窗口。

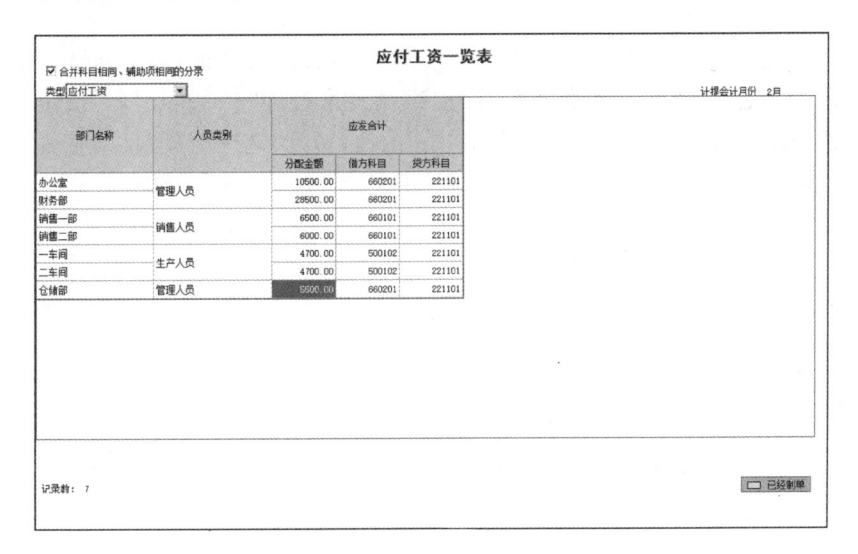

图 9—26 应付工资一览表

(6)在会计凭证窗口,选择凭证类型"转账凭证"。单击有辅助核算的"生产成本/直接人工"此行,将鼠标往下移变成签字笔形状时双击弹出辅助项录入窗口。选择项目大类电脑(奔腾),如图9—27所示,单击"确定"按钮,保存凭证,转账凭证上出现"已生成"。

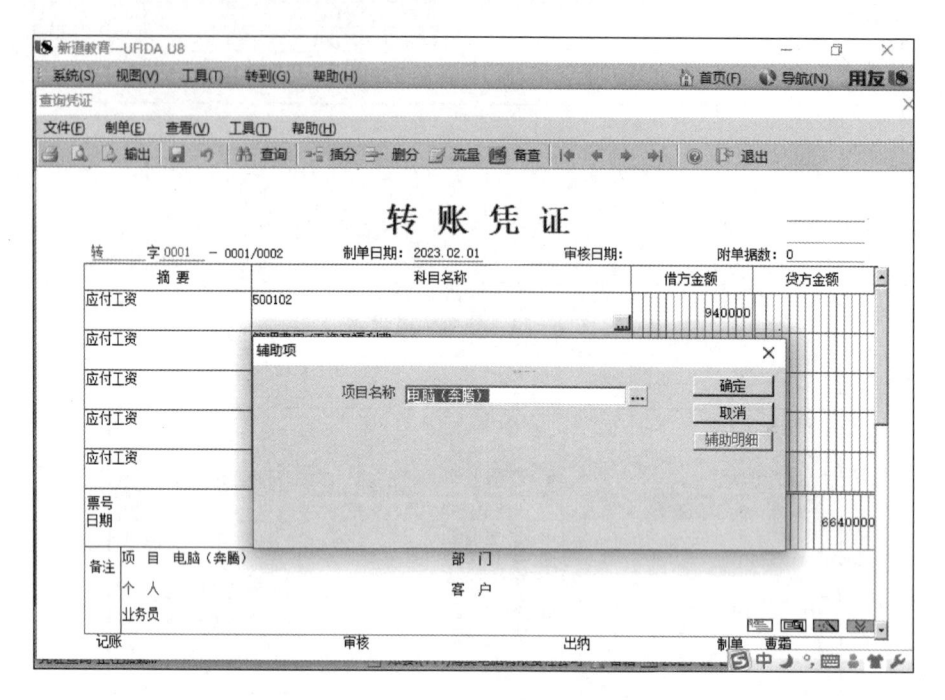

图9—27 转账凭证0001号

(7)薪资管理系统生成的凭证自动传递到总账,在总账系统需要完成审核凭证、主管签字、记账等操作。

9.5 月末处理

(1)执行"业务处理"—"月末处理"命令,打开"月末处理"对话框,单击"确定"按钮,弹出系统提示:"月末处理之后,本月工资将不许变动,继续月末处理吗?"单击"是"按钮,如图9—28示。系统继续提示:"是否选择清零项?"单击"是"按钮,打开"选择清零项目"对话框。

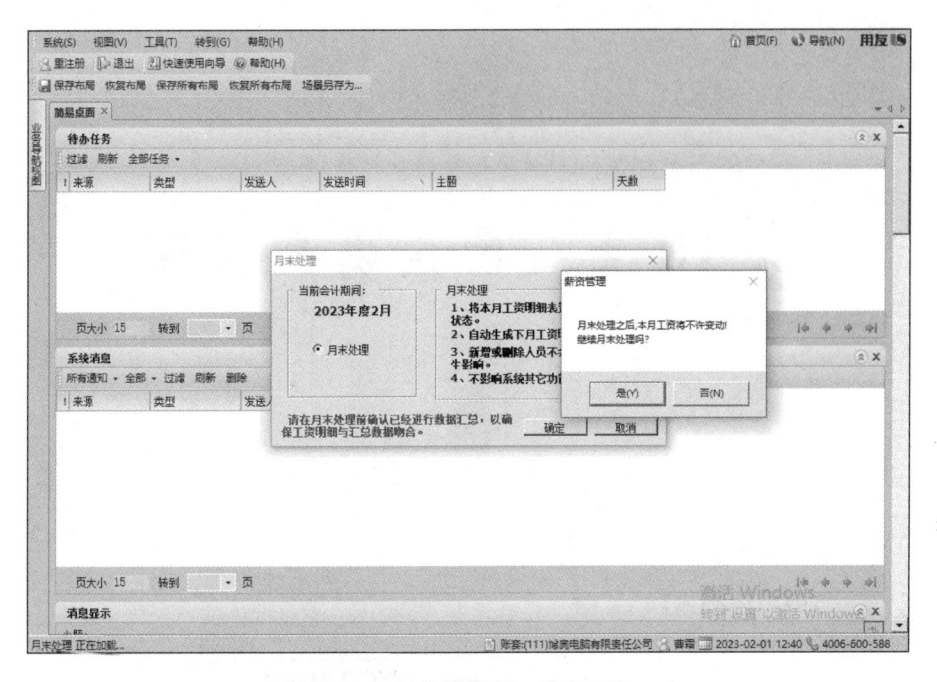

图 9—28　薪资管理—月末处理

（2）在"请选择清零项目"列表中，选择"请假天数"、"请假扣款"和"奖金"，单击"＞"，将所选项目移动到右侧的列表框中，如图 9—29 所示。单击"确定"按钮。

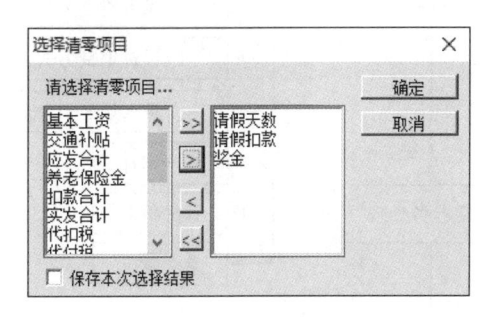

图 9—29　选择清零项目

（3）系统弹出提示对话框，月末处理完毕，单击"确定"按钮。

复习思考题

1. 为什么要设置人员类别？
2. 基础档案的人员档案跟薪资管理系统人员档案有何关系？
3. 简述公式定义的方法，比如 IFF 条件取值函数。
4. 简述薪资管理已生成的凭证跟总账直接填制凭证的区别。

第 10 章 固定资产管理

【固定资产管理系统概述】

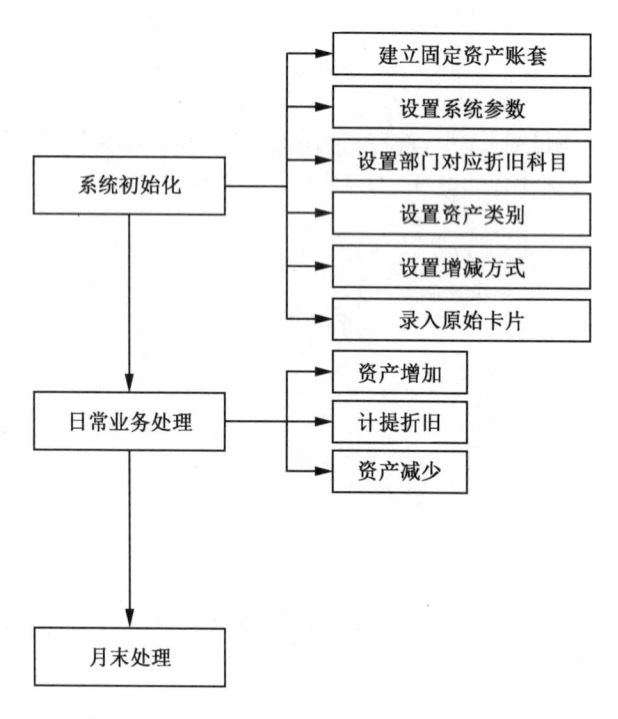

```
                    ┌─→ 建立固定资产账套
                    ├─→ 设置系统参数
                    ├─→ 设置部门对应折旧科目
      系统初始化 ───┼─→ 设置资产类别
                    ├─→ 设置增减方式
                    └─→ 录入原始卡片
            │
            ↓
                    ┌─→ 资产增加
      日常业务处理 ─┼─→ 计提折旧
                    └─→ 资产减少
            │
            ↓
      月末处理
```

图 10—1　本章总体流程

　　固定资产是保证企业正常运作的物质条件,指使用年限超过一年的建筑物、机器设备、运输工具等。"固定"是相对于"流动"而言,流动资产的价值在一个生产周期内得到全部转移,而固定资产的价值能够连续在若干生产周期中发挥作用,并保持其原有实物形态,但其价值随着损耗逐渐地、部分地转移到生产的产品中去,构成产品成本的一部分。

　　企业在固定资产管理过程中面临诸多问题:可以按照不同的标准分为不同的类型;来源多种,计价方式和核算科目也不相同;投入使用可以分配在不同的部门、体现不同部门的成本费用,使用过程中可能由于多种原因减少;使用过程中保持原来的实物形式,但是价值在逐渐转移;使用期限长,可能使可收回金额低于账面价值;固定资产卡片管理等等。

固定资产管理系统中资产的增加、减少,以及原值和累计折旧的调整、折旧计提都要将相关的数据通过记账凭证的形式传输到总账管理系统;同时通过对账保持固定资产账目与总账的平衡,可以修改、删除及查询凭证。固定资产管理系统为成本核算系统提供计提折旧有关费用的数据。固定资产管理及核算是企业财务核算的重要组成部分,为此,固定资产管理系统的作用是完成企业固定资产日常业务的核算和管理,生成固定资产卡片,按月反映固定资产的增加、减少、原值变化及其他变动,并输出相应的增减变动明细。同时,按月自动计提折旧,生成折旧分配凭证等。其主要功能如下:固定资产系统初始化;固定资产卡片管理;固定资产折旧管理;固定资产月末对账、结账;固定资产账表查询。

其中固定资产卡片是指登记固定资产各种资料的卡片,固定资产进行明细分类核算的一种账簿形式,它是每一项固定资产的全部档案记录,即固定资产从进入企业开始到退出企业的整个生命周期所发生的全部情况,都要在卡片上予以记载。

党的二十大提出建设现代化产业体系,坚持把发展经济的着力点放在实体经济上,推进新型工业化,加快建设制造强国、质量强国、航天强国、交通强国、网络强国、数字中国。固定资产一般金额大,能带来的经济利益流入也大,要充分发挥作用,实现高质量发展。

【思政元素】

在固定资产核算过程中,会计人员需要坚持实事求是的原则,对固定资产的实际情况进行全面了解和客观评价,不能将个人使用的资产纳入企业资产核算。最近一段时间,各地税务部门查处多起骗取留抵退税案件,防止优惠政策的"红包"落入不法分子"腰包"。专业人士提醒企业,所谓的将个人消费的资产入账避税的"妙招",很可能涉嫌偷税。

思政案例

【实验目标】

1. 了解用友 ERP-U8 管理系统的子系统固定资产管理系统的内容。
2. 掌握固定资产系统初始化。
3. 掌握日常业务处理。
4. 掌握月末处理的操作。

【实验内容】

1. 固定资产系统参数设置、原始卡片录入。
2. 日常业务:资产增减、资产变动、生成凭证、账表查询。
3. 月末处理:计提减值准备、计提折旧、对账和结账。

【实验资料】

1. 账套初始化及参数设置

表 10－1　　　　　　　　　　　　　账套参数设置

初始化账套	参数设置
约定与说明	我同意
启用月份	2023.02

续表

初始化账套	参数设置
折旧信息	本账套计提折旧 折旧方法：平均年限法（一） 折旧汇总分配周期：1个月 当（月初已计提月份＝可使用月份－1）时，将剩余折旧全部提足
编码方式	资产类别编码方式：2－1－1－2 固定资产编码方式：按"类别编码＋部门编码＋序号"自动编码 卡片序号长度为3
财务接口	与账务系统进行对账 固定资产对账科目：1601 固定资产 累计折旧对账科目：1602 累计折旧
选项补充参数设置	业务发生后立即制单 月末结账前一定要完成制单、登账业务 固定资产默认入账科目：1601 累计折旧默认入账科目：1602

2. 部门对应折旧科目

表 10－2   部门对应折旧科目

部门编码	部门名称	折旧科目
1	管理部门	
101	办公室	660202 管理费用/折旧
102	财务部	660202 管理费用/折旧
2	销售部	
201	销售一部	660102 销售费用/折旧
201	销售二部	660102 销售费用/折旧
3	采购部	660202 管理费用/折旧
4	生产部	
401	一车间	510102 制造费用/折旧
402	二车间	510102 制造费用/折旧
5	仓储部	660202 管理费用/折旧

3. 固定资产类别

表 10－3   固定资产类别

类别编码	类别名称	净残值率	计提属性	折旧方法
01	房屋及建筑物	5%	正常计提	平均年限法（一）
02	交通运输设备	5%	正常计提	平均年限法（一）
03	生产设备	5%	正常计提	平均年限法（一）

4. 固定资产增减方式的对应入账科目

表 10-4　　　　　　　　　　　固定资产增减方式

增加方式		减少方式	
方式	对应科目	方式	对应科目
101 直接购入	100201,银行存款/农行存款	201 出售	1606,固定资产清理
102 投资者投入	4001,实收资本	206 损毁	1606,固定资产清理
103 捐赠	6301,营业外收入		

5. 固定资产卡片

表 10-5　　　　　　　　　　　　固定资产卡片

名称	类别编码	所在部门	增加方式	使用状况	年限（月）	开始日期	原值（元）	累计折旧（元）
房屋及建筑物	01	办公室	直接购入	在用	240	2022-09-01	1 200 000	19 200
交通运输设备	02	销售一部	直接购入	在用	120	2022-12-01	600 000	5 800

6. 固定资产日常业务处理

业务一：2023 年 2 月 1 日，生车车间一车间购入一条生产线，价值 20 万元，预计使用 10 年，净残值率 5%。

业务二：计提本月固定资产折旧。

业务三：固定资产减少。

10.1　账套初始化及参数设置

10.1.1　在"企业应用平台"中启用固定资产系统

(1)引入第 4 章输出的账套，以账套主管"001 李军"的身份在 2023-02-01 登录"企业应用平台"。

(2)左侧"基础设置"选项卡，执行"基本信息"—"系统启用"命令，打开"系统启用"对话框，单击选中"FA 固定资产"复选框，弹出"日历"对话框，设置工资系统启用日期为"2023 年 2 月 1 日"，如图 10-2 所示。单击"确定"按钮，系统弹出"确实要启用当前系统吗？"信息提示框，单击"是"返回。

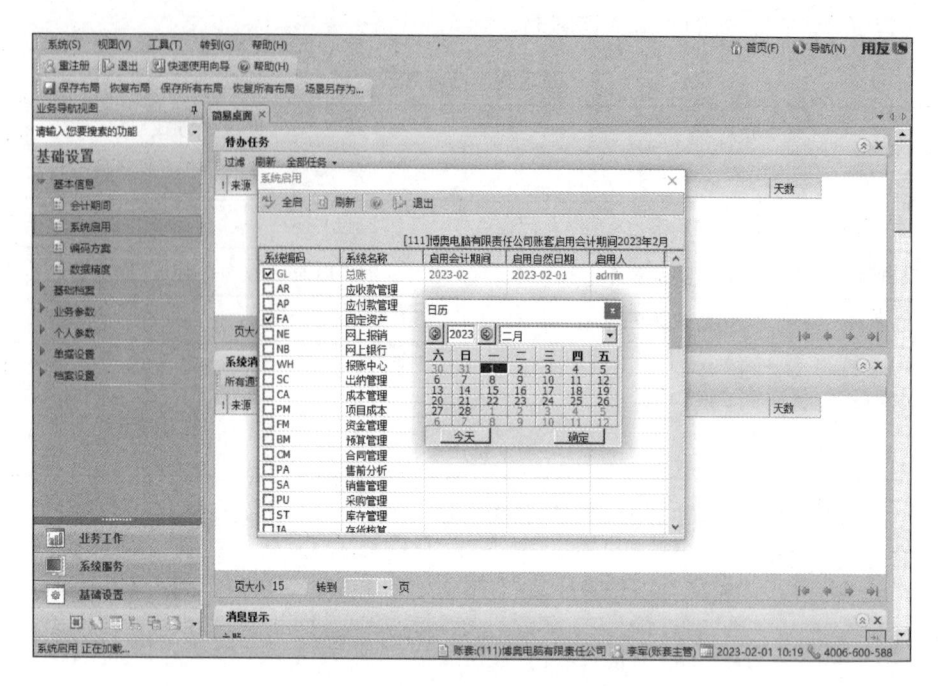

图 10-2　系统启用—FA 固定资产

10.1.2　运行固定资产管理系统

(1)执行左侧"业务工作"选项卡的"财务会计"—"固定资产"命令,系统弹出"这是第一次打开此账套,还未进行过初始化,是否进行初始化?"信息提示对话框,如图 10-3 所示,单击"是"。

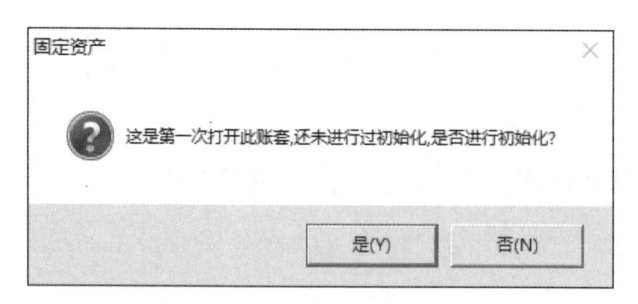

图 10-3　固定资产系统初始化

(2)打开"固定资产初始化账套向导"窗口的"步骤 1 约定与说明"对话框。单击"我同意",单击"下一步"按钮。

(3)打开"固定资产初始化账套向导"窗口的"步骤 2 启用月份"对话框。默认启用月份"2023.02"。如图 10-4 所示,单击"下一步"按钮。

(4)打开"固定资产初始化账套向导"窗口的"步骤 3 折旧信息"。选中"本账套计提折旧"复选框;选择主要折旧方法"平均年限法(一)",折旧汇总分配周期"1 个月";选中"当(月初已计提月份=可使用月份-1)时将剩余折旧全部提足"复选框。如图 10-5 所示。单击"下一步"按钮。

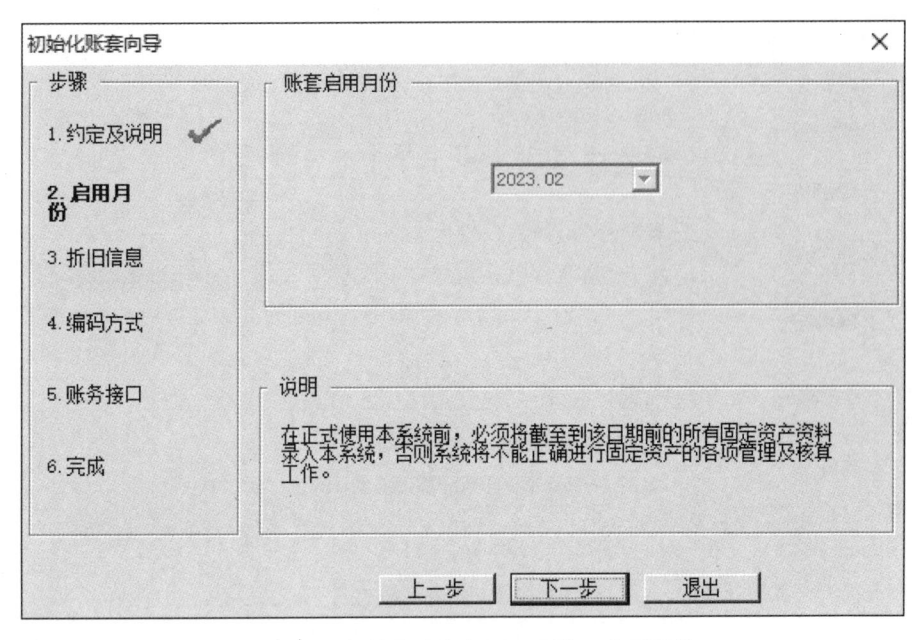

图10—4　初始化账套向导—步骤2启用月份

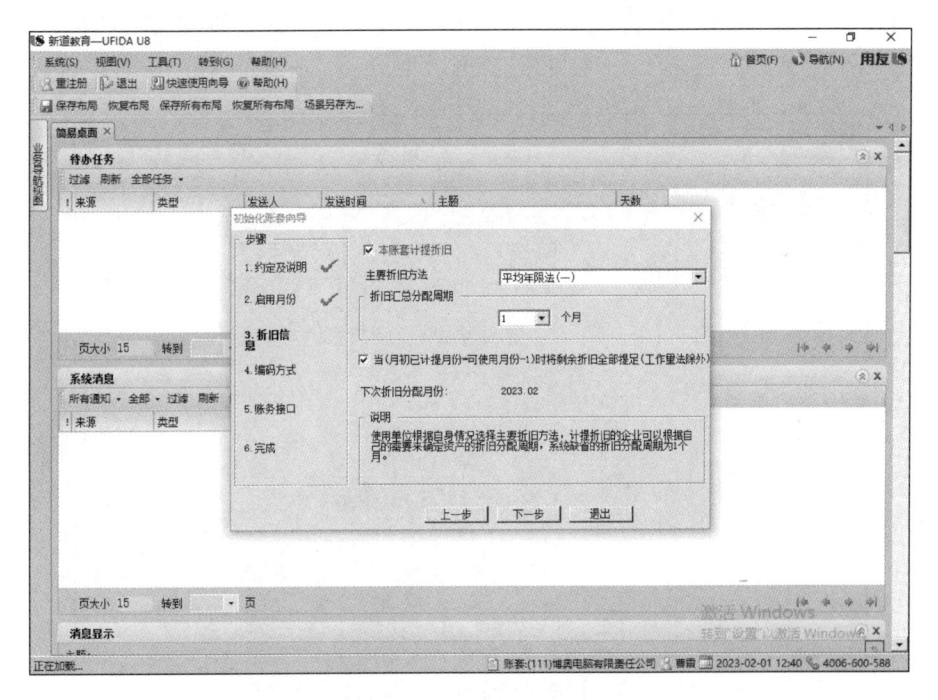

图10—5　初始化账套向导—步骤3折旧信息

(5)打开"固定资产初始化账套向导"窗口的"步骤4 编码方式"对话框。确定资产类别编码长度2112,选择"固定资产编码方式"为"自动编码"单选按钮,选择"类别编号+部门编号+序号",序号长度为3。如图10—6所示。单击"下一步"按钮。

(6)打开"固定资产初始化账套向导"窗口的"步骤5账务接口"对话框。选中"与账务系统进行

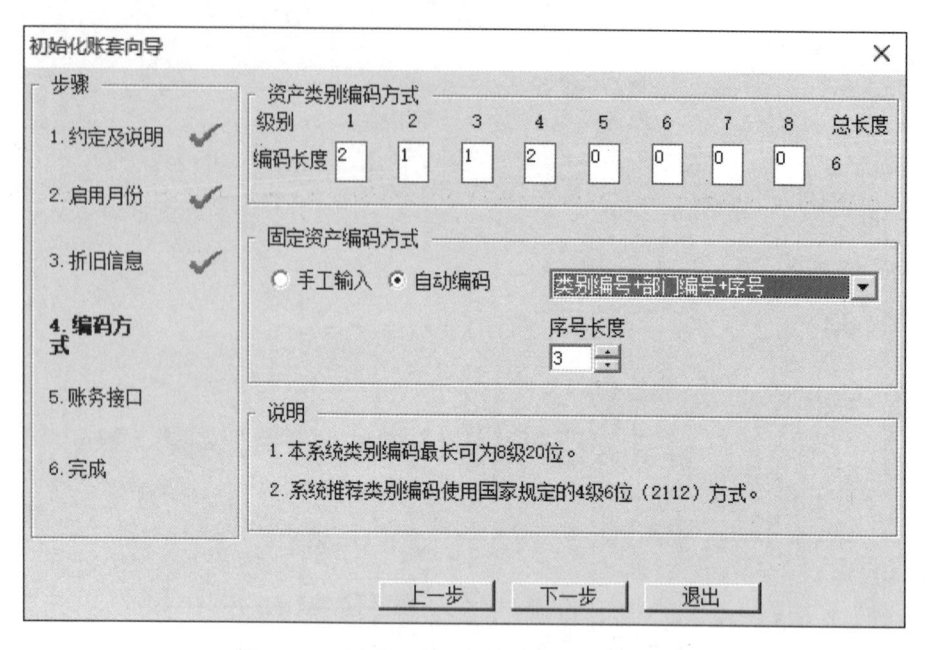

图 10-6　初始化账套向导——步骤 4 编码方式

对账"复选框；选择固定资产对账科目"固定资产(1601)"，累计折旧对账科目"累计折旧(1602)"。选择"在对账不平衡下允许固定资产月末结账"选择框，如图 10-7 所示。单击"下一步"按钮。

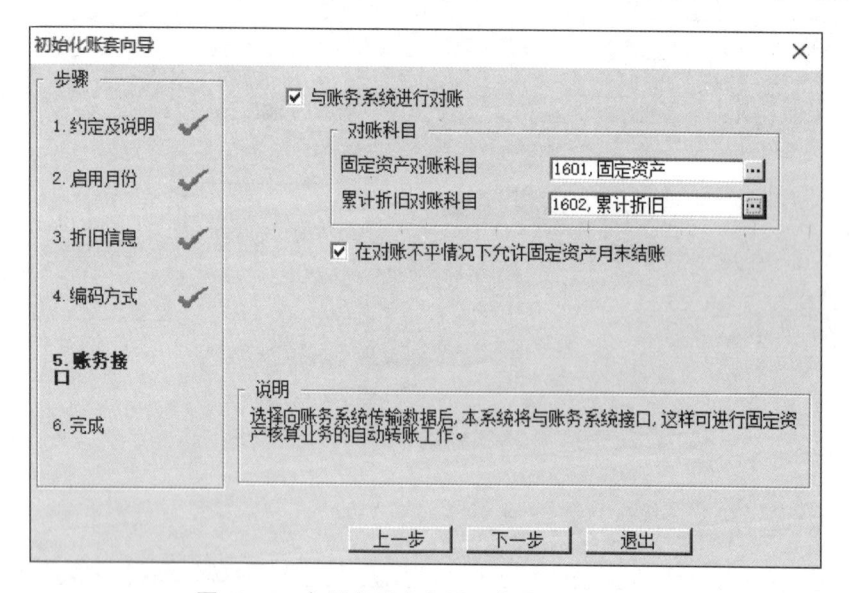

图 10-7　初始化账套向导——步骤 5 账务接口

(7)打开"固定资产初始化账套向导"窗口的"步骤 6 完成"对话框。如图 10-8 所示。单击"完成"按钮，完成本账套的初始化。

(8)系统弹出"是否确定所设置的信息完全正确并保存对新账套的所有设置？"信息提示对话框。如图 10-9 所示。单击"是"，系统弹出"已成功初始化本固定资产账套！"信息提示对话框，点击"确定"按钮。

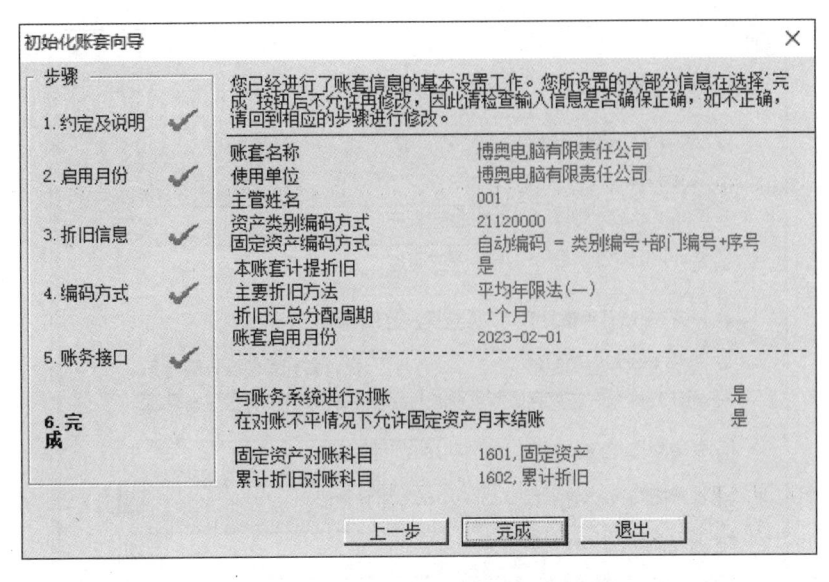

图 10－8　初始化账套向导—步骤 6 完成

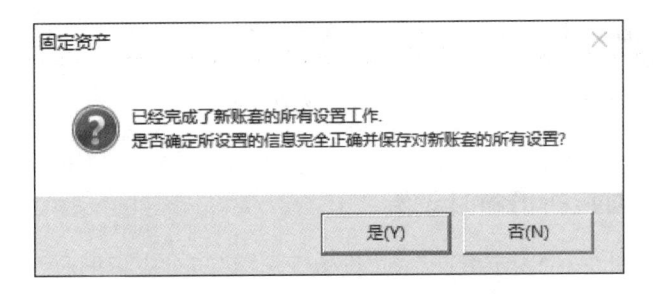

图 10－9　成功初始化本固定资产账套

10.2　固定资产管理系统相关设置

10.2.1　选项卡设置

（1）执行"财务会计"—"固定资产"—"设置"—"选项"命令，进入"选项"窗口，如图 10－10 所示。

（2）选中"与账务系统接口"选项卡，单击左下角"编辑"按钮，默认选中"与账务系统进行对账"，固定资产对账科目"1601 固定资产"，累计折旧对账科目"1602 累计折旧"，勾选"在对账不平情况下允许固定资产月末结账"，勾选"业务发生后立即制单"，默认选择"月末结账前一定要完成制单登账业务"，如图 10－10 所示。

（3）固定资产缺省入账科目为"1601 固定资产"，累计折旧缺省入账科目为"1602 累计折旧"，其余系统默认，单击"确定"按钮。如图 10－10 所示。

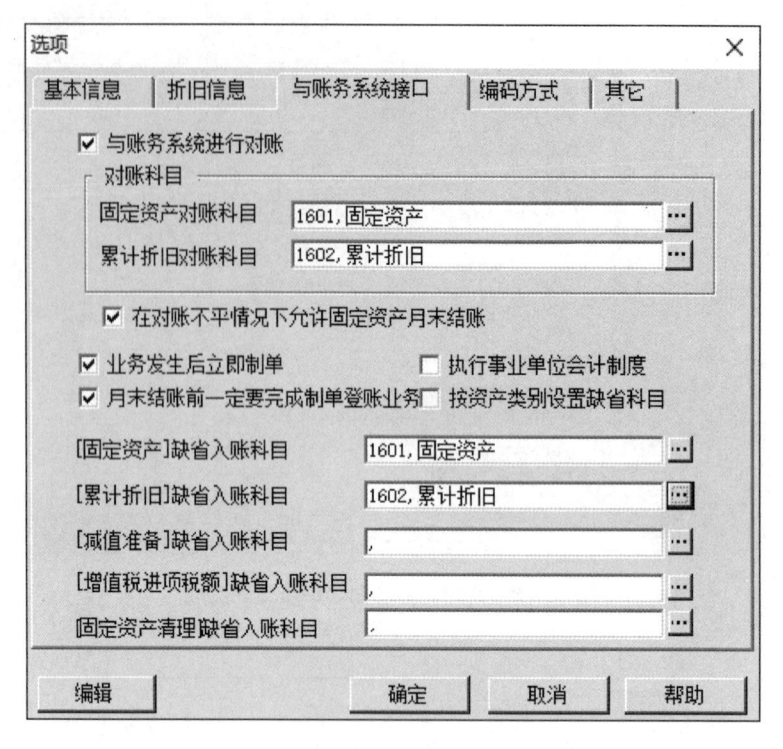

图 10-10 选项设置

10.2.2 部门对应折旧科目设置

(1)执行"财务会计"—"固定资产"—"设置"—"部门对应折旧科目"窗口,进入"部门对应折旧科目"窗口。固定资产部门编码目录按照顺序,左侧先选择 101 办公室,菜单栏单击第三排第二个"修改"按钮。

(2)选择折旧科目"660202 管理费用/折旧",如图 10-11 所示。单击"保存"按钮。

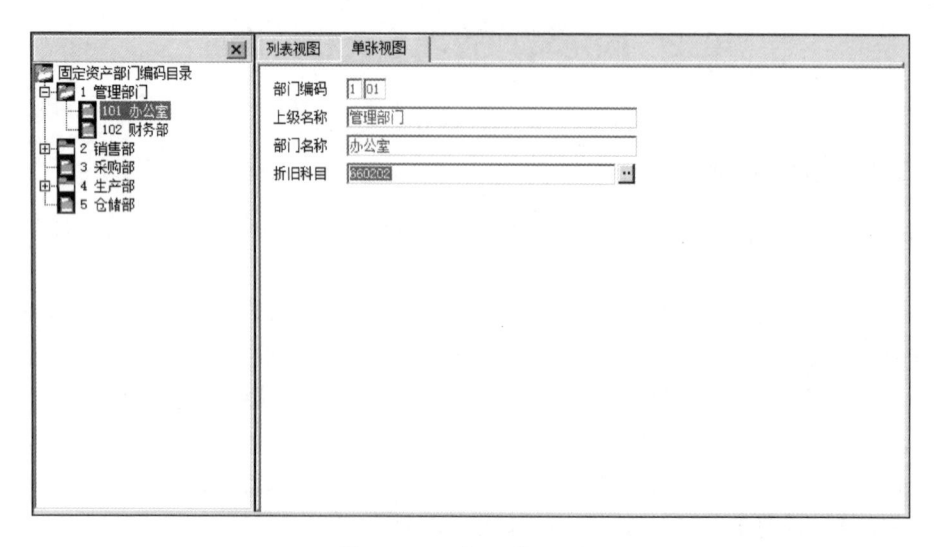

图 10-11 折旧科目设置

(3)同理,按照实验资料表 10-2 完成其他部门"102 财务部、201 销售一部、202 销售二部、3 采购部、401 一车间、402 二车间和 5 仓储部"的折旧科目设置。

10.2.3 固定资产类别设置

(1)执行"财务会计"—"固定资产"—"设置"—"资产类别",进入"类别编码表"窗口。

(2)单击左上角菜单栏第三排第一个按钮"增加",输入类别名称"房屋及建筑物",净残值率"5%";选择计提属性"正常计提",折旧方法"平均年限法(一)",卡片样式"通用样式(二)",单击"保存"按钮。如图 10-12 所示。

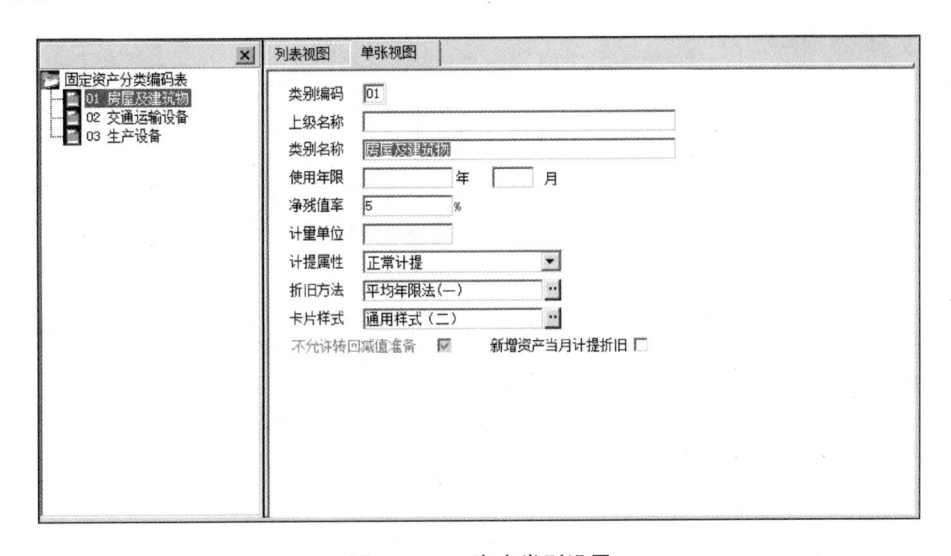

图 10-12 资产类别设置

(3)同理,按照实验资料表 10-3 完成其他资产类别"02 交通运输设备"和"03 生产设备"的设置。

10.2.4 固定资产增减方式设置

(1)执行"财务会计"—"固定资产"—"设置增减方式"命令,进入"增减方式"窗口。

(2)在左侧列表框中,单击选中"直接购入"增加方式,单击菜单栏上第三排第二个按钮"修改"按钮。

(3)输入对应入账科目"农行存款(100201)",如图 10-13 所示。单击"保存"按钮。

(4)单击选中"出售"减少方式,单击菜单栏上第三排第二个按钮"修改"按钮。输入对应入账科目"固定资产清理(1606)",如图 10-14 所示,同理,按照实验资料表 10-4 完成其他增加方式和减少方式对应入账科目。

图 10－13　增加方式—直接购入

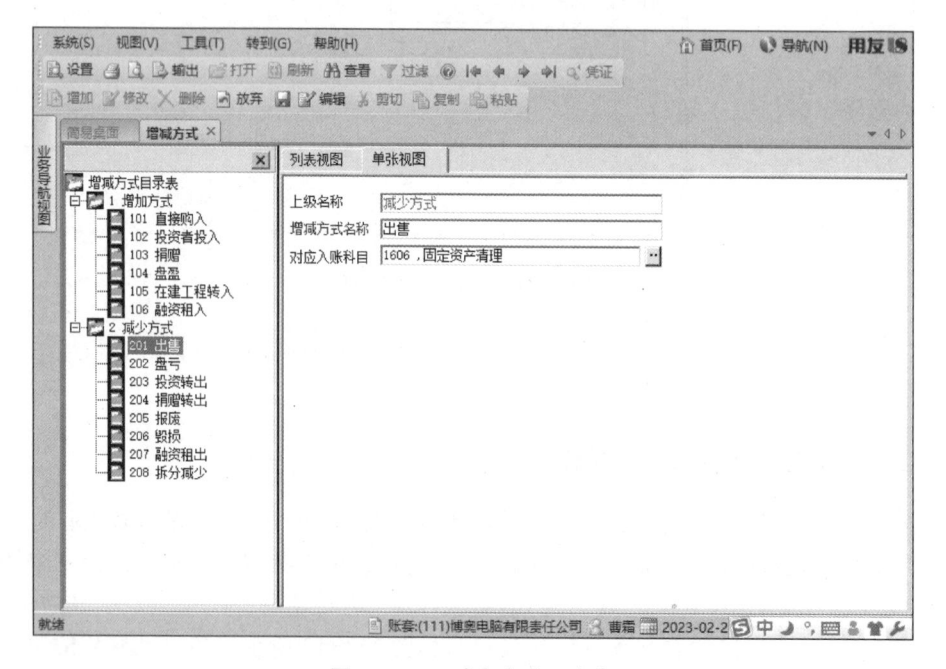

图 10－14　减少方式—出售

10.2.5　录入固定资产原始卡片

(1)执行"财务会计"—"固定资产"—"卡片"—"录入原始卡片"命令,进入"资产类别参照"窗口。选择固定资产类别"01 房屋及建筑物",单击"确定"按钮,进入"固定资产卡片录入"窗口。

(2)"卡片编号"和"固定资产编号"由系统按照固定资产编码方式自动生成,固定资产名称"房屋及建筑物",双击"使用部门"选择"办公室",双击"增加方式"选择"直接购入",双击"使用状况"选择"在用";使用年限(月)输入"240";在"开始使用日期"处输入"2022－09－01",在"原值"处输入1 200 000,累计折旧输入19 200,其他信息自动填充,如净值、已计提月份、净残值率、月折旧率、对应折旧科目、净残值、本月计提折旧额。如图10-15所示。单击"保存"按钮,系统弹出"数据成功保存!"信息提示对话框,单击"确定"按钮。

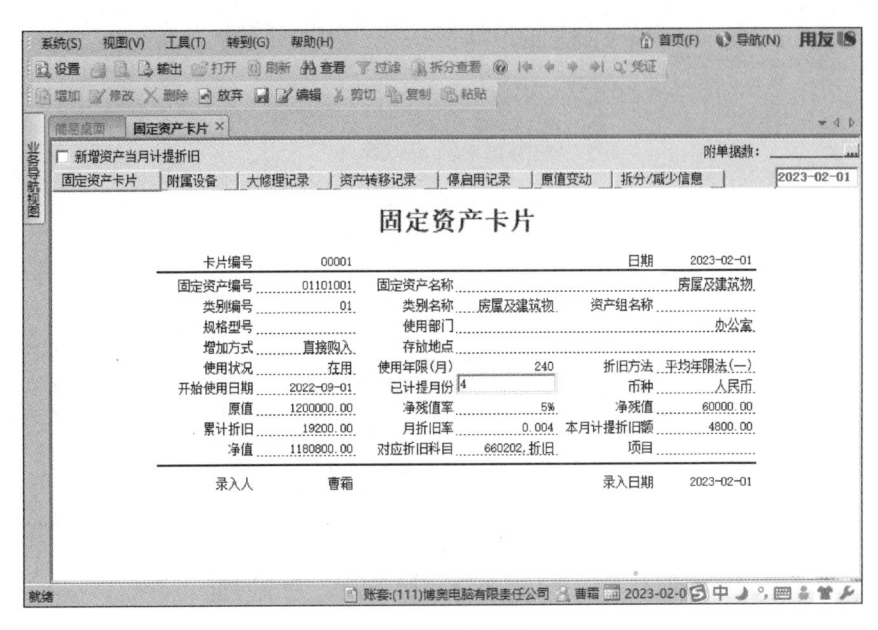

图10-15　固定资产卡片——00001

(3)同理录入卡片编号"0002"的交通运输设备。固定资产名称"交通运输设备",双击"使用部门"选择"销售一部",双击"增加方式"选择"直接购入",双击"使用状况"选择"在用";使用年限(月)输入"120";在"开始使用日期"处输入"2022-12-01",在"原值"处输入600 000,累计折旧输入5 800;其他信息自动填充,如净值、已计提月份,净残值率、月折旧率、对应折旧科目、净残值、本月计提折旧额。如图10-16所示。

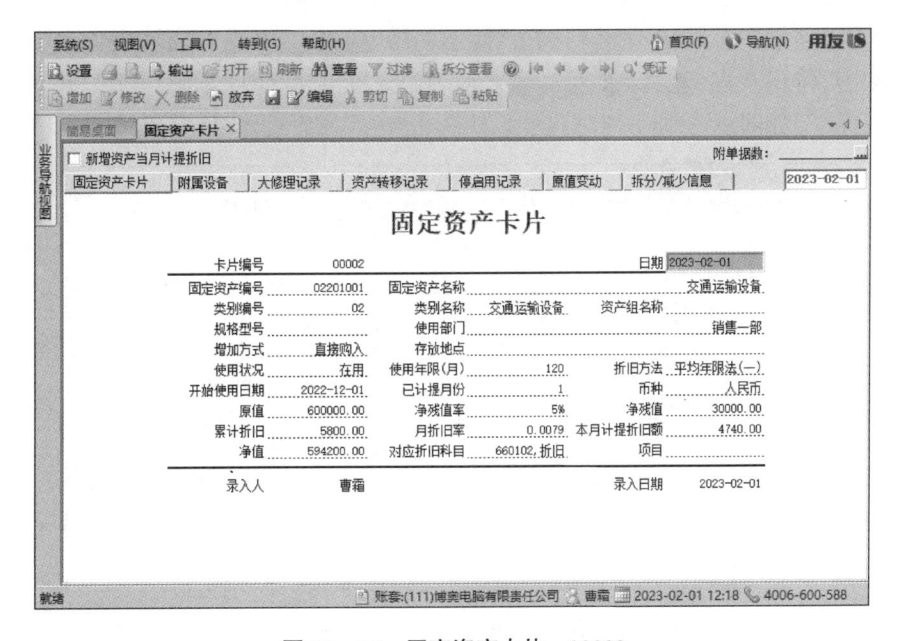

图10-16　固定资产卡片——00002

(4)执行"财务会计"—"固定资产"—"处理"—"对账"命令,系统将固定资产录入的明细资料数据汇总,并与账务账套原值和累计折旧核对,显示与账务对账结果,结果平衡,单击"确定"按钮返回,如图10-17所示。

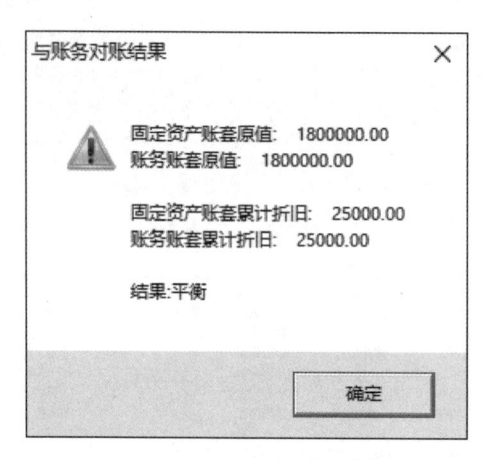

图10-17 与账务对账结果

10.3 固定资产日常业务处理

业务一: 2023年2月1日,生车车间"一车间"购入一条生产线,价值20万元,预计使用10年,净残值率5%。

(1)更换操作员,以会计"003 曹霜"的身份登录"企业应用平台",操作日期为2023-02-01。

(2)执行"固定资产"—"卡片"—"资产增加"命令,进入"固定资产类别档案"参照窗口。选择资产类别:"03生产设备",双击进入"固定资产卡片新增"窗口。

(3)输入固定资产名称"生产线",双击"使用部门"选择"一车间",双击"增加方式"选择"直接购入",双击"使用状况"选择"在用";输入原值200 000,可使用年限"120",开始使用日期"2023-02-01",如图10-18所示。

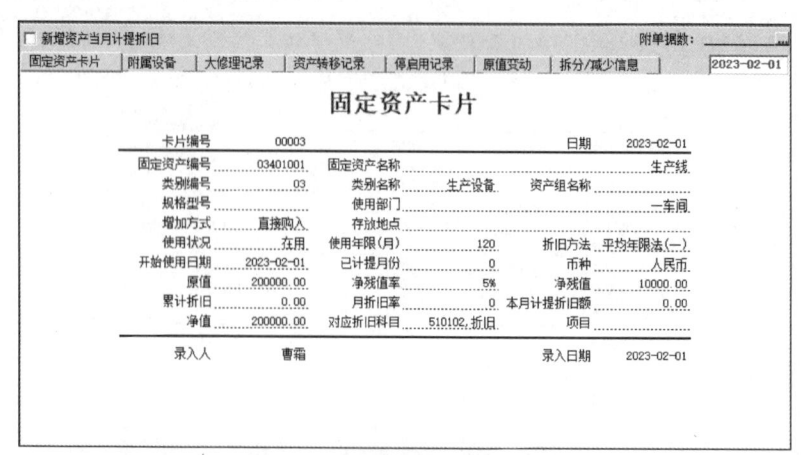

图10-18 固定资产卡片—00003

(4)单击菜单栏的"保存"按钮,进入"填制凭证"窗口。选择凭证类型为"付款凭证",制单日期2023.02.01,附单据数默认0,修改"银行存款/农行存款"的辅助项,如图10-19所示。单击"保存"按钮,左上角显示已生成。

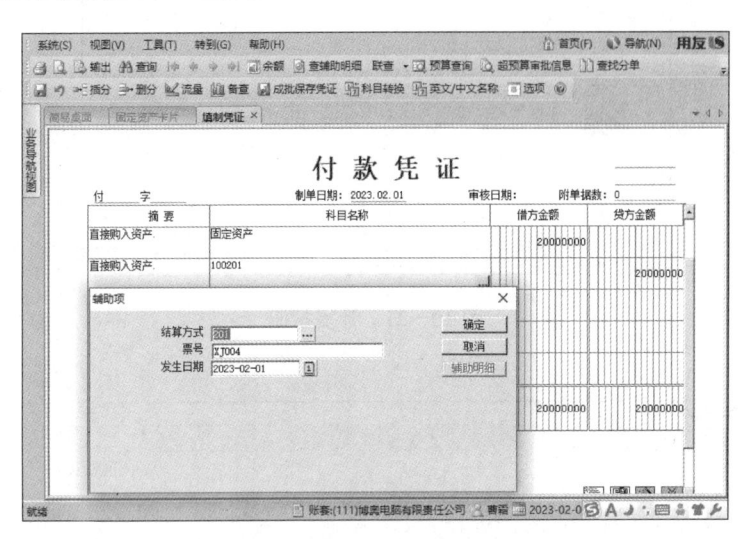

图10-19 直接购入资产凭证

业务二:计提本月固定资产折旧。

(1)修改右下角的系统时间到"2023-02-28"。点"重注册",以会计"003 曹霜"的身份登录"企业应用平台",操作日期为"2023-02-28"。

(2)执行"固定资产"—"处理"—"计提本月折旧"命令,系统弹出"是否要查看折旧清单?"信息提示对话框,如图10-20所示。单击"否"按钮。

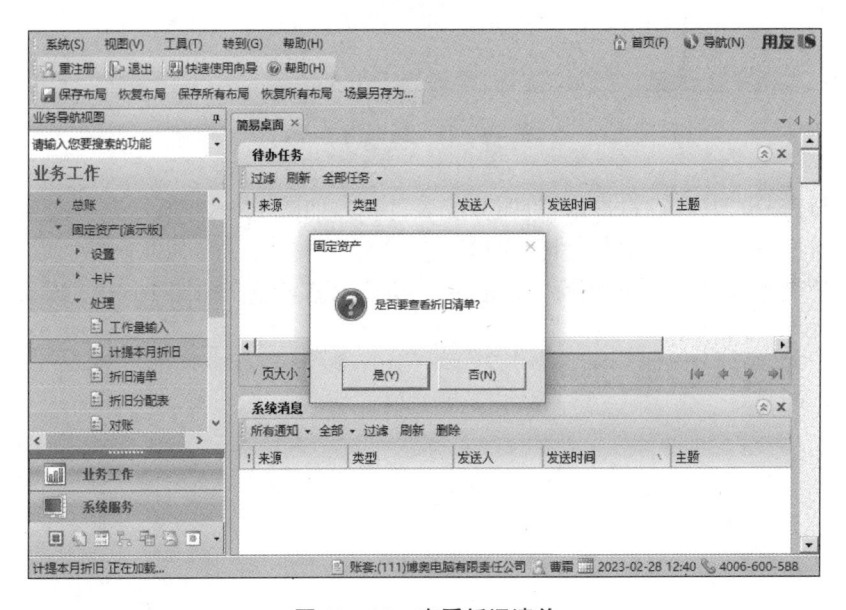

图10-20 查看折旧清单

(3)系统继续弹出"本操作将计提本月折旧,并花费一定时间,是否要继续?"信息提示对话框,如图10—21所示。单击"是"按钮。弹出"折旧清单",如图10—22所示。

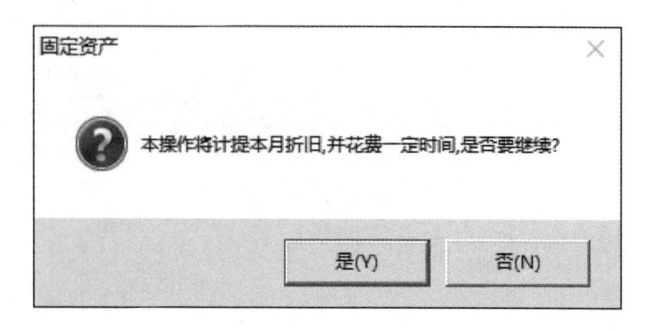

图 10—21 计提折旧

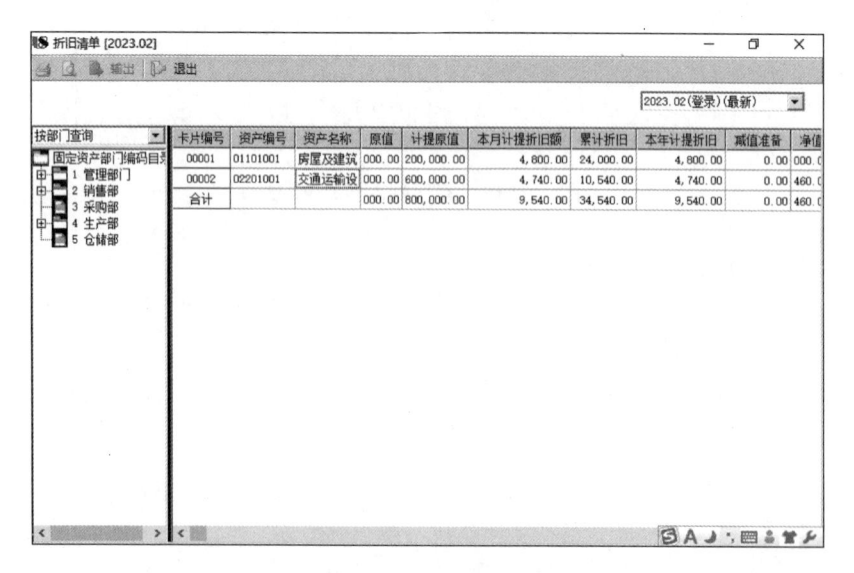

图 10—22 折旧清单

(4)系统计提折旧完成后,进入"折旧分配表"窗口,如图10—23所示。单击菜单栏第二排最后一个"凭证"按钮,进入"填制凭证"窗口。

(5)选择"转账凭证",单击"保存"按钮,左上角显示已生成。如图10—24所示。

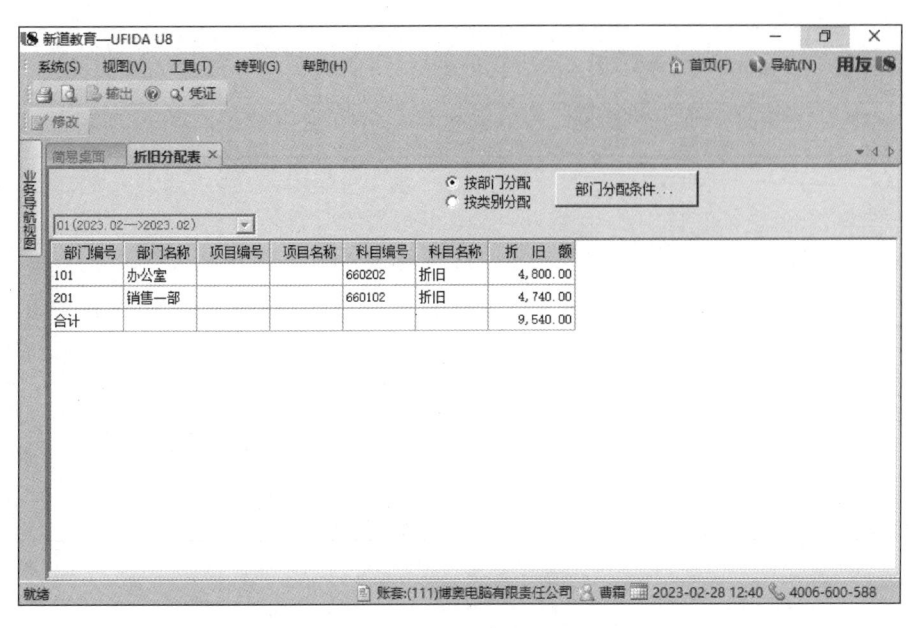

图 10-23　折旧分配表

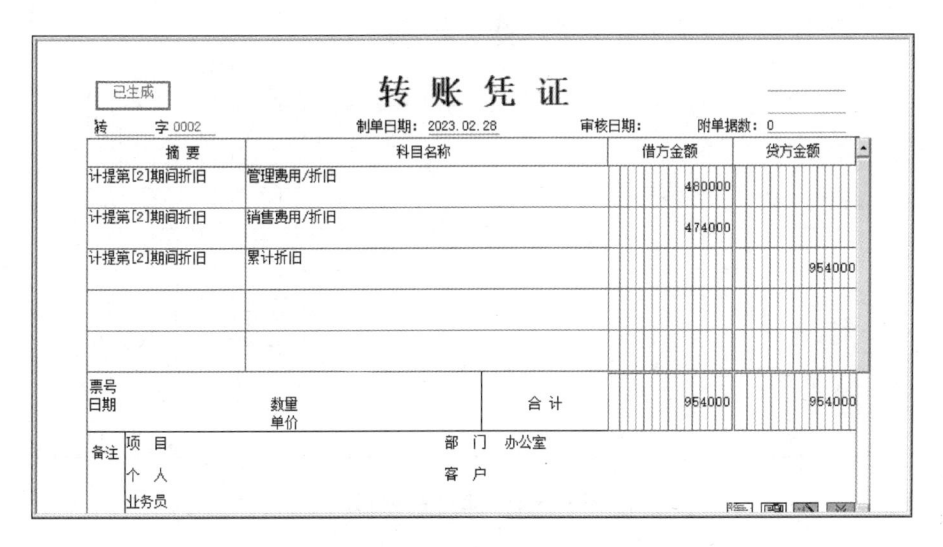

图 10-24　计提第【2】期间折旧凭证

业务三：固定资产减少。

(1) 执行"固定资产"—"卡片"—"资产减少"命令,进入"资产减少"窗口,单击卡片编号后的"参照"符号,进入固定资产卡片档案窗口,选择"00002"双击。

(2) 单击右上角"增加"按钮,如图 10-25 所示,选择减少方式为"毁损"。单击右上角"确定"按钮,进入"填制凭证"窗口。

(3) 选择"转账凭证",单击"保存"按钮。如图 10-26 所示。

注意:固定资产的减少需要放在固定资产计提折旧之后,因为按照会计准则,当月增加的固定资产当月不需要计提折旧,当月减少的固定资产当月需要计提折旧,所以先计提折旧再做固定资产的减少。

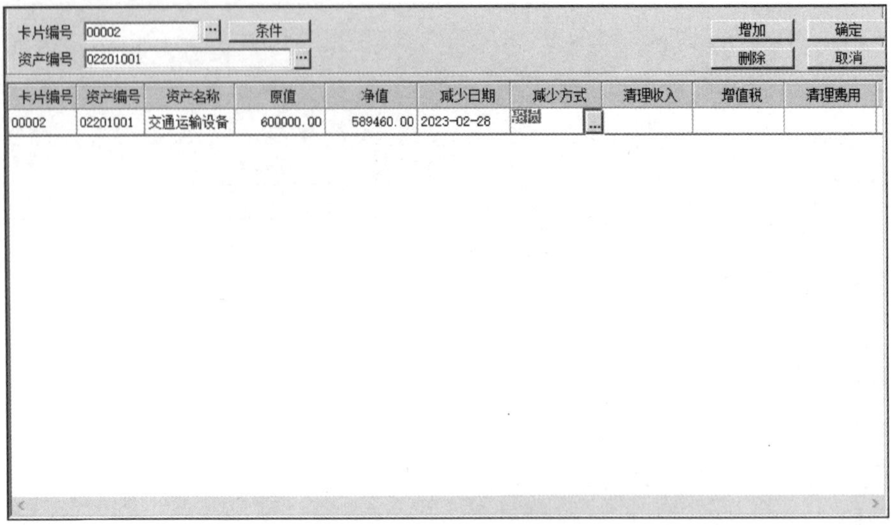

图 10－25　资产减少

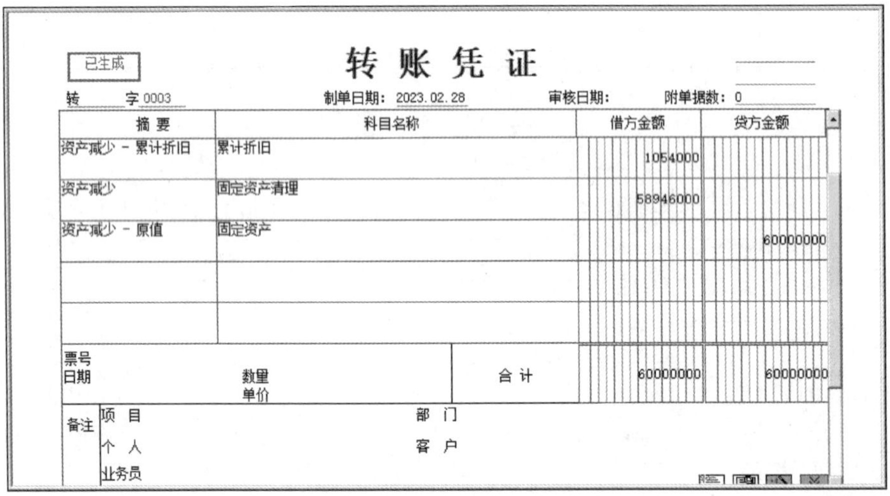

图 10－26　资产减少凭证

10.4　期末处理

10.4.1　在总账系统审核凭证并记账

(1) 以"004"的身份登录"企业应用平台",执行"财务会计"—"总账"—"凭证"—"出纳签字"命令,进行出纳签字。

(2) 以"002"的身份登录"企业应用平台",执行"财务会计"—"总账"—"凭证"—"审核凭证"命令,进行凭证审核。

(3)执行"财务会计"—"总账"—"凭证"—"主管签字"命令,进行主管签字。
(4)执行"财务会计"—"总账"—"凭证"—"记账"命令,完成记账。

10.4.2 对账

执行"固定资产"—"处理"—"对账"命令,系统弹出"与账务对账结果"窗口,结果平衡,单击"确定"按钮,如图10-27所示。

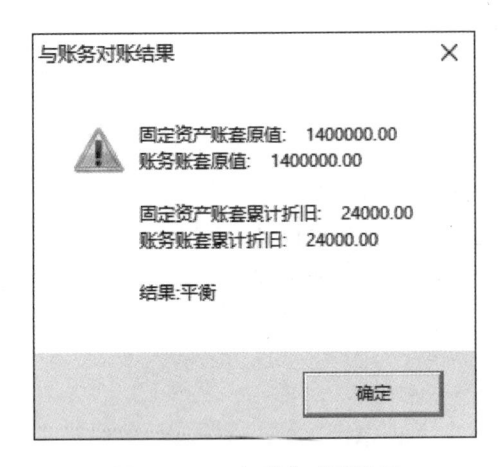

图10-27 与账务对账结果

10.4.3 月末结账

(1)执行"固定资产"—"处理"—"月末结账"命令,打开"月末结账"对话框,如图10-28所示。

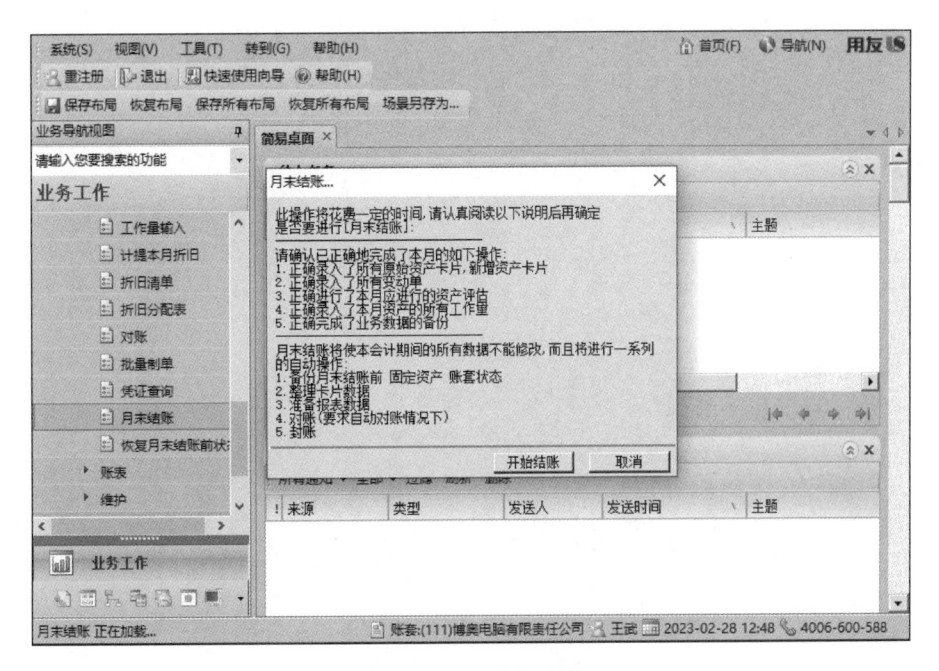

图10-28 月末结账

(2)单击"开始结账"按钮,系统弹出"月末结账成功完成!"信息提示对话框。单击"确定"按钮。

10.4.4 取消结账

执行"固定资产"—"处理"—"恢复月末结账前状态"命令,系统弹出"是否继续?"信息提示对话框。单击"是"按钮,系统弹出"成功恢复月末结账前状态!"信息提示对话框。单击"确定"按钮。取消结账。

复习思考题

1. 设置部门对应折旧科目的作用是什么?
2. 固定资产减少为什么要在计提折旧以后?
3. 简述固定资产系统期末对账不平的原因及解决办法。

第 11 章 供应链管理系统

【供应链管理系统概述】

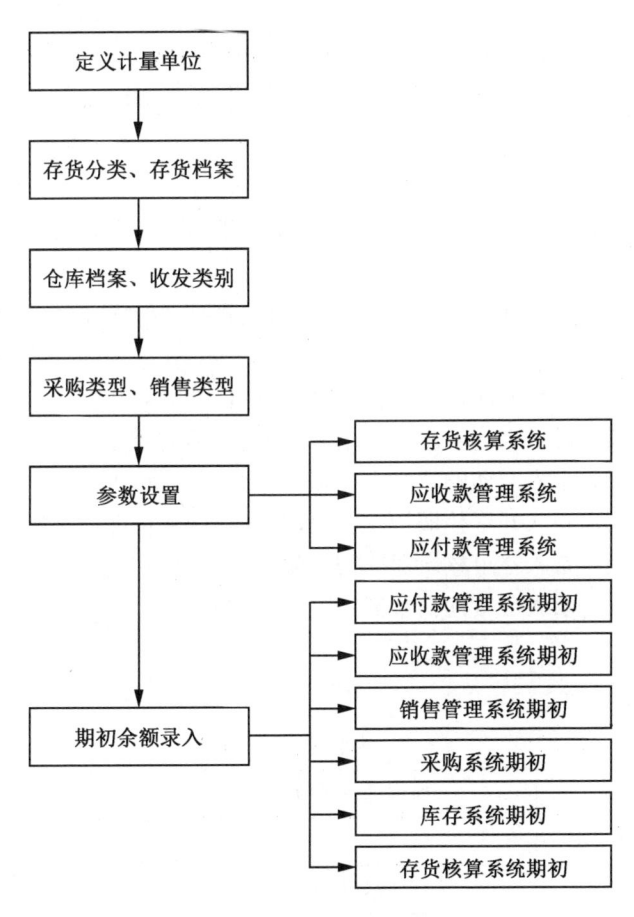

图 11-1 本章总体流程

在企业的日常工作中,采购部门、仓库、销售部门、财务部门等都涉及购销存业务及其核算处理,各个部门的管理内容是不同的,工作的延续性是通过单据在不同部门间的传递来完成,单一子系统在模块处理中存在一定的局限性。

供应链管理系统突破了会计核算软件单一财务核算的局限性,实现了从财务管理到企业财务业务一体化的全面管理,融合了物流、资金流管理,是会计信息系统中综合性最强、涉及子系统最多的部分,主要包括采购管理、销售管理、库存管理以及存货核算等模块,此处各个模块可单独使用,也可以联合应用,所涉及的管理内容存在明显差异,通过单据在各个部门传递来实现协同管理。

【思政元素】

从本章开始进入业财一体化的供应链部分,随着大数据、人工智能、移动互联、云计算、物联网、区块链等新技术在会计工作中的运用,通过业财一体化,可以提高工作流程审批速度,同时规范了财务核算,保证了数据的及时性和准确性,也增强了业务财务工作的严谨性。作为财务人员要适应这一变化,要有创新思维,不断更新自己的知识储备,以更好地适应新的工作环境,深入理解供应链的本质和作用,树立服务社会、推动产业发展的意识和责任感,培养一批具有工匠精神的专业人才。

思政案例

【实验目标】

1. 理解供应链管理系统业务处理流程。
2. 掌握供应链管理系统基础信息设置、期初余额录入的操作办法。

【实验内容】

1. 基础信息设置

(1)包括计量单位组、计量单位、存货分类、存货档案、仓库档案、收发类别、采购类型、销售类型等信息的设置。

(2)包括存货核算系统、应收款管理系统及应付款管理系统等子系统的参数设置。

2. 期初数据录入

(1)应付款管理系统。录入应付款期初余额,并进行期初对账。
(2)应收款管理系统。录入应收款期初余额,并进行期初对账。
(3)采购管理系统。录入期初的暂估入库和期初在途存货,进行采购期初数据的记账。
(4)销售管理系统。录入并审核期初发货单,并进行期初记账。
(5)库存管理系统。录入并审核库存期初余额,并进行期初记账。
(6)存货管理系统。录入存货期初余额,并进行期初记账。

【实验资料】

1. 定义计量单位

表 11—1 计量单位

编号	名称	所属计量单位组	计量单位组类别
0101	台	数量单位	无换算率
0102	只	数量单位	无换算率
0103	个	数量单位	无换算率
0104	条	数量单位	无换算率

续表

编号	名称	所属计量单位组	计量单位组类别
0105	片	数量单位	无换算率
0106	千米	数量单位	无换算率

2. 定义存货分类

表 11-2　　　　　　　　　　　　　　　　存货分类

编　码	名　　称
01	产成品
02	半成品
03	外购品
04	原材料
05	模型类
06	应税劳务

3. 定义存货档案

表 11-3　　　　　　　　　　　　　　　　存货档案

序号	存货编码	存货名称	计量单位	存货属性	所属类别	税率(%)
1	0101	电脑(奔腾)	台	自制/内销/外销/MPS	产成品	13
2	0102	电脑(酷睿)	台	自制/内销/外销/MPS	产成品	13
3	0201	机箱	个	委外/内销/外销/生产耗用/MPS	半成品	13
4	0202	主机(奔腾)	台	自制/内销/外销/生产耗用/MPS	半成品	13
5	0203	主机(酷睿)	台	自制/内销/外销/生产耗用/MPS/重复计划	半成品	13
6	0301	显示器	台	外购/内销/外销/生产耗用	外购品	13
7	0302	鼠标	个	外购/内销/外销/生产耗用	外购品	13
8	0303	键盘	个	外购/内销/外销/生产耗用	外购品	13
9	0304	内存条	条	外购/内销/外销/生产耗用	外购品	13
10	0305	硬盘	个	外购/内销/外销/生产耗用	外购品	13
11	0306	服务器	台	外购/内销/外销/生产耗用	外购品	13
12	0307	喷墨打印机	台	外购/内销/外销/生产耗用	外购品	13
13	0308	激光打印机	台	外购/内销/外销/生产耗用	外购品	13
14	0401	金属板(1*2M)	片	外购/生产耗用	原材料	13
15	0402	金属板(1*3M)	片	外购/生产耗用	原材料	13
16	0601	运输费	千米	外购/销售/应税劳务	应税劳务	9

4. 定义本企业开户银行

农行珞瑜东路分理处,账号为620576582898。

5. 定义仓库档案

表 11-4　　　　　　　　　　　　　仓库档案

仓库编码	仓库名称	计价方式
001	产成品仓库	全月平均
002	半成品仓库	全月平均
003	外购品仓库	移动平均
004	原材料仓库	移动平均

6. 定义收发类别

表 11-5　　　　　　　　　　　　　收发类别

收/发	类别编码	类别名称
收	1	正常入库
收	11	采购入库
收	12	半成品入库
收	13	产成品入库
收	14	调拨入库
收	2	非正常入库
收	21	盘盈入库
收	22	其他入库
发	6	正常出库
发	61	销售出库
发	62	生产领用
发	63	调拨出库
发	7	非正常出库
发	71	盘亏出库
发	72	其他出库

7. 定义采购类型

普通采购,入库类别为"采购入库"。

8. 定义销售类型

经销、代销,出库类别均为"销售出库"。

9. 设置存货科目

表 11-6　　　　　　　　　　　　　存货科目

仓库编码	存货分类编码	存货分类名称	存货科目编码
004	0401	金属板 1*2M	140301
004	0402	金属板 1*3M	140302

续表

仓库编码	存货分类编码	存货分类名称	存货科目编码
001	0101	电脑(奔腾)	14050201
001	0102	电脑(酷睿)	14050202
003	0306	服务器	14050106
003	0307	喷墨打印机	14050107
003	0308	激光打印机	14050108
003	0302	鼠标	14050102
003	0303	键盘	14050103
003	0301	显示器	14050101

10. 设置对方科目

表 11-7　　　　　　　　　　　对方科目编码

收发类别	对方科目编码	暂估科目编码
采购入库	在途物资(1402)	在途物资(1402)
半成品入库	基本生产成本(500101)	
产成品入库	基本生产成本(500101)	
盘盈入库	待处理流动资产损溢(190101)	
销售出库	主营业务成本(6401)	
生产领用	基本生产成本(500101)	

11. 应收、应付系统参数

表 11-8　　　　　　　　　　　应收款管理—基本科目

基础科目种类	科　目
应收科目	1122(应收账款)
预收科目	2203(预收账款)
销售收入科目	600101(主营业务收入)
税金科目	22210105(应交税费—应交增值税(销项税额))

表 11-9　　　　　　　　　　　应收款管理—结算方式科目设置

结算方式	科　目
1 现金结算	1001(库存现金)
201 现金结算	100201(银行存款—农行存款)
202 转账支票	100201(银行存款—农行存款)
301 商业承兑汇票	100201(银行存款—农行存款)
302 银行承兑汇票	100201(银行存款—农行存款)

表11-10 应付款管理—基本科目

基础科目种类	科　目
应付科目	2202(应付账款)
预付账款	1123(预付账款)
采购科目	1402(在途物资)
税金科目	22210101(应交税费—应交增值税(进项税额))

12. 期初余额录入

(1)应付款管理系统期初数据录入

应付账款科目的期初余额中涉及单位为兴华公司的余额为5 000元。(以应付单的形式录入)

(2)应收款管理系统期初数据录入

应收账款科目的期初余额中涉及华盛贸易的余额为25 000元。

(3)销售管理系统期初数据录入

2023/1/28 销售一部向昌都贸易出售电脑(奔腾)10台,报价5 000元,由成品仓库发货。该发货单尚未开票。(销售类型:经销;部门:销售一部)

(4)采购系统期初数据录入

2023/1/25 收到兴华公司提供的硬盘200个,单价为300元,商品已验收入原料仓库,至今尚未收到发票。

13. 进入库存管理系统,录入各仓库期初库存

表11-11 各仓库期初库存

仓　库	存货编码	存货名称	计量单位	数　量
产成品	0101	电脑(奔腾)	台	100
	0102	电脑(酷睿)	台	150
半成品	0201	机箱	个	220
	0202	主机(奔腾)	台	70
	0203	主机(酷睿)	台	40
外购品	0301	显示器	台	300
	0302	鼠标	个	420
	0303	键盘	个	480
	0304	内存条	条	530
	0305	硬盘	个	620
	0308	喷墨打印机	台	230
	0309	激光打印机	台	180
原料库	0401	金属板(1*2M)	片	50
	0402	金属板(1*3M)	片	50

14. 进入存货核算系统,录入各仓库期初余额

表 11—12　　　　　　　　　　各仓库期初余额

仓库	存货编码	存货名称	计量单位	数量	结存单价
产成品	0101	电脑(奔腾)	台	100	4 000
	0102	电脑(酷睿)	台	150	5 800
半成品	0201	机箱	个	220	1 000
	0202	主机(奔腾)	台	70	2 500
	0203	主机(酷睿)	台	40	3 200
外购品	0301	显示器	台	300	500
	0302	鼠标	个	420	20
	0303	键盘	个	480	60
	0304	内存条	条	530	100
	0305	硬盘	个	620	300
	0308	喷墨打印机	台	230	500
	0309	激光打印机	台	180	700
原料库	0401	金属板(1*2M)	片	50	8
	0402	金属板(1*3M)	片	50	13

11.1　定义计量单位

(1) 引入第 4 章输出的账套,执行"基础档案"—"存货"—"计量单位"命令,点击"分组","计量单位组编码"填入"01","计量单位组名称"填入"数量单位","计量单位组类别"为"无换算率",如图 11—2 所示。

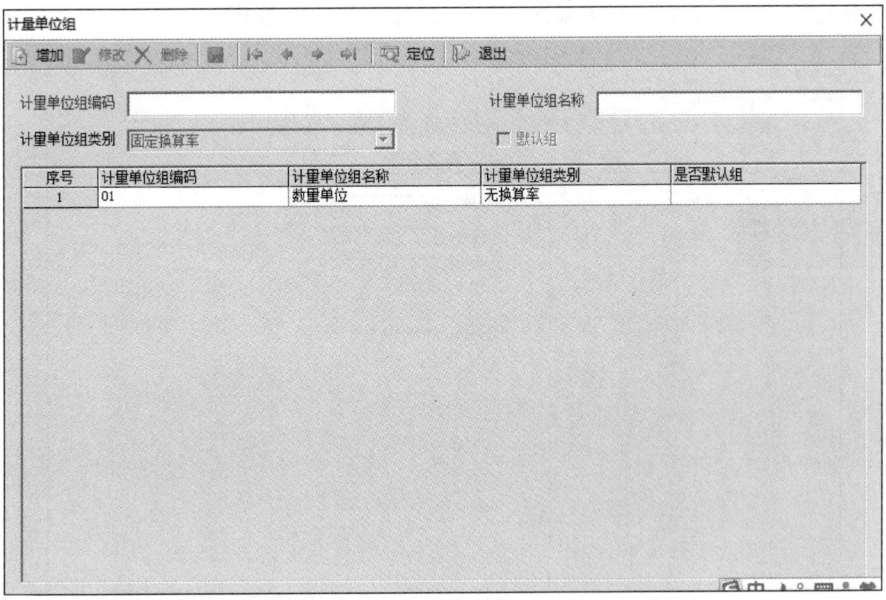

图 11—2　定义计量单位组

(2)点击"增加","计量单位编码"输入"0101","计量单位名称"输入"台",按照表 11—1 输入所有信息,点击保存,如图 11—3 所示。

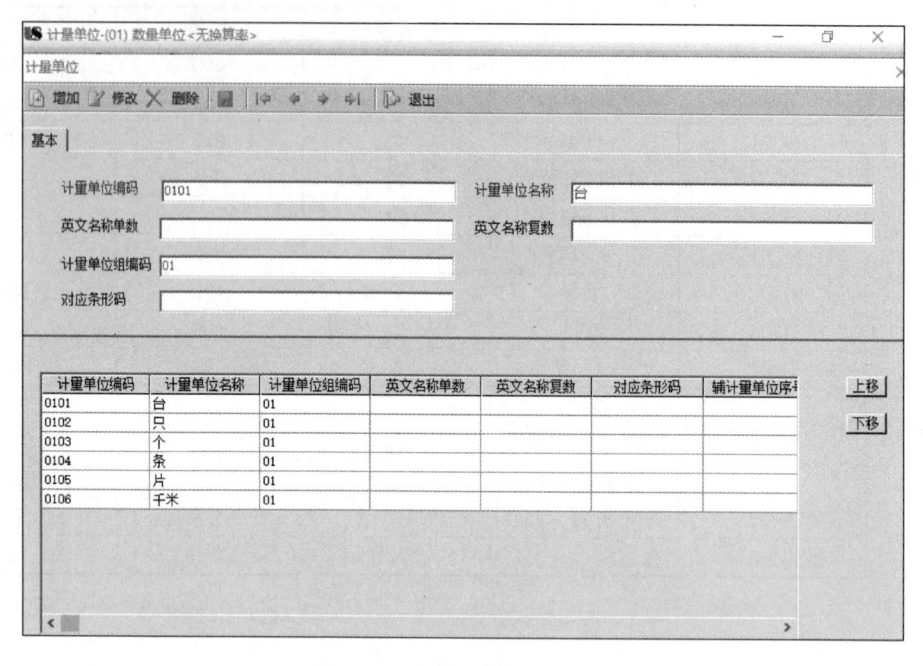

图 11—3 定义计量单位名称

11.2 定义存货分类和存货档案

(1)执行"基础档案"—"存货"—"存货分类"命令,点击"增加"按钮,"分类编码"输入"01",分类名称输入"产成品",依次录入表 11—2 各项信息。如图 11—4 所示。

图 11—4 存货分类

(2)执行"基础档案"—"存货"—"存货档案"命令,点击"增加","存货名称"输入"电脑(奔腾)",存货分类选择"01-产成品","计量单位组"选择"01-数量单位","主计量单位"选择"0101 台","销项税率%"填写"13","进项税率%"填写"13",勾选"内销"、"外销"和"自制"。如图 11-5 所示。

图 11-5　存货档案—0101

(3)按照表 11-3 输入存货档案信息,最终结果如图 11-6 所示。

图 11-6　存货档案

11.3 定义本企业开户银行

(1)左侧"基础设置"选项卡,执行"基础档案"—"收付结算"—"本单位开户银行"命令,打开银行档案对话框,单击菜单栏上的"增加"按钮,进入增加银行档案窗口。

(2)录入基本信息,编码01,银行账号620576582898,开户银行农行珞瑜东路分理处,所属银行编码0401。如图11-7所示。

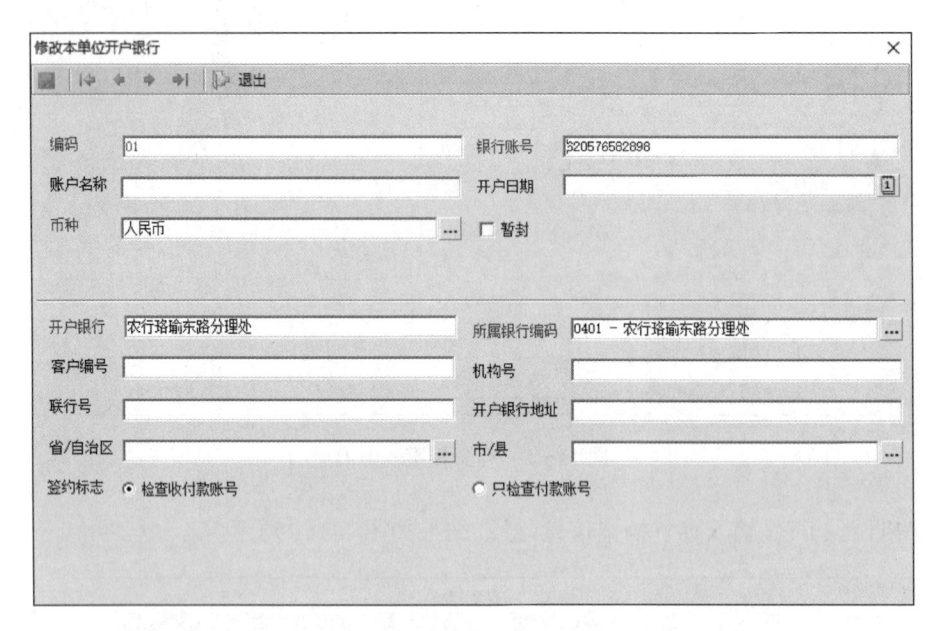

图11-7 本单位开户银行

11.4 定义仓库档案和收发类别

(1)执行"基础设置"—"基础档案"—"业务"命令,双击"仓库档案"选项,进入"仓库档案"窗口,单击"增加"按钮,依次输入仓库档案并保存。输入完毕后退出。

(2)执行"基础设置"—"基础档案"—"业务"命令,双击"收发类别"选项,进入"收发类别"窗口,单击"增加"按钮,依次输入收发类别并保存。输入完毕后退出,如图11-8所示。

图 11-8 收发类别

11.5 定义采购类型和销售类型

采购类型为"普通采购",此类型编码为"1",入库类别属于"采购入库",采用默认值。执行"基础设置"—"基础档案"—"业务"命令,双击"采购类型"窗口,单击"增加"按钮,依次输入采购类型并保存后退出,如图 11-9 所示。

图 11-9 采购类型

设置"1经销"、"2代销"两种销售类型,均为"销售出库",前者采用默认值,后者不采用。执行"基础设置"—"基础档案"—"业务"命令,双击"销售类型"选项,进入"销售类型"窗口,单击"增加"按钮,依次输入销售类型并保存后退出,如图11-10所示。

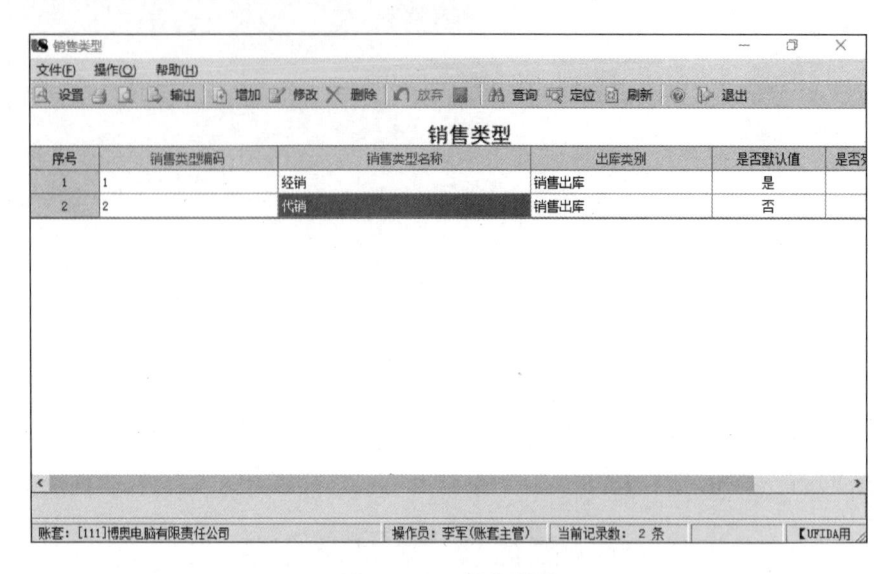

图11-10 销售类型

11.6 存货、应收、应付系统参数设置

11.6.1 存货核算系统科目参数设置

(1)设置存货科目,在企业应用平台窗口执行"业务工作"—"供应链"—"存货核算"—"初始设置"—"存货科目(双击)"命令,打开"存货科目"窗口,单击"增加"按钮,按照实验资料进行设置,如图11-11所示。

图11-11 存货科目

(2)设置对方科目,在企业应用平台窗口执行"业务工作"—"供应链"—"存货核算"—"初始设置"—"科目设置"—"对方科目(双击)"命令,打开"对方科目"窗口,单击"增加"按钮按照实验要求进行设置。如图11-12所示。

图11-12 对方科目

11.6.2 应收款管理系统科目参数设置

(1)基本科目设置:执行"业务工作"—"财务会计"—"应收款管理"—"设置"—"初始设置(双击)"命令,进入初始设置窗口。设置"应收科目"为"1122(应收账款)",设置"预收科目"为"2203(预收账款)",设置"销售科目"为"6001(主营业务收入)",设置"税金科目"为"22210105(应交税费——应交增值税(销项税额))",如图11-13所示。

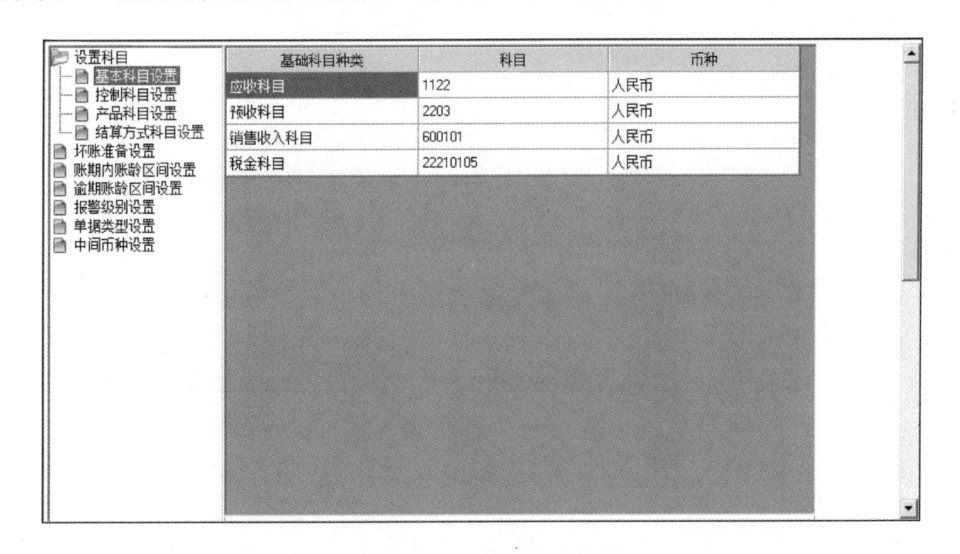

图11-13 基本科目设置

(2)设置"结算方式科目设置",设置完成后如图11-14所示。

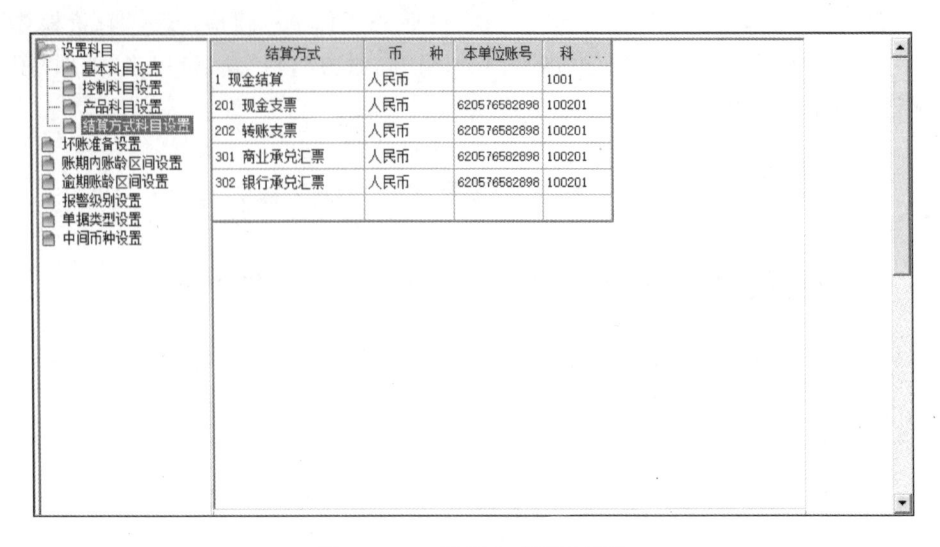

图 11－14　结算方式科目设置

（3）调整应收系统的选项：将坏账处理方式设置为"应收余额百分比法"，执行"业务工作"—"财务会计"—"应收款管理"—"坏账准备设置"命令，将"坏账处理方式"调整为"应收余额百分比法"。如图 11－15 所示。

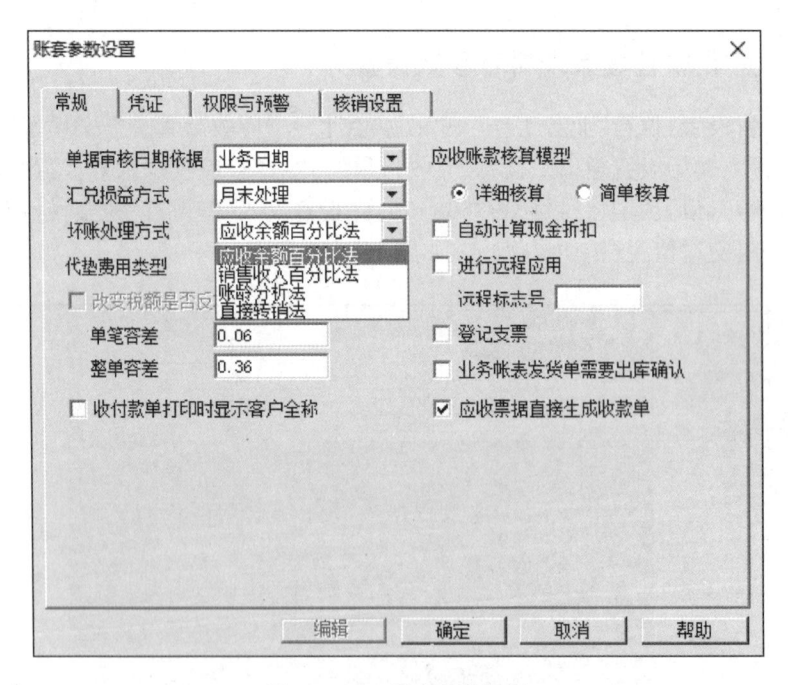

图 11－15　账套参数设置

（4）点击"坏账准备设置"，坏账准备科目为"1231"，期初余额为"10 000"，提取比率为"0.5％"，对方科目为"信用减值损失（6702）"，如图 11－16 所示。

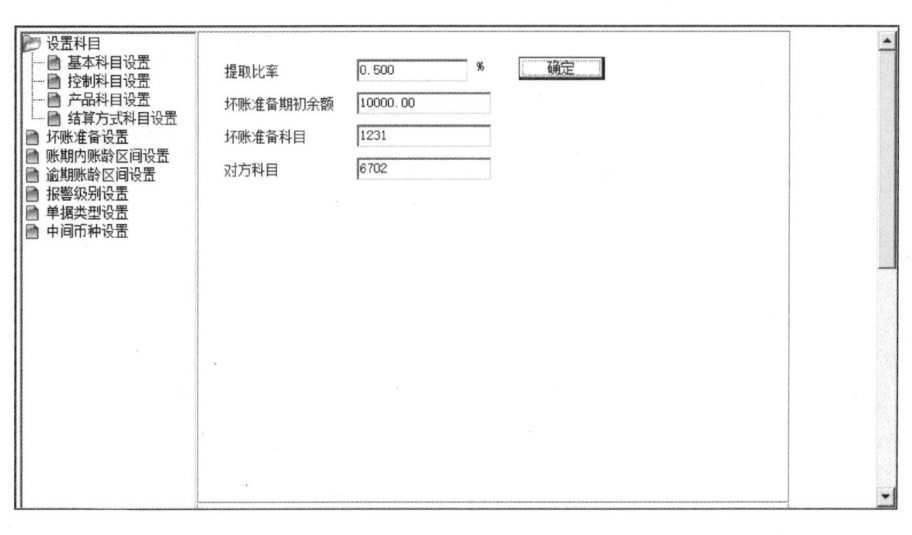

图 11-16 坏账准备设置

11.6.3 应付款管理系统科目参数设置

(1)基本科目设置:执行"业务工作"—"财务会计"—"应付款管理"—"设置"—"初始设置(双击)"命令,进入初始设置窗口。设置"应付科目"为"2202(应付账款)",设置"预付科目"为"1123(预付账款)",设置"采购科目"为"1402(在途物资)",设置"税金科目"为"22210101(应交税费——应交增值税(进项税额))"。如图 11-17 所示。

图 11-17 基本科目设置

(2)点击"结算方式科目设置"—"现金结算"对应"1001(库存现金)","支票结算"对应"100201(银行存款—农行)","汇票结算"对应"100201(银行存款—农行)",如图 11-18 所示。

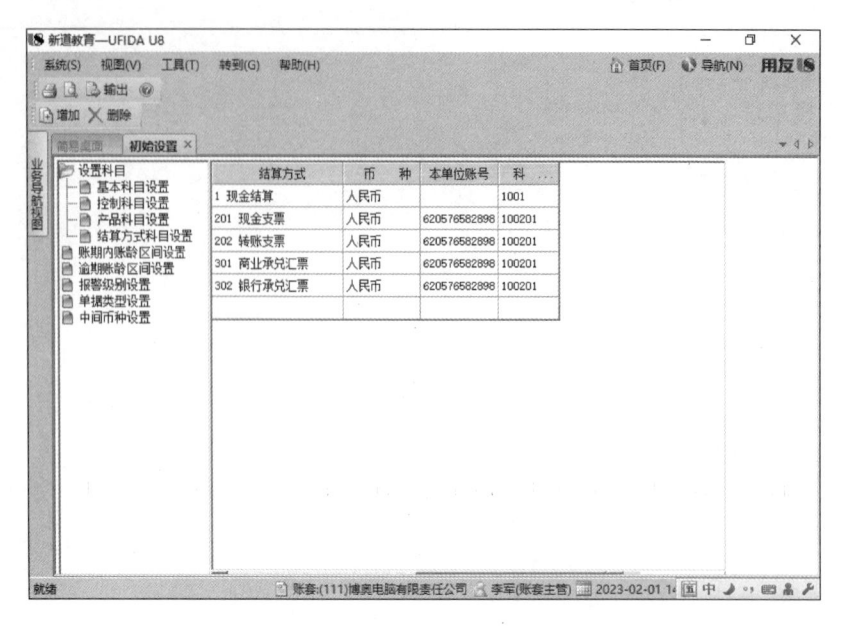

图 11-18　结算方式科目设置

11.7　期初数据录入

11.7.1　应付款管理系统期初数据录入

应付账款科目的期初余额中涉及单位为兴华公司的余额为 5 000 元。(以应付单的形式录入)。

(1)用 001 账号登录企业应用平台,日期为 2023 年 2 月 1 日,执行"业务工作"—"应付款管理"—"设置"—"期初余额"命令,打开"期初余额—查询"对话框,单击"确定"按钮,单据类型"其他应付单"、"正向",单击"确定"按钮,进入"单据录入-应付单"窗口。单击"增加"按钮,供应商"兴华公司",输入单据日期为"2023-01-31",金额为"5 000",如图 11-19 所示。

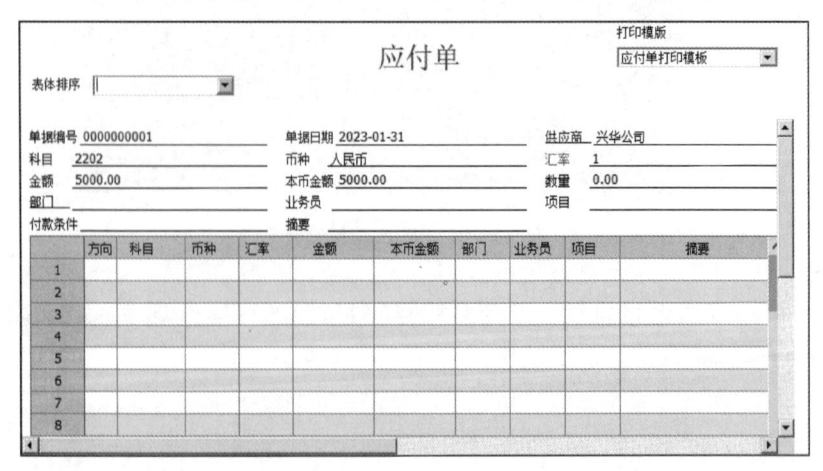

图 11-19　应付单

（2）输入期初余额完毕，退出"单据录入—应收单"后刷新，查询余额界面如图 11－20 所示。

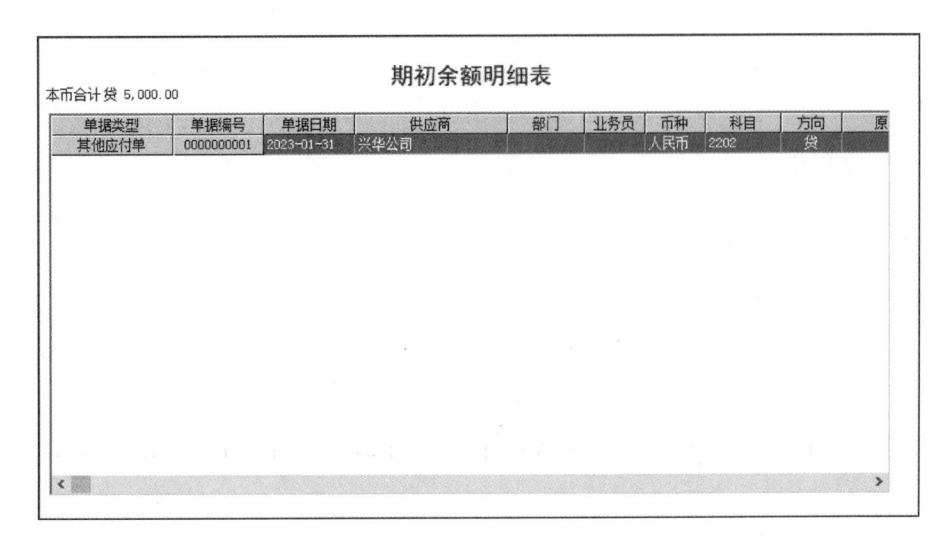

图 11－20　期初余额明细表

（3）期初对账，在"期初余额明细表"窗口中，单击"对账"按钮，进入"期初对账"窗口，查看应付款管理系统与总账管理系统的期初余额是否平衡，此处对账差额为 0，即两个系统的供应商往来科目的期初余额应完全一致，如图 11－21 所示。

图 11－21　应付期初对账

11.7.2　应收款管理系统期初数据录入

应收账款科目的期初余额中涉及华盛贸易的余额为 25 000。

（1）用 001 账号登录企业应用平台，日期为 2023 年 2 月 1 日，执行"业务工作"—"应收款管理"—"设置"—"期初余额"命令，打开"期初余额－查询"对话框，单击"确定"按钮，单据类型"其他应付单"、"正向"，单击"确定"按钮，进入"单据录入—应收单"窗口。单击"增加"按钮，客户"华盛贸易",输入单据日期为"2023—01—31",金额为"25 000"。如图11—22所示。

图11—22 应收单

(2)输入期初余额完毕,退出"单据录入－应收单"后刷新,查询余额界面如图11—23所示。

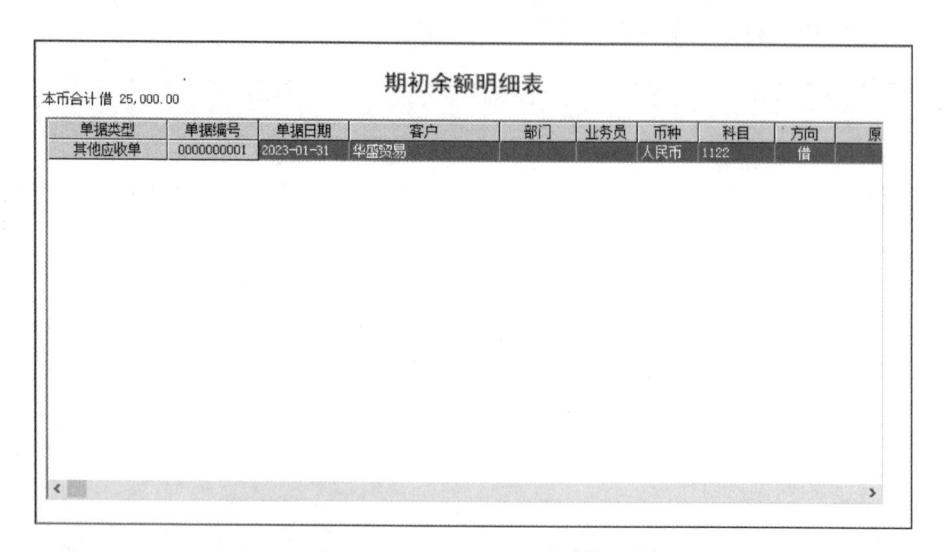

图11—23 期初余额明细表

(3)期初对账,在"期初余额明细表"窗口中,单击"对账"按钮,进入"期初对账"窗口,查看应付款管理系统与总账管理系统的期初余额是否平衡,此处对账差额为0,即两个系统的客户往来科目的期初余额应完全一致,如图11—24所示。

11.7.3 销售管理系统期初数据录入

2023/1/28 业务一部向昌都贸易出售电脑(奔腾)10台,报价5 000元,由成品仓库发货。该发货单尚未开票。(销售类型:经销,部门:销售一部)

(1)执行"业务工作"—"供应链"—"销售管理"—"设置"—"期初发货单(双击)"命令,进

图 11-24　应收期初对账

入"期初发货单"窗口。

(2) 单击"增加"按钮,输入发货日期"2023-01-28",销售类型"经销",客户简称"昌都贸易",销售部门"销售一部",仓库名称"产成品仓库",存货名称"电脑(奔腾)",数量"10",报价"5 000",单击"保存"按钮后审核该发货单再退出。如图 11-25 所示。

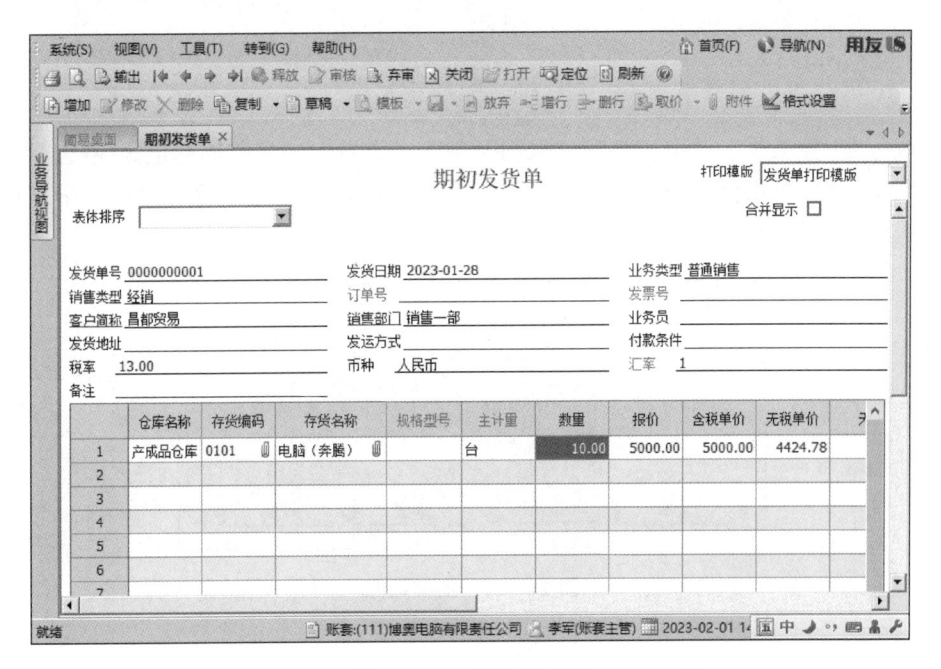

图 11-25　期初发货单

11.7.4　采购系统期初数据录入

2023/1/25 收到兴华公司提供的硬盘 200 个,单价为 300 元,商品已验收入原料仓库,至今尚未收到发票。

采购管理系统可能存在两类期初数据：其一，货到票未到即暂估入库业务，对于这类业务应调用期初采购入库单录入；其二，票到货未到业务，对于这类业务应调用期初采购发票功能录入。本实验中涉及第一种情况。

(1) 执行"业务工作"—"供应链"—"采购管理"—"采购入库单（双击）"命令，进入"期初采购入库单"窗口。

(2) 单击"增加"按钮，输入入库日期"2023-1-25"，选择仓库"外购品仓库"，供货单位"兴华公司"，业务类型"普通采购"，选择存货名称"硬盘"，输入数量200，本币单价300，单击"保存"按钮后退出。如图11-26所示。

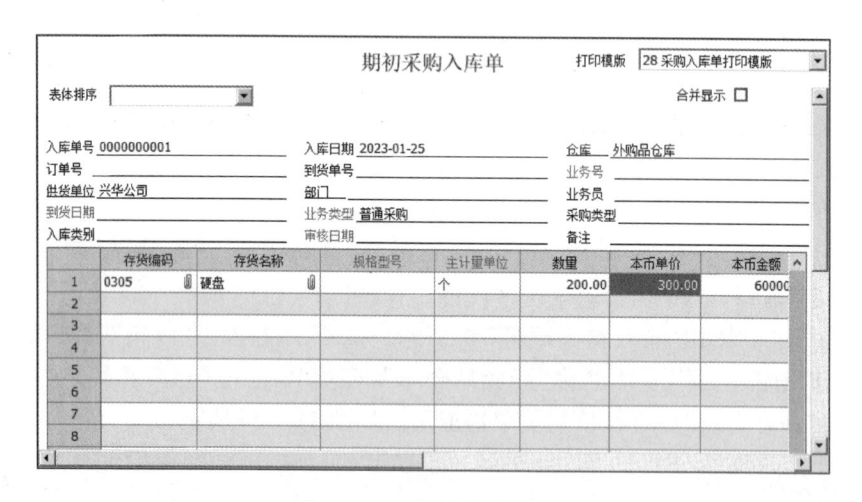

图11-26 期初采购入库单

(3) 执行"业务工作"—"供应链"—"采购管理"—"设置"—"采购期初记账（双击）"命令，自动弹出"期初记账"对话框，单击"记账"按钮，自动弹出"采购管理-期初记账完毕！"提示框。单击"确定"退出，如图11-27所示。

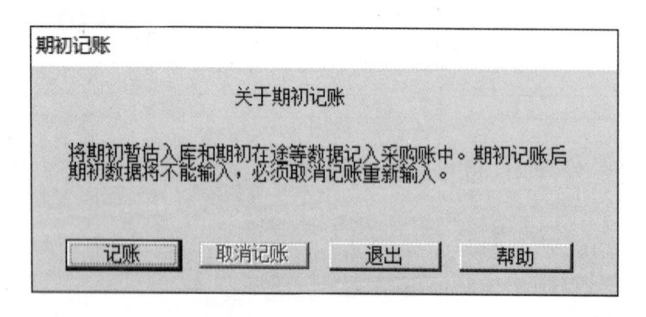

图11-27 期初记账

11.7.5 库存系统期初数据录入

(1) 执行"业务工作"—"供应链"—"库存管理"—"期初结存（双击）"命令，进入"库存期初数据录入—库存期初"窗口。选择"001产成品仓库"，单击"修改"，存货编码依次输入"0101"和"0102"，单击保存，如图11-28所示。

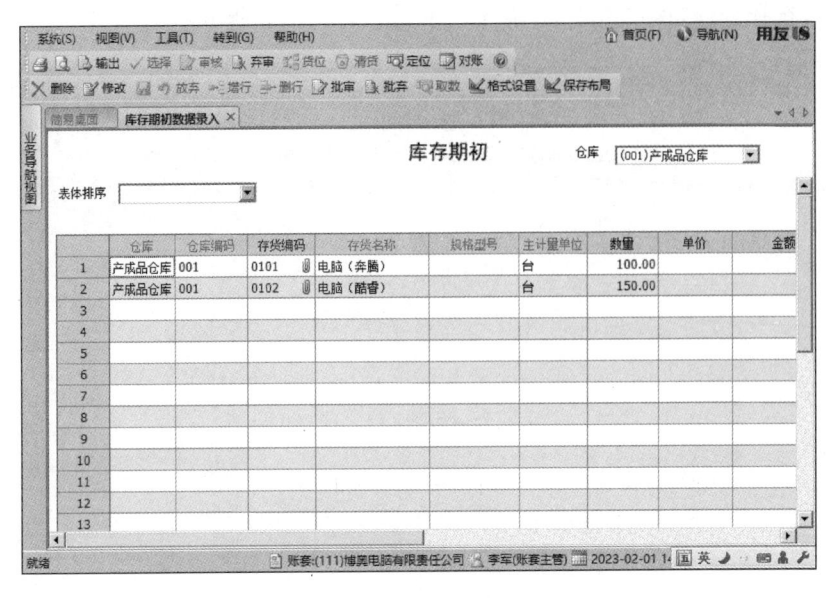

图 11－28　库存期初—001 产成品仓库

（2）按照相同方法，比照表 11－11 输入 002 半成品库、003 外购品仓库、004 原材料仓库，如图 11－29 所示。

图 11－29　库存期初—003 外购品仓库

（3）审核期初结存，选择每个仓库，点击"批审"，注意每个仓库都要批审。

11.6.6　存货核算系统期初数据录入

（1）执行"业务工作"—"供应链"—"存货核算"—"初始设置"—"期初数据"—"期初余额

(双击)"命令,选择仓库,再单击取数,输入单价,如图 11－30 所示。

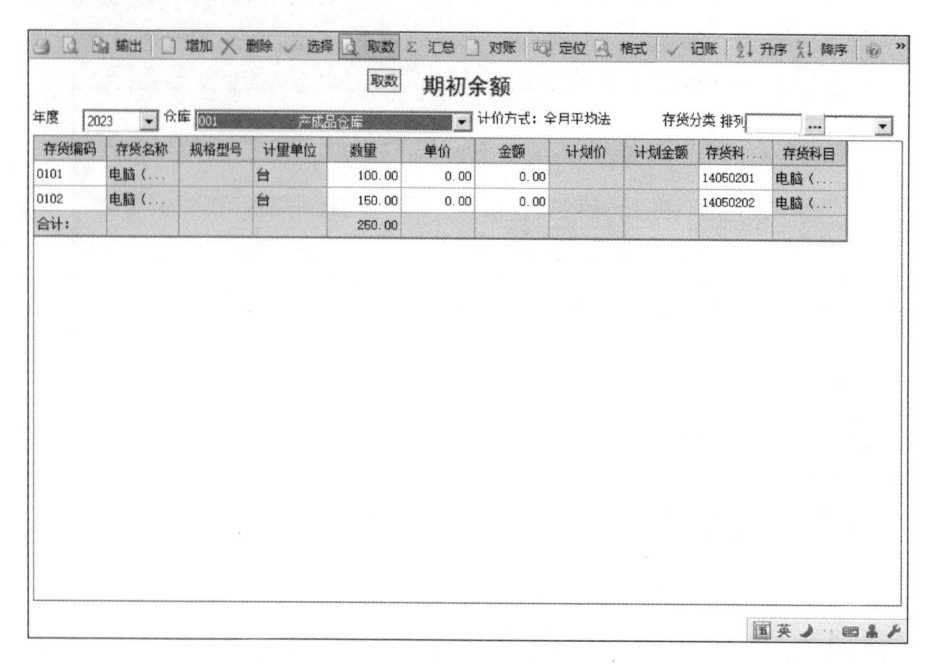

图 11－30　存货核算期初余额取数

(2)用上述方法依次取数,比照表 11－7 完成产成品、半成品、外购品和原材料仓库期初数据录入。

(3)存货期初余额输入完毕后,单击"对账"按钮,完成库存和存货期初对账,如图 11－31 所示。

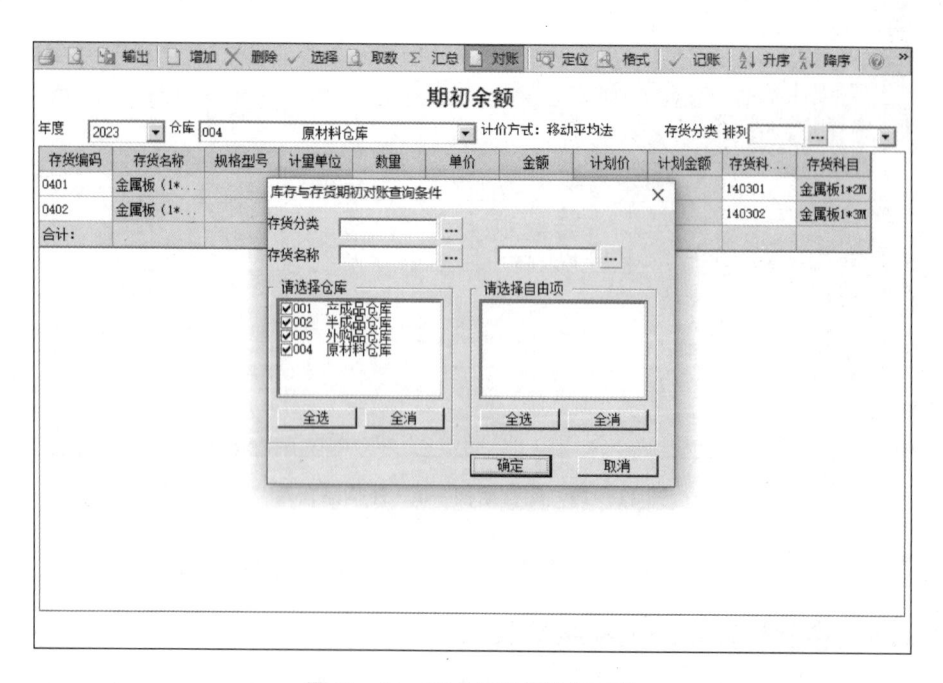

图 11－31　库存和存货期初对账

(4)单击"记账"按钮,系统对所有仓库进行记账并提示"期初记账成功!"如图 11-32 所示。

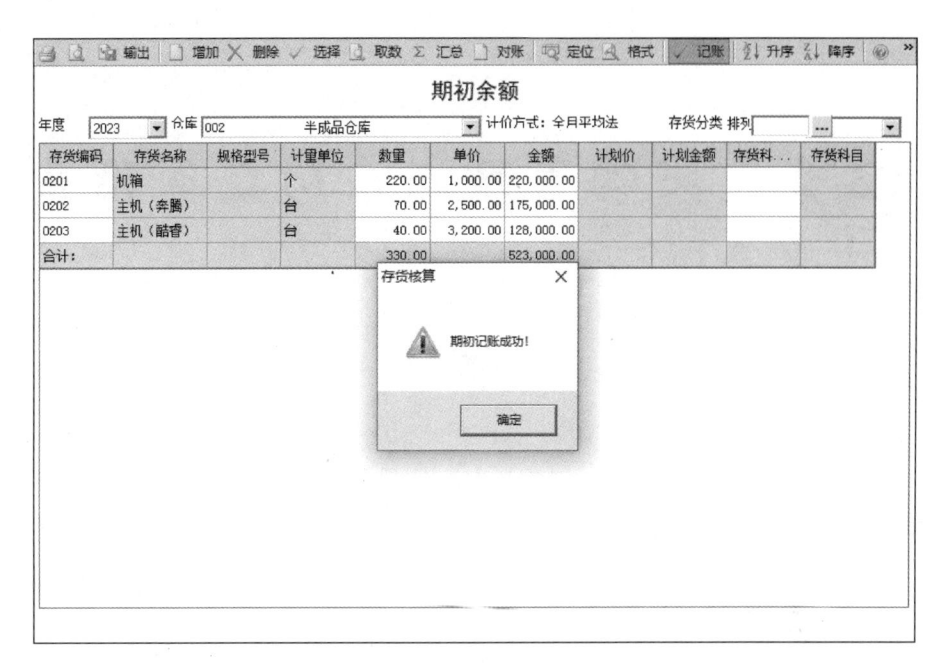

图 11-32 期初余额记账

复习思考题

1. 简述收发类别、采购类型与销售类型在供应链管理系统中的重要作用。
2. 简述应收系统、应付系统与存货核算系统中科目设置的关系。
3. 简述存货核算系统期初记账的作用。
4. 简述库存管理系统与存货核算系统的关系。

第12章 采购管理与应付款管理系统

【采购管理与应付款管理系统概述】

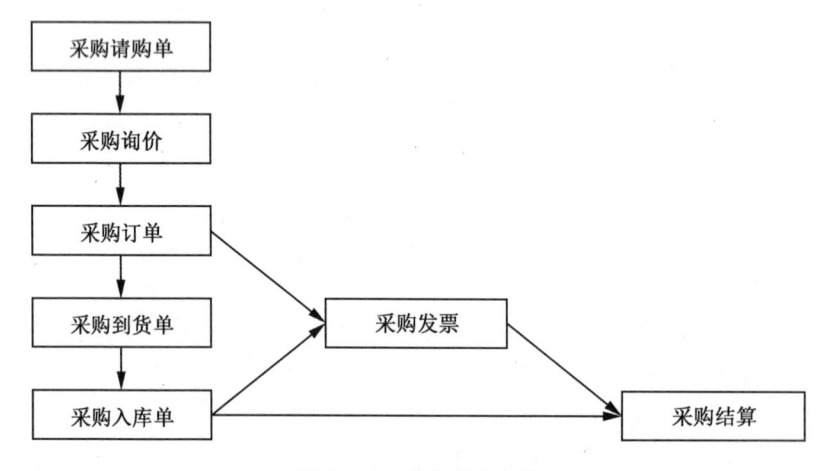

图12—1 本章总体流程

采购管理系统可以单独使用,也可以与库存管理、存货核算、销售管理、应付款管理等子系统集成使用。作为企业会计信息系统供应链系统的一个子系统,采购管理系统业务处理主要包括请购、订货、到货、入库、采购发票、采购结算等采购业务的全过程管理,还可以处理普通采购业务、受托代销业务、直运业务等业务类型。

普通采购业务主要包含以下业务处理环节:

1. 采购订货。企业与供应商之间为了达成货物交易,一般先由使用部门填制请购单,然后询价,确定好供应商,通常需要签订购销合同,以明确双方的权利、义务。在供应链管理系统,根据购销合同填制采购订单。

2. 采购到货。采购到货是采购订货和采购入库的中间环节。此时,参照采购订单生成到货单。已审核的到货单可以参照生成退货单、到货拒收单和采购入库单。系统提供根据采购订单批量生成到货单的功能。

3. 采购入库。对于质检合格的货物,应办理入库手续。采购入库单参照到货单签收的实收数量生成,它可以参照生成采购专用发票。对于入库后的退货业务,可参照采购退货单生成负向的采购入库单。

4. 采购发票。供应商应根据合同约定开具增值税专用发票,它是确认采购成本的直接依据,也是支付货款的直接依据。采购发票可以参照采购订单、采购入库单生成,也可以拷贝其他采购发票生成。采购专用发票保存后自动传递至应付系统,并在应付系统审核。

5. 采购结算。采购结算也称采购报账,是采购业务中十分重要的环节,是指采购核算人员根据采购发票、采购入库单核算采购入库成本的过程。

【思政元素】

采购员本该为公司选择最适合的供应商,而有人却利用这点权力,将其作为"吃拿卡要"收受贿赂的依仗,甚至是侵占单位财物的手段。在此提醒,莫伸手,伸手必被抓!公司采购职员在采购过程中收受贿赂,有可能构成非国家工作人员受贿罪,侵占公司财物的,有可能构成职务侵占罪,企业也需要在这一过程中严格规范内部控制相关政策,不相容岗位相分离,执行严格的审批制度。

【实验目标】

1. 理解采购管理、应付款管理系统与其他子系统之间的传递关系。
2. 掌握企业日常采购业务的处理流程。

【实验内容】

1. 普通采购业务的处理。

该业务适合大多数企业的日常采购业务,包括采购请购、采购订货、采购入库、采购发票、采购成本核算、采购付款等全过程的管理。

2. 现付业务。
3. 运费分摊业务。
4. 暂估结算业务。
5. 开票前退货业务。
6. 开票后退货业务。

【实验资料】

业务一:普通采购业务

1. 2023/02/01 业务员刘乐(采购部)向建盛公司询问键盘的价格(55元/只,含税单价),觉得价格合适,随后向公司上级主管提出请购要求,请购数量为300只。业务员据此填制请购单。

2. 2023/02/02 上级主管同意向建盛公司订购键盘300只,含税单价为55元,要求到货日期为2023/02/03。

3. 2023/02/03 收到所订购的键盘300只。填制到货单。

4. 2023/02/03 将所收到的货物验收入外购品仓库。填制采购入库单。

5. 当天收到该笔货物的专用发票一张。

6. 业务部门将采购发票交给财务部门,财务部门确认此业务所涉及的应付账款及采购成本。

业务二:现付业务

2023/02/05 向建盛公司购买鼠标300只,单价为30元/只,验收入外购品仓库。同时收到专用发票一张,立即以支票形式支付货款。

业务三：运费分摊业务

2023/02/06 向建盛公司购买金属板(1*2m)2000个，单价为10元/个，验收入外购品仓库。同时收到专用发票一张，票号为85012。另外，在采购的过程中，发生了一笔运输费200元，税率为9%，收到相应的运费发票一张。

业务四：暂估结算业务

2023/02/09 收到兴华公司提供的上月已验收入库的200盒硬盘的专用发票一张，发票单价为320元。

业务五：开票前退货业务

2023/02/10 收到建盛公司提供的显示器，数量202套，单价为600元。验收入外购品仓库。

2023/02/11 仓库反映有2台显示器有质量问题，要求退回给供应商。

2023/02/11 收到建盛公司开具的专用发票一张。

业务六：开票后退货业务

2023/01/15 从建盛公司购入的键盘质量有问题，退回2只，单价为55元，同时收到票号为665218的红字专用发票一张。

12.1 普通采购业务

12.1.1 在库存系统中，设置采购入库单的格式

(1)用001登录企业应用平台，日期为2023年2月1日。

(2)执行"业务工作"—"供应链"—"入库业务"—"采购入库单(双击)"，打开"采购入库单"窗口。单击"格式设置"，如图12-2所示，点击"表头项目"，勾选"入库类别"，勾选"必输"，取消勾选"可为0"，如图12-3所示。

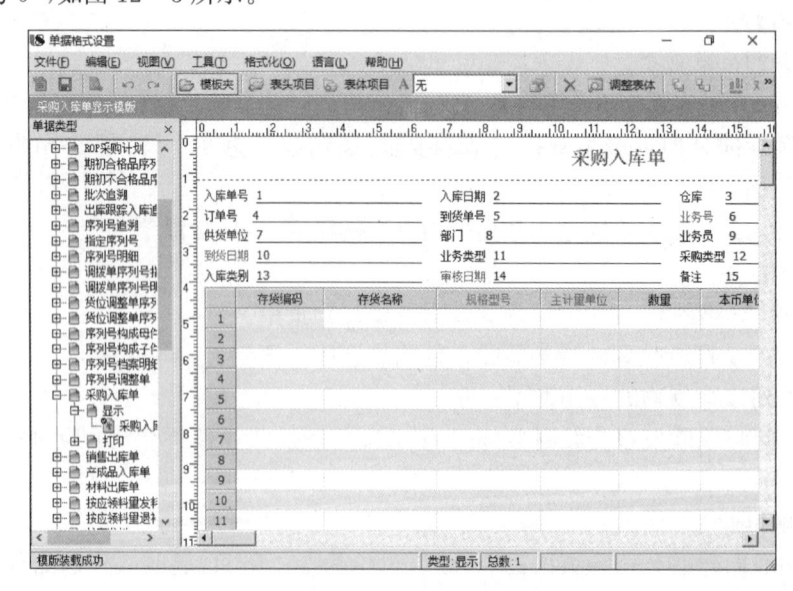

图12-2 格式设置

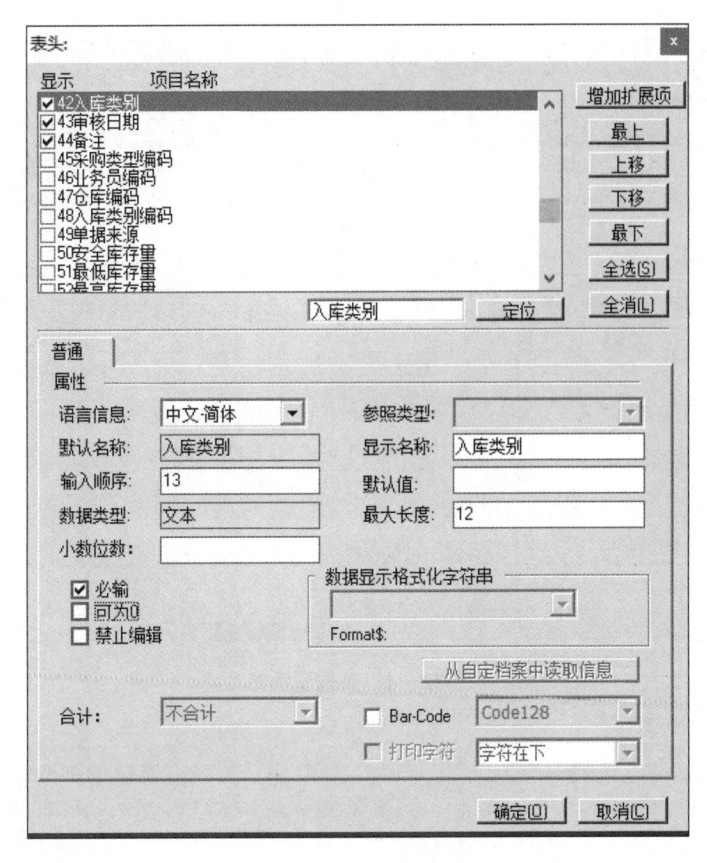

图 12－3　表头项目

12.1.2　在采购管理系统中填制并审核采购请购单

(1)用 006 登录企业应用平台,日期为 2023 年 2 月 1 日。

(2)执行"业务工作"—"供应链"—"采购管理"—"请购(双击)",打开"采购请购单"窗口。单击"增加"按钮,输入日期 2023 年 2 月 1 日,"业务类型"为"普通采购",存货编码为"0303",数量为 300 ,请购单不填写金额。如图 12－4 所示。

12.1.3　在采购系统中,填制并审核采购订单

(1)用 006 登录企业应用平台,日期为 2023 年 2 月 2 日。

(2)执行"业务工作"—"供应链"—"采购管理"—"采购订货"—"采购订单(双击)",打开"采购订单"窗口,单击"增加"按钮,下拉"生单"按钮,选择"请购单"选项,如图 12－5 所示。打开"查询条件选择—采购请购单列表过滤"对话框,输入请购日期"2023 年 2 月 1 日",填写到货日期为"2023 年 2 月 3 日"。

图12—4　采购请购单

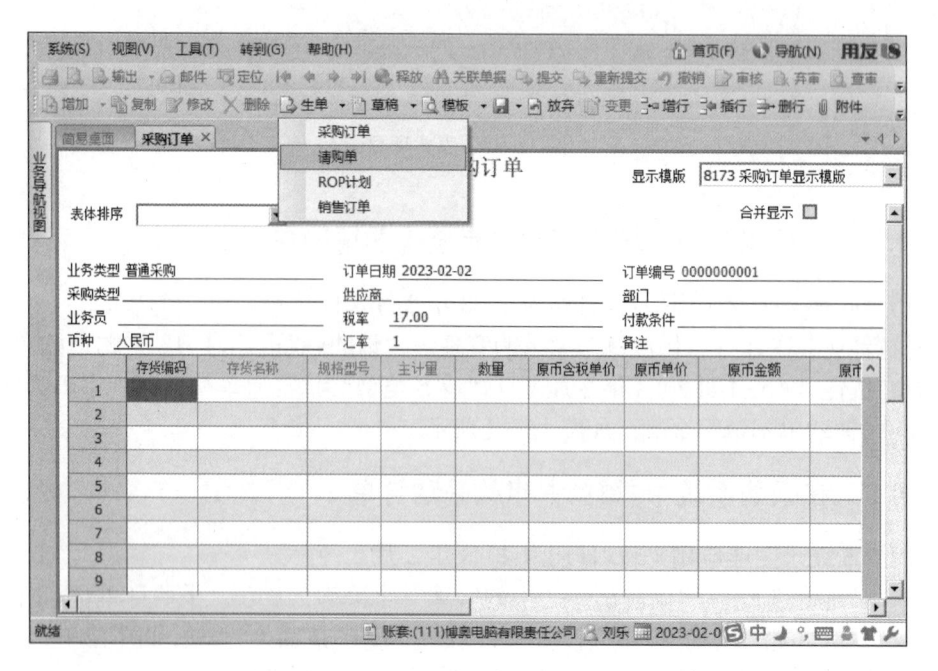

图12—5　请购单

(3)单击"确定"按钮,进入"拷贝并执行"窗口。双击需要参照的采购请购单的"选择"栏,单击"OK确定"按钮,将采购请购单相关信息带入采购订单,如图12—6所示。

(4)进入"采购订单"窗口,单击"保存"按钮,再单击"审核"按钮后退出。如图12—7所示。

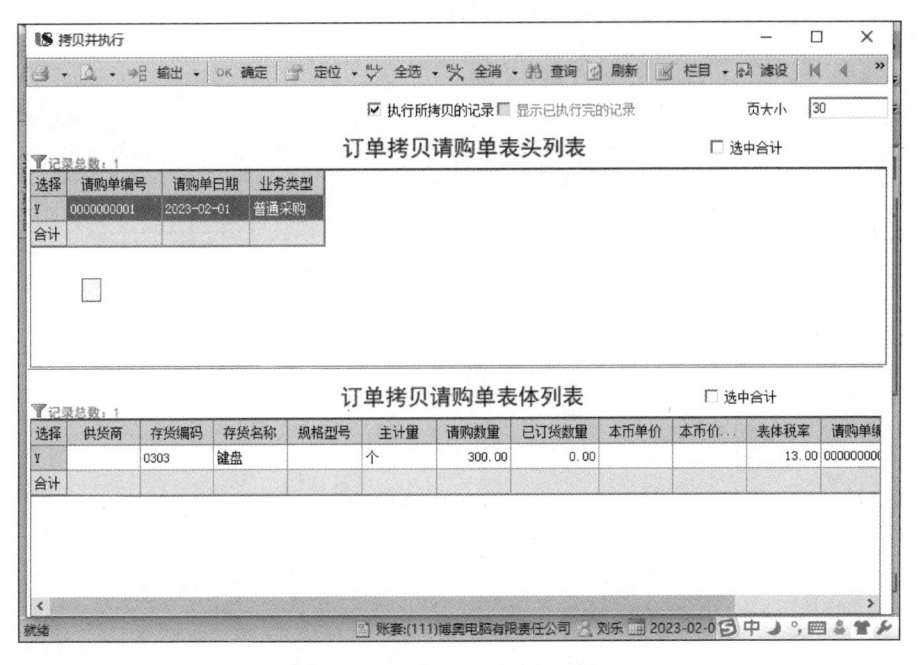

图 12—6　参照请购单拷贝并执行

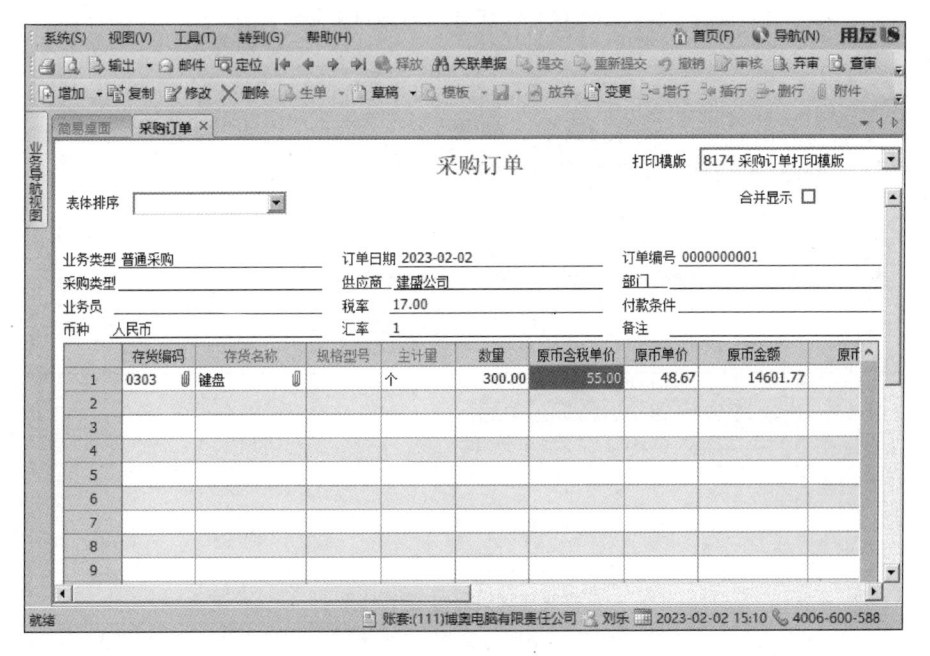

图 12—7　采购订单

12.1.4　在采购系统中,填制到货单

(1)用 006 登录企业应用平台,日期为 2023 年 2 月 3 日。
(2)执行"业务工作"—"供应链"—"采购管理"—"采购到货"—"到货单(双击)"命令,打开

"到货单"窗口，单击"生单"按钮，选择"采购订单"选项，如图12－8所示。打开"查询条件选择—采购订单列表过滤器"对话框，单击"确定"按钮。

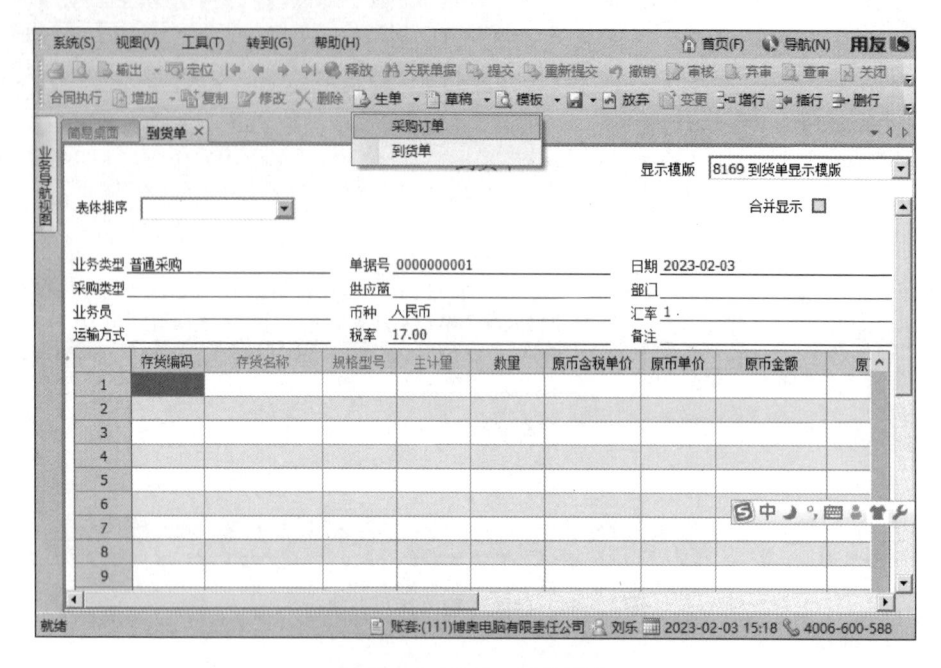

图12－8 生单—采购订单

（3）进入"拷贝并执行"窗口。双击需要参照的采购订单的"选择"栏，单击"OK确定"按钮，将采购订单相关信息带入采购到货单。如图12－9所示。进入"到货单"窗口，输入表头信息，单击"保存"按钮，再单击"审核"按钮后退出。如图12－10所示。

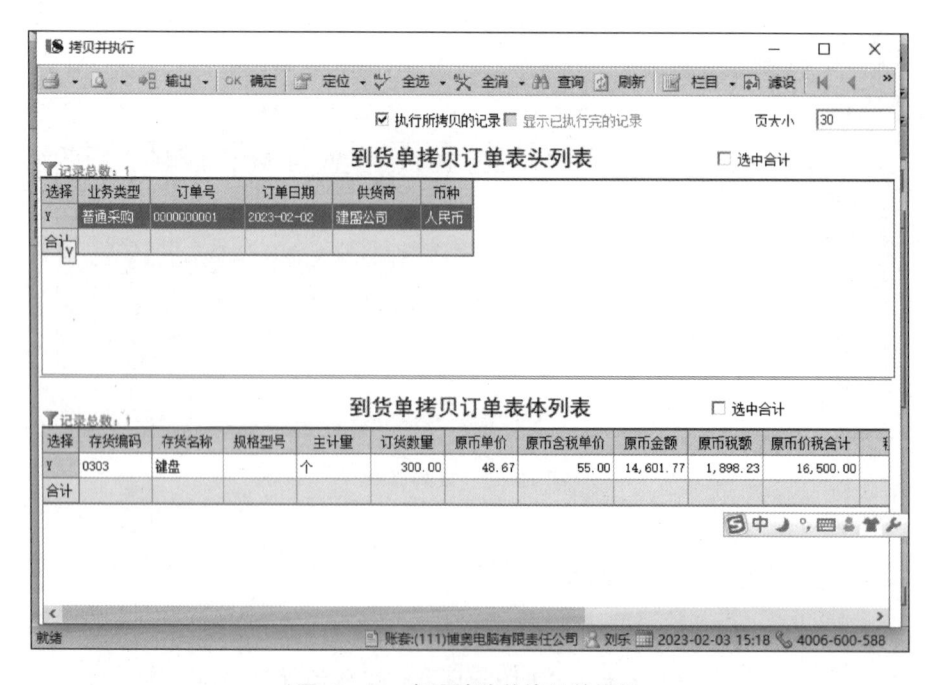

图12－9 参照请购单拷贝并执行

第 12 章 采购管理与应付款管理系统

图 12-10 到货单

12.1.5 在库存管理系统中填制并审核采购入库单

(1) 用 007 登录企业应用平台,日期为 2023 年 2 月 3 日。

(2) 执行"业务工作"—"供应链"—"库存管理"—"入库业务"—"采购入库单(双击)"命令,打开"采购入库单"窗口,下拉"生单"按钮,选择"采购到货单(蓝字)"选项,如图 12-11 所示。进入"查询条件选择—采购到货单列表"窗口。单击"确定"按钮。

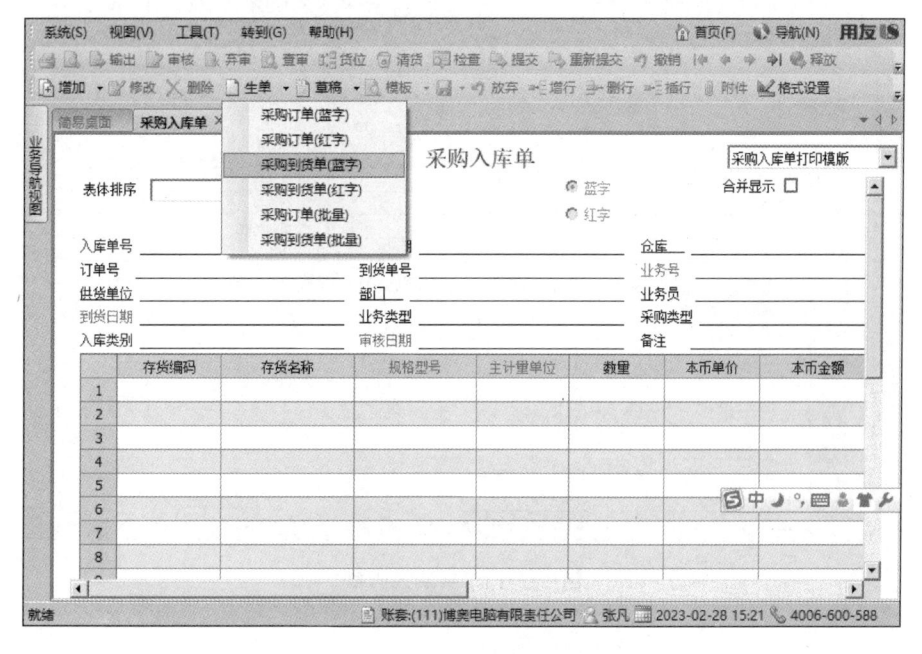

图 12-11 生单—采购到货单(蓝字)

(3)进入"到货单生单列表"窗口，双击选择参照的采购到货单，单击"OK 确定"按钮，将采购到货单相关信息带入采购入库单。如图 12－12 所示。

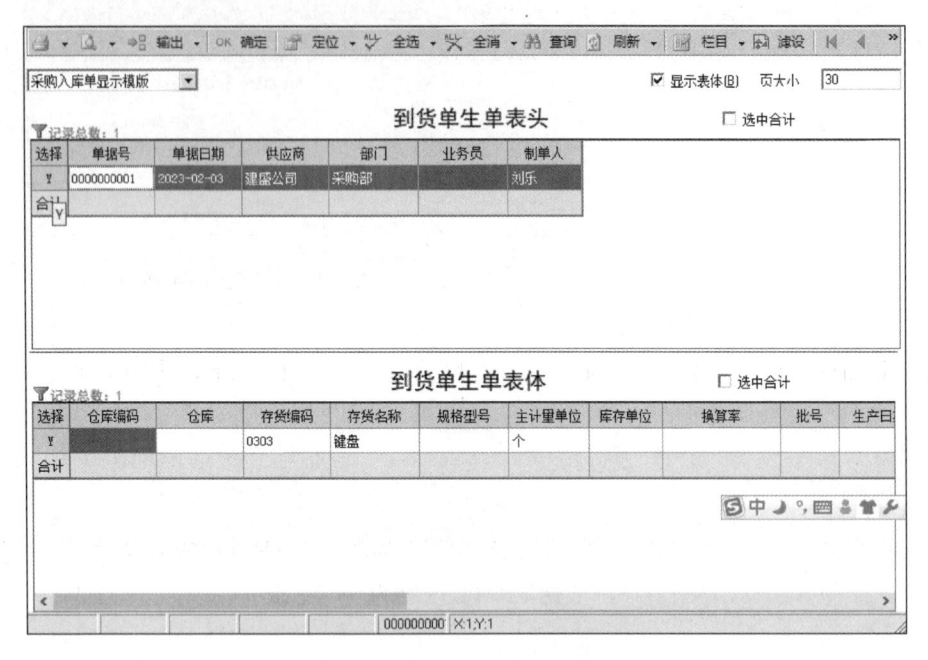

图 12－12　到货单生单列表

(4)进入"采购入库单"窗口，输入仓库"外购品仓库"，单击"保存"按钮，再单击"审核"按钮，系统弹出"该数据审核成功！"提示对话框，单击"确定"按钮返回后退出。如图 12－13 所示。

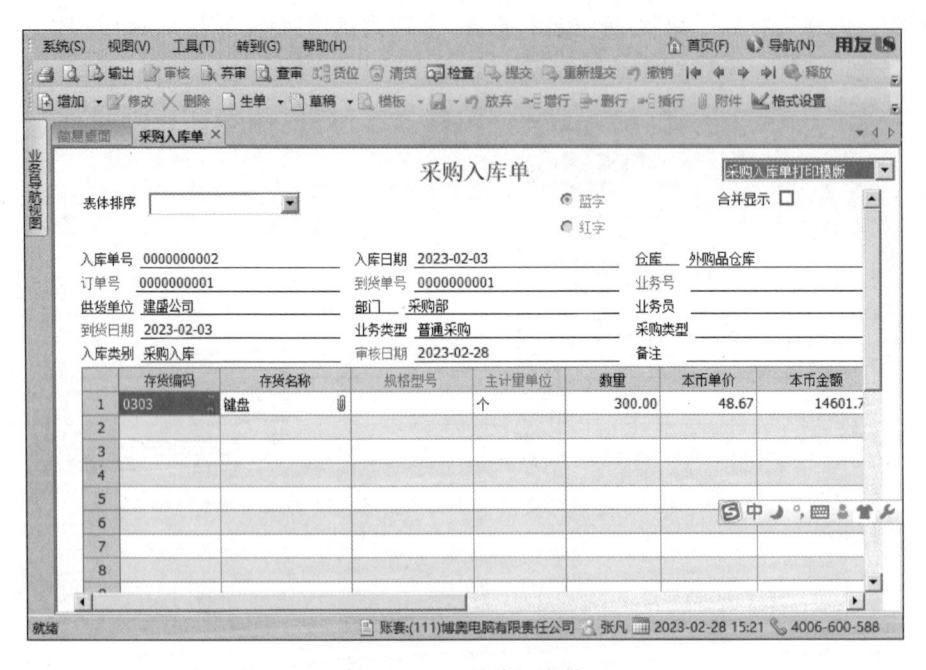

图 12－13　采购入库单

12.1.6　在采购管理系统中,填制采购发票

(1)用006登录企业应用平台,日期为2023年2月3日。

(2)执行"业务工作"—"供应链"—"采购管理"—"采购发票"—"专用采购发票(双击)"命令,打开"专用发票"窗口,单击"增加"按钮,下拉"生单"按钮,选择"入库单"选项,打开"查询条件选择—采购入库单列表过滤"窗口,单击"确定"按钮。如图12-14和图12-15所示。

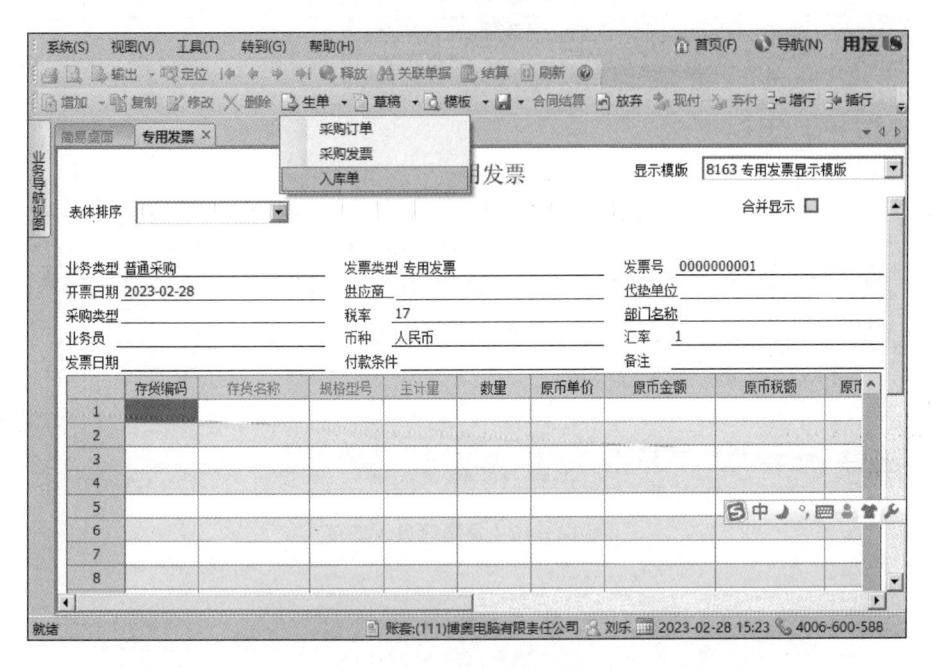

图12-14　生单—入库单

图12-15　查询条件选择—采购入库单列表过滤

(3)进入"拷贝并执行"窗口,如图12-16所示。双击选择需要参照的采购入库单,单击"OK确定"按钮,将采购入库单相关信息带入采购专用发票。如图12-17所示。

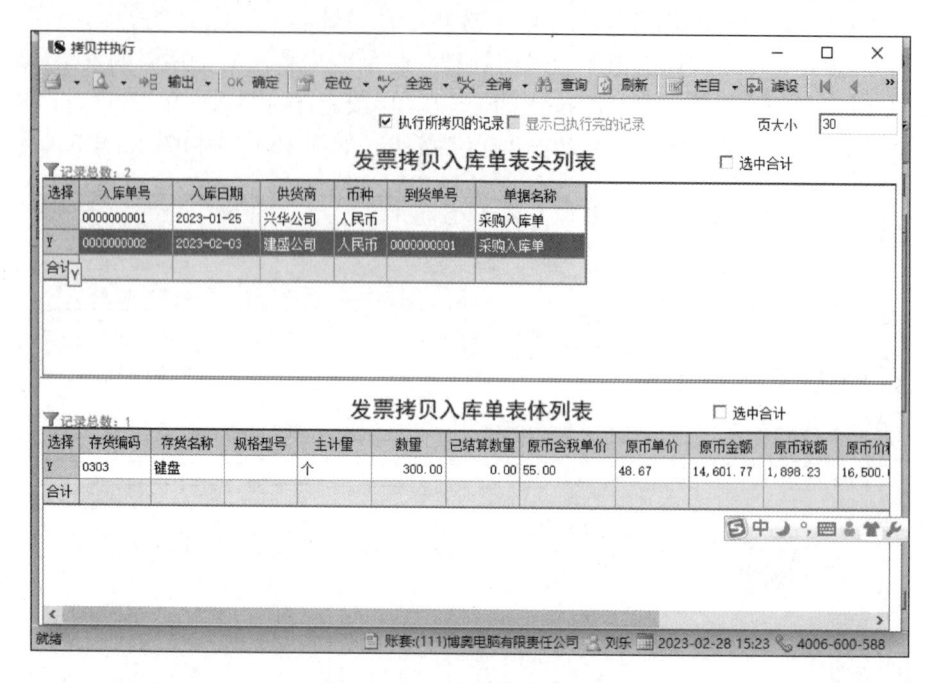

图12-16 发票拷贝入库单

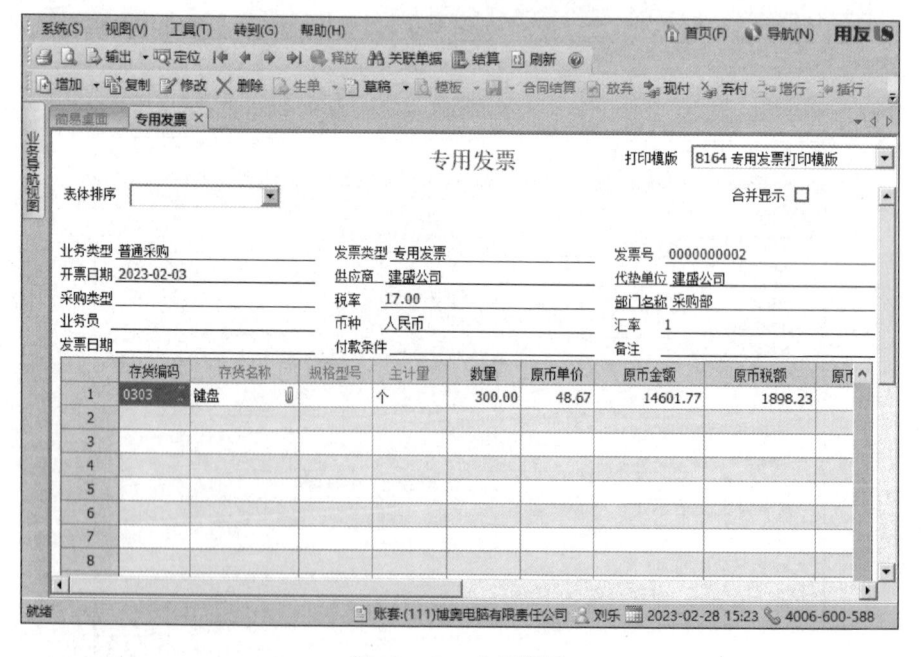

图12-17 专用发票

12.1.7 在采购管理系统中执行采购结算

(1)用002登录企业应用平台,日期为2023年2月3日。

(2)执行"业务工作"—"供应链"—"采购管理"—"采购结算"—"自动结算(双击)"命令,打开"查询条件选择—采购自动结算"窗口,选择结算模式"入库单和发票"类型,单击"确定"按钮。如图12—18所示。

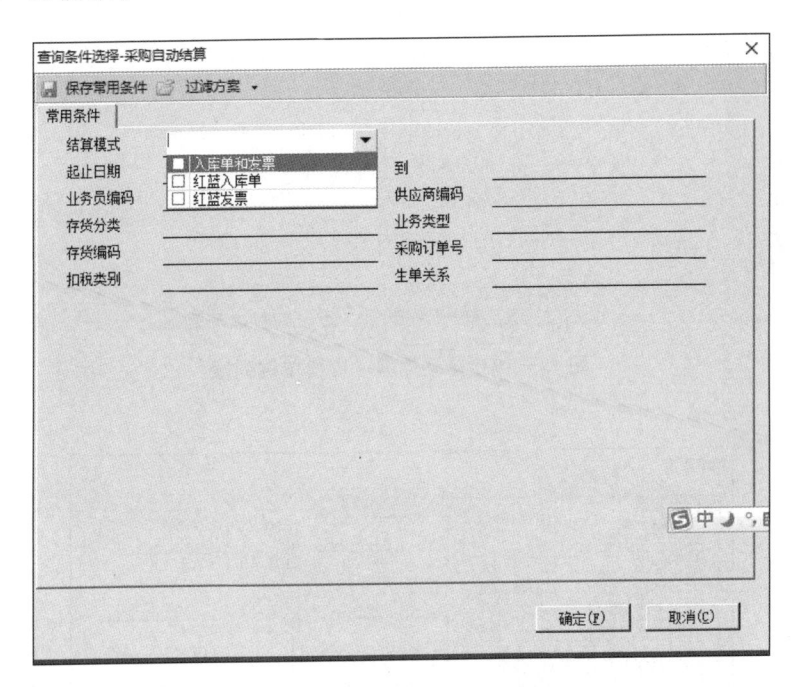

图 12—18 结算模式—入库单和发票

(3)系统弹出"采购管理—全部成功,共处理了(1)条记录"提示框,单击"确定"按钮返回。

12.1.8 在应付管理系统中审核采购专用发票并生成应付凭证

(1)以"001李军"的身份登录企业应用平台,操作日期"2023—02—03"。

(2)执行"业务工作"—"财务会计"—"应付款管理"—"应付单据处理"—"应付单据审核(双击)"命令,打开"应付单查询条件"窗口,选择单据名称"采购专用发票",供应商"建盛公司",单据日期"2023—02—03",单击"确定"按钮。

(3)进入"单据处理—应付单据列表"窗口,双击选择需要审核的单据,单击"审核"按钮,系统弹出审核结果提示框,单击"确定"按钮返回后退出。如图12—19所示。

(4)执行"业务工作"—"财务会计"—"应付款管理"—"制单处理(双击)"命令,打开"制单查询"窗口,选择"发票制单",供应商"强盛公司",单击"确定"按钮。如图12—20所示。

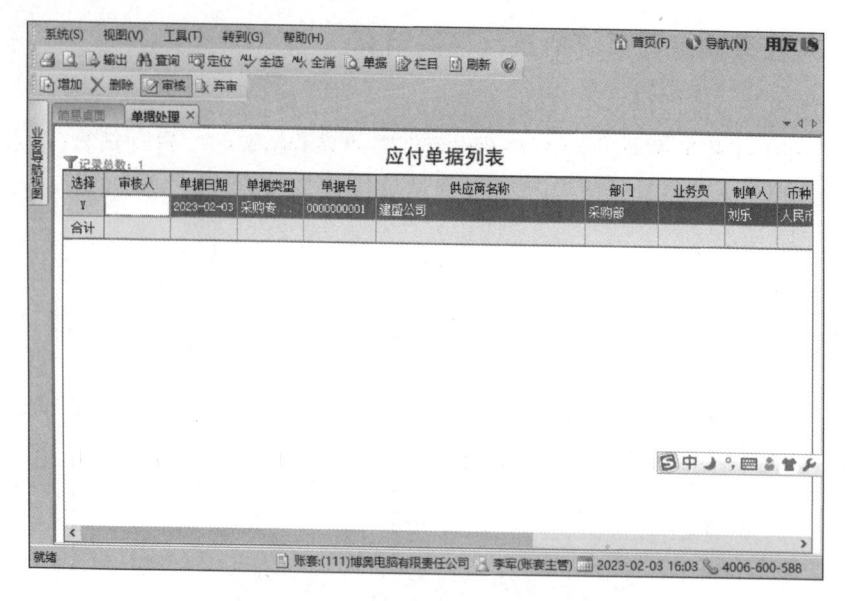

图 12—19　单据处理—应付单据列表

图 12—20　发票制单

(5)进入"制单—采购发票制单"窗口,单击"全选"按钮,或者双击选择需要制单的发票,默认都是收款凭证,如图 12—21 所示,此处因为未付款,需要手动在凭证类别下拉列表里面选择"转账凭证",也可以在下一步骤填制凭证左上角选择"转账凭证"。

(6)单击"制单"按钮,进入"填制凭证"窗口。单击"保存"按钮,凭证左上角显示"已生成"标志,表明凭证已传至总账管理系统。最后退出"填制凭证"窗口。如图 12—22 所示。

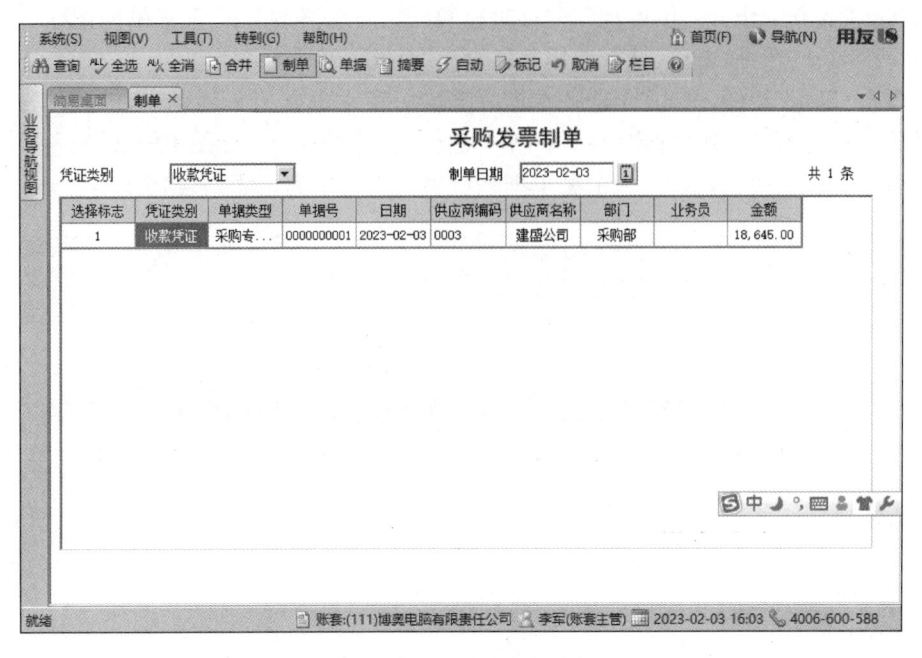

图 12—21　采购发票制单

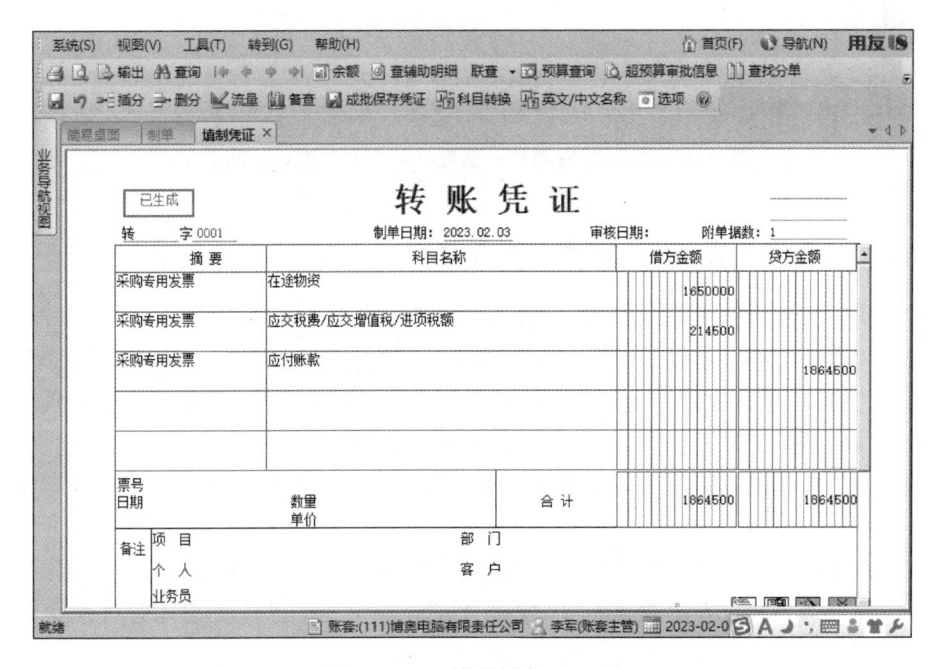

图 12—22　转账凭证 0001 号

12.1.9　在存货系统中,进行入库单记账

(1)以"007"的身份登录企业应用平台,操作日期"2023—02—03"。

(2)执行"业务工作"—"供应链"—"存货核算"—"业务核算"—"正常单据记账(双击)"命令,打开"查询条件选择"窗口,选择常用条件仓库"外购品库"。

(3)单击"确定"按钮,进入"未记账单据一览表—正常单据记账列表"窗口,双击选择要记账的单据,单击"记账"按钮,弹出"存货核算—记账成功"提示框。如图12-23所示。

(4)单击"确定"按钮,退出"未记账单据一览表—正常单据记账列表"窗口。

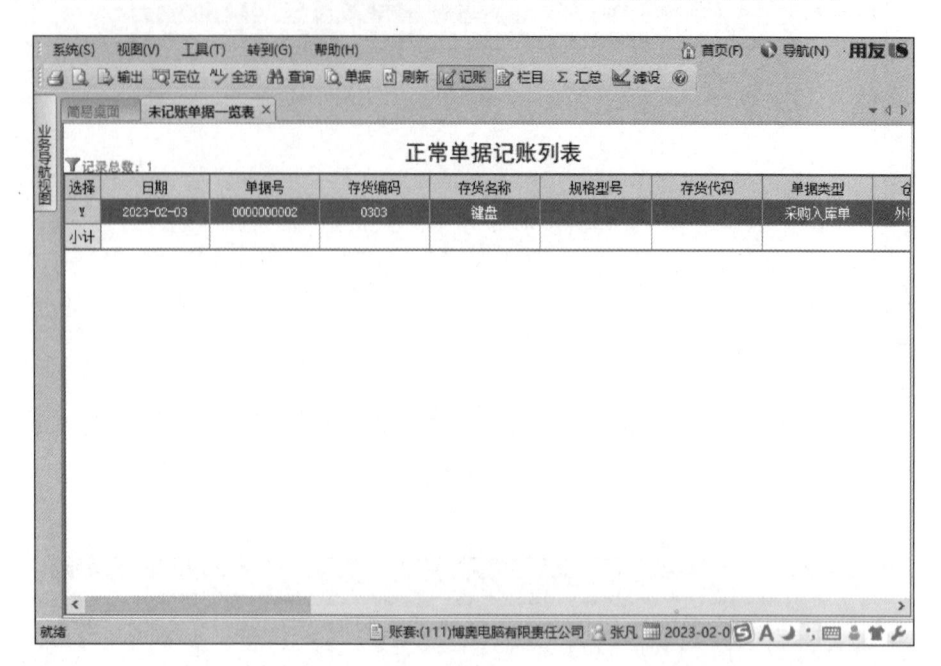

图12-23 未记账单据一览表——正常单据记账列表

12.1.10 在存货系统中,生成入库凭证

(1)以"001"的身份登录企业应用平台,操作日期"2023-02-03"。

(2)执行"业务工作"—"供应链"—"存货核算"—"财务核算"—"生成凭证(双击)"命令,打开"生成凭证"窗口,单击工具栏上的"选择"按钮,打开"查询条件"对话框,单击"全消"按钮,选择"采购入库单(报销记账)"选项,单击"确定"按钮。如图12-24所示。

(3)进入"选择单据—未生成凭证单据一览表"窗口,选择要制单的对象,单击"确定"按钮。如图12-25所示。

(4)进入"生成凭证"窗口,选择凭证类别"转账凭证",单击"生成"钮。进入"填制凭证"窗口,单击"保存"按钮,凭证左上角显示"已生成"标志,表明凭证已传至总账管理系统。最后退出"填制凭证"窗口。如图12-26所示。

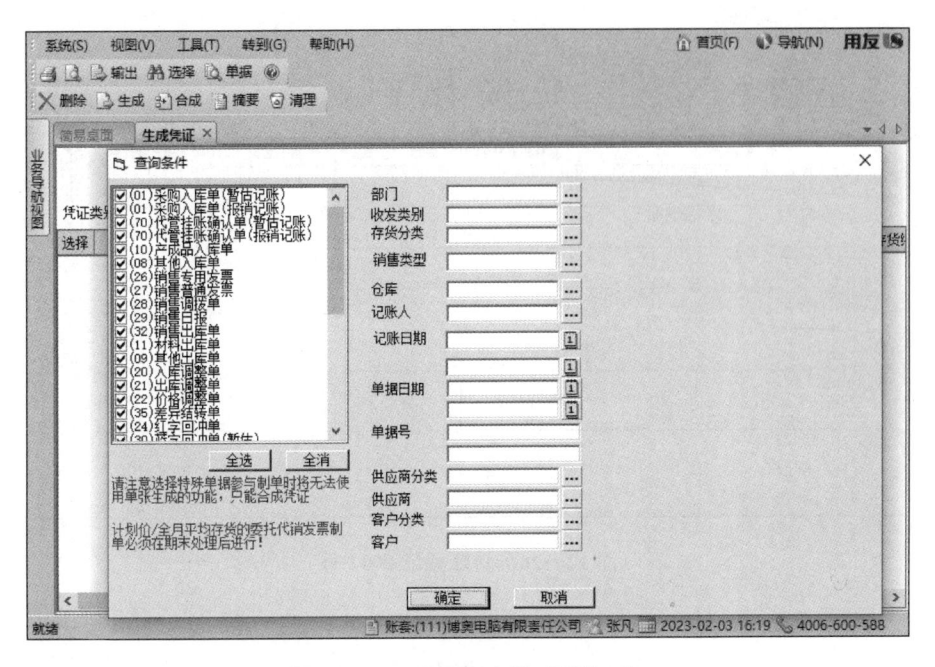

图 12—24　采购入库单（报销记账）

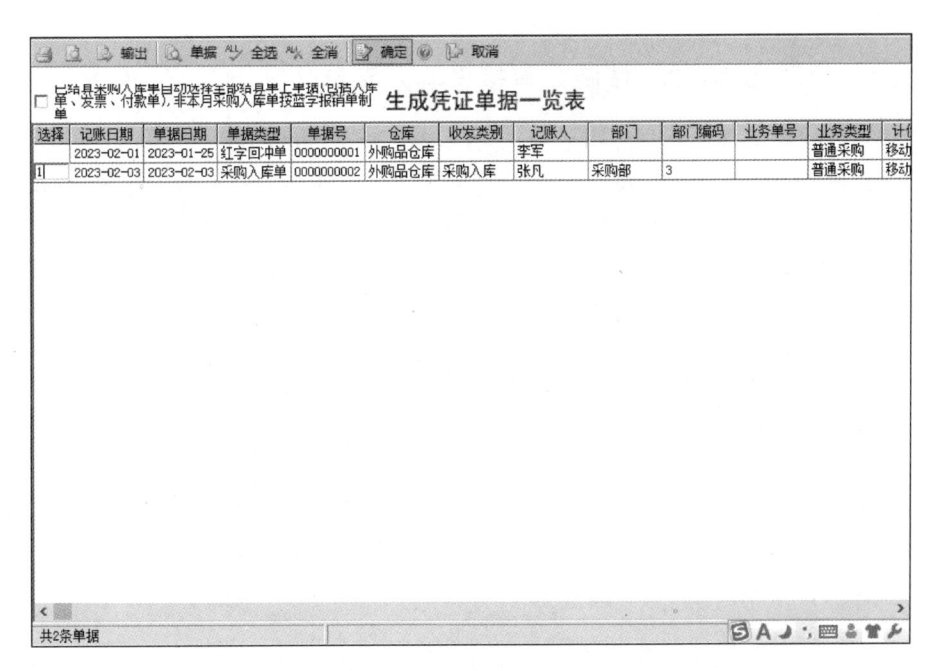

图 12—25　未生成凭证单据一览表

图 12-26 转账凭证 0002 号

12.2 现付业务

12.2.1 启动库存系统，填制并审核采购入库单

(1)以"007"的身份登录企业应用平台，操作日期"2023-02-05"。

(2)执行"业务工作"—"供应链"—"库存管理"—"入库业务"—"采购入库单(双击)"命令，打开"采购入库单"窗口，单击"增加"按钮，选择仓库"外购品仓库"，供货单位"建盛公司"，入库类别"采购入库"，存货编码"0302 鼠标"，数量"300"，如图 12-27 所示。单击"保存"按钮，再单击"审核"按钮，系统弹出"该单据审核成功！"提示框，单击"确定"按钮后退出。

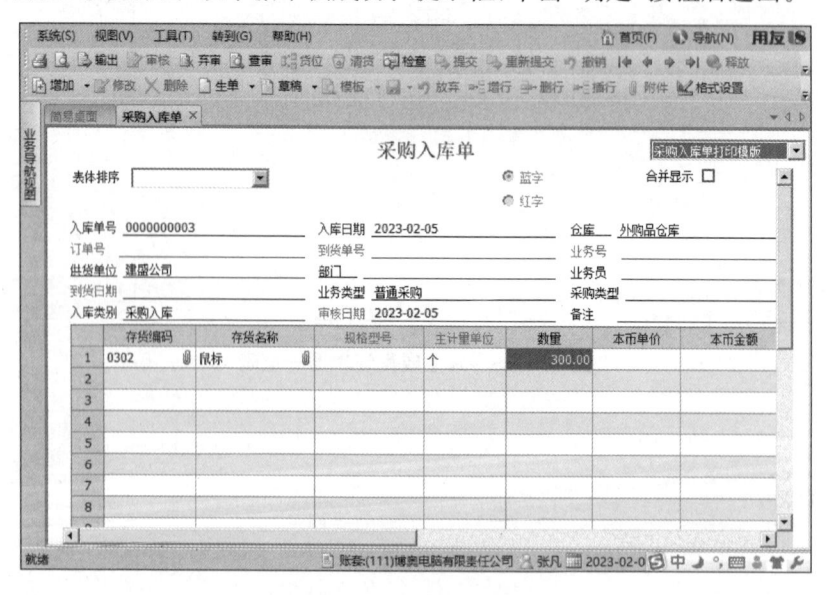

图 12-27 采购入库单

12.2.2　在采购系统中,填制采购专用发票,并做现付处理,完成采购结算

(1)以"006"的身份登录企业应用平台,操作日期"2023-02-05"。

(2)执行"业务工作"—"供应链"—"采购管理"—"采购发票"—"专用采购发票(双击)"命令,打开"专用发票"窗口,单击"增加"按钮,下拉"生单"按钮,选择"入单"选项,打开"查询条件选择采购入库单列表过滤"窗口,选择日期"2023-02-05",单击"确定"按钮。

(3)进入"拷贝并执行"窗口,双击选择需要参照的采购入库单,如图 12-28 所示。单击"OK 确定"按钮,将采购入库单的相关信息带入采购专用发票。

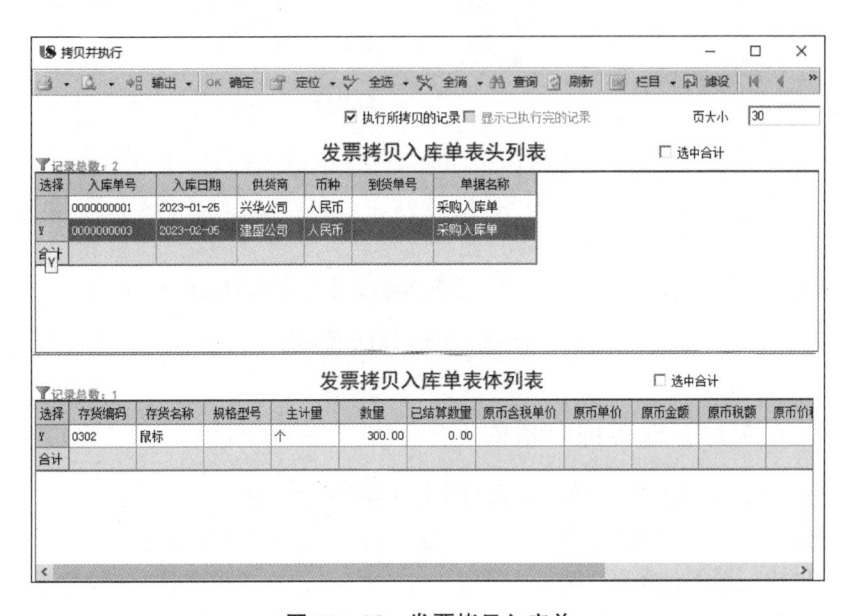

图 12-28　发票拷贝入库单

(4)进入"专用发票"窗口,单击"保存",单击"现付"按钮,打开"采购现付"对话框。选择结算方式"201",输入结算金额"10170",支票号"XJ011"。如图 12-29 所示。

图 12-29　采购现付

(5)单击"确定"按钮,发票左上角显示"已现付"字样,如图 12－30 所示。单击"结算"按钮,自动完成采购结算,发票左上角显示"已结算"字样。

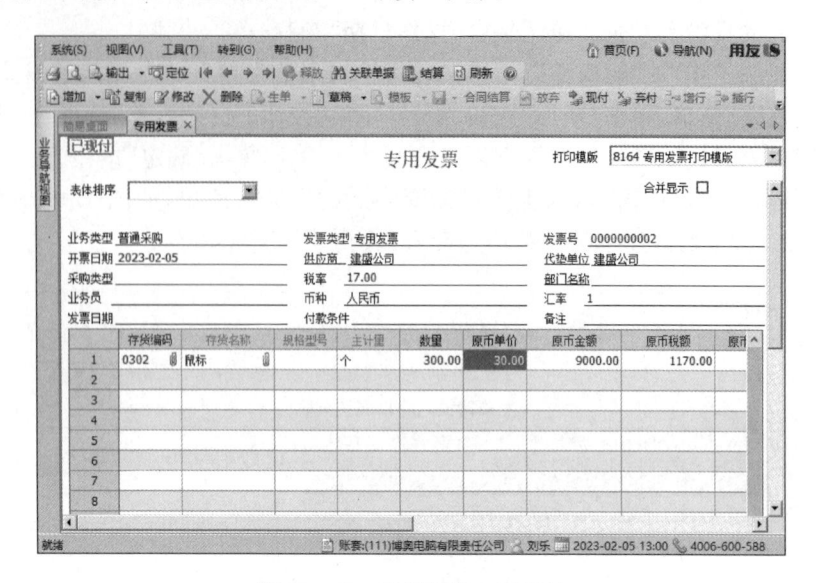

图 12－30　专用发票—已现付

12.2.3　在应付管理系统中制单

(1)以"001"的身份登录企业应用平台,操作日期"2023－02－05"。

(2)执行"业务工作"—"财务会计"—"应付款管理"—"应付单据处理"—"应付单据审核(双击)"命令,打开"应付单查询条件"窗口,如图 12－31 所示,选择单据名称"采购发票",供应商"建盛公司",单据日期"2023－02－05",选择左下角"包含已现结发票"复选框,单击"确定"按钮。

图 12－31　应付单查询条件

(3)进入"单据处理—应付单据列表"窗口,双击选择需要审核的单据,单击"审核"按钮,系统弹出审核结果提示框。单击"确定"按钮返回后退出。如图12-32所示。

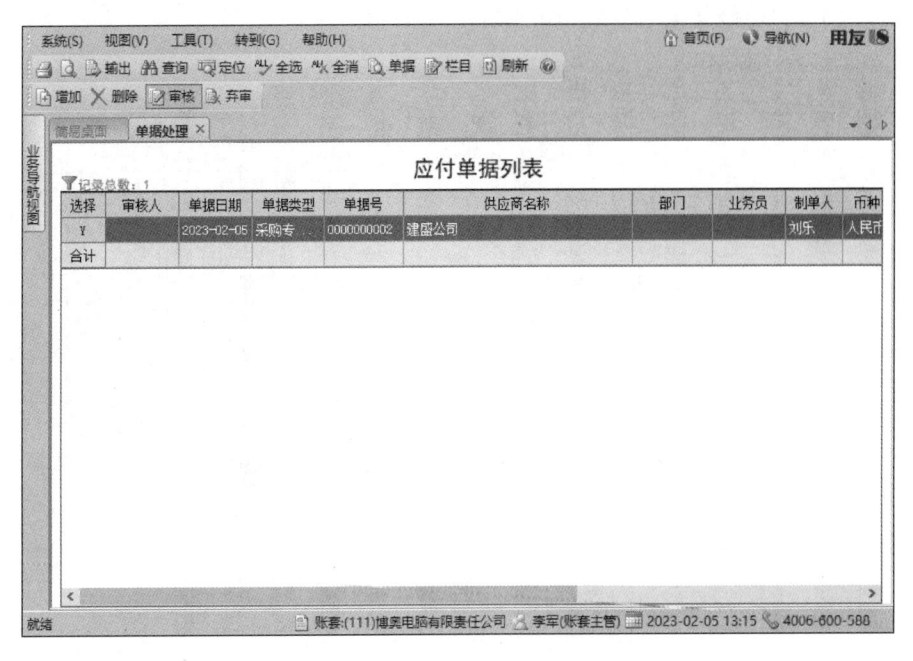

图12-32 单据处理—应付单据列表

(4)执行"业务工作"—"财务会计"—"应付款管理"—"制单处理(双击)"命令,打开"制单查询"窗口,选择"现结制单"选项,供应商"建盛公司",单击"确定"按钮。如图12-33所示。

图12-33 制单查询

(5)进入"现结制单"窗口,选择要制单的对象,凭证类别"付款凭证",单击"制单"按钮。进入"填制凭证"窗口,单击"保存"按钮,凭证左上角显示"已生成"标志,表明凭证已传至总账管理系统。最后退出"填制凭证"窗口。如图12-34所示。

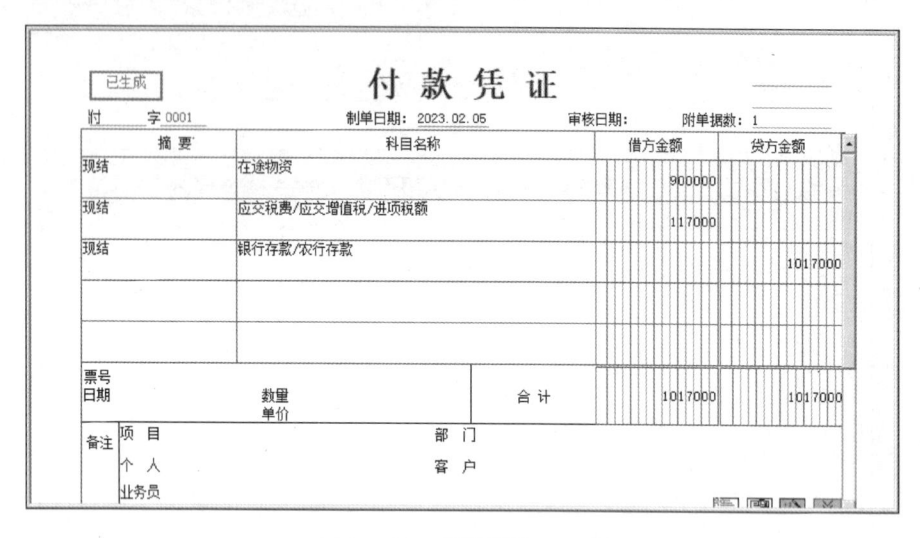

图12-34　付款凭证0001号

12.2.4　在存货系统中,进行入库单记账

(1)以"007"的身份登录企业应用平台,操作日期"2023-02-05"。

(2)执行"业务工作"—"供应链"—"存货核算"—"业务核算"—"正常单据记账(双击)"命令,打开"查询条件选择"窗口,选择常用条件仓库"外购品库"。

(3)单击"确定"按钮,进入"未记账单据一览表"—"正常单据记账列表"窗口,双击选择要记账的单据,单击"记账"按钮,弹出存货核算"记账成功"提示框。如图12-35所示。单击"确定"按钮,退出。

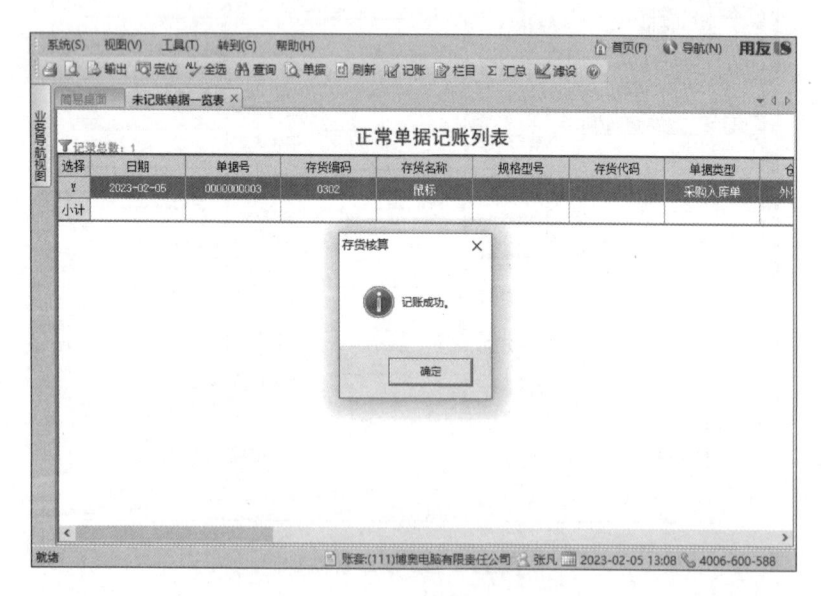

图12-35　未记账单据一览表

(4)执行"业务工作"—"供应链"—"存货核算"—"财务核算"—"生成凭证(双击)"命令,打开"生成凭证"窗口,单击工具栏上的"选择"按钮,打开"查询条件"对话框,单击"全消"按钮,选择"采购入库单(报销记账)"选项,单击"确定"按钮。

(5)进入"选择单据—未生成凭证单据一览表"窗口,选择要制单的对象,单击"确定"按钮。如图12-36所示。

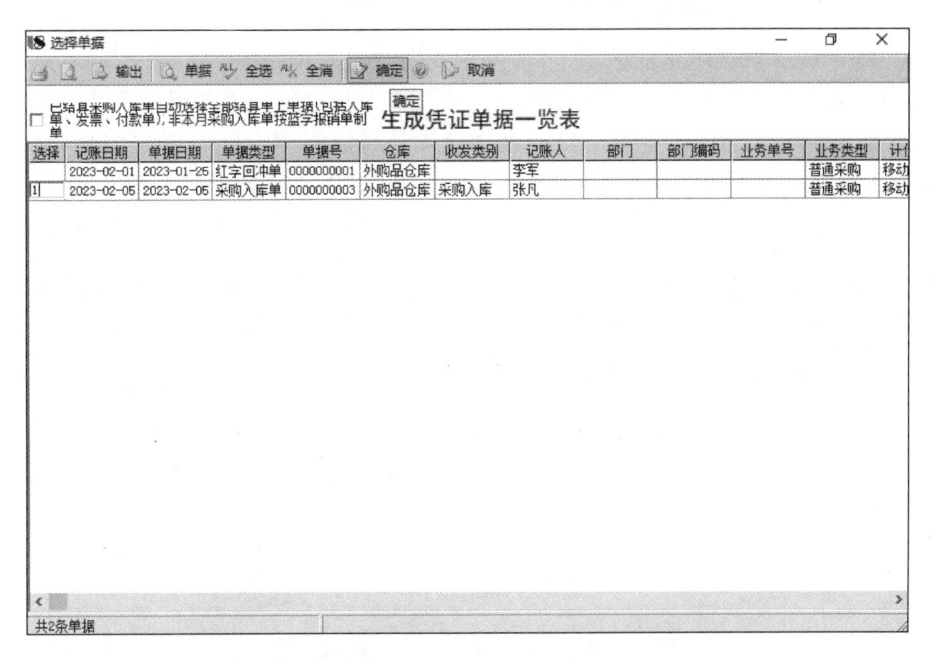

图12-36 选择单据—未生成凭证单据一览表

(6)进入"生成凭证"窗口,选择凭证类别"转账凭证",单击"生成"按钮。进入"填制凭证"窗口,单击"保存"按钮,凭证左上角显示"已生成"标志,表明凭证已传至总账管理系统。如图12-37所示。

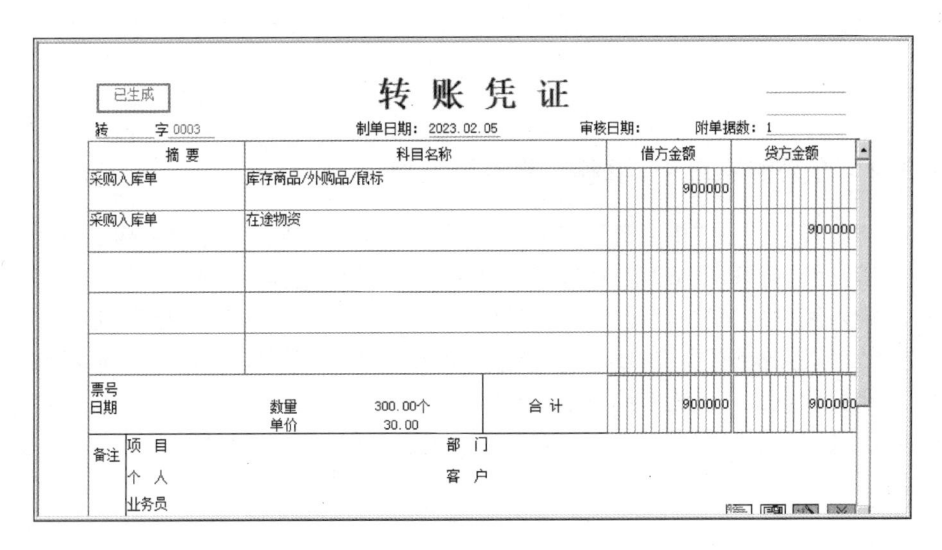

图12-37 转账凭证0003号

12.3 运费分摊业务

12.3.1 启动库存系统，填制并审核采购入库单

(1)以"007"的身份登录企业应用平台，操作日期"2023-02-06"。

(2)执行"业务工作"—"供应链"—"库存管理"—"入库业务"—"采购入库单(双击)"命令，进入"采购入库单"窗口，单击"增加"按钮，选择仓库"原材料仓库"，供货单位"建盛公司"，入库类别"采购入库"，存货编码"0401 金属板(1*2m)"，数量"2 000"，如图12-38所示。单击"保存"按钮，单击"审核"按钮，系统弹出"该单据审核成功！"提示框，单击"确定"按钮后退出。

图12-38 采购入库单

12.3.2 在采购系统中，填制采购专用发票

(1)执行"业务工作"—"供应链"—"采购管理"—"采购发票"—"专用采购发票(双击)"命令，打开"专用发票"窗口，单击"增加"按钮，下拉"生单"按钮，选择"入库单"选项，打开"查询条件选择—采购入库单列表过滤"窗口，选择日期"2023-02-06"，单击"确定"按钮。

(2)进入"拷贝并执行"窗口，双击选择需要参照的采购入库单，单击"OK 确定"按钮，将采购入库单的相关信息带入采购专用发票，如图12-39所示。

(3)进入"专用发票"窗口，单击"保存"按钮后退出。如图12-40所示。

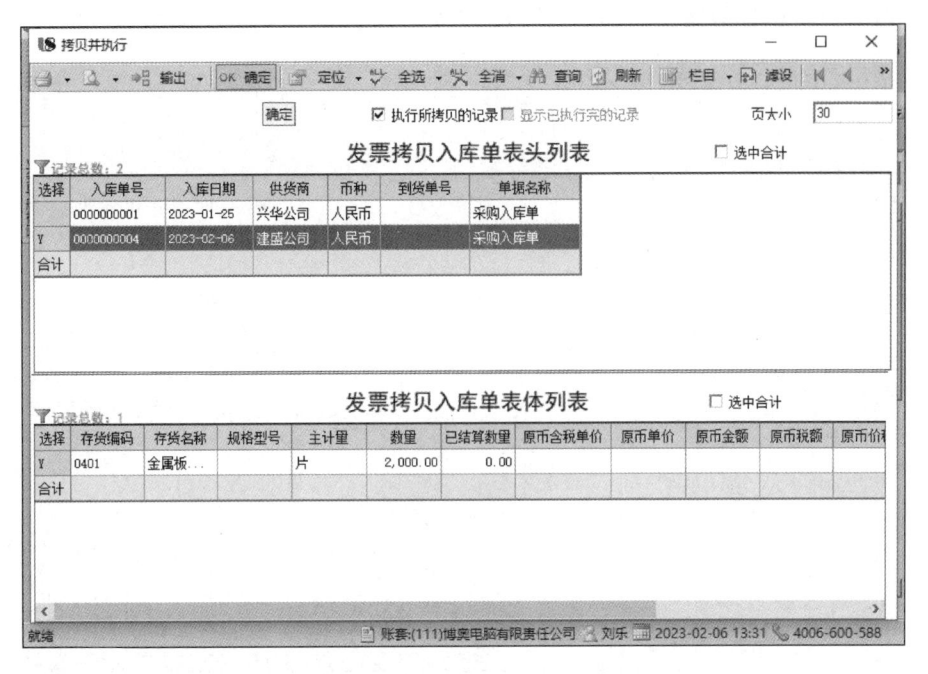

图 12—39　发票拷贝入库单

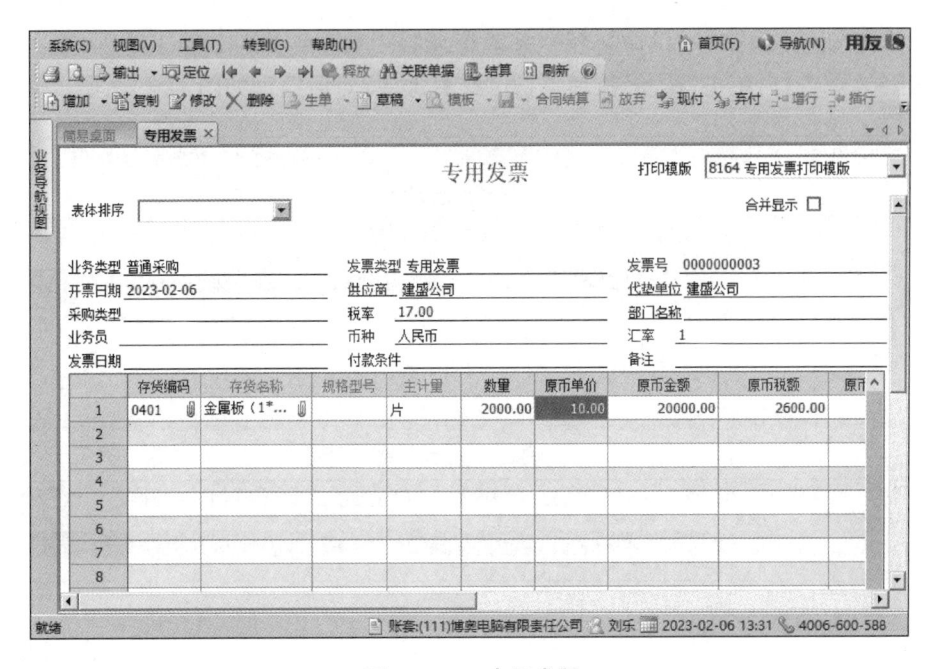

图 12—40　专用发票

12.3.3　在采购系统中,填制运费发票并进行手工结算

(1)执行"业务工作"—"供应链"—"采购管理"—"采购发票"—"运费发票(双击)"命令,打开"运费发票"窗口,单击"增加"按钮,供货单位"建盛公司",存货名称"运输费",原币金额

"200",单击"保存"按钮后退出。如图 12—41 所示。

图 12—41　运费发票

（2）执行"业务工作"—"供应链"—"采购管理"—"采购结算"—"手工结算（双击）"命令，进入"手工结算"窗口，单击"选单"按钮，打开"结算选单"对话框。如图 12—42 所示。

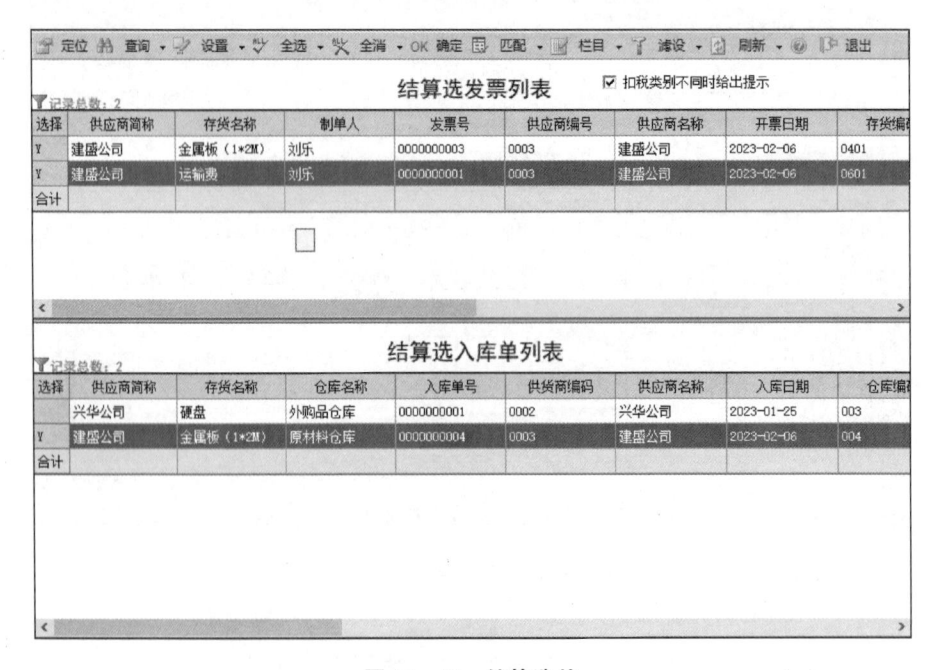

图 12—42　结算选单

（3）单击"查询"按钮，进入"查询条件选择—采购手工结算"窗口，选择单据日期"2023—02—06"。

(4)单击"确定"按钮,返回"结算选单",此时标题显示符合条件的结算选单,分别选择要结算的发票。单击"OK确定"按钮,返回"手工结算"窗口。选择费用分摊方式为"按数量"。单击"分摊"按钮,系统弹出关于分摊方式确认的提示框,单击"是"按钮确认。

(5)系统弹出采购管理提示"分摊完毕请检查"的提示框。

(6)单击"确定"按钮返回"手工结算"窗口。执行"结算"命令,系统进行结算处理,完成后弹出"完成结算!"提示框,单击"确定"按钮返回。

12.3.4 在存货系统中,进行入库单记账

(1)以"007"的身份登录企业应用平台,操作日期"2023－02－06"。

(2)执行"业务工作"—"供应链"—"存货核算"—"业务核算"—"正常单据记账(双击)"命令,打开"查询条件选择"窗口,选择仓库"原材料库"。

(3)单击"确定"按钮,进入"未记账单据一览表—正常单据记账列表"窗口,双击选择要记账的单据,单击"记账"按钮,如图12－43所示。弹出"存货核算——记账成功"提示框,单击"确定"按钮退出。

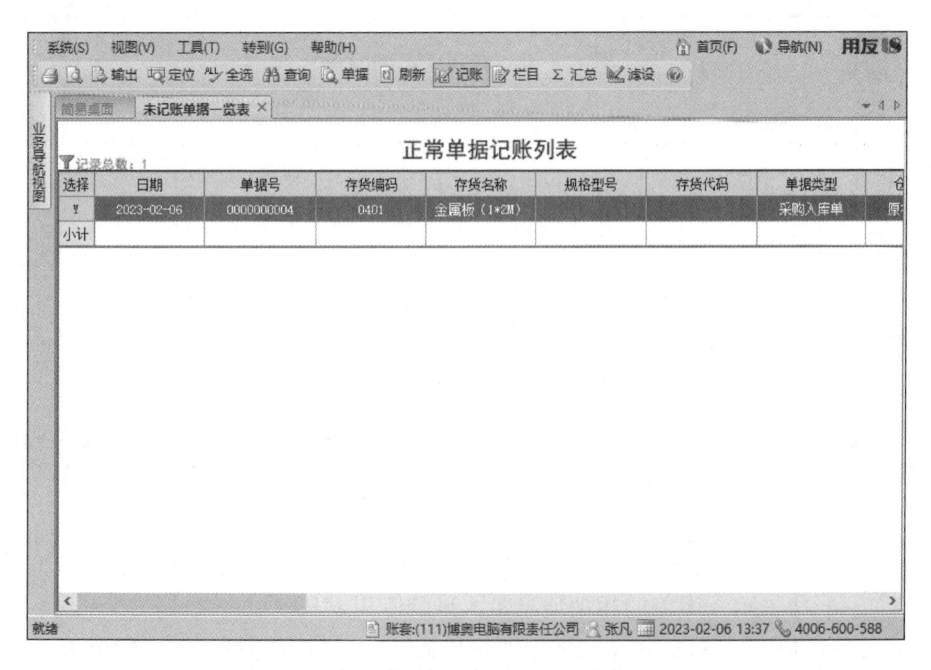

图12－43 未记账单据一览表—正常单据记账列表

12.3.5 在存货系统中,生成入库凭证

(1)以"001"的身份登录企业应用平台,操作日期"2023－02－06"。

(2)执行"业务工作"—"供应链"—"存货核算"—"财务核算"—"生成凭证(双击)"命令,打开"生成凭证"窗口,单击工具栏上的"选择"按钮,打开"查询条件"对话框,单击"全消"按钮,选择"采购入库单(报销记账)"选项,单击"确定"按钮。

(3)进入"选择单据—未生成凭证单据一览表"窗口,选择要制单的对象,单击"确定"按钮。

(4)进入"生成凭证"窗口,选择凭证类别"转账凭证",单击"生成"按钮。进入"填制凭证"

窗口,单击"保存"按钮,凭证左上角显示"已生成"标志,表明凭证已传至总账管理系统。最后退出"填制凭证"窗口。如图 12-44 所示。

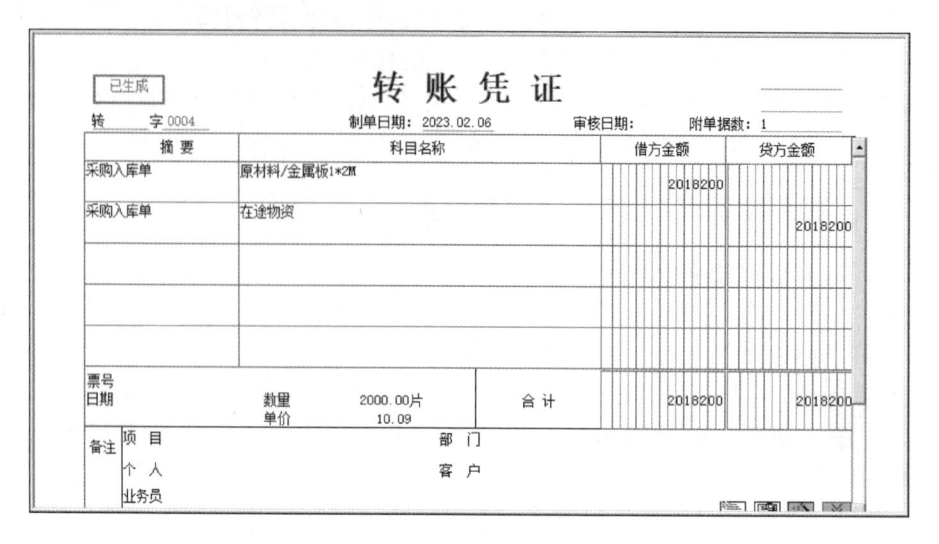

图 12-44 转账凭证 0004 号

12.4 暂估结算业务

12.4.1 在采购系统中,填制采购发票(可拷贝采购入库单)

(1)用 006 登录企业应用平台,日期为 2023 年 2 月 9 日。

(2)执行"业务工作"—"供应链"—"采购管理"—"采购发票"—"专用采购发票(双击)"命令,打开"专用发票"窗口,单击"增加"按钮,下拉"生单"按钮,选择"入库单"选项,打开"查询条件选择—采购入库单列表过滤"窗口,单击"确定"按钮。

(3)进入"拷贝并执行"窗口。双击选择需要参照的采购入库单,价格改为 320 元,单击"OK 确定"按钮,将采购入库单的相关信息带入采购专用发票。

(4)进入"专用发票"窗口,数量"200",原币单价"320",单击"保存"按钮后退出。

12.4.2 在采购系统中,执行采购结算

(1) 执行"业务工作"—"供应链"—"采购管理"—"采购结算"—"手工结算(双击)"命令,进入"手工结算"窗口,单击"选单"按钮,打开"结算选单"对话框。如图 12-45 所示。

(3) 单击"OK 确定"按钮,返回"手工结算"窗口,单击"结算"按钮,系统弹出"完成结算!"提示框,单击"确定"按钮返回。

12.4.3 在存货系统中,执行结算成本处理

(1)执行"业务工作"—"供应链"—"存货核算"—"业务核算"—"结算成本处理(双击)"命令,打开"暂估处理查询"窗口,单击"全消",然后勾选"原材料仓库",选中"未全部结算完的单

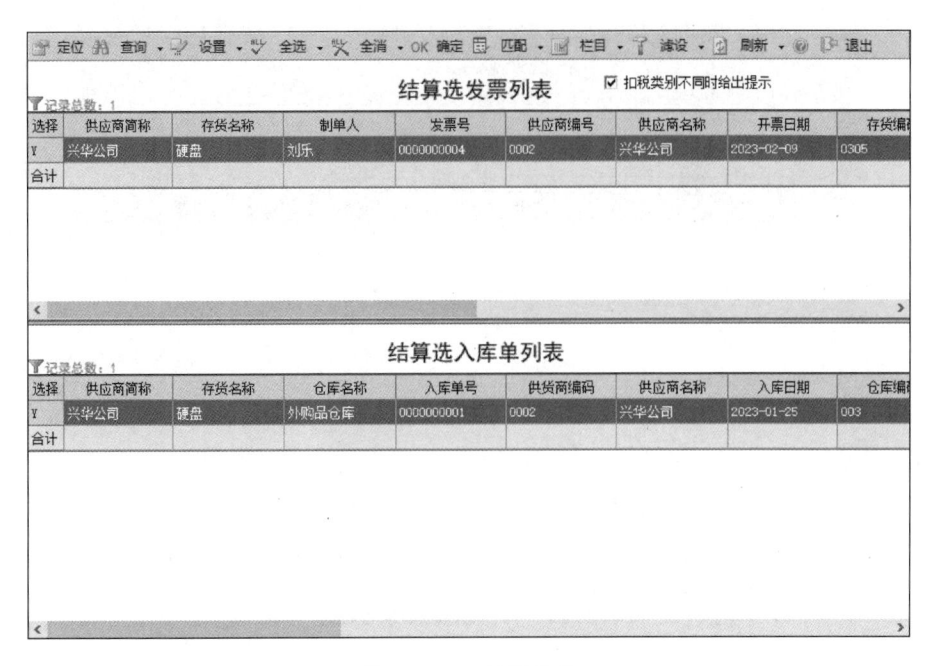

图 12—45　结算选单

据是否显示"复选框,单击"确定"按钮,如图 12—46 所示。

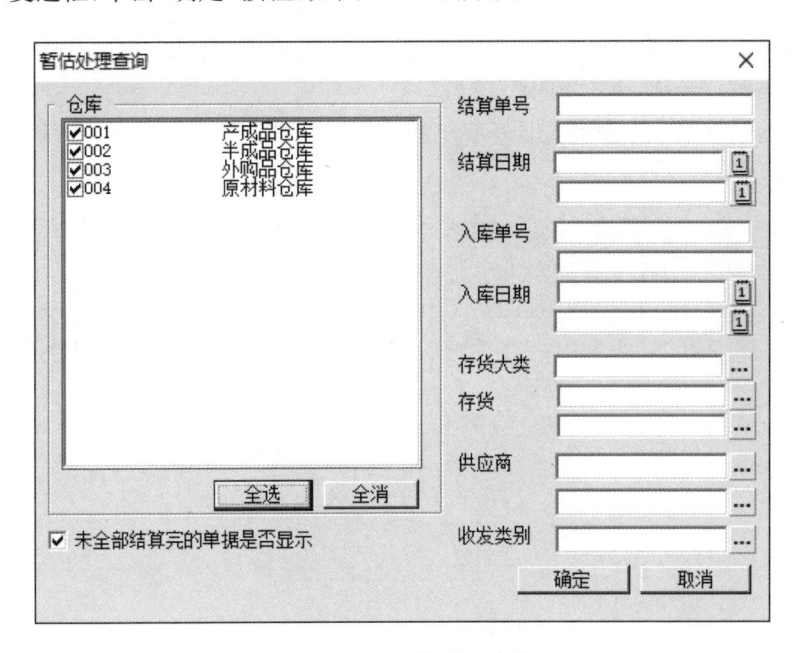

图 12—46　暂估处理查询

(2)进入"结算成本处理"窗口,选择需要进行暂估结算的单据,单击"暂估"按钮,完成暂估处理后退出。如图 12—47 所示。

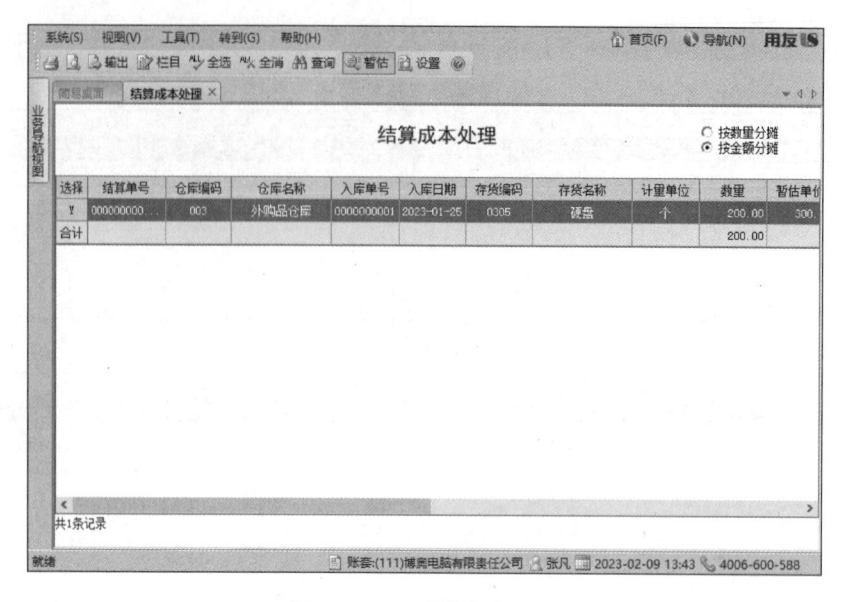

图 12—47　结算成本处理

12.4.4　在存货系统中,生成凭证(红冲单,蓝冲单)

(1)执行"业务工作"—"供应链"—"存货核算"—"财务核算"—"生成凭证"命令,进入"生成凭证"窗口,单击"选择"按钮,打开"查询条件"对话框,单击"全消"命令,选中"红字回冲单"、"蓝字回冲单(报销)"选项,单击"确定"按钮。

(2)进入"选择单据—未生成凭证单据一览表"窗口,单击"全选"按钮,再单击"确定"按钮。如图 12—48 所示。

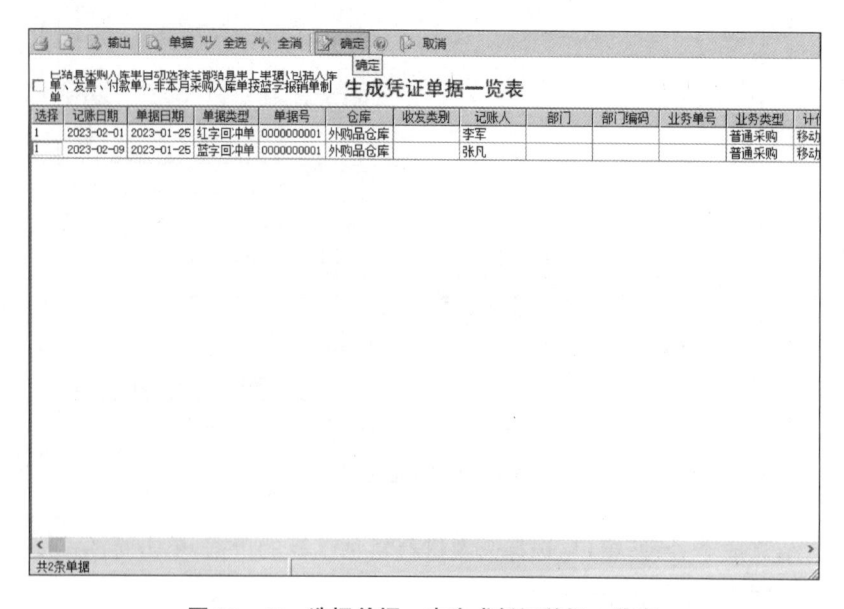

图 12—48　选择单据—未生成凭证单据一览表

(3)进入"生成凭证"窗口,左上角凭证类别默认是收款凭证,下拉列表选择凭证类别"转账凭证",输入蓝字回冲单的对方科目"材料采购1401",单击"生成"按钮,进入"填制凭证"窗口。单击"保存"按钮,保存蓝字回冲单生成的凭证,如图12-49所示。

(4)单击"下一张"按钮,再单击"保存",保存红字回冲单生成的凭证。如图12-50所示。

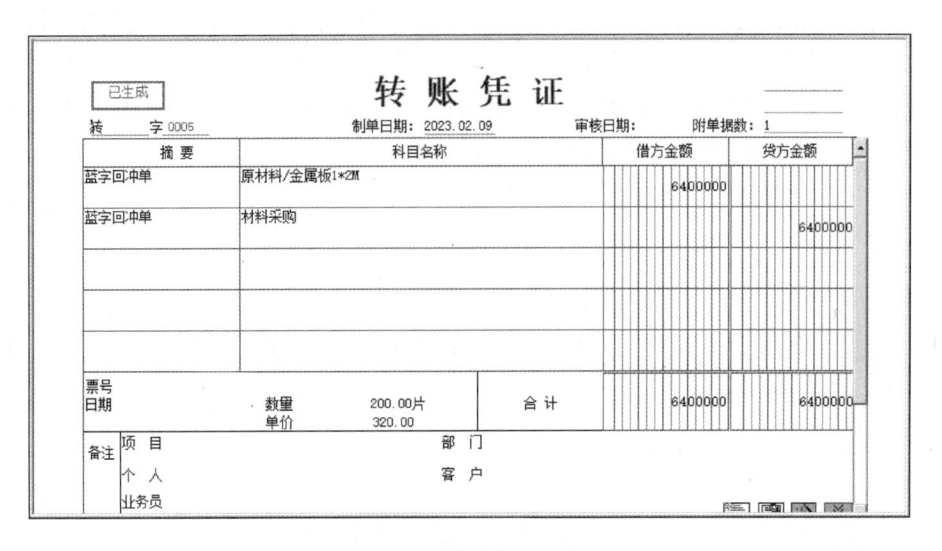

图12-49 转账凭证0005号

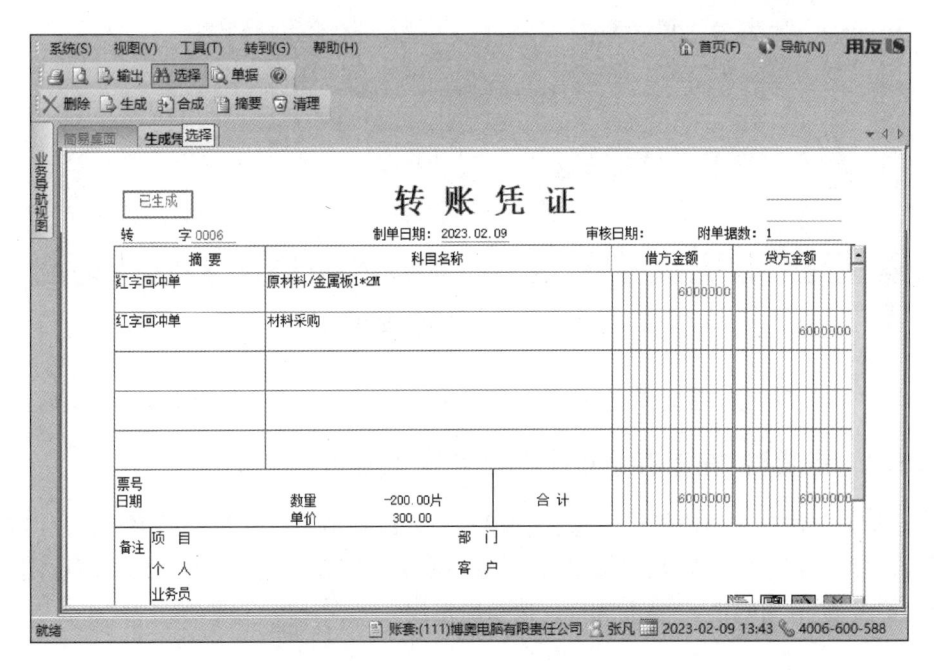

图12-50 转账凭证0006号

12.5 开票前退货业务

12.5.1 收到货物时,在库存系统中填制入库单并审核

(1)执行"业务工作"—"供应链"—"库存管理"—"入库业务"—"采购入库单(双击)"命令,打开"采购入库单"窗口,单击"增加"按钮,选择仓库"外购品仓库",供货单位"建盛公司",入库类别"采购入库",存货编码"0301 显示器",数量"202",不需要填写价格。单击"保存"按钮,如图 12—51 所示。

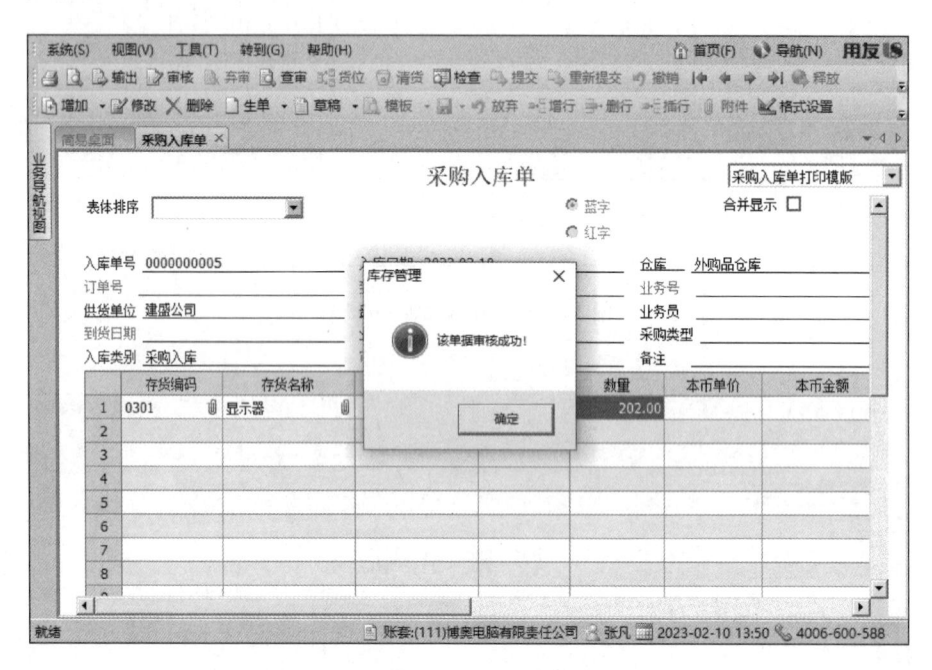

图 12—51 采购入库单

(2)单击"审核"按钮,系统弹出"该单据审核成功!"的提示框,单击"确定"按钮后退出。

12.5.2 退货时,在库存系统中填制红字入库单

执行"业务工作"—"供应链"—"库存管理"—"入库业务"—"采购入库单(双击)"命令,打开"采购入库单"窗口,单击"增加"按钮,选择窗口右上角"红字"选项,输入相关信息,退货数量为"−2",单击"保存"按钮,再单击"审核"按钮后退出。如图 12—52 所示。

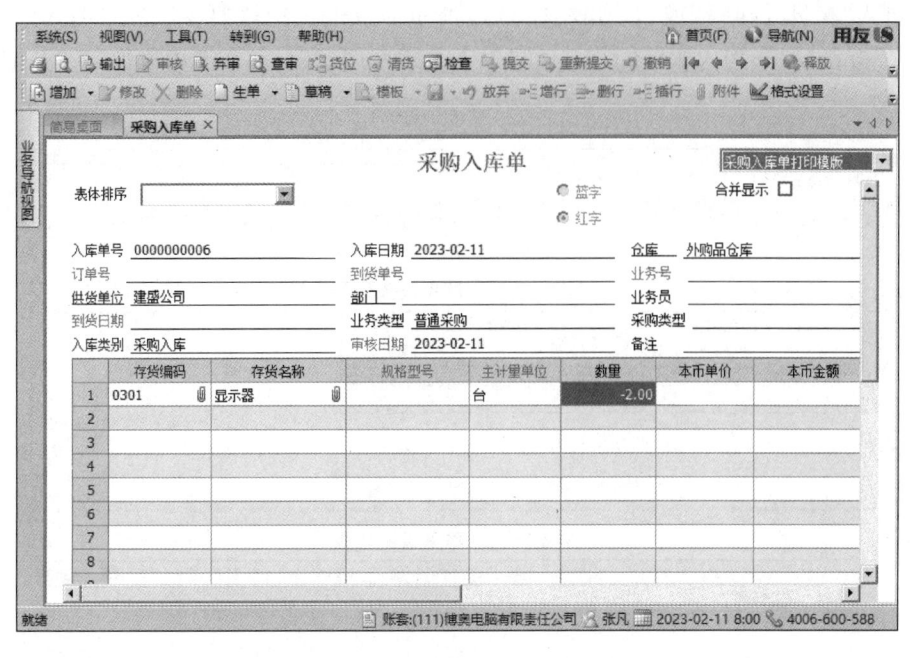

第 12 章 采购管理与应付款管理系统

图 12-52 采购入库单——红字

12.5.3 收到发票时,在采购系统中填制采购发票

(1)用 006 登录企业应用平台,日期为 2023 年 2 月 11 日。

(2)执行"业务工作"—"供应链"—"采购管理"—"采购发票"—"专用采购发票(双击)"命令,打开"专用发票"窗口,单击"增加"按钮,下拉"生单"按钮,选择"入库单"选项,如图 12-53 所示。打开"查询条件选择—采购入库单列表过滤"窗口,单击"确定"按钮。

图 12-53 专用发票—入库单

(3)进入"拷贝并执行"窗口,如图 12-54 所示。双击选择需要参照的采购入库单,单击"OK 确定"按钮,将采购入库单的相关信息带入采购专用发票,录入原币单价"600",如图 12-55 所示。

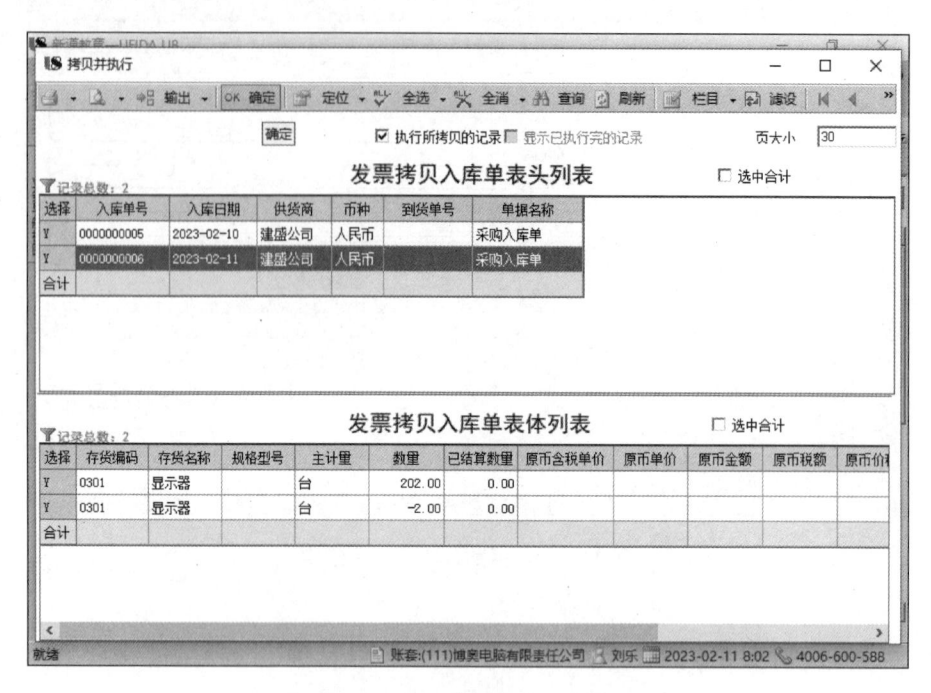

图 12-54 发票拷贝入库单

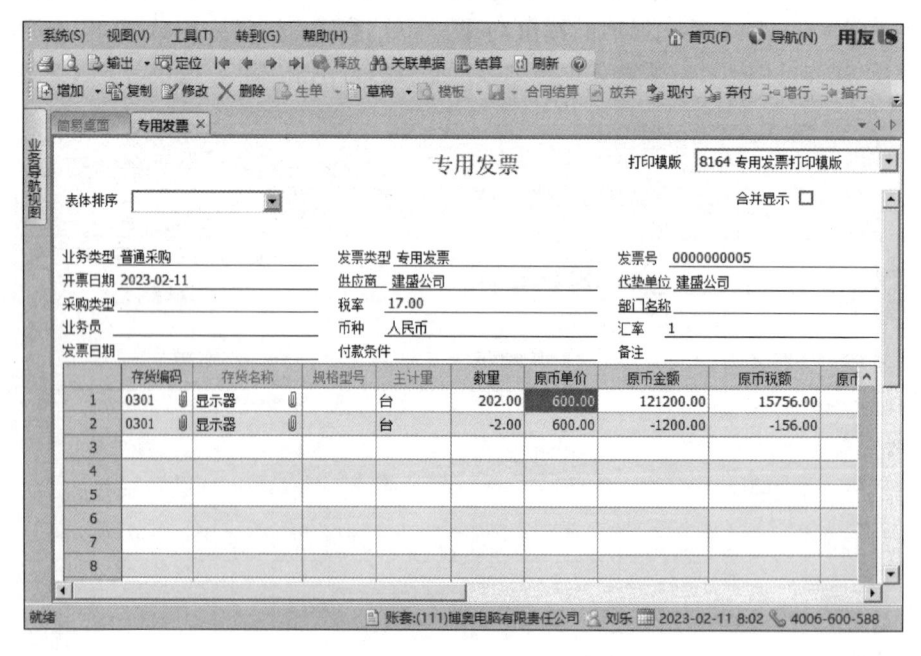

图 12-55 专用发票

12.5.4 在采购系统中，执行采购结算（手工结算）

(1)执行"业务工作"—"供应链"—"采购管理"—"采购结算"—"手工结算（双击）"命令，进入"手工结算"窗口，单击"选单"按钮，打开"结算选单"对话框。如图12-56所示。

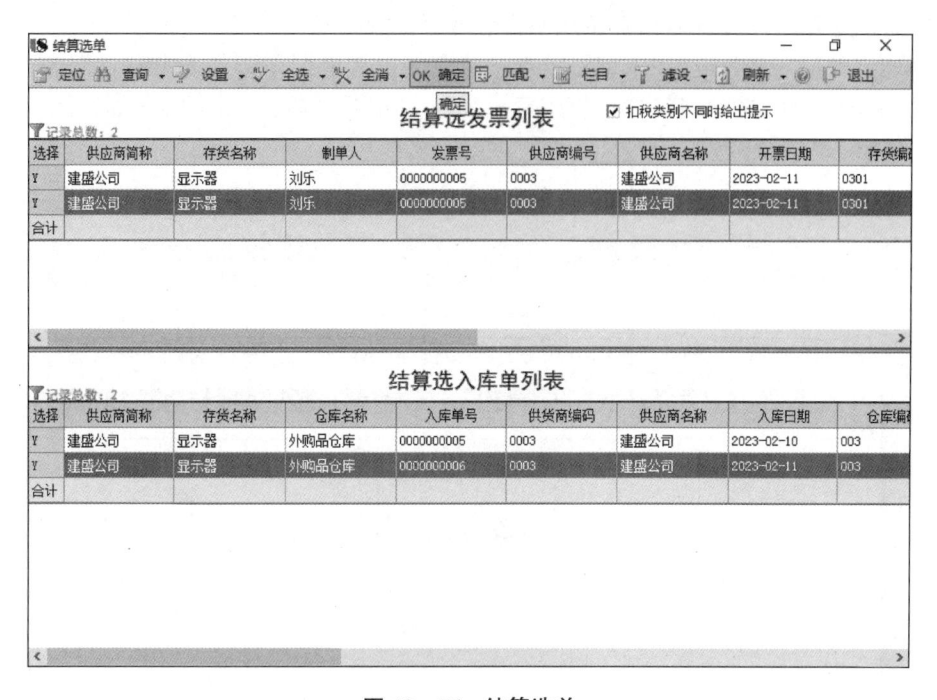

图 12-56　结算选单

(2)单击"OK 确定"按钮，返回"手工结算"窗口，单击"结算"按钮，如图5-57所示，系统弹出"完成结算！"提示框，单击"确定"按钮返回。

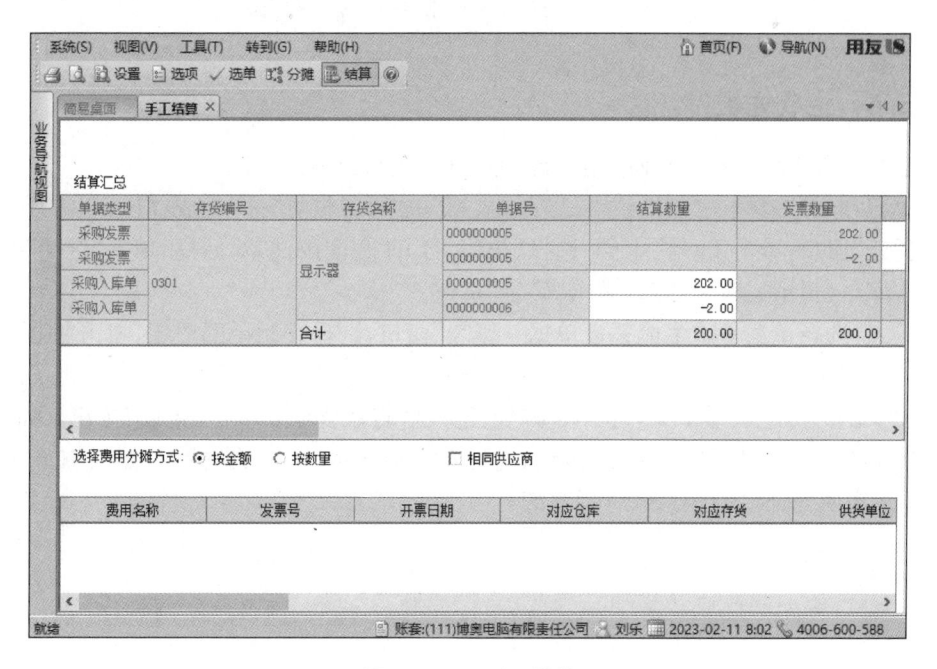

图 12-57　手工结算

12.5.5 在存货系统中,执行正常单据记账

(1)用007登录企业应用平台,日期为2023年2月11日。

(2)执行"业务工作"—"供应链"—"存货核算"—"业务核算"—"正常单据记账(双击)"命令,打开"查询条件选择"窗口,选择常用条件仓库"外购品库"。

(3)单击"确定"按钮,进入"未记账单据一览表—正常单据记账列表"窗口,双击选择要记账的单据,单击"记账"按钮,弹出"存货核算—记账成功"提示框。如图12-58所示。单击"确定"按钮,退出。

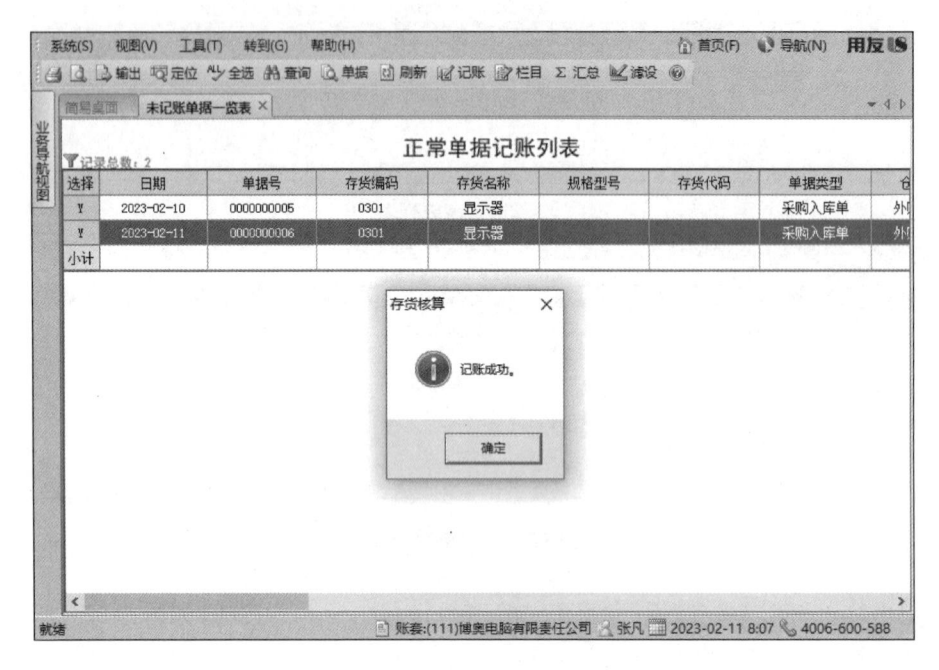

图12-58 未记账单据一览表—正常单据记账

12.5.6 生成凭证

(1)以"001"的身份登录企业应用平台,操作日期"2023-02-11"。

(2)执行"业务工作"—"供应链"—"存货核算"—"财务核算"—"生成凭证(双击)"命令,打开"生成凭证"窗口,单击工具栏上的"选择"按钮,打开"查询条件"对话框,单击"全消"按钮,选择"采购入库单(报销记账)"选项,单击"确定"按钮。

(3)进入"选择单据—未生成凭证单据一览表"窗口,选择要制单的对象,单击"确定"按钮。如图12-59所示。

(3)进入"生成凭证"窗口,左上角选择凭证类别"转账凭证",单击"生成"按钮。如图12-60进入"填制凭证"窗口,单击"保存"按钮,凭证左上角显示"已生成"标志,如图12-61和12-62所示。表明凭证已传至总账管理系统。

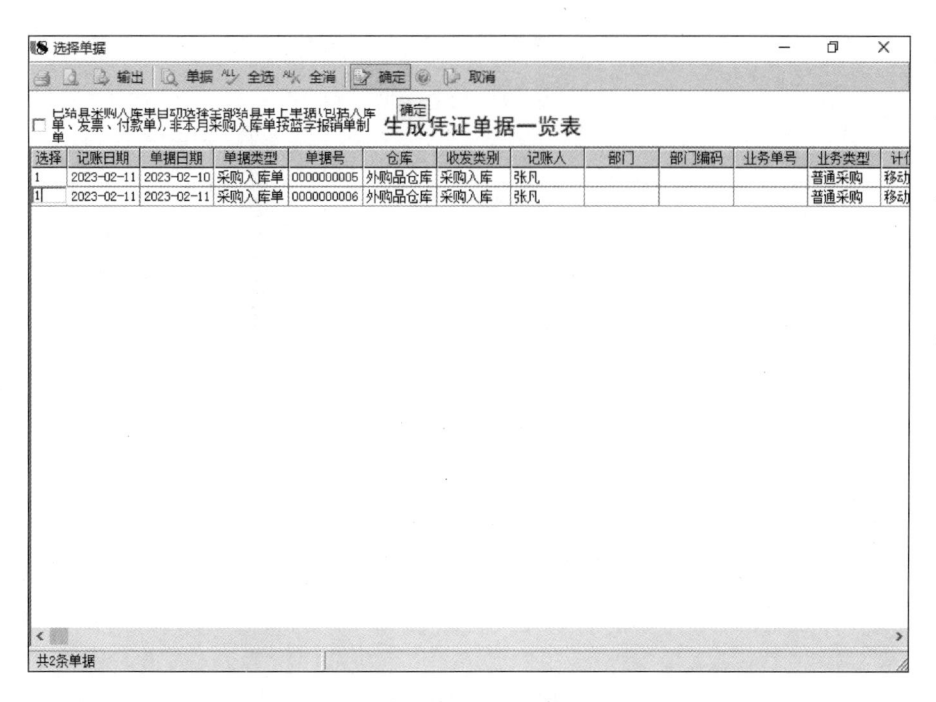

图 12－59　选择单据—未生成凭证单据一览表

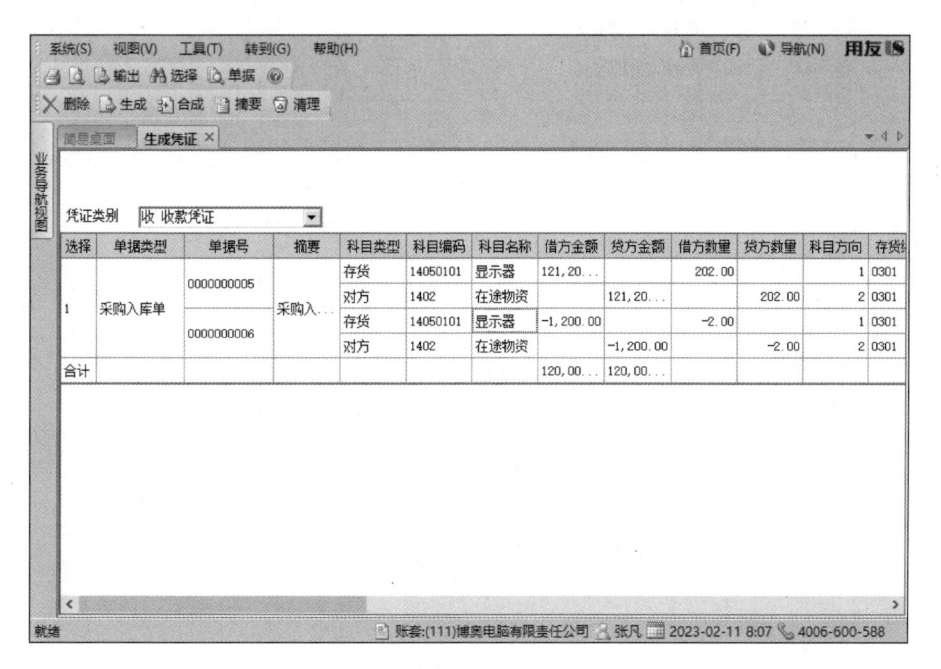

图 12－60　生成凭证

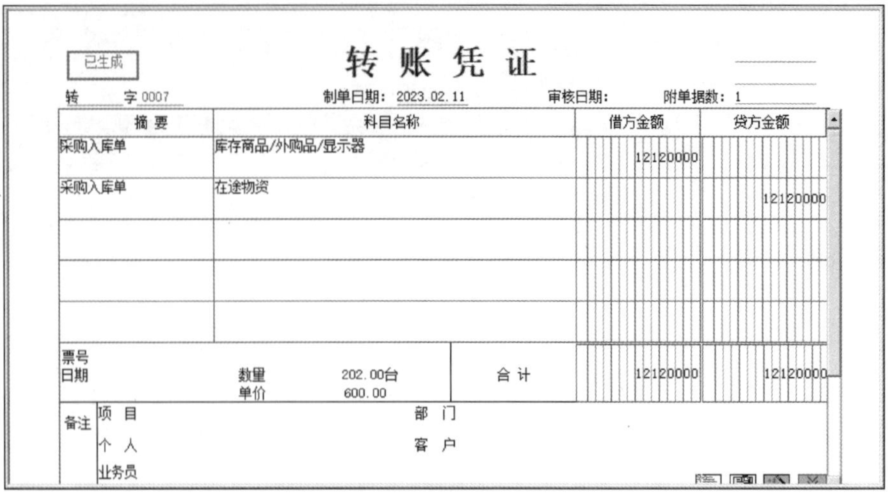

已生成

转账凭证

转 字 0007 制单日期：2023.02.11 审核日期： 附单据数：1

摘要	科目名称	借方金额	贷方金额
采购入库单	库存商品/外购品/显示器	12120000	
采购入库单	在途物资		12120000
票号 日期	数量 202.00台 单价 600.00 合计	12120000	12120000

备注 项目 部门

个人 客户

业务员

图 12—61 转账凭证 0007 号

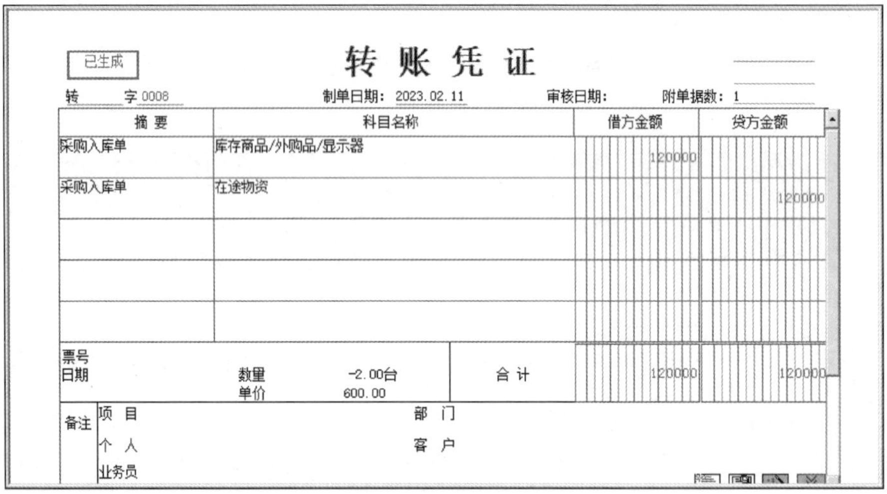

已生成

转账凭证

转 字 0008 制单日期：2023.02.11 审核日期： 附单据数：1

摘要	科目名称	借方金额	贷方金额
采购入库单	库存商品/外购品/显示器	120000	
采购入库单	在途物资		120000
票号 日期	数量 -2.00台 单价 600.00 合计	120000	120000

备注 项目 部门

个人 客户

业务员

图 12—62 转账凭证 0008 号

12.6 开票后退货业务

12.6.1 退货时，在库存系统中填制红字入库单

执行“业务工作”—“供应链”—“库存管理”—“入库业务”—“采购入库单(双击)”命令，打开“采购入库单”窗口，单击“增加”按钮，选择窗口右上角“红字”选项，输入相关信息，退货数量为“－2”，单击“保存”按钮，再单击“审核”按钮后退出。如图 12—63 所示。

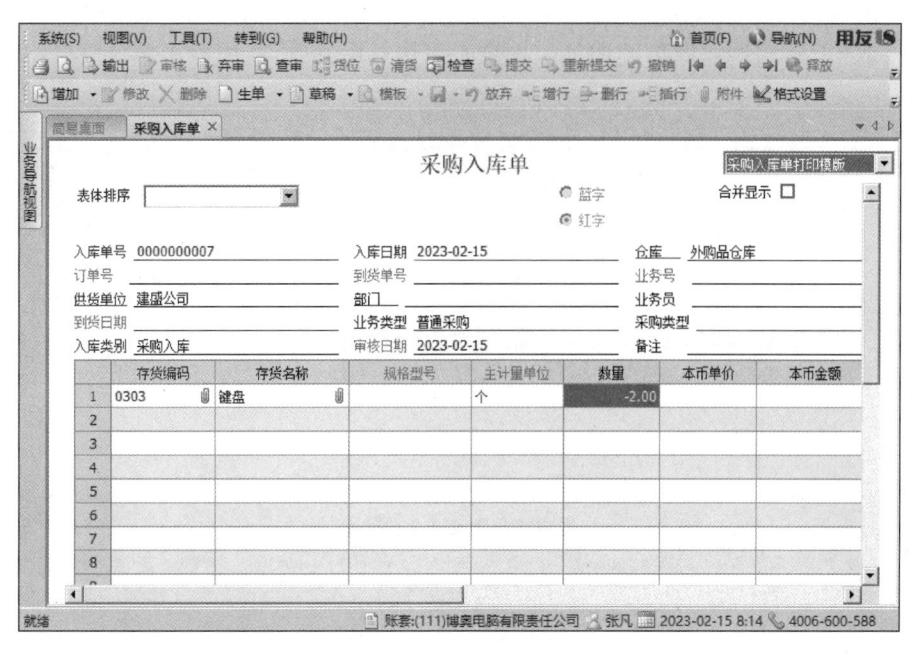

图 12－63　采购入库单

12.6.2　收到退货发票时,在采购系统中填制采购发票

(1)用 006 登录企业应用平台,日期为 2023 年 2 月 15 日。

(2)执行"业务工作"—"供应链"—"采购管理"—"采购发票"—"专用采购发票(双击)"命令,打开"专用发票"窗口,单击"增加"按钮,下拉"生单"按钮,选择"入库单"选项,如图 12－64 所示。打开"查询条件选择—采购入库单列表过滤"窗口,单击"确定"按钮。

图 12－64　专用发票—入库单

(3)进入"拷贝并执行"窗口,如图 12—65 所示。双击选择需要参照的采购入库单,单击"OK 确定"按钮,将采购入库单的相关信息带入采购专用发票,录入原币单价"55",如图 12—66 所示。

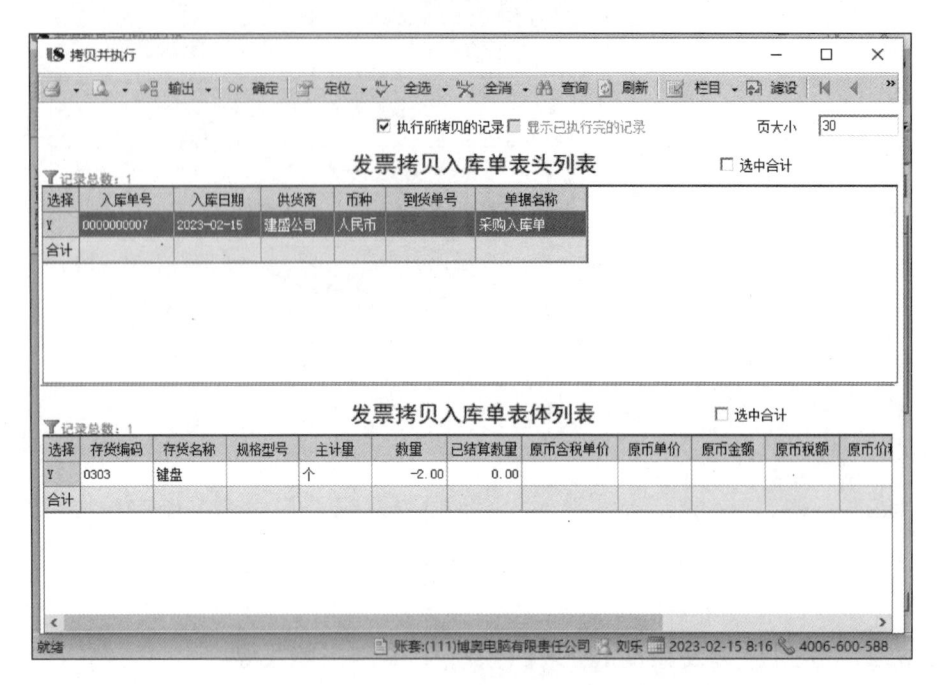

图 12—65 发票拷贝入库单

图 12—66 专用发票

12.6.3 在采购系统中,执行采购结算(手工结算)

(1)执行"业务工作"—"供应链"—"采购管理"—"采购结算"—"手工结算(双击)"命令,进入"手工结算"窗口,单击"选单"按钮,打开"结算选单"对话框。如图12—67所示。

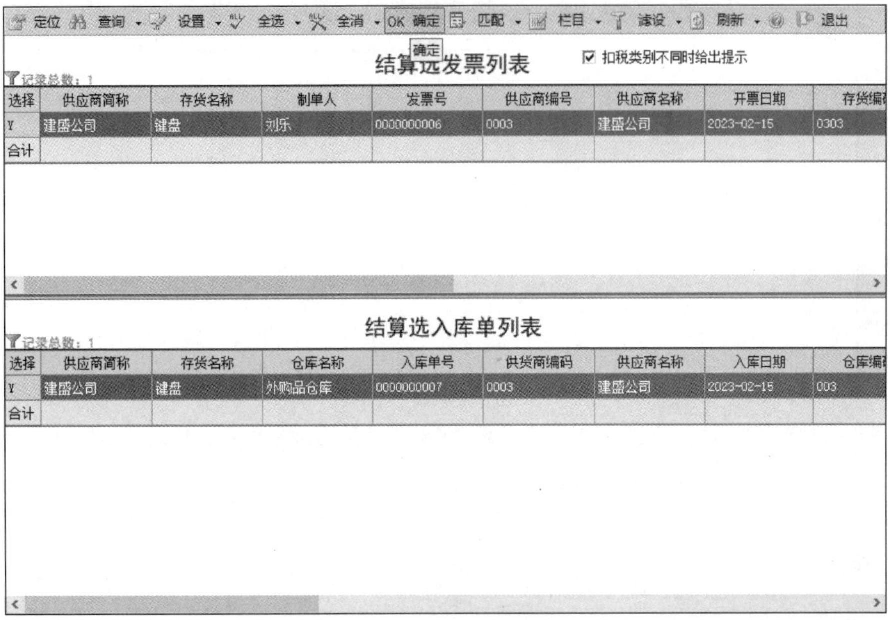

图12—67 结算选单

(2)单击"OK确定"按钮,返回"手工结算"窗口,单击"结算"按钮,系统弹出"完成结算!"提示框,单击"确定"按钮返回。

12.6.4 在存货系统中,执行正常单据记账

(1)用007登录企业应用平台,日期为2023年2月15日。

(2)执行"业务工作"—"供应链"—"存货核算"—"业务核算"—"正常单据记账(双击)"命令,打开"查询条件选择"窗口,选择常用条件仓库"外购品库"。

(3)单击"确定"按钮,进入"未记账单据一览表—正常单据记账列表"窗口,双击选择要记账的单据,单击"记账"按钮,如图12—68所示。弹出"存货核算—记账成功"提示框。单击"确定"按钮,退出。

12.5.6 生成凭证

(1)以"001"的身份登录企业应用平台,操作日期"2023—02—15"。

(2)执行"业务工作"—"供应链"—"存货核算"—"财务核算"—"生成凭证(双击)"命令,打开"生成凭证"窗口,单击工具栏上的"选择"按钮,打开"查询条件"对话框,单击"全消"按钮,选择"采购入库单(报销记账)"选项,单击"确定"按钮。

(3)进入"选择单据—未生成凭证单据一览表"窗口,选择要制单的对象,单击"确定"按钮。如图12—69所示。

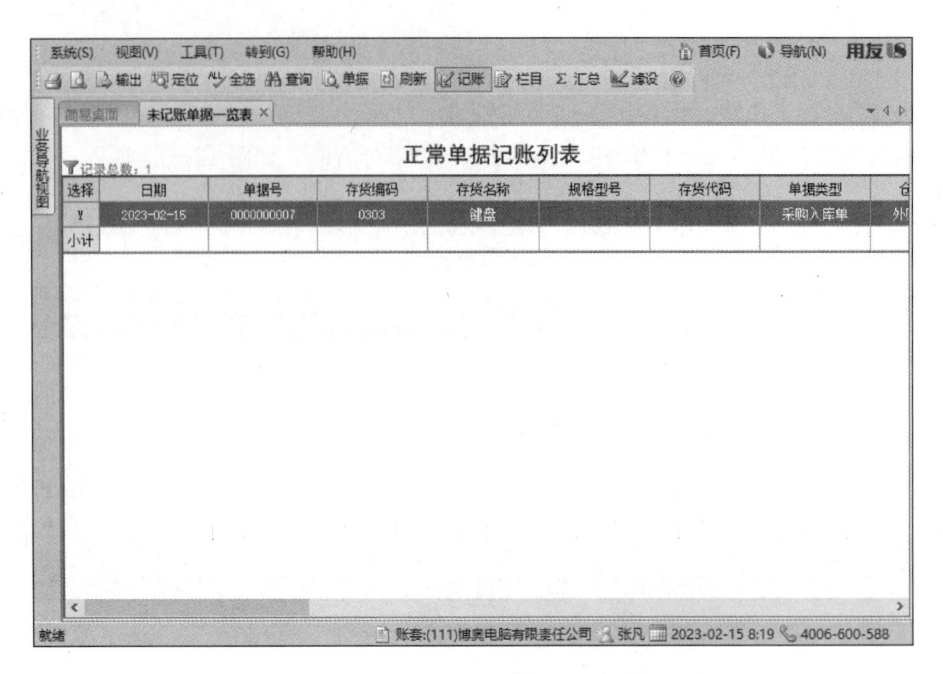

图12—68　未记账单据一览表—正常单据记账

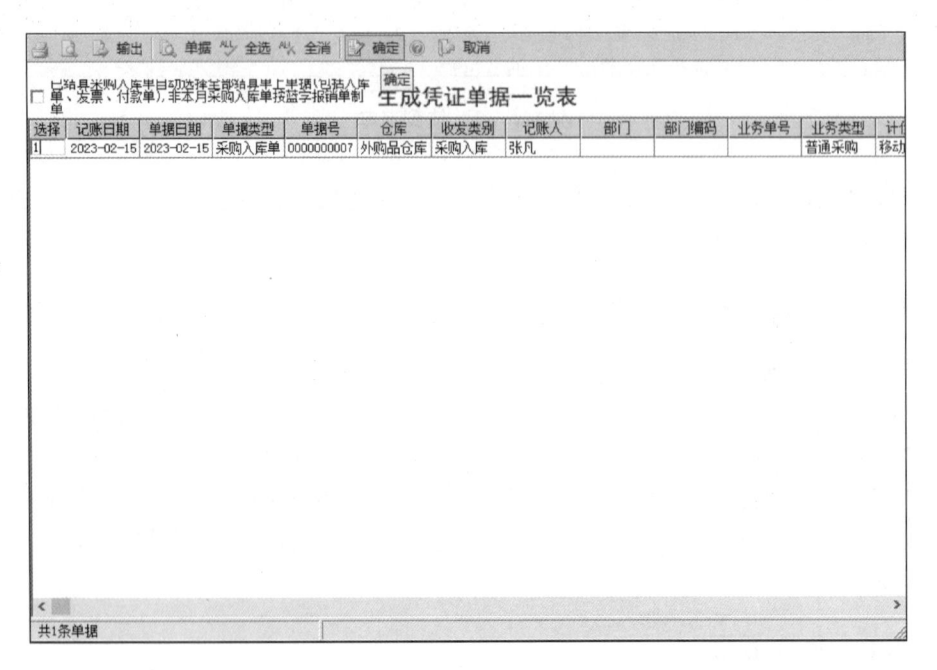

图12—69　选择单据—未生成凭证单据一览表

（4）进入"生成凭证"窗口，左上角选择凭证类别"转账凭证"，单击"生成"按钮，如图12—70所示。进入"填制凭证"窗口，单击"保存"按钮，凭证左上角显示"已生成"标志，如图12—71所示。

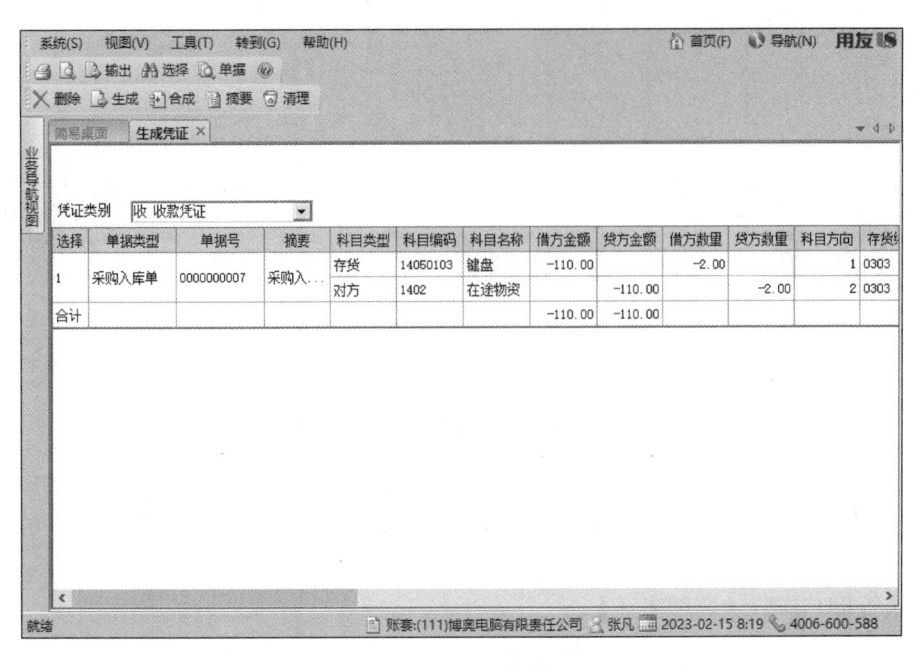

图 12－70　生成凭证

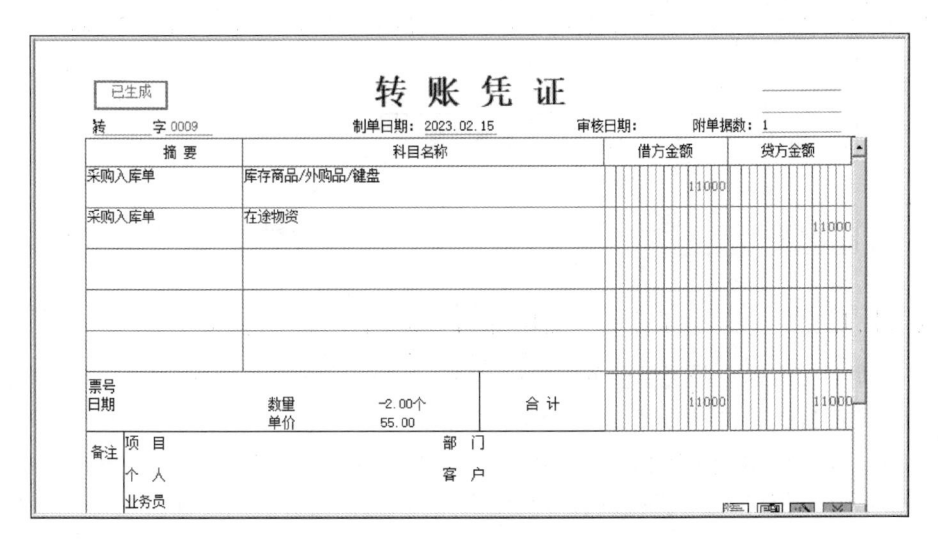

图 12－71　转账凭证 0009 号

复习思考题

1. 简述采购业务中各系统之间的数据传递关系。
2. 简述普通采购业务的基本流程。
3. 采购订单有几种生成方式？
4. 什么是采购结算？其作用是什么？
5. 成本为什么不能立即结转？

第13章 销售管理与应收款管理系统

【销售管理与应收款管理概述】

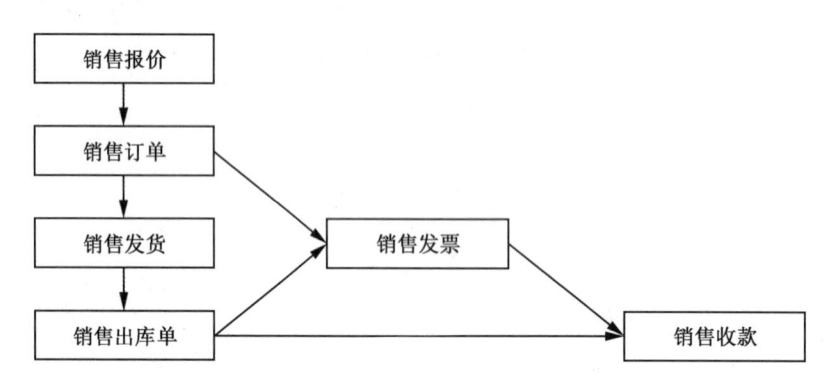

图 13-1 本章总体流程

销售管理系统根据企业实际业务需要,设置销售管理系统业务所需要的各种业务选项、基础档案信息及销售初始设置内容,主要处理销售报价、销售订货、销售发货、销售开票、销售调拨、销售退回、发货折扣、委托代销、零售业务等,并根据审核后的发票或发货单自动生成销售出库单,处理随同货物销售所发生的各种代垫费用,以及在货物销售的过程中发生的各种销售支出。

1. 销售订货。企业与客户之间为了达成货物交易,通常需要签订购销合同,以明确双方的权利、义务。在供应链管理系统,先填制并审核报价单,然后填制销售订单,销售订单有多种取得方式,本书采用根据购销合同手工填制销售订单。

2. 销售发货。根据销售订单或其他销售合同,向客户发出货物,发货之后根据发货单开票并结算。参照销售订单生成发货单,一张销售订单可多次发货,多张订单也可一次发货。参照发货单生成销售发票,多张发货单可以汇总开票,一张发货单也可拆单生成多张销售发票。

3. 销售出库。销售出库单是自动生成还是手工参照生成,由销售管理系统的"销售生成出库单"参数或库存管理系统的"库存生成销售出库单"参数决定。

4. 销售收款。收款方式有开具发票同时收取货款、收取前欠货款、商业汇票收款等多种。

【思政元素】

销售与审批权应严格分离。销售岗权力集中，极易导致损害公司利益，对于客户拓展权、商品定价权、合同签订权均应当分离。客户拓展由业务部门行使，并将认定为客户的单位按照审批流程纳入客户名录。商品定价权，应分别设置不同优惠幅度、不同采购量的审批权限，与销售员严格分离。对于合同签订权，应当分层管理，对于直接供货的，应当明确直接供货的客户名录；对下属供销供货的，应当另行设定名录。企业一方面强化培训教育、完善销售制度，加强对销售人员的管控，制定符合市场情况的业绩考核体系销售人员，一方面针对销售人员舞弊，零容忍，财务人员也需要把好审核关，每一张单据都需要审核确认。

思政案例

【实验目标】

1. 理解销售管理与应收款管理系统与其他子系统之间的传递关系。
2. 掌握企业日常销售业务的处理流程。

【实验内容】

1. 普通销售业务。

适用于大多数企业的日常销售业务，往往与其他子系统一起，提供对销售报价、销售订货、销售发货、销售开票、销售出库、结转销售成本、销售收款结算等全过程的处理。

2. 销售折扣业务。
3. 合并开票业务。
4. 多张发票业务。
5. 代垫费用业务。
6. 委托代销业务。
7. 开票后退货业务。

【实验资料】

业务一：普通销售业务

2023/02/14 昌都贸易想购买 10 台电脑（奔腾），向销售一部了解价格。销售一部报价为 5 000 元/台。填制并审核报价单。

该客户了解情况后，要求订购 10 台，要求发货日期为 2023/02/16。填制并审核销售订单。

2023/02/16 销售一部从成品仓库向昌都贸易发出其所订货物。并据此开具专用销售发票一张。业务部门将销售发票交给财务部门，财务部门结转此业务的收入及成本。

业务二：销售折扣业务

2023/02/17 销售二部向昌都贸易出售喷墨打印机 5 台，报价为 800 元，成交价为报价的 90%，货物从外购品仓库发出。

2023/02/17 根据上述发货单开具专用发票一张。

业务三：合并开票业务

2023/02/17 销售一部向昌都贸易出售电脑（奔腾）10 台，报价为 5 000 元，货物从成品仓库发出。

2023/02/17 销售二部向昌都贸易出售激光打印机 5 台，报价为 1 000 元，货物从外购品仓库发出。

2023/02/17 根据上述两张发货单开具专用发票一张。

业务四：多张发票业务

2023/02/18 销售二部向华盛贸易出售激光打印机 20 台，报价为 1 000 元，货物从外购品仓库发出。

2023/02/19 应客户要求，对上述所发出的商品开具两张专用销售发票，第一张发票上所列示的数量为 15 台，第二张发票上所列示的数量为 5 台。

业务五：代垫费用业务

2023/02/19 销售一部在向昌都贸易销售商品过程中发生了一笔代垫的安装费 500 元。

业务六：委托代销业务

2023/02/22 销售二部委托科特公司代为销售电脑(奔腾)50 台，售价为 5 000 元，货物从成品仓库发出。

2023/02/25 收到科特公司的委托代销清单一张，结算计算机 30 台，售价为 6 500 元。立即开具销售专用发票给科特公司。

业务部门将该业务所涉及的出库单及销售发票交给财务部门，财务部门据此结转收入及成本。

业务七：开票后退货业务

2023/02/27 委托科特公司销售的电脑(奔腾)退回 2 台，入产成品仓库。由于该货物已经结算，故开具红字专用发票一张。

13.1 普通销售业务

13.1.1 在销售管理系统中填制并审核报价单

(1) 用 005 登录企业应用平台，日期为 2023 年 2 月 14 日。

(2) 执行"业务工作"—"供应链"—"销售管理"—"销售报价"—"销售报价单(双击)"命令，打开"销售报价单"窗口，单击"增加"按钮，输入日期"2023－02－14"，销售类型"经销"，客户名称"昌都贸易"，销售部门"销售部"，选择货物名称"电脑(奔腾)"，输入数量"10"，报价"5 000"，单击"保存"按钮。如图 13－2 所示。

(3) 执行"审核"命令，保存并审核报价单后退出。

13.1.2 在销售管理系统中填制并审核销售订单

(1) 执行"业务工作"—"供应链"—"销售管理"—"销售订货"—"销售订单(双击)"命令，打开"销售订单"窗口，单击"增加"按钮，下拉"生单"按钮，选中"报价"选项，如图 13－3 所示。打开"查询条件选择—订单参照报价单"窗口，选择报价单日期"2023－02－14"。

(2) 单击"确定"按钮，进入"参照生单"窗口，选择要参照的记录行，单击"OK 确定"按钮，如图 13－4 所示。将报价单信息带入销售订单。修改销售订单表体中第 1 行行末的预发货日期"2016－02－16"，如图 13－5 所示，单击"保存"按钮，再单击"审核"按钮后退出。

13.1.3 在销售管理系统中填制并审核销售发货单

(1) 执行"业务工作"—"供应链"—"销售管理"—"销售发货"—"发货单(双击)"命令，打开

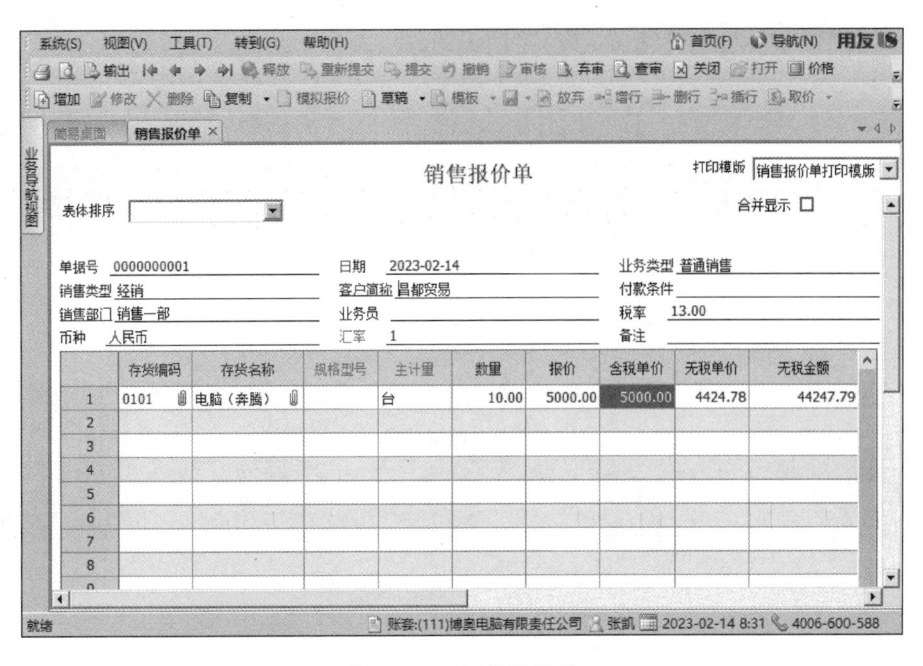

图 13—2　销售报价单

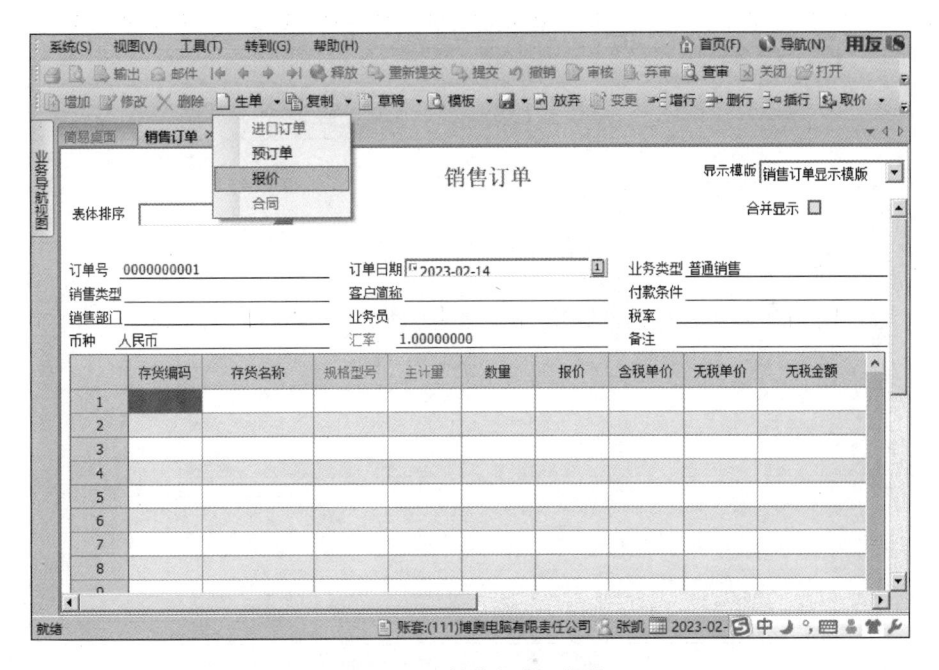

图 13—3　销售订单—报价

"发货单"窗口,单击"增加"按钮,弹出"查询条件选择—参照订单"窗口,输入订单日期"2023—02—14"。

(2)单击"确定"按钮,进入"参照生单"窗口,选择上面已经生成的订单,单击"OK 确定",如图 13—6 所示。将销售订单信息带入发货单,输入发货日期"2023—02—16",选择仓库"产成品仓库"。单击"保存"按钮,再单击"审核"按钮后退出。如图 13—7 所示。

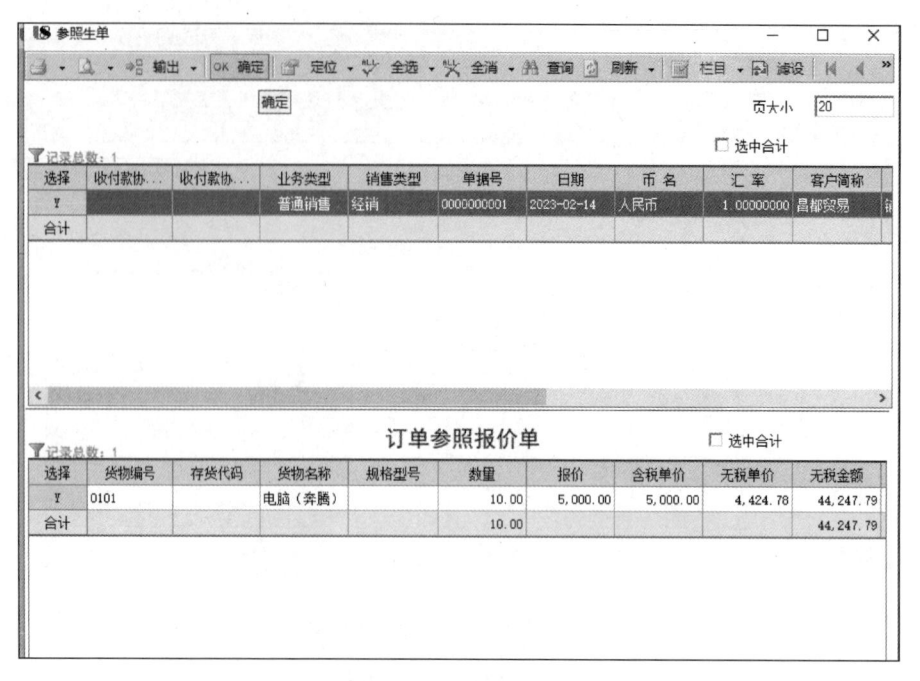

图 13－4　参照生单

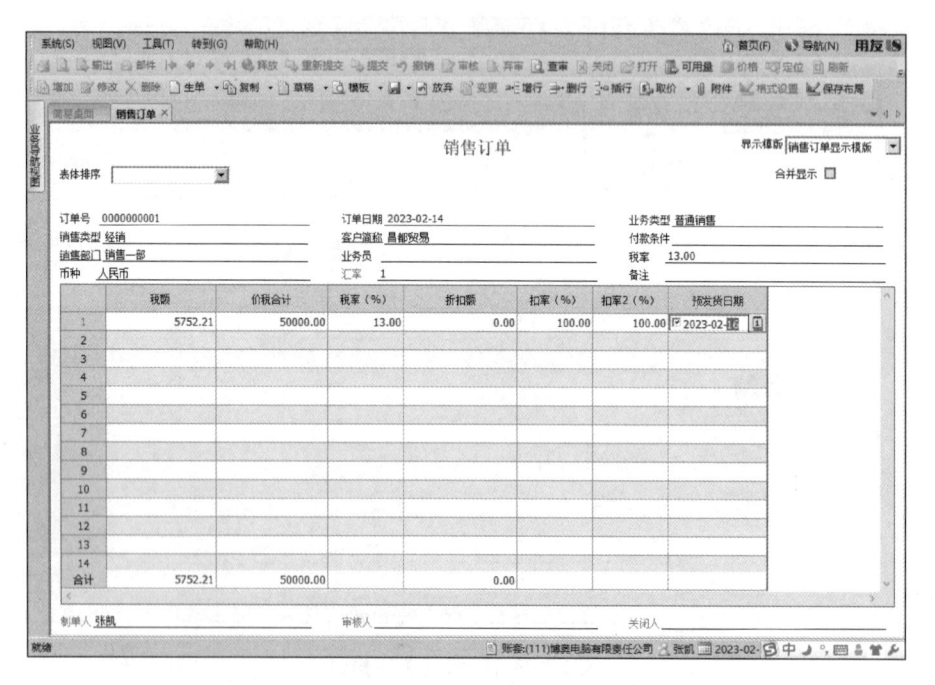

图 13－5　销售订单

13.1.4　在销售系统中完成基本设置,调整选项(将新增发票默认"参照发货单")

执行"业务工作"—"供应链"—"销售管理"—"设置"—"销售选项(双击)"命令,打开"销售选项"窗口,选择"其他控制"选项卡,选择"新增发票默认"为"参照发货",单击"确定"按钮返

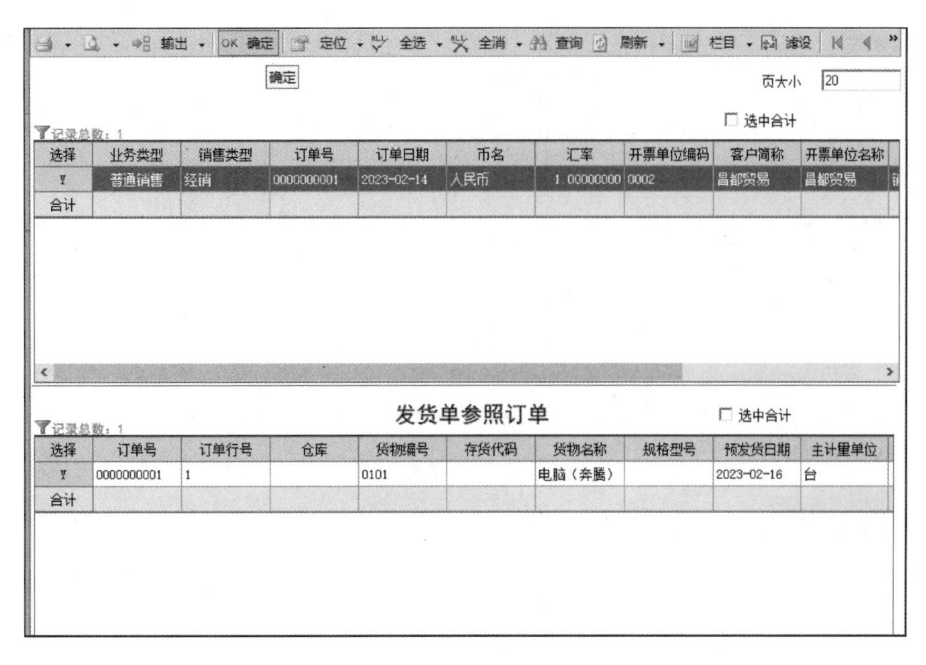

图13－6　参照生单

图13－7　发货单

回，如图13－8所示。

13.1.5　在销售管理系统中根据发货单填制并复核销售发票

(1)执行"业务工作"—"供应链"—"销售管理"—"销售开票"—"销售专用发票(双击)"命令，打开"销售专用发票"窗口，单击"增加"按钮，打开"查询条件选择—发票参照发货单"窗口，

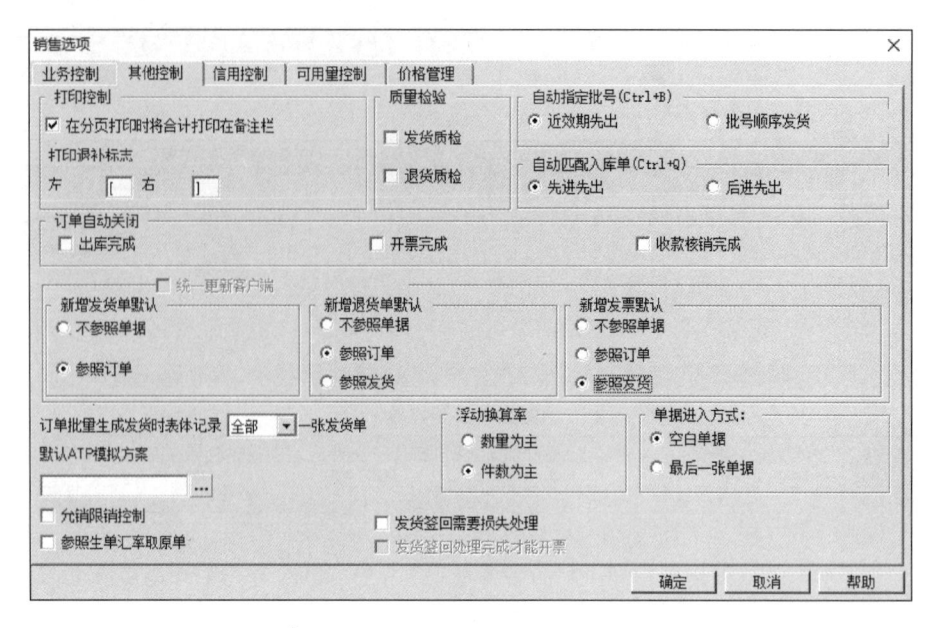

图 13-8 销售选项—其他控制

选择发货单日期"2023-02-16"。

(2)单击"确定"按钮,进入"参照生单"窗口,选择上面已经生成的订单,单击"OK 确定"。如图 13-9 所示,将发货单信息带入销售专用发票。单击"保存"按钮,再单击"复核"按钮后退出。如图 13-10 所示。

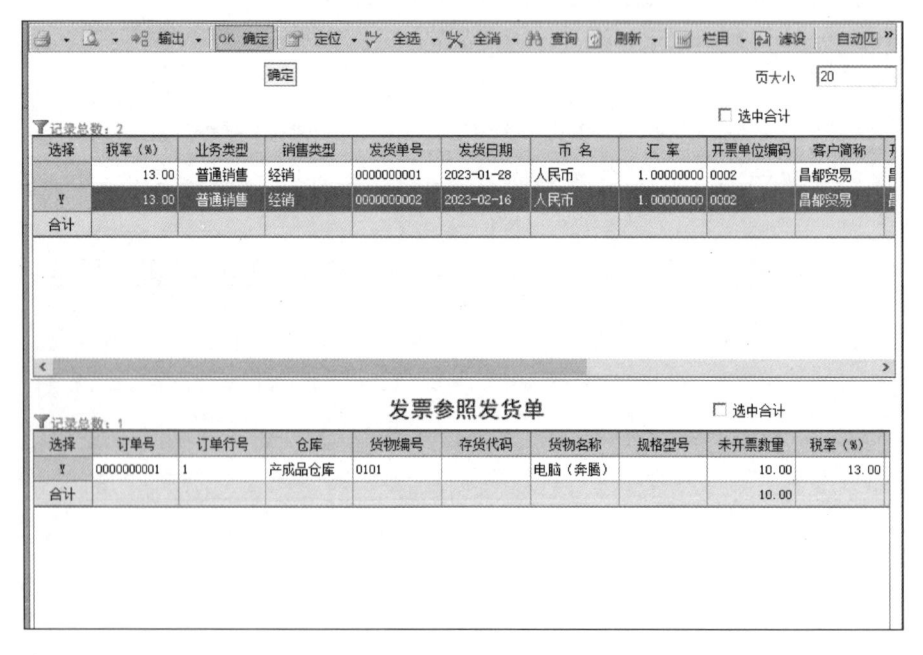

图 13-9 参照生单

图 13-10　销售专用发票

13.1.6　在应收款管理系统中审核应收单据并生成销售收入凭证

(1)以"001 李军"的身份登录企业应用平台,操作日期"2023－02－16"。

(2)执行"业务工作"—"财务会计"—"应收款管理"—"应收单据处理"—"应收单据审核(双击)"命令,打开"应收单查询条件"窗口,如图 13－11 所示,选择单据名称"销售发票",单击"确定"按钮。

图 13-11　应收单查询条件

(3)进入"单据处理—应收单据列表"窗口,选择需要审核的单据,单击"审核"按钮,系统弹出审核结果提示框,单击"确定"按钮返回后退出。如图13-12所示。

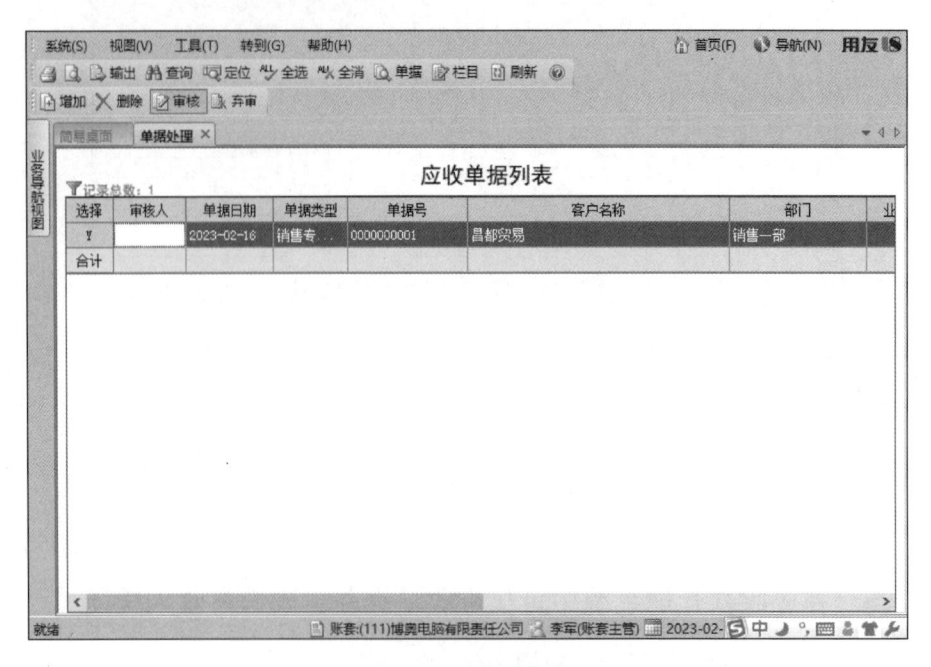

图13-12 应收单据列表

(4)执行"业务工作"—"财务会计"—"应收款管理"—"制单处理(双击)"命令,打开"制单查询"窗口,选中"发票制单"复选框,单击"确定"按钮。如图13-13所示。

图13-13 制单查询

(5)进入"制单—销售发票制单"窗口,修改凭证类别"转账凭证",单击工具栏"全选"按钮,执行"制单"命令。如图 13-14 所示。

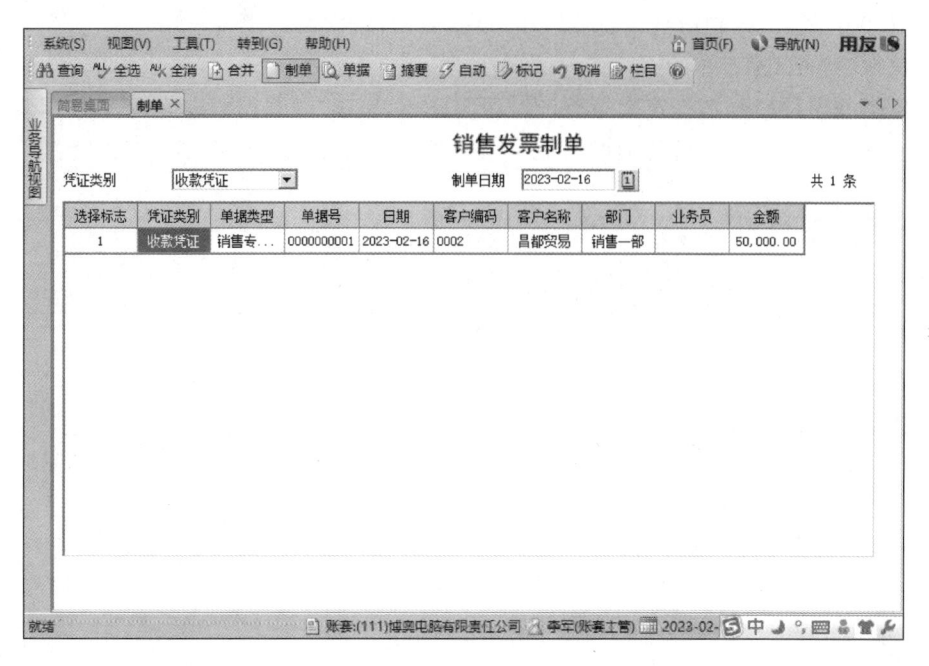

图 13-14 制单

(6)进入"填制凭证"窗口,单击"保存"按钮,凭证左上角显示"已生成"字样,表明已将凭证传递到总账管理系统。如图 13-15 所示。

图 13-15 转账凭证 0010 号

13.1.7 在库存管理系统中审核销售出库单

(1)以"007 张凡"的身份登录企业应用平台,操作日期"2023-02-16"。

(2)执行"业务工作"—"供应链"—"库存管理"—"出库业务"—"销售出库单(双击)"命令,进入"销售出库单"窗口,选择需要审核的销售出库单,单击"审核"按钮,系统弹出"该单据审核成功!"提示框,单击"确定"按钮返回后退出。如图 13-16 所示。

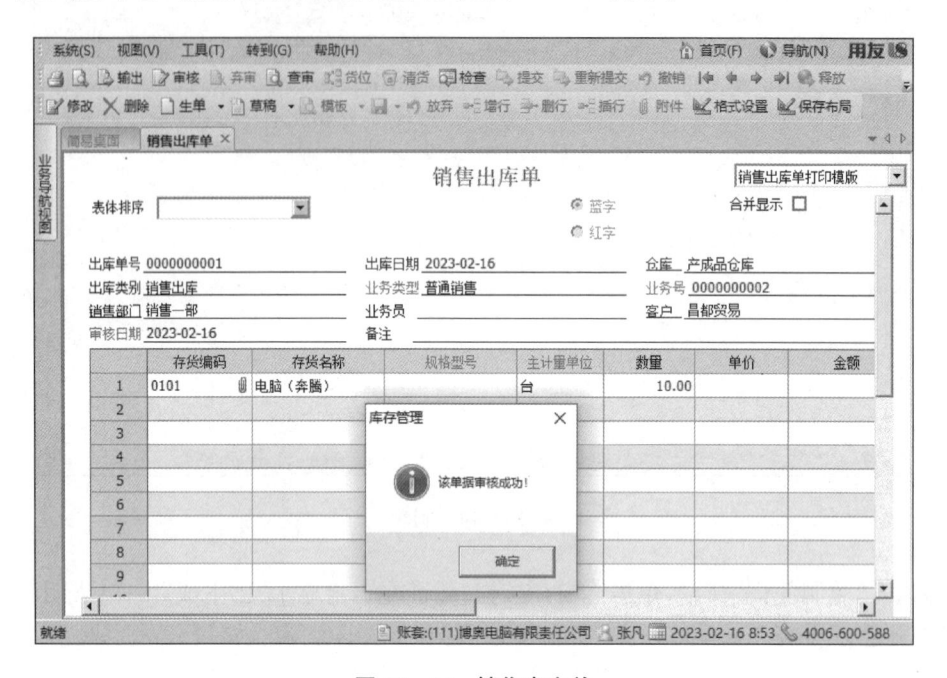

图 13-16 销售出库单

13.1.8 在存货核算系统中对销售出库单记账但不生成凭证

注意:本次只完成正常单据记账业务,不生成结转销售成本的凭证,原因是本实验中成本结转方式采用的是全月平均法。

(1)以"007 张凡"的身份登录企业应用平台,操作日期"2023-02-16"。

(2)执行"业务工作"—"供应链"—"存货核算"—"初始设置"—"选项"—"选项录入(双击)"命令,进入"选项录入"窗口,选中核算方式选项卡"销售成本核算方式销售出库单"单选框,单击"确定"保存当前设置后退出。

(3)执行"业务工作"—"供应链"—"存货核算"—"业务核算"—"正常单据记账(双击)"命令,进入"查询条件选择"窗口,选中仓库"产成品仓库"复选框,单据类型"销售出库单",单击"确定"按钮。

(4)进入"未记账单据一览表—正常单据记账列表"窗口,单击工具栏上的"全选"按钮后单击"记账"按钮。如图 13-17 所示。系统弹出"记账成功!"提示框,单击"确定"后退出。

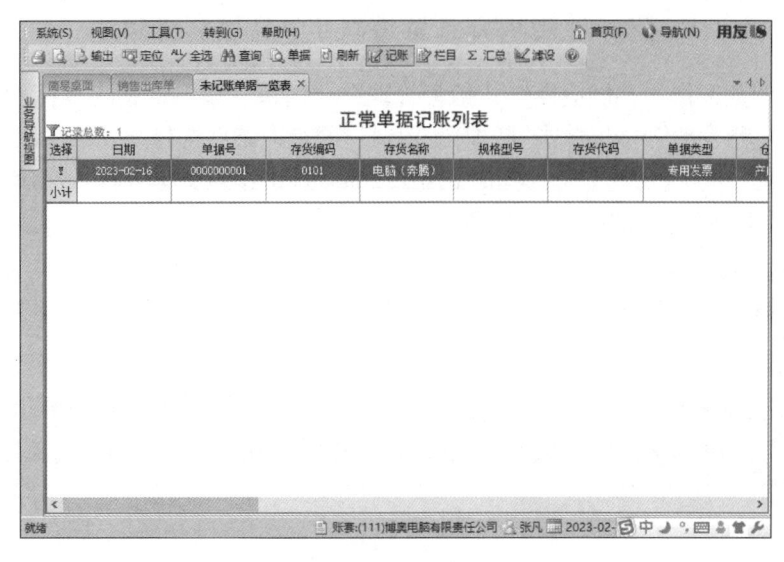

图 13-17　未记账单据一览表

13.2　销售折扣业务

13.2.1　在销售系统中，填制并审核销售发货单

(1)以"005"的身份登录企业应用平台，操作日期"2023-02-17"。

(2)执行"业务工作"—"供应链"—"销售管理"—"销售发货"—"发货单(双击)"命令，打开"发货单"窗口，单击"增加"按钮，弹出"查询条件选择—参照订单"窗口，单击"取消"按钮。

(3)进入"发货单"窗口，输入发货日期"2023-02-17"，客户"昌都贸易"，销售部门"销售二部"，选择仓库"外购品仓库"，存货名称"喷墨打印机"，数量"5"，报价"800"，扣率"90%"，单击"保存"按钮，再执行"审核"命令后退出。如图13-18所示。

图 13-18　发货单

13.2.2　在销售系统中,根据发货单填制并复核销售发票

(1)执行"业务工作"—"供应链"—"销售管理"—"销售开票"—"销售专用发票(双击)"命令,打开"销售专用发票"窗口,单击"增加"按钮,打开"查询条件选择—发票参照发货单"窗口,选择发货单日期"2023—02—17"。单击"确定"按钮,进入"参照生单"窗口,选择上面已经生成的订单,单击"OK确定"。如图13—19所示。

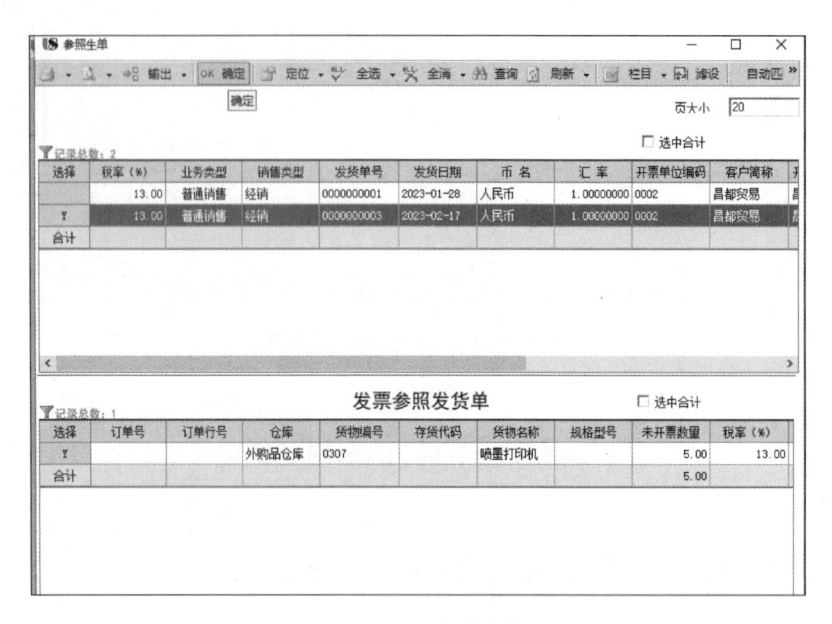

图13—19　参照生单

(2)将发货单信息带入销售专用发票。单击"保存"按钮,再单击"复核"按钮后退出。如图13—20所示。

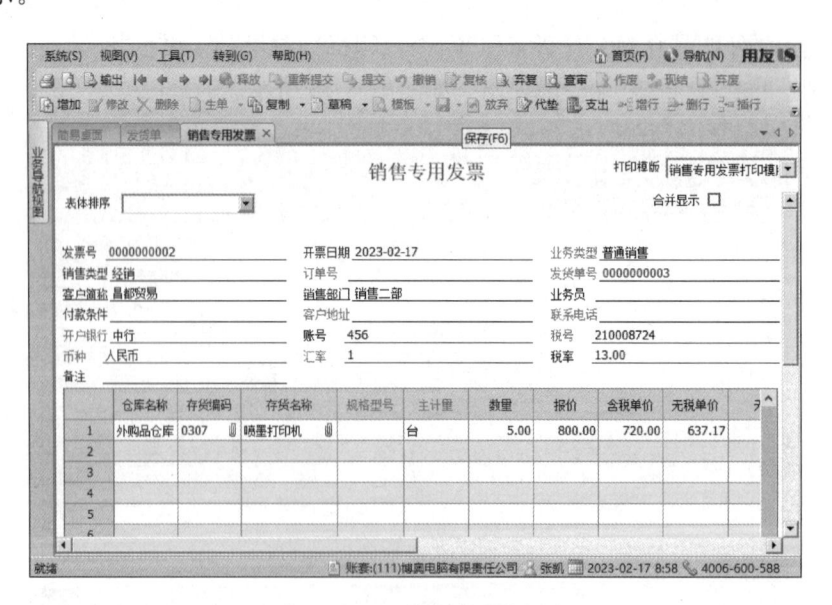

图13—20　销售专用发票

13.3 合并开票业务

13.3.1 在销售系统中,填制并审核两张销售发货单

(1)以"005"的身份登录企业应用平台,操作日期"2023-02-17"。

(2)执行"业务工作"—"供应链"—"销售管理"—"销售发货"—"发货单(双击)"命令,打开"发货单"窗口,单击"增加"按钮,弹出"查询条件选择—参照订单"窗口,单击"取消"按钮。

(3)进入"发货单"窗口,输入发货日期"2023-02-17",客户"昌都贸易",销售部门"销售一部";表体的第1条记录选择仓库"产成品仓库",存货名称"0101电脑(奔腾)",数量"10",报价"5 000";单击"保存"按钮,再执行"审核"命令后继续点击"增加"。如图13-21所示。

图13-21 发货单—电脑(奔腾)

(4)第2条记录选择仓库"外购品仓库",存货名称"0308激光打印机",数量"5",报价"1 000"。单击"保存"按钮,再执行"审核"命令后退出。如图13-22所示。

13.3.2 在销售系统中,根据上述两张发货单填制并复核销售发票

(1)执行"业务工作"—"供应链"—"销售管理"—"销售开票"—"销售专用发票(双击)"命令,打开"销售专用发票"窗口,单击"增加"按钮,打开"查询条件选择—发票参照发货单"窗口,选择客户"昌都贸易",发货单日期"2023-02-17"。

(2)单击"确定"按钮,进入"参照生单"窗口,单击"全选"命令,再单击"OK确定"命令,如图13-23所示。将发货单销售信息带入销售专用发票,进入"销售专用发票"窗口,单击"保存"按钮,再执行"复核"按钮,保存并复核销售专用发票。如图13-24所示。

图 13-22　发货单—激光打印机

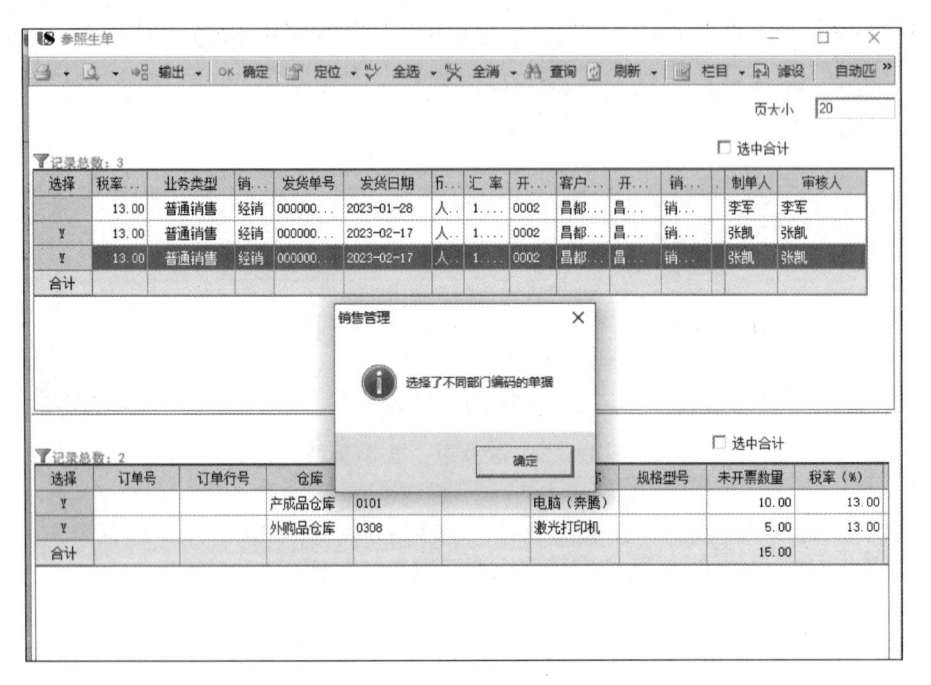

图 13-23　参照生单

图 13－24　销售专用发票

13.4　多张发票业务

13.4.1　在销售系统中，填制并审核销售发货单

(1)以"005"的身份登录企业应用平台，操作日期"2023－02－18"。

(2)执行"业务工作"—"供应链"—"销售管理"—"销售发货"—"发货单(双击)"命令，打开"发货单"窗口，单击"增加"按钮，弹出"查询条件选择—参照订单"窗口，单击"取消"按钮。

(3)进入"发货单"窗口，输入发货日期"2023－02－18"，客户"华盛贸易"，销售部门"销售二部"，选择仓库"外购品仓库"，存货名称"0308 激光打印机"，数量"20"，报价"1 000"，单击"保存"按钮，再执行"审核"命令后继续点击"增加"。如图 13－25 所示。

13.4.2　在销售系统中，分别根据发货单填制并复核两张销售发票

(1)执行"业务工作"—"供应链"—"销售管理"—"销售开票"—"销售专用发票(双击)"命令，打开"销售专用发票"窗口，单击"增加"按钮，打开"查询条件选择—发票参照发货单"窗口，选择客户"华盛贸易"，发货单日期"2023－02－18"。

(2)单击"确定"按钮，进入"参照生单"窗口，选择对应发货单，再单击"OK 确定"命令。如图 13－26 所示。

(3)将发货单销售信息带入销售专用发票，进入"销售专用发票"窗口，修改数量"15"，单击"保存"按钮，再执行"复核"按钮，完成一张销售专用发票。

(4)单击"增加"按钮，打开"查询条件选择—发票参照发货单"窗口，选择客户"华盛贸易"，

图 13-25 发货单

图 13-26 参照生单

发货单日期"2023-02-18"。单击"确定"按钮,进入"参照生单"窗口,此时"未开票数量"显示"5",如图 13-27 所示,选择对应发货单,再单击"OK 确定"命令。将发货单销售信息带入销售专用发票,进入"销售专用发票"窗口,如图 13-28 所示。单击"保存"按钮,再执行"复核"按钮,保存并复核另一张销售专用发票。

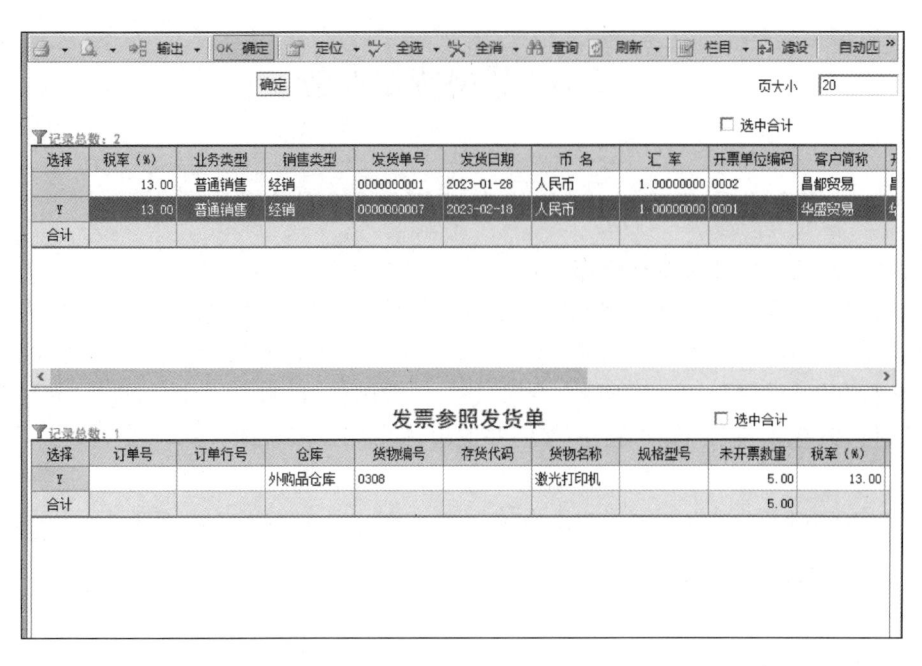

图 13－27　参照生单

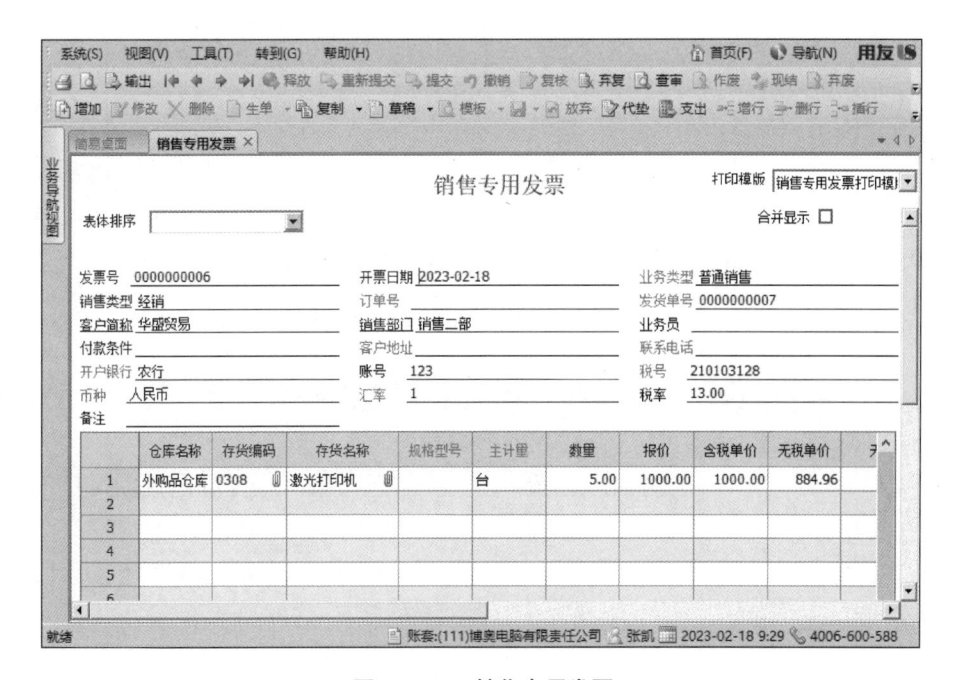

图 13－28　销售专用发票

13.5 代垫费用业务

13.5.1 在企业应用平台中,增设费用项目为"安装费"

(1)以"005"的身份登录企业应用平台,操作日期"2023—02—19"。

(2)执行"基础设置"—"基础档案"—"业务"—"费用项目分类(双击)"命令,进入"费用项目分类"窗口,增加项目分类"1代垫费用",单击"保存"按钮并退出。如图13—29所示。

(3)执行"基础设置"—"基础档案"—"业务"—"费用项目(双击)"命令,进入"费用项目"窗口,增加项目"01安装费",单击"保存"按钮并退出,如图13—30所示。

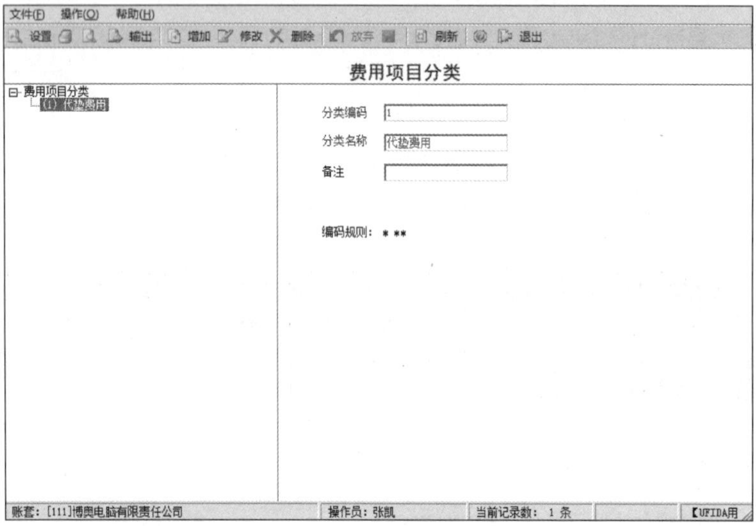

图13—29 费用项目分类

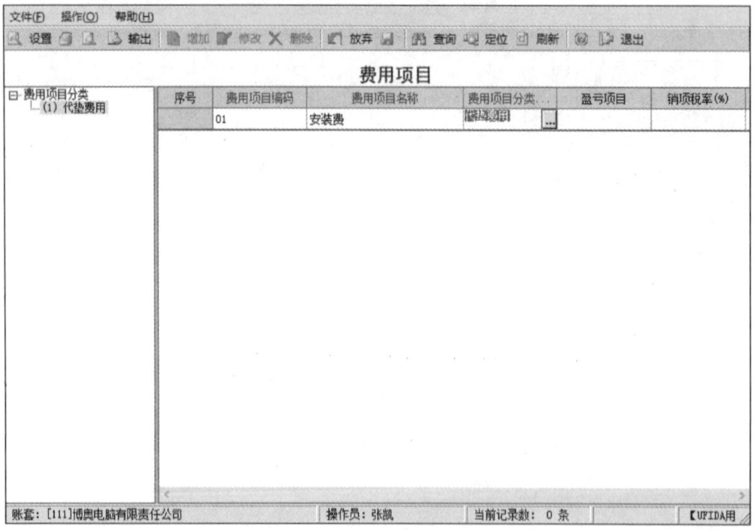

图13—30 安装费

13.5.2 在销售系统中,填制并审核代垫费用单

执行"业务工作"—"供应链"—"销售管理"—"代垫费用"—"代垫费用单(双击)"命令,打开"代垫费用单"窗口,单击"增加"按钮,输入代垫日期"2023-02-19",客户"昌都贸易",销售部门"销售一部",费用项目"安装费",代垫金额"500",保存并审核。如图13-31所示。

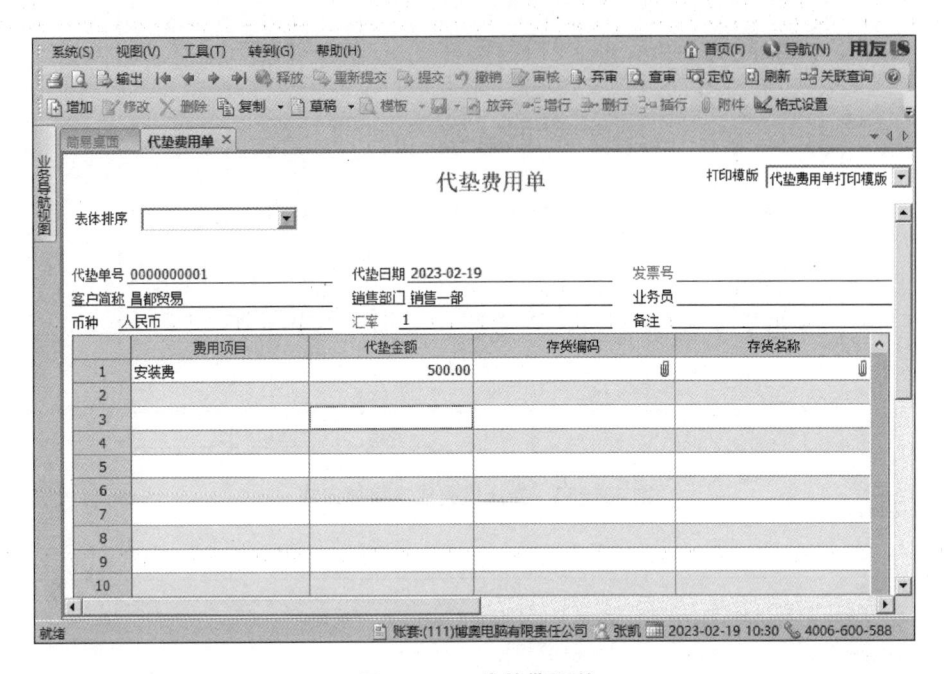

图13-31 代垫费用单

13.6 委托代销业务

13.6.1 在存货系统中,调整委托代销业务的销售成本结转方法为"发出商品"

(1)执行"业务工作"—"供应链"—"存货核算"—"初始设置"—"选项"—"选项录入(双击)"命令,进入"选项录入"窗口,将"核算方式"选项卡中"委托代销成本核算方式"设置为"按发出商品核算",单击"确定"按钮。保存设置后退出。如图13-32所示。

(2)执行"业务工作"—"供应链"—"销售管理"—"设置"—"销售选项(双击)"命令,进入"销售选项"窗口,在"业务控制"选项卡中勾选"有委托代销业务"复选框,单击"确定"按钮返回。如图13-33所示。

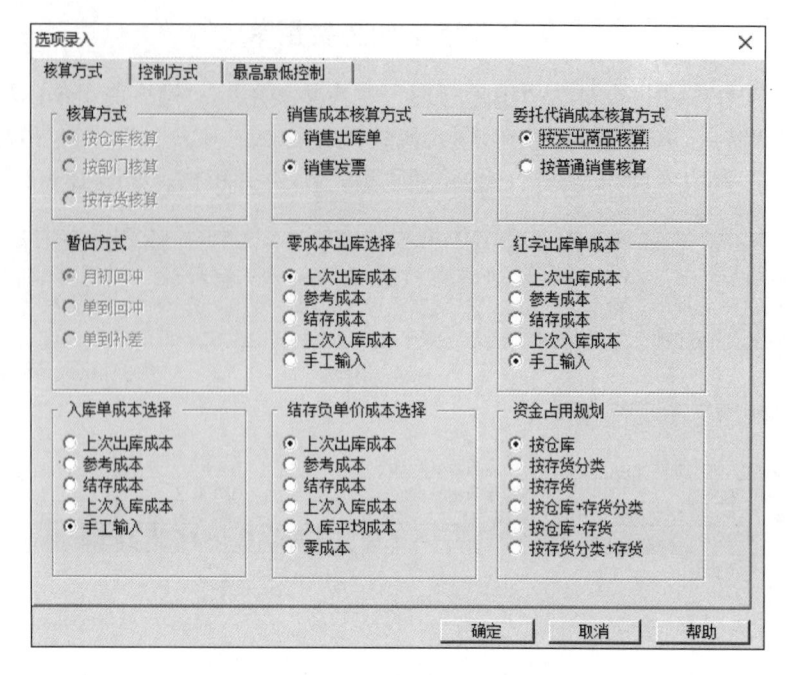

图13—32　委托代销成本核算方式

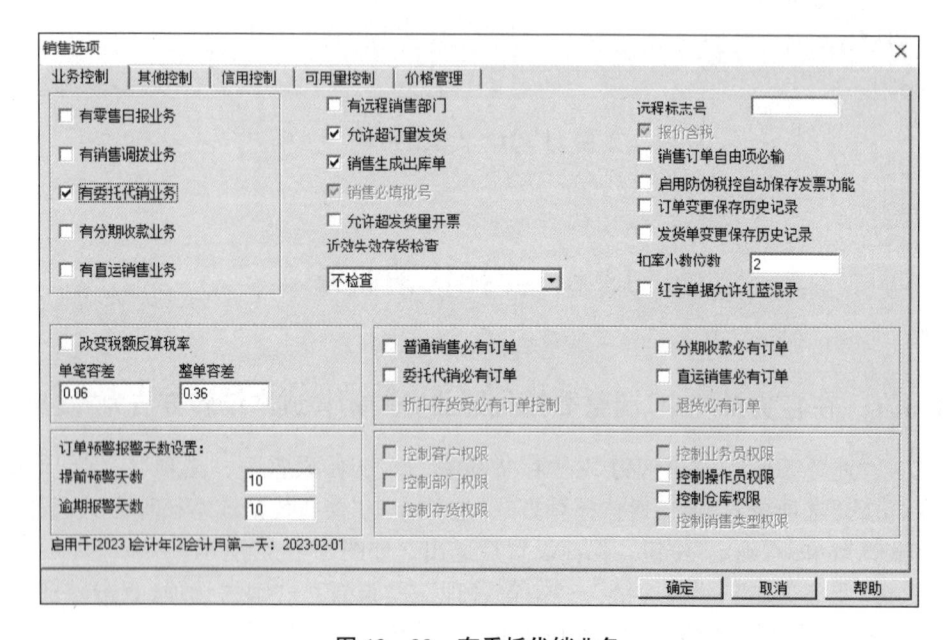

图13—33　有委托代销业务

13.6.2　委托代销发货处理

(1)在销售系统中,填制并审核委托代销发货单

①用005登录企业应用平台,日期为2023年2月22日。

②执行"业务工作"—"供应链"—"销售管理"—"委托代销"—"委托代销发货单(双击)"命

令,进入"委托代销发货单"窗口,单击"增加"按钮,根据实验资料填制并审核委托代销发货单。如图 13-34 所示。

图 13-34 委托代销发货单

(2)在库存系统中,审核销售出库单

①用 007 登录企业应用平台,日期为 2023 年 2 月 22 日。

②执行"业务工作"—"供应链"—"库存管理"—"出库业务"—"销售出库单(双击)"命令,进入"销售出库单"窗口,找到需要审核的单据,单击"审核"按钮,系统弹出审核结果提示框,单击"确定"按钮返回。如图 13-35 所示。

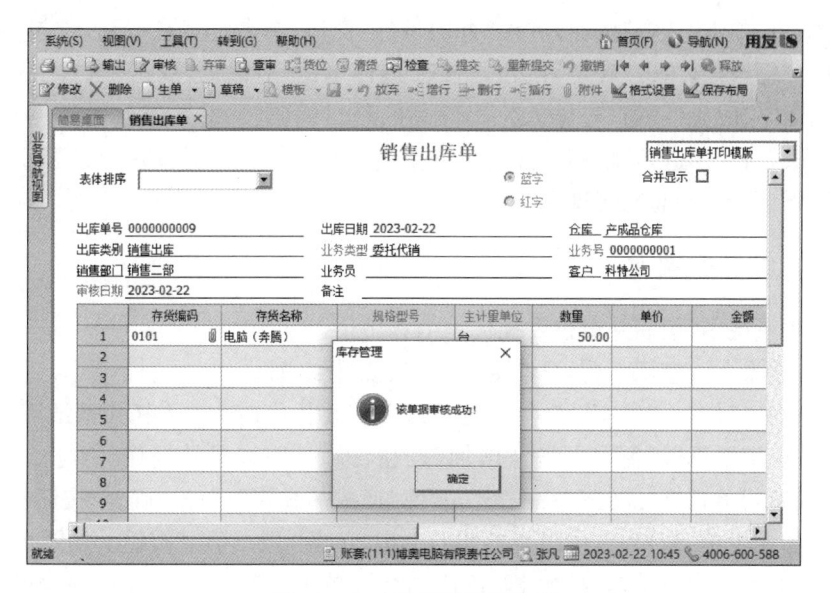

图 13-35 审核销售出库单

(3)在存货系统中,对发货单进行记账

执行"业务工作"—"供应链"—"存货核算"—"业务核算"—"发出商品记账(双击)"命令,进入"查询条件选择"窗口,输入仓库"成品库",单据类型"发货单",业务类型"委托代销",单击"确定"按钮。进入"未记账单据—发出商品记账"窗口,选择需要记账的单据,单击"记账"命令,系统弹出记账结果提示框,单击"确定"按钮退出。如图13—36所示。

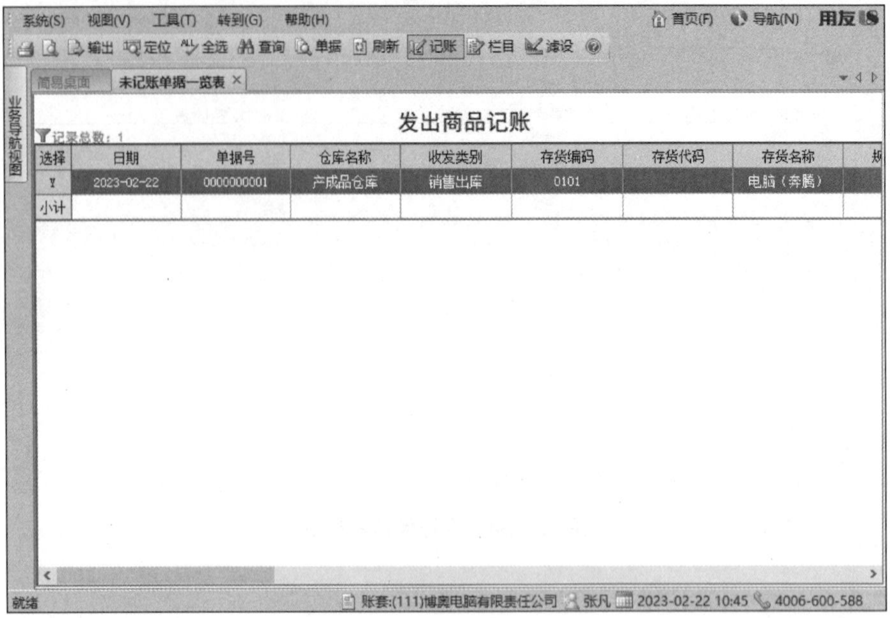

图13—36 发出商品记账

(4)在存货系统中,生成出库凭证

执行"业务工作"—"供应链"—"存货核算"—"财务核算"—"生成凭证(双击)"命令,进入"生成凭证"窗口,单击"选择"按钮,进入"查询条件"窗口,单击"全消"按钮,选择"委托代销发出商品发货单"复选框,单击"确定"按钮,进入"选择单据"对话框,单击"全选"命令,单击"确定"按钮。返回"生成凭证"窗口,输入发出商品的科目编码"1406",修改凭证类别为"转账凭证",执行"生成"命令。进入"填制凭证"窗口,单击"保存"按钮。凭证左上角显示"已生成"字样,表明已将凭证传递到总账管理系统。

13.6.3 结算开票时

(1)在销售系统中,填制并审核委托代销结算单

①用005登录企业应用平台,日期为2023年2月25日。

②执行"业务工作"—"供应链"—"销售管理"—"委托代销"—"委托代销结算单(双击)"命令,进入"委托代销结算单"窗口,单击"增加"按钮,进入"查询条件选择—委托结算参照发货单"窗口,输入发货单日期"2023—02—25",仓库"产成品仓库",单击"确定"按钮。

③进入"参照生单"窗口,选中需要参照的单据,单击"OK确定"按钮。如图13—37所示。

④将选中的参照发货单信息带到委托代销结算单中,修改委托代销结算数量"30",单击"保存"按钮,再执行"审核"命令,如图13—38所示,打开"请选择发票类型"对话框,选择"专用

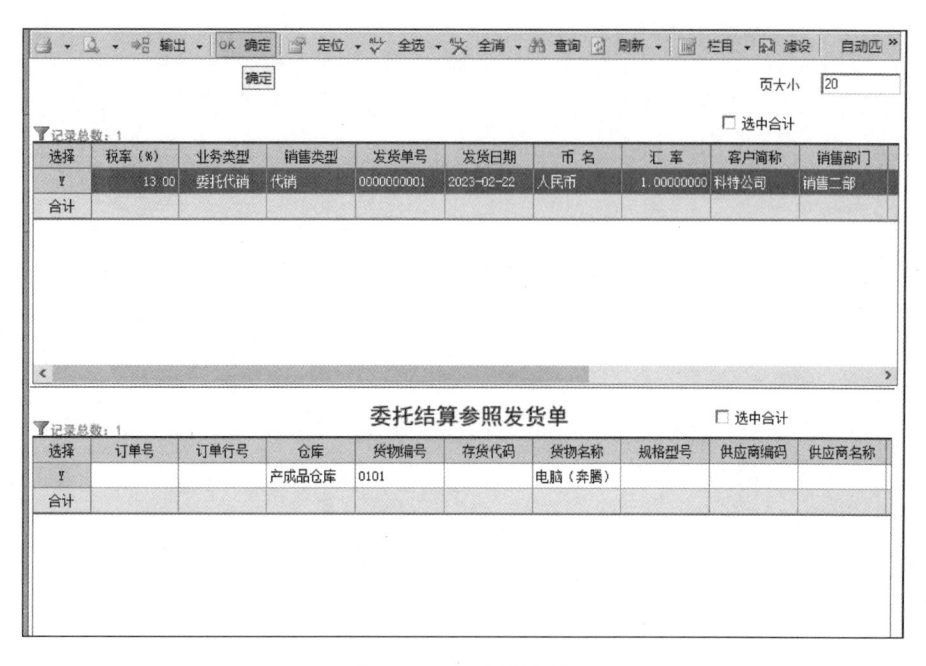

图 13－37　参照生单

发票",单击"确定"按钮后退出。

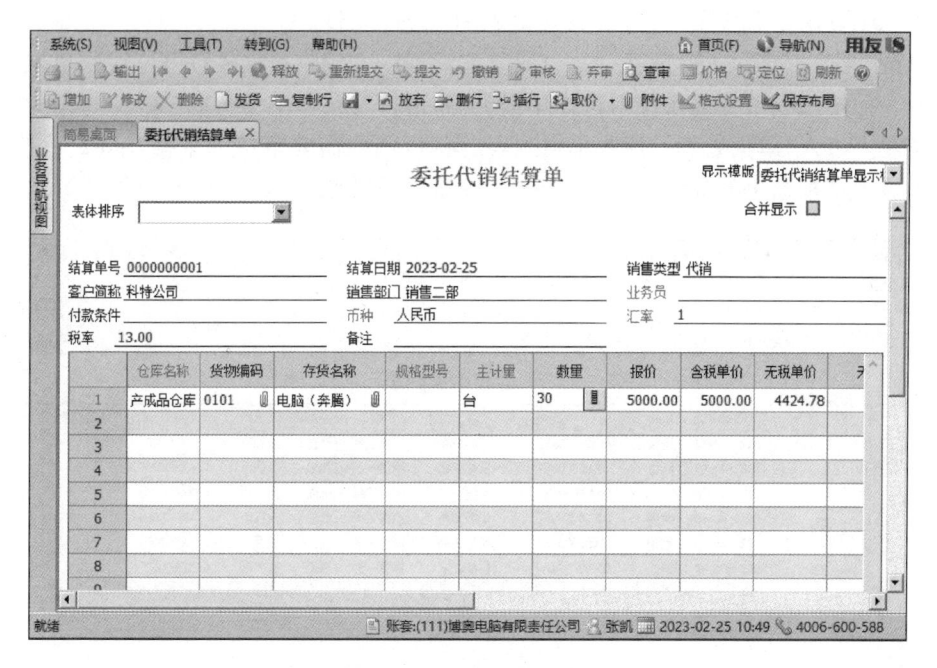

图 13－38　委托代销结算单

(2)在销售系统中,复核销售发票

执行"业务工作"—"供应链"—"销售管理"—"销售开票"—"销售专用发票(双击)"命令,进入"销售专用发票"窗口,单击"上一张"查看并复核根据委托代销结算单生成的销售专用发票。如图 13－39 所示。

图 13-39 销售专用发票

(3)在应收系统中,审核销售发票及生成销售凭证

①用 001 登录企业应用平台,日期为 2023 年 2 月 25 日。

②执行"业务工作"—"财务会计"—"应收款管理"—"应收单据处理"—"应收单据审核(双击)"命令,打开"应收单查询条件",选择单据名称"销售发票",单据日期"2023-02-25",单击"确定"按钮。进入"单据处理—应收单据列表"窗口,选中需要审核的单据,单击"审核"按钮,系统弹出显示审核结果的提示框,单击"确定"按钮返回后退出,如图 13-40 所示。

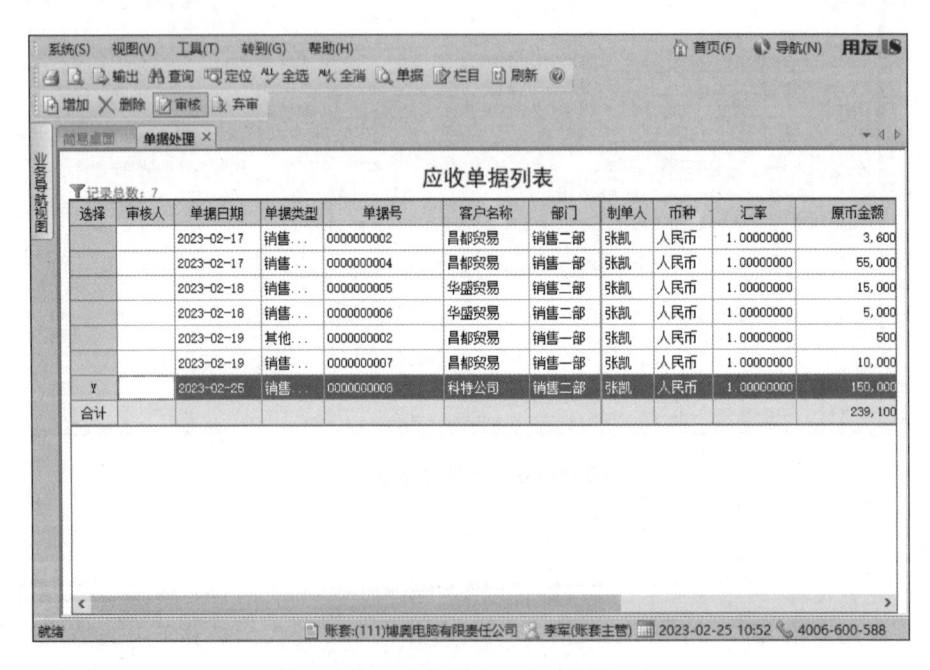

图 13-40 单据处理—应收单据列表

③执行"业务工作"—"财务会计"—"应收款管理"—"制单处理(双击)"命令,打开"制单查询"窗口,选择"发票制单"复选框,客户"科特公司",单击"确定"按钮。进入"制单—销售发票制单"窗口,选中要制单的单据,修改凭证类别"转账凭证",单击"制单"按钮。如图13-41所示。

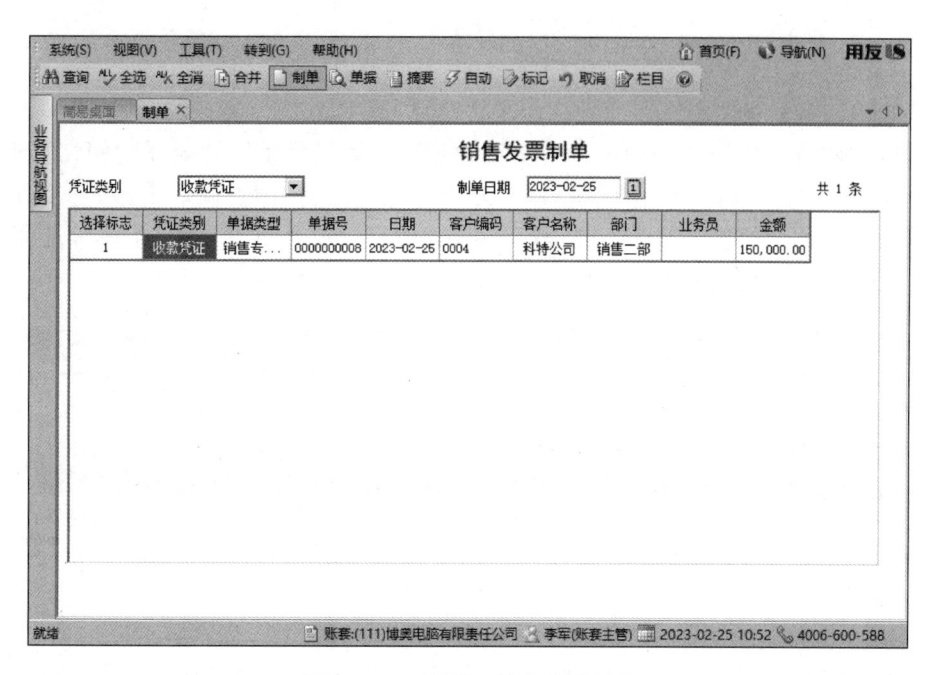

图 13-41　制单—销售发票制单

④进入"填制凭证"窗口,单击"保存"按钮。凭证左上角显示"已生成"字样,表明已将凭证传递到总账管理系统。如图13-42所示。

图 13-42　转账凭证 0011 号

13.7 开票后退货业务

13.7.1 发生退货时,在销售系统中填制并审核委托代销结算退回单

(1)以"005 张凯"的身份登录企业应用平台,操作日期"2023-02-27"。

(2)执行"业务工作"—"供应链"—"销售管理"—"委托代销"—"委托代销结算退回(双击)"命令,打开"委托代销结算退回"窗口,单击"增加"按钮,打开"查询条件选择—委托结算参照发货单"窗口,输入客户名称"科特公司"。单击"确定"按钮,打开"参照生单",选择参照单据,单击"OK 确定"按钮。如图 13-43 所示。

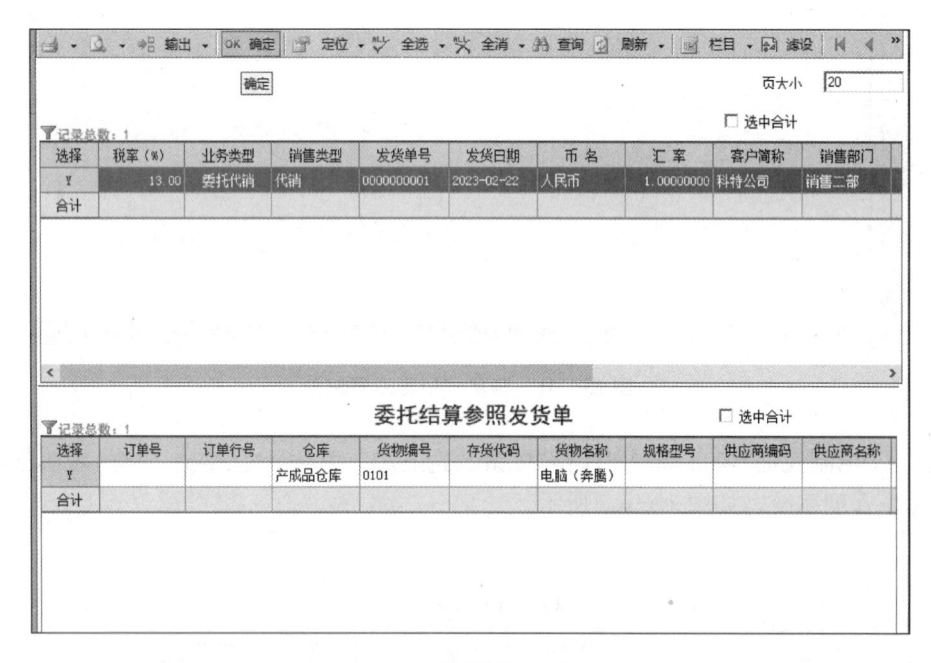

图 13-43 委托结算参照发货单

(3)将参照单据的相关信息带到委托代销结算退回,修改数量"-2",单击"保存"按钮后执行"审核"命令,打开"请选择发票类型"窗口,选择"专用发票",单击"确定"按钮后退出。

13.7.2 在销售系统中,复核红字专用销售发票

执行"业务工作"—"供应链"—"销售管理"—"销售开票"—"销售发票列表(双击)"命令,打开"查询条件选择——销售发票查询条件"窗口,输入客户简称"科特公司",开票日期"2023-02-27",单击"确定"按钮。进入"销售发票列表"窗口,双击打开选中的销售发票,可以查看红字销售专用发票。执行"复核"命令后退出。如图 13-44 所示。

13.7.3 在销售系统中,填制并复核委托代销退货单(参照发货单)

(1)执行"业务工作"—"供应链"—"销售管理"—"委托代销"—"委托代销退货单"命令,单

图 13-44 销售专用发票

击"生单"下拉列表"参照发货单"。如图 13-45 所示。

图 13-45 委托代销退货单

(2)打开"参照生单",选择参照单据,单击"OK 确定"按钮。如图 13-46 所示。
(3)在委托代销退货单中录入数量"-2",如图 13-47 所示。

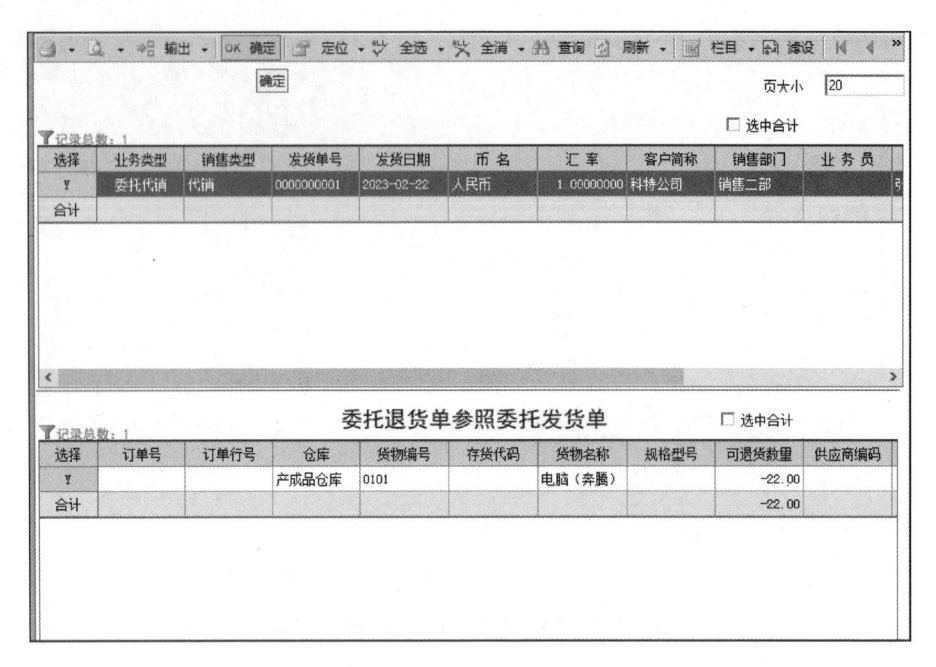

图 13—46 参照生单

图 13—47 委托代销退货单

13.7.4 应收系统制单

(1)以"001 李军"的身份登录企业应用平台,操作日期"2023-02-27"。

(2)执行"业务工作"—"财务会计"—"应收款管理"—"应收单据处理"—"应收单据审核(双击)"命令,打开"应收单查询条件"窗口,选择单据名称"销售发票",单击"确定"按钮。

(3)进入"单据处理—应收单据列表"窗口,选择需要审核的单据,单击"审核"按钮,系统弹出审核结果提示框,单击"确定"按钮返回后退出。如图 13-48 所示。

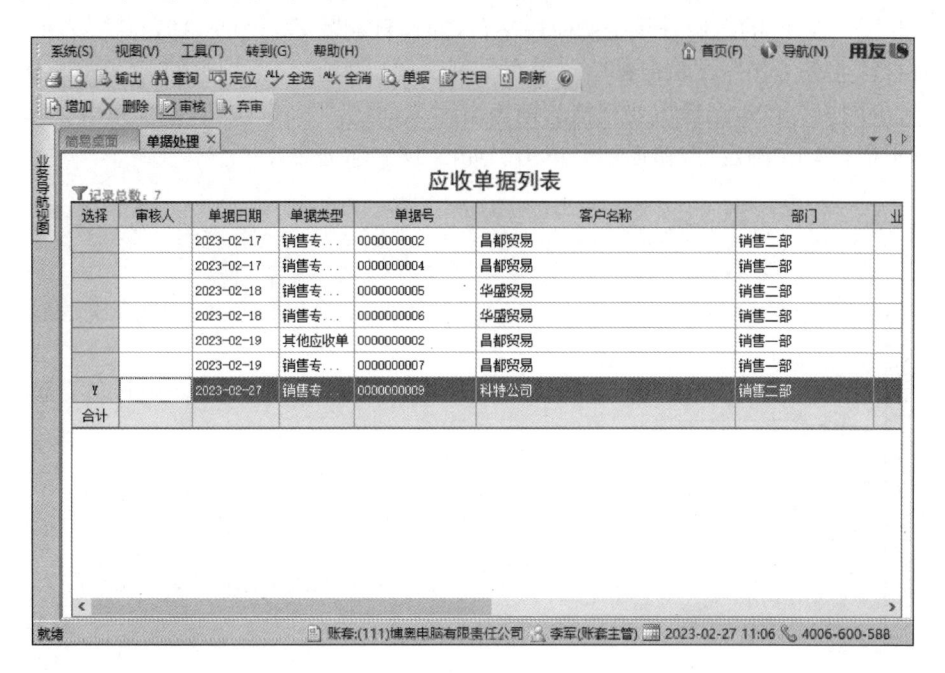

图 13-48 应收单据列表

(4)执行"业务工作"—"财务会计"—"应收款管理"—"制单处理(双击)"命令,打开"制单查询"窗口,选中"发票制单"复选框,单击"确定"按钮。

(5)进入"制单—销售发票制单"窗口,修改凭证类别"转账凭证",单击工具栏"全选"按钮,执行"制单"命令。

(6)进入"填制凭证"窗口,单击"保存"按钮,凭证左上角显示"已生成"字样,表明已将凭证传递到总账管理系统。如图 13-49 所示。

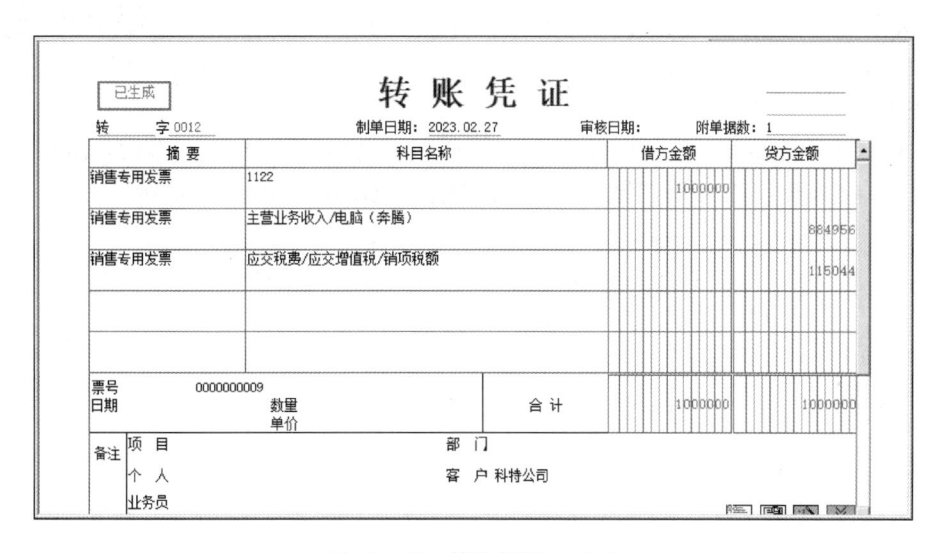

图 13-49 转账凭证 0012 号

13.7.5　库存系统审核销售出库单

(1)以"007 张凡"的身份登录企业应用平台,操作日期"2023-02-16"。

(2)执行"业务工作"—"供应链"—"库存管理"—"出库业务"—"销售出库单(双击)"命令,进入"销售出库单"窗口,选择需要审核的销售出库单,单击"审核"按钮,系统弹出"该单据审核成功!"提示框,单击"确定"按钮返回后退出。如图 13-50 所示。

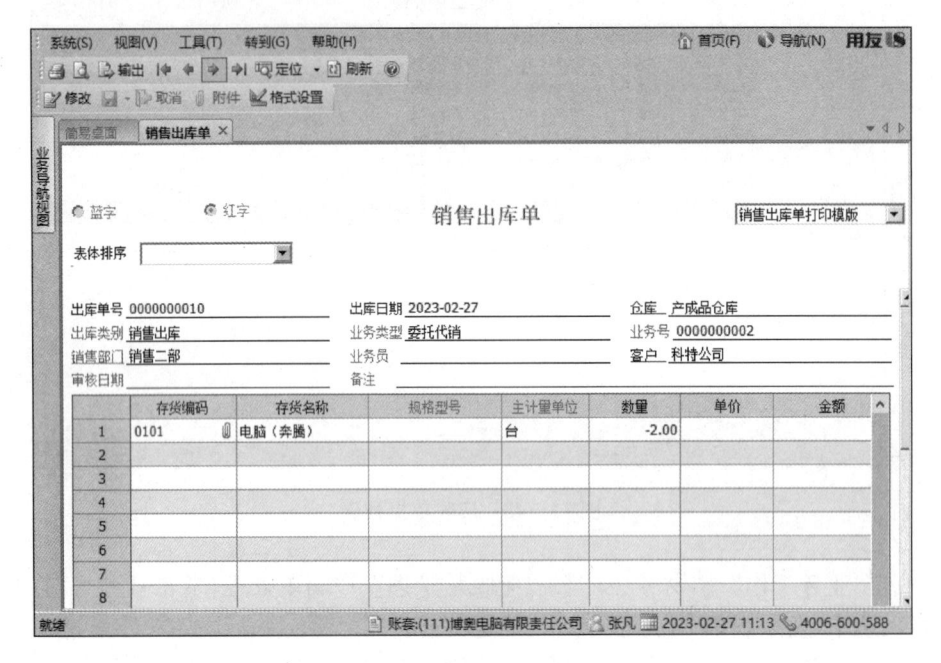

图 13-50　销售出库单

13.7.6　在存货核算系统中对发出商品记账

(1)执行"业务工作"—"供应链"—"存货核算"—"业务核算"—"发出商品记账(双击)"命令,进入"查询条件选择"窗口,选中仓库"产成品仓库"复选框,单据类型"销售出库单",单击"确定"按钮。

(2)进入"未记账单据一览表—正常单据记账列表"窗口,选择需要记账的单据,单击"记账"按钮。系统弹出"记账成功!"提示框,单击"确定"后退出,如图 13-51 所示。

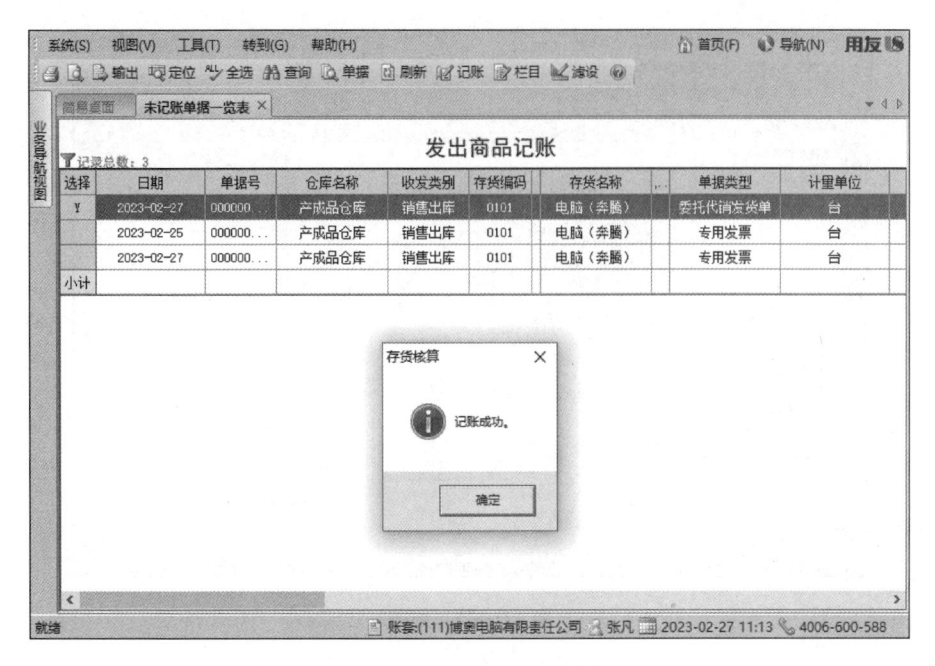

图 13－51　发出商品记账

13.8　月末处理

13.8.1　月末结账

(1)以"005"的身份登录企业应用平台,操作日期"2023－02－28"。

(2)执行"业务工作"—"供应链"—"销售管理"—"月末结账(双击)"命令,进入"结账"窗口,其中蓝色底纹的是当前会计月份,单击"结账"按钮,系统弹出提示,单击"是"按钮,系统开始结账。如图 13－52 所示。当前月份"是否结账"栏显示"是",表明已经完成销售系统本月结账工作,单击窗口右上角"关闭"按钮退出。

13.8.2　取消结账

执行"业务工作"—"供应链"—"销售管理"—"月末结账(双击)"命令,进入"结账"窗口,其中蓝色底纹的是下期会计月份,单击"取消结账"按钮,自动上跳取消当月结账。如图 13－53 所示。

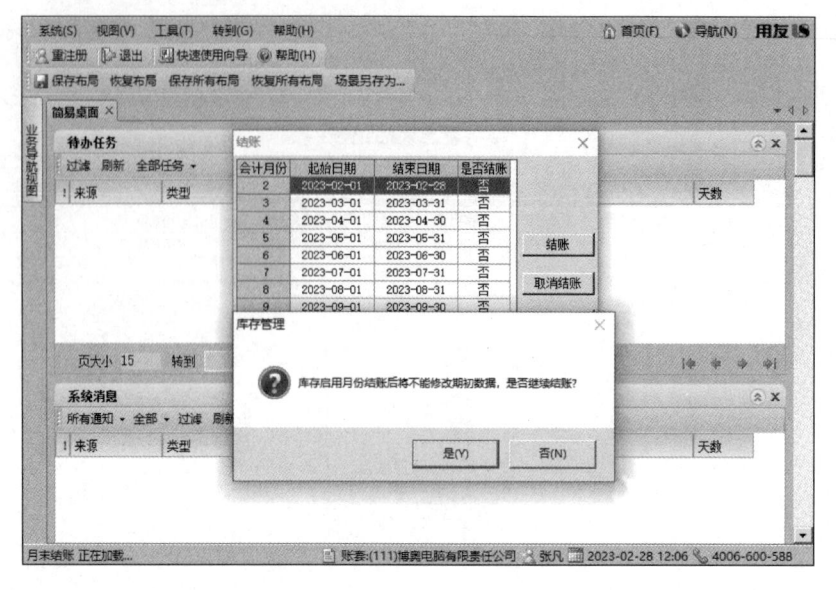

图 13－52　结账

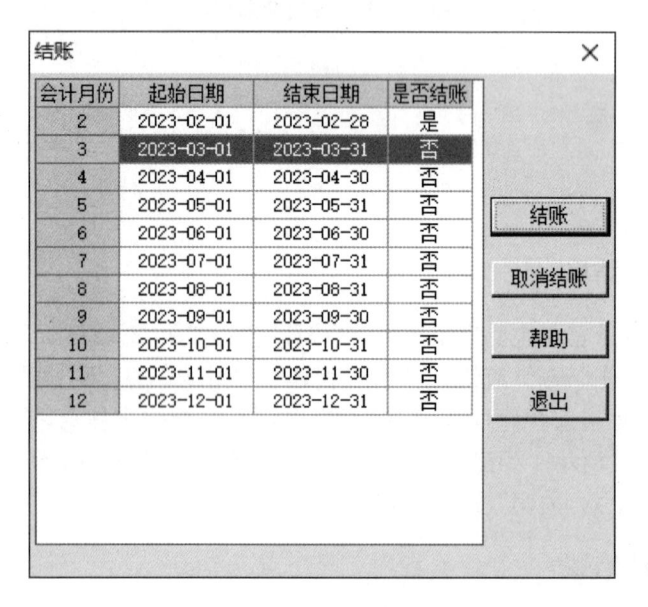

图 13－53　取消结账

复习思考题

1. 简述销售业务中各系统之间的数据传递关系。
2. 简述普通销售业务的基本流程。
3. 简述退货业务的基本流程。
4. 简述代垫费用的处理流程。

实训附录

实验一　系统管理与基础设置

实验资料：

1. 操作员及其权限

编号	姓名	口令	所属部门	角色	权　限
LH	李涵	1	财务部	账套主管	账套主管全部权限
WZQ	王志强	2	财务部	总账会计	总账管理全部权限,固定资产、人力资源全部权限
XSS	许三山	3	财务部	出纳	出纳全部权限、出纳签字、查询凭证

2. 账套信息

账套号:学号后三位

单位名称:文华有限责任公司

单位地址:湖北省武汉市创业街文园路68号

法人代表:李涵

启用会计期:2023年2月

企业类型:工业

行业性质:2007年新会计制度科目

账套主管:LH 李涵

基础信息:只对客户进行分类

分类编码方案:科目编码级次——4222

　　　　　　客户分类编码级次——223

　　　　　　部门编码级次——132

　　　　　　结算方式编码——12

3. 部门档案

部门编码	部门名称
1	总经理办公室
2	财务部
3	市场部
3001	采购部
3002	销售部
4	生产车间

4. 人员类别

人员类别编码	人员类别名称
1011	企业管理人员
1012	采购人员
1013	销售人员
1014	生产人员

5. 人员档案

人员编码	人员姓名	性别	行政部门	人员类别	是否业务员	是否操作员
101	张建民	男	总经理办公室	企业管理人员	是	是
102	江琳	女	总经理办公室	企业管理人员	是	是
103	李涵	男	财务部	企业管理人员	是	是
104	王志强	男	财务部	企业管理人员	是	是
105	许三山	男	财务部	企业管理人员	是	是
106	李一菲	女	采购部	采购人员	是	是
107	张远	男	销售部	销售人员	是	是

6. 客户分类

类别编码	类别名称
01	重点
02	一般

7. 客户档案

客户编码	客户简称	所属分类
01	烽火公司	重点

续表

客户编码	客户简称	所属分类
02	远通公司	重点
03	长飞公司	一般
04	华新公司	一般

8. 供应商档案

供应商编码	供应商简称	所属分类（无分类）
01	杨帆公司	00
02	乐远公司	00

实验二 总账管理系统

实验资料：

1. 本账套总账管理系统的参数

不允许修改、作废他人填制的凭证；可以使用应收受控及应付受控科目；制单序时控制；系统自动编号；出纳凭证必须经出纳签字。

2. 会计科目

（1）增加会计科目

科目编码	科目名称	辅助账类型
100201	工行存款	日记账、银行账
122101	职工借款	个人往来
160501	水泥	项目核算
160502	木材	项目核算
222101	应交增值税	
22210101	进项税	
22210102	销项税	
410405	未分配利润	
660201	办公费	部门核算
660202	差旅费	部门核算
660203	工资	部门核算
660204	折旧费	部门核算
660205	其他	部门核算

(2)修改会计科目

应收账款科目辅助账为客户往来;应付账款科目辅助账为供应商往来;应收票据辅助账为客户往来;应付票据辅助账为供应商往来;预付账款科目辅助账为供应商往来,工程物资科目及所属明细科目辅助账为项目核算。

(3)指定现金、银行存款和现金流量科目

3. 凭证类别

类别名称	限制类型	限制科目
收款凭证	借方必有	1001,100201
付款凭证	贷方必有	1001,100201
转账凭证	凭证必无	1001,100201

4. 结算方式

结算方式编码	结算方式名称	是否票据管理
1	现金结算	否
2	支票结算	否
201	现金支票	是
202	转账支票	是
3	商业承兑汇票	是

5. 项目目录

项目设置步骤	设置内容
项目大类	在建工程
核算科目	工程物资及其明细科目
项目分类	(1)办公楼 (2)厂房
项目名称	(1)1号楼,所属分类码1办公楼 (2)2号楼,所属分类码2厂房

6. 2023年2月期初余额及本年发生额

(1)现金:36 970(期初余额)

(2)工行存款:194 000(期初余额)

(3)水泥:80 000(期初余额)

(4)职工借款:8 000(期初余额)

日期	凭证号	部门	个人	摘要	方向	期初余额
2023.1.20	付-102	总经理办公室	张建民	出差借款	借	8 000

(5)短期借款:60 000(期初余额)
(6)实收资本:320 000(期初余额)
(7)固定资产:297 000(期初余额)
(8)累计折旧:75 249(期初余额)
(9)利润分配——未分配利润:163 721(期初余额)
(10)应收账款:19 000(期初余额)

日期	凭证号	客户	摘要	方向	金额	业务员	票号	票据日期
2023.1.5	转-18	烽火公司	销售A商品	借	7 000	张远	T110	2023.1.5
2023.1.15	转-38	远通公司	销售B商品	借	12 000	张远	T111	2023.1.15

(11)应付账款:16 000(期初余额)

日期	凭证号	供应商	摘要	方向	金额	业务员	票号	票据日期
2023.1.11	转-28	杨帆公司	购买原材料	贷	10 000	李一菲	L000	2023.1.11
2023.1.20	转-40	乐远公司	购买原材料	贷	6 000	李一菲	L001	2023.1.20

(12)管理费用本年发生额:

管理费用——工资	累计借方金额	累计贷方金额
总经理办公室	20 000	20 000
财务部	15 000	15 000
采购部	4 000	4 000
销售部	6 000	6 000

7. 总账会计制单,出纳完成出纳签字,账套主管审核凭证并记账

2023年2月发生的经济业务:

(1)2月5日以银行存款——工行存款支付(转账支票Z101)财务部人员工资15 000元。

(2)2月9日采购原材料价款8 000元(不含税),税率13%,以银行存款——工行存款支付(转账支票Z102)。

(3)2月11日现金付讫总经理办公室业务招待费800元。

(4)2月12日,销售给远通公司库存商品一批,货款50 000元(不含税),税率13%,款项尚未收到。

(5)2月20日,收到张建民报销差旅费7 500元,以现金退款500元。

(6)2月23日,收到华新公司2023年1月5日所欠货款7 000元(转账支票Z103)。

(7)2月25日,建造2号楼,领用水泥50 000元,不考虑税费。

(8)2月28日,收到投资款200 000元,转账支票号Q124。

8. 银行对账期初余额

单位日记账期初余额为194 000元,银行对账单余额206 000元,有银收企未收的未达项(2023.1.15)12 000元。

9. 2023 年 2 月的银行对账单

日期	结算方式	票号	借方金额	贷方金额
2023.2.5	转账支票	Z101		15 000
2023.2.9	转账支票	Z102		9 040
2023.2.23	转账支票	Z103	7 000	

10. 期末转账内容

自定义转账：按应收账款账户期末余额的 0.5% 计提。

期间损益转入本年利润。

实验三　UFO 报表管理

利用报表模板生成资产负债表、利润表、现金流量表。

参考文献

[1] 财政部关于印发《会计信息化发展规划(2021—2025年)》的通知[J]. 中华人民共和国财政部文告,2022,(02):4+25-39.

[2] 陈素云.《会计信息化发展规划(2021—2025年)》解读——基于微观组织视角[J]. 管理会计研究,2022,(02):10-18.

[3] 陈旭. 会计信息化[M]. 北京:高等教育出版社,2018.

[4] 黄辉. 会计信息系统理论与实践[M]. 大连:东北财经大学出版社,2017.

[5] 金典. 信息化会计和手工会计的区别探讨[J]. 当代会计,2020,(21):143-144.

[6] 李爱红. ERP财务供应链一体化实训教程(用友U8V10.1)[M]. 北京:高等教育出版社,2016.

[7] 李吉梅,杜美杰. 场景式企业财务业务综合实践教程(用友ERP-U8V10.1)[M]. 北京:清华大学出版社,2016.

[8] 鲁莹莹,李岩. 大数据时代会计行业转型思考[J]. 合作经济与科技,2023,(11):166-168.

[9] 毛华扬. 会计信息系统原理与应用——基于用友ERP-U8V10.1版[M]. 北京:中国人民大学出版社,2018.

[10] 沈清文,吕玉林,王欢. 会计电算化[M]. 北京:清华大学出版社,2019.

[11] 宋红尔. 会计信息系统应用——基于业财融合(用友ERP-U8V10.1版)[M]. 大连:东北财经大学出版社,2020.

[12] 王成. 财务与供应链综合实践教程(用友ERP-U8V10.1)[M]. 北京:机械工业出版社,2016.

[13] 王新玲. 用友U8(V10.1)财务业务一体化应用[M]. 2版. 北京:人民邮电出版社,2019.

[14] 沃建红. 会计电算化实务——用友ERP-U8V10.1(微课版)[M]. 2版. 北京:人民邮电出版社,2020.

[15] 叶露. 会计电算化向会计信息化发展的路径探索[J]. 全国流通经济,2022,(05):184-186.

[16] 孙伟力. 会计信息系统[M]. 吉林:吉林大学出版社,2017.

[17] 张爱华,李岚. 会计信息系统实训教程[M]. 2版. 上海:上海财经大学出版社,2023.

[18] 张瑞君,蒋砚章. 会计信息系统[M]. 7版. 北京:中国人民大学出版社,2015.